William Drozdiak

Der Zerfall

pape|go

Kostenlos mobil weiterlesen!
So einfach geht's:

 1. Kostenlose App
   installieren

 2. Zuletzt gelesene Buchseite
   scannen

 3. 25% des Buchs ab
   gescannter Seite mobil
   weiterlesen

 4. Bequem zurück zum Buch
   durch Druck-Seitenzahlen in
   der App

Hier geht's zur kostenlosen App:
www.papego.de/app

Erhältlich für Apple iOS und Android.
Papego ist ein Angebot der Briends GmbH,
Hamburg. www.papego.de

William Drozdiak

Der Zerfall

Europas Krisen und das Schicksal des Westens

Aus dem Englischen
von Astrid Gravert und Hans-Peter Remmler

orell füssli Verlag

Die amerikanische Originalausgabe erschien 2017 unter dem Titel »Fractured Continent: Europe's Crises and the Fate of the West« im Verlag W.W. Norton & Company, New York/London.

© 2017 William Drozdiak

Orell Füssli Verlag, www.ofv.ch
© 2017 Orell Füssli Sicherheitsdruck AG, Zürich
Alle Rechte vorbehalten

Umschlaggestaltung: Hauptmann & Kompanie Werbeagentur, Zürich
Druck: CPI books GmbH, Leck

ISBN 978-3-280-05652-3

––––––

Die Deutsche Nationalbibliothek verzeichnet diese Publikation in der Deutschen Nationalbibliografie; detaillierte bibliografische Daten sind im Internet unter www.dnb.de abrufbar.

Für Renilde
in Liebe und Freundschaft

Drehend und drehend in immer weiteren Kreisen
Versteht der Falke seinen Falkner nicht;
Die Welt zerfällt, die Mitte hält nicht mehr;
Und losgelassen ist die nackte Anarchie,
Und losgelassen blutgetrübte Flut,
Das Spiel der Unschuld überall ertränkt;
Die Besten sind des Zweifels voll, die Ärgsten
Sind von der Kraft der Leidenschaft erfüllt.

Wieder bricht Dunkel herein – doch weiß ich es nun,
Dass zwanzig Jahrhunderte eines steinernen Schlafes
Zum Albtraum erweckt vom Stoß einer schwankenden Wiege:
Und welch räudiges Tier, des Zeit nun gekommen,
Kreucht, um geboren zu werden, Bethlehem zu?

William Butler Yeats, *Das Zweite Kommen (1919)*[1]

Inhalt

Einleitung

Das Jahr 2016 wurde in den Hauptstädten Europas als »annus horribilis« für den Kontinent bezeichnet. Eine Welle von Flüchtlingen des syrischen Bürgerkrieges drohte den Kontinent zu überfluten. Eine Folge von Terroranschlägen militanter junger Muslime, die dem sogenannten Islamischen Staat Treue schwören, führten zu massiven Sicherheitsvorkehrungen. Russland unternahm mehrere aggressive Aktionen gegen den Westen, indem es seine militärische Präsenz im Mittleren Osten ausweitete und das Assad-Regime durch heftige Bombenangriffe unterstützte, verstärkt Vorbereitungen für einen möglichen Konflikt mit den baltischen Staaten traf und ein Sperrfeuer von Cyberattacken begann, das den amerikanischen Präsidentschaftswahlkampf störte.

Eine wirtschaftliche Rezession mit miserablen Wachstumsraten und Arbeitsplatzverlusten, unter der ein Großteil Europas litt, ging nunmehr in ihr sechstes Jahr. Im Juni schockierte Großbritannien seine europäischen Partner mit der Entscheidung, die europäische Gemeinschaft nach 43 Jahren verlassen zu wollen. Und im November alarmierte die Wahl von Donald Trump zum 45. amerikanischen Präsidenten die europäischen Verbündeten, die fürchteten, er würde vielleicht amerikanische Sicherheitsgarantien nicht einhalten und dem Rechtspopulismus in ihren Ländern Auftrieb geben.

Die Aussicht noch größerer Instabilität taucht am Horizont auf. Wähler und Wählerinnen in den Niederlanden machen sich darauf gefasst, dass Geert Wilders, der Vorsitzende der fremdenfeindlichen, rechtsextremen Partei der Freiheit, möglicherweise der nächste Premierminister des Landes werden könnte. Italien könnten vorgezogene Neuwahlen bevorstehen, die vielleicht die anarchistische 5-Sterne-Bewegung an die Macht bringen, die die bestehenden politischen und wirtschaftlichen Machtstrukturen des Landes zerstören will. In Frankreich rückte der rechtsgerichtete Front National unter der Führung Marine Le Pens, einer der Galionsfiguren des europäischen Rechtspopulismus, seinem Ziel näher, die Präsidentschaftswahlen zu gewinnen und sein radikales Gesetzesprogramm gegen Einwanderung und einer antieuropäischen Politik umzusetzen.

Nur ein Vierteljahrhundert nachdem die liberale internationale Ordnung freier Märkte, freier Meinung und demokratischer Wahlen die Kräfte des Kommunismus besiegt hatte, drohen die westlichen Demokratien jetzt zusammenzubrechen, denn als Gegenreaktion auf die Globalisierung treten erbitterte Gegner von Einwanderung, freiem Handel und interkultureller Toleranz auf. Wie in den Dreißigerjahren schwächelt der weltweite wirtschaftliche Handels- und Investitionsfluss und politische Demagogie nimmt zu. Da Einkommensunterschiede stärker denn je Arm und Reich spalten, werden Demokratien anfällig für fremdenfeindliche und autokratische Tendenzen unter Wortführern, die die nationale Karte spielen.

Die Idee zu diesem Buch erwuchs aus meinen Erfahrungen als Journalist in der aufregenden Zeit, als die Kräfte der Freiheit in einer, wie es schien, entscheidenden Schlacht zwischen Gut und Böse den Totalitarismus überwunden hatten. Als Tausende von Ostdeutschen, darunter die zukünftige Kanzlerin Angela Merkel, vor einer Generation durch die bröckelnde Berliner Mauer strömten, um zum ersten Mal die frische Luft der Freiheit im Westen zu atmen, war ich beeindruckt von ihren fassungslosen Gesichtern, als sie staunend durch die glitzernde Konsumwelt des Kurfürstendamms gingen.

An jenem schicksalhaften Tag im November 1989 war ich gerade nach einem langen Flug von Thailand in Berlin gelandet. Als Auslandsredakteur der *Washington Post* war ich in Asien unterwegs gewesen. Es war bezeichnend für die schonungslose Art meines Chefs, des legendären Chefredakteurs Ben Bradlee, mich nachts um drei in meinem Bangkoker Hotel anzurufen. »Sie reißen die Mauer ein«, sagte Bradlee mit seiner Reibeisenstimme. »Beweg deinen Arsch nach Ber-

lin!« Als ich schließlich in Berlin ankam und die Massen von Tages-
ausflüglern aus dem kommunistischen Osten über die Berliner
Grenze spazieren sah, wusste ich von früheren Begegnungen, wohin
ihre materialistische Neugierde sie führen würde: zum mondänen
Kaufhaus KaDeWe.

Als ich sie durch die Gänge des Kaufhauses bummeln sah, an
denen sich Delikatessen bis zur Decke türmten, verwandelte sich ihr
Staunen in Wut und Frustration. Sie beschimpften ihre kommunistischen Machthaber als Lügner, die sie mit der Lüge gefangen gehalten
hatten, dass der westliche Überfluss ein Mythos sei. Als sie über die
verminte Pufferzone, vorbei an Panzersperren und Betonmauern, die
Ost- und Westberlin trennten, zu ihren trostlosen Wohnungen zu-
rücktrotteten, war ich überzeugt, dass an diesem Tag sowohl der Zusammenbruch des sowjetischen Kommunismus als auch der Sieg von
freier Marktwirtschaft und Demokratie besiegelt waren. Innerhalb
von Monaten entwarf Kanzler Kohl eine Roadmap für die Wiedervereinigung der beiden deutschen Staaten. Bald stürzten weitere
kommunistische Regime, weil demokratische Bewegungen von Prag
bis Moskau sie kippten. Der Kalte Krieg war beendet, ohne dass ein
einziger Schuss abgegeben worden war, und das westliche Modell
demokratischer Wahlen, freier Meinungsäußerung und offener
Märkte wurde als Vorbild für den Rest der Welt gepriesen, das ein
neues Zeitalter der Aufklärung einleiten sollte.

Das hochgesteckte Ziel eines »vereinten und freien« Europas
schien schließlich zum Greifen nahe. Die beiden wichtigsten Institutionen des Westens, die NATO und die Europäische Union, traten in
eine Phase der Erweiterung, um die neuen Demokratien in Zentral-
und Osteuropa einzubeziehen. Abgesehen von der Aufnahme ehemaliger kommunistischer Staaten in die westlichen Organisationen
bestanden Kanzler Kohl und Frankreichs Präsident François Mitterrand darauf, dass es für den Aufbau Vereinigter Staaten von Europa
weiterer Maßnahmen bedurfte, um die Integration zu fördern und
die Europäer näher zusammenzubringen. 1992 setzten sie den
Maastricht-Vertrag durch, der auf eine einzige europäische Währung,
den Euro, hinauslaufen würde, sodass die Menschen ihre Lire, Francs

und Deutsche Mark nicht tauschen müssten, wenn sie in andere Länder reisten. Drei Jahre später einigten sich die europäischen Regierungschefs durch die Unterzeichnung des Schengener Abkommens darauf, die europäischen Grenzkontrollen abzuschaffen, sodass Reisende sich frei in einem grenzfreien Kontinent bewegen können. Diese drei Initiativen – die Erweiterung von NATO und Europäischer Union in Richtung Russland, die Schaffung einer europäischen Währung und das passfreie Reisen innerhalb Europas – sollten die Grundlagen für einen großen Sprung vorwärts in Richtung des Ziels eines vereinten, prosperierenden und friedlichen Europas sein, das Jean Monnet, Robert Schuman und andere Visionäre in den Ruinen, die der Zweite Weltkrieg hinterlassen hatte, vorschwebte. In der aufregenden Zeit nach der deutschen Wiedervereinigung und dem Zusammenbruch des Kommunismus vor einem Vierteljahrhundert gab es fast unbegrenzte Unterstützung für solche Maßnahmen, denn der Einsatz für ein vereintes Europa schien unaufhaltsam an Schwung zu gewinnen. Ja, die Grundsätze westlicher Demokratien – einschließlich freier Wahlen, freier Meinungsäußerung und freier Marktwirtschaft – schienen die Herzen und Köpfe von Menschen auf der ganzen Welt gewonnen zu haben, in einem Maße, dass Francis Fukuyama in seinem Buch *Das Ende der Geschichte* die These wagte, dass die großen ideologischen Kämpfe der Vergangenheit überwunden seien, da die ganze Welt inzwischen von den westlichen Werten überzeugt sei.

Die Aussicht, Jahrhunderte des Nationalismus, Blutvergießens und der Zerstörung hinter sich zu lassen – zugunsten eines zusammenhängenden Kontinents, geprägt vom postmodernen Ethos, aus dem Gedanken an Krieg zwischen Nationalstaaten für immer verbannt sind –, schien für Europa ein neues goldenes Zeitalter zu versprechen. In den Augen der Welt wäre Europa damit Vorbild für das edle Experiment geworden, nationale Souveränität mit neuen, effektiven Formen übernationaler Regierung zu verbinden. Andere Kontinente, darunter Afrika, Südamerika und Teile von Asien hätten darüber nachzudenken begonnen, ob sich ihre Staaten zu regionalen Handelsblöcken zusammenschließen und irgendwann Europas Beispiel folgen und eine dauerhafte enge politische und wirtschaftliche Union anstreben sollten. Es schien fast unvermeidlich, dass ein vereintes Europa sich zur nächsten globalen Supermacht entwickeln würde. Eine, die ihren Einfluss als größter Handelsblock und wohlhabendster Markt der Welt geltend machen könnte und dabei von neuen Mächten wie China und Indien beneidet würde.

Das europäische Projekt schien jedoch auf dem Weg zum kantischen Paradies zu entgleisen. Der großartige Plan, eine Verfassung zu entwerfen, die die westlichen demokratischen Werte für den ganzen Kontinent festschrieb, blieb in gegenseitigem Streit und verfahrener Bürokratie stecken. Nach Jahren mühsamer Verhandlungen wurde das Projekt 2006 verworfen, nachdem es in Referenden in Frankreich und den Niederlanden abgelehnt worden war. Bald danach führten die drei großen Initiativen, die Europa eigentlich näher zusammenbringen sollten, zu tiefen Spaltungen des Kontinents. Heute hat sich der Traum europäischer Einheit verflüchtigt und die zukünftige Stabilität des Kontinents ist von Unsicherheit überschattet.

Einige der größten Errungenschaften Europas sind in Gefahr. Die Osterweiterung 2004, bei der ehemals kommunistische Staaten in die NATO und die Europäische Union aufgenommen wurden, hat die Feindschaft eines revanchistischen, aggressiven Russlands ausgelöst. Moskau befürchtet, dass der Westen es darauf anlegt, sein Land einzukreisen und seinen Anspruch, die Stellung einer Supermacht zurückzuerlangen, zu dämpfen. Russlands Besetzung der Krim und seine Unterstützung separatistischer Rebellen in der Ostukraine hat den Westen zu wirtschaftlichen Sanktionen veranlasst. Es hat auch Deutschlands strategisches Ziel einer Verflechtung mit Moskau in Energie und Wirtschaft, was als Säule für die Sicherheit Europas nach dem Kalten Krieg betrachtet wurde, infrage gestellt.

Die europäische Gemeinschaftswährung, der Euro, ist in die Kritik geraten wegen der strengen Sparpolitik, die die enormen Schulden Griechenlands, Spaniens, Portugals und Italiens, zum Großteil bei Deutschland und anderen nordeuropäischen Gläubigern, reduzieren soll. Obwohl die Finanzkrise Anfang 2015, die Griechenland beinahe zwang, die aus neunzehn Staaten bestehende Eurozone zu verlassen, sich beruhigt hat, befürchten Experten, dass es nur eine Frage der Zeit ist, bis das Nord-Süd-Gefälle in der Eurozone zu einer weiteren existenziellen Krise der gesamten Union führen wird. Es könnte sich zeigen, dass es ohne weitere Schritte zur Integration, wie z. B. eine gemeinsame Steuer- und Bankenpolitik, äußerst schwierig ist, mit neunzehn verschiedenen nationalen Wirtschaften eine einheitliche Währungspolitik zu organisieren, geschweige denn, diese langfristig aufrechterhalten zu können.

Die durch das Schengener Abkommen zugesicherten offenen Grenzen, die jetzt 26 Länder verbinden, sind heute durch Stacheldrahtzäune gesichert, die in Ungarn und anderswo errichtet wurden, um den Strom der Flüchtlinge aus Syrien und Libyen aufzuhalten. Was als Verwirklichung europäischer Ideale gedacht war und Alltag der Menschen auf dem ganzen Kontinent werden sollte, wurde zum erschreckenden Symbol nationalistischer Rivalität, geschürt von Ängsten vor den Folgen der Flüchtlingskrise. Fast eine Million Flüchtlinge – viermal so viele wie im Jahr zuvor – strömten 2015 nach Deutschland, Schutz suchend vor Krieg und Armut in Afrika und dem Nahen Osten.

Obwohl Kanzlerin Merkel weiterhin ihre Politik der offenen Tür als notwendig verteidigt, um die europäischen Vorstellungen von Menschenrechten zu wahren, hat ihre Popularität im Inland stark gelitten. Trotzdem ist sie nach wie vor die geachtetste Regierungschefin Europas, und Freunde und Verbündete, darunter Präsident Barack Obama, überredeten sie, bei den Wahlen 2017 für eine vierte Amtszeit als deutsche Kanzlerin zu kandidieren. Die Flüchtlingskrise wird Merkel, Deutschland und Europa jedoch die kommenden Jahre weiter verfolgen. Als am Silvesterabend 2016 am Hauptbahnhof in Köln Dutzende Asylbewerber festgenommen wurden, weil sie junge Frauen belästigt und beraubt hatten, schlug die Stimmung im Land um und richtete sich gegen die unkontrollierte Einwanderung, sodass sich Kanzlerin Merkel veranlasst sah, Grenzkontrollen zu akzeptieren. Das Abkommen über passfreies Reisen in Europa, das einst begrüßt worden war, schien damit tot.

Diese Ballung von Problemen – die neuerliche Aggression Russlands, der griechische Schuldenberg, eine massive Flüchtlingskrise und die Aussicht, dass Großbritannien die Europäische Union verlassen könnte – ist durch eine Welle terroristischer Anschläge verschärft worden, sodass sich eine Stimmung der Angst auf dem Kontinent ausgebreitet hat. Eine Serie von Massakern von Sympathisanten des sogenannten Islamischen Staates hat in Frankreich über hundert Menschen getötet. Ein Anschlag mit Kofferbomben auf dem Brüsseler Flughafen hat mehr als zwei Dutzend Opfer gefordert. Als ein tunesischer Migrant im Dezember 2016 mit einem Lastwagen in einen Berliner Weihnachtsmarkt gerast war, wirkten die Maßnahmen, die Merkel und andere europäische Regierungschefs unternahmen, um ihre Bürger zu schützen, hilflos.

Die zunehmende Atmosphäre der Unsicherheit hat das Vertrauen der Wähler in etablierte Regierungen untergraben und der fremdenfeindlichen Agenda rechtspopulistischer Parteien in Frankreich, Ungarn, in den Niederlanden und Polen in die Hände gespielt. Zudem hat sie Misstrauen zwischen Christen und Muslimen gesät, insbesondere bei der zweiten und dritten Generation von Migranten aus Nahost und Nordafrika, die nach Europa kamen, um vorübergehend dort zu arbeiten, und dann länger blieben, als man vorausgesehen hat.

Die schwindende Attraktivität eines vereinten Europas hat viel mit einer stagnierenden Wirtschaft und der Desillusionierung junger Menschen zu tun. Wirtschaftliche Sorgen werden durch Ängste vor den Auswirkungen billiger Arbeitsmigranten verstärkt, selbst aus anderen EU-Mitgliedsstaaten, wie sich an Großbritanniens Entschlossenheit gezeigt hat, polnischen Arbeitsmigranten gerechte Löhne und den Zugang zu Sozialleistungen zu verwehren. Die Bedrohung durch Einwanderung mobilisierte eine Mehrheit britischer Wähler, die Mitgliedschaft in der Europäischen Union aufzugeben und sich auf ihren Inselstaat zurückzuziehen. Insbesondere unter jungen Menschen, die in der Vergangenheit ein grenzenloses Europa begeistert angenommen haben, gibt es eine wachsende Unzufriedenheit mit Europa. Die Generation Y hielt sich für die »Easy-Jet«-Generation, die gerne am Wochenende bei Freunden in fremden Städten pennte, im Ausland lebte, an fremden Universitäten studierte und sich in mehreren Sprachen verständigen konnte. Jetzt zwingt die Schwierigkeit, Jobs zu finden, von denen man leben kann, junge Europäer dazu, Heirat und Kinder aufzuschieben, sie verlieren das Vertrauen in Europa, wo sie Gefahr laufen, eine »verlorene Generation« zu werden, ohne Berufsaussichten oder Aussicht auf eine Familie, selbst im mittleren Alter.

Die Finanzkrise 2008 forderte einen hohen Tribut an öffentlicher Unterstützung für Europa, denn die Arbeitslosigkeit bei jungen Menschen stieg in Spanien und anderen Regionen der Mittelmeeranrainerstaaten auf 50 Prozent. Die Attraktivität von Euroskeptizismus und fremdenfeindlichen Parteien in Europa nahm zu, da die etablierten Politiker keine wirksamen Mittel gegen die Krise am Arbeitsmarkt und die wirtschaftliche Stagnation fanden. Da es nicht gelungen ist, entfremdete junge Muslime zu integrieren, von denen viele als europäische Bürger in der zweiten und dritten Generation ohne Hoffnung in Vorstadtghettos leben, wurden einige dazu verleitet, sich dem radikalen Dschihadismus anzuschließen, wie die Attentäter der tödlichen Terroranschläge von Madrid, London, Brüssel, Paris, Nizza und Berlin.

Der Traum von der Einheit Europas beginnt heute zu verblassen und die zukünftige Stabilität des Kontinents ist von Unsicherheit überschattet. Angesichts der Verschiedenheit von Kultur, Sprache und Geschichte der EU-Mitgliedsstaaten war es vielleicht immer ein Wunschtraum zu glauben, dass ein so disparater Kontinent tatsächlich vereint werden könnte. Dennoch könnten viele der globalen Herausforderungen, denen sich Europa heute stellen muss, gelöst werden, wenn Ressourcen gebündelt und nationale Souveränität aufgegeben würden, was dem Kontinent schon früher ermöglicht hat, mit anderen Krisen der Neuzeit fertig zu werden.

Was die Vereinigten Staaten angeht, so bedeutet ein gespaltenes, geschwächtes Europa eine große Gefahr für ihre globale Führungsrolle. Das atlantische Bündnis treibt seit dem Ende des Kalten Krieges quasi ziellos dahin, Europa und den Vereinigten Staaten fehlt es an Zusammenhalt und einem gemeinsamen Zweck, der sie vor dem

Zusammenbruch des Sowjetreiches verband. Viele Europäer hatten bereits schwerwiegende Bedenken, Amerika in die Kriege im Irak und Afghanistan zu folgen. Als Barack Obama zu Beginn seiner Präsidentschaft die Absicht erklärte, sich stärker Asien zuzuwenden, kam es den europäischen Regierungen vor, als würde er einer sieben Jahrzehnte während atlantischen Partnerschaft den Rücken kehren, und sie fühlten sich vernachlässigt, wenn nicht verlassen. Obwohl Obama während seiner achtjährigen Amtszeit in Europa beliebt blieb, konnte er bei einigen Verbündeten nicht den Verdacht ausräumen, dass seine häufigen Appelle, Europa müsse größere Verantwortung für seine eigene Sicherheit übernehmen, lediglich eine verschlüsselte Botschaft dafür waren, dass Amerika seine Beziehungen zur Alten Welt aufkündigen wolle. Obamas Passivität gegenüber dem syrischen Bürgerkrieg verstärkte diese Befürchtungen noch weiter, während Europa allein mit der drohenden Instabilität fertig werden musste, die der Flüchtlingsstrom aus dem Nahen Osten und Nordafrika auslöste.

Donald Trumps Wahl hat in Europa noch ernstere Zweifel an der Verlässlichkeit amerikanischer Bündnistreue hervorgerufen. In hartem Bruch mit seinen zwölf Vorgängern hat Trump erklärt, dass die NATO vielleicht überholt sei und die Europäische Union mehr als wirtschaftliche Konkurrenz behandelt werden solle. Obwohl viel über die zunehmende Bedeutung Asiens gesprochen wird, hängen die Vereinigten Staaten immer noch stark von einer lebendigen Partnerschaft mit Europa ab, um ihre führende Rolle in der Welt zu behaupten. Trotz des Aufstiegs Chinas, Indiens und anderer neuer Mächte machen Handel und Investitionen zwischen den Vereinigten Staaten und Europa noch fast die Hälfte aller globalen wirtschaftlichen Aktivitäten aus. Gemeinsame demokratische Werte und militärische Beistandsverpflichtungen der NATO machen die atlantische Allianz noch immer zu einer der wichtigsten Grundlagen globaler Stabilität. Die Zerstörung, die zwei Weltkriege im vorigen Jahrhundert angerichtet haben, sollte eigentlich allen ausreichend Warnung vor den Konsequenzen eines zerfallenden Europas sein.

Das vorliegende Buch versucht die unzähligen Krisen zu zeigen, die ein gespaltenes Europa zu bewältigen hat. In Deutschland, dem mächtigsten und reichsten Land Europas, wo es noch immer viele Jobs gibt, wächst die Sorge, dass seine gerühmte Stabilität wegen des Zustroms von über einer Million Flüchtlingen, überwiegend aus Syrien, in Gefahr gerät. In Frankreich hat die Ausgrenzung von Europas größter muslimischer Bevölkerungsgruppe für die Zunahme eines radikalen Dschihadismus gesorgt, die etablierten politischen Parteien in Misskredit gebracht und Wähler dazu verleitet, sich dem rechtsextremen Front National zuzuwenden. In Großbritannien ist die Unzufriedenheit mit Europa so groß, dass das Land sich über seine wirtschaftlichen Interessen hinwegsetzte und für den Austritt aus der Europäischen Union stimmte. In Brüssel, der Hauptstadt Europas, wo die NATO und die Europäische Union ihren Hauptsitz haben, hat die schnelle Erweiterung beider Institutionen auf mehr als zwei Dutzend Mitglieder Verwirrung und Durcheinander hervorgerufen, was die Richtung der zukünftigen Politik angeht und die Frage, wie diese behäbigen übernationalen Bürokratien Entscheidungen vollziehen sollen, die europäische Regierungschefs getroffen haben. In Spanien hat eine langwierige wirtschaftliche Krise junge Menschen desillusioniert und das öffentliche Vertrauen in die Politiker der Mitte erschüttert. Spaniens Probleme werden verschärft durch die zunehmende Herausforderung regionaler Unabhängigkeitsbewegungen in Katalonien und dem Baskenland. In Italien zeichnet sich bereits Europas nächste ökonomische Krise ab, das Bankensystem steht am Rande des Kollapses. In Polen haben sich die Bürger einer strengen Rechten zugewandt und werden jetzt von einer populistischen, nationalistischen Partei regiert, die Europa verachtet, obwohl das Land in den letzten beiden Jahrzehnten enorm von der Mitgliedschaft in der EU profitiert hat. In Dänemark, das als glücklichstes Land der Welt gilt, herrscht Besorgnis über die Zukunft seines großzügigen Wohlfahrtsstaates und die Gefährdung seiner Küsten, da die Meeresspiegel mit dem Schmelzen des grönländischen Eisschildes steigen. In Lettland, wo die Hälfte der Hauptstadtbewohner Russen sind, hat Putins Schwur, sich für ihre Interessen einzusetzen, Ängste vor einer Inva-

sion Moskaus geschürt. Und in Griechenland, wo jahrelange Sparmaßnahmen, auferlegt von ausländischen Geldgebern, die Wirtschaft ruiniert und ungeheure Not verursacht haben, überfordern
Zehntausende syrischer Flüchtlinge, die nirgendwo sonst hingehen
können, die Möglichkeiten des Landes, sich um sie zu kümmern.

Das vorliegende Buch versucht Einblicke in die schmerzlichen
und beunruhigenden Herausforderungen zu vermitteln, mit denen
Europa heute konfrontiert ist, und die wichtigsten Ursachen der politischen Turbulenzen, wirtschaftlichen Unsicherheit und sozialen
Unruhe auf dem Kontinent zu benennen. Europas Fähigkeit, die
zahlreichen gegenwärtigen Krisen zu bewältigen, wird einen enormen Einfluss auf die Vereinigten Staaten und den Rest der Welt haben. Die atlantische Allianz bleibt der Eckpfeiler amerikanischer Sicherheitsgarantien. Wie wir mit Russland, der Türkei, dem Iran, dem
Nahen Osten und anderen Krisenherden auf der Welt umgehen,
wird in hohem Maße von der Zusammenarbeit mit und der Unterstützung durch die europäischen Verbündeten abhängen. Tatsächlich
könnte das Schicksal dieses stark gefährdeten, weil zerfallenden Kontinents über das zukünftige Überleben der westlichen Demokratie
angesichts überwiegend autoritärer Regierungsformen auf der Welt
entscheiden.

Kapitel 1

Berlin

Das neue Machtzentrum

Am Morgen des 4. September 2015 war der deutschen Kanzlerin Angela Merkel klar, dass sich am ungarischen Hauptbahnhof Keleti in Budapest eine humanitäre Katastrophe abspielte. In ihren Träumen verfolgte sie noch das Bild eines syrisch-kurdischen Jungen, dessen Leichnam nur wenige Tage zuvor an den Strand eines türkischen Badeorts angespült worden war. Jetzt bewegten sich Tausende syrischer Flüchtlinge von Griechenland nach Norden und strömten in die ungarische Hauptstadt. Und Zehntausende mehr waren noch unterwegs.

Mehr als 3000 Flüchtlinge waren bereits am Bahnhof angekommen, wo die Bedingungen schnell unerträglich wurden. Es wurde ihnen nicht erlaubt, sich dort aufzuhalten, bis die ungarischen Behörden Zusicherungen erhielten, dass Österreich und Deutschland die Flüchtlinge aufnehmen würden. Merkel rief ihren österreichischen Kollegen Werner Faymann an und bestand darauf, dass sie dringend eine Erklärung abgeben müssten, dass die Grenzen offen bleiben würden und die Flüchtlinge willkommen seien. Nachdem sie von Merkel grünes Licht bekommen hatte, erlaubte die ungarische Polizei schließlich einer großen Menge syrischer Bürgerkriegsflüchtlinge, ihre Reise nach Norden fortzusetzen, um Zuflucht in wohlhabenden westlichen Ländern wie Deutschland und Schweden zu finden.[1]

Merkel traf diese schicksalhafte Entscheidung nicht ohne schwerwiegende Bedenken. Sie ist bekannt dafür, auf Zeit zu spielen, kritische Entscheidungen aufzuschieben, bis sie alle möglichen Konsequenzen gründlich bedacht hat. Deutsche haben aus ihrem Namen sogar ein Verb gemacht, »merkeln«, was so viel bedeutet wie: Dinge aufzuschieben, bis die Zeit reif ist, eine Entscheidung zu treffen. Aber bei diesem Ereignis entschied Merkel, einen mutigen, wenn nicht gewagten Schritt zu tun, um eine ihrer Ansicht nach moralische und humanitäre Krise zu entschärfen, die Europa zu erschüttern drohte.

Als sie von ihrem jährlichen Wanderurlaub in den Alpen zurückkehrte, sah sie, dass sich das Rinnsal syrischer Flüchtlinge im Frühling mittlerweile in eine Spätsommerflut verwandelt hatte. Ende August überquerten 2000 Menschen die Meerenge zwischen der Türkei und der griechischen Insel Lesbos – pro Tag. Sie befürchtete, dieser Tsunami von Migranten, der auf Europa zusteuerte, könnte bald den ganzen Kontinent destabilisieren. Sie war auch überzeugt, dass der Exodus sie nicht nur politisch, sondern auch persönlich auf die Probe stellte. Einige Tage zuvor waren in einem Lieferwagen, der die Grenze nach Österreich überquert hatte und von Polizisten kontrolliert wurde, über siebzig Leichen gefunden worden. Überwiegend Frauen und Kinder, die versucht hatten nach Deutschland zu gelangen.

Im Juli brachte eine bewegende Begegnung mit einem kleinen palästinensischen Mädchen namens Reem Merkel ein bisschen aus der Fassung. Das Mädchen brach in Tränen aus, als sie die Kanzlerin anflehte, ihrer Familie Asyl zu gewähren, bevor sie abgeschoben würden. Merkel berührte ihre Schulter und versuchte sie zu trösten, aber ohne Erfolg. Man könne nichts weiter tun, sagte sie, und Deutschland könne sich nun mal nicht um alle kümmern, die den Nahen Osten verlassen. Wochen später, beim Besuch eines Flüchtlingsheims in Heidenau in Sachsen wurde Merkel von einer wütenden Menge beschimpft. Als sie zu ihrem Wagen zurückging, schrie eine hysterische Frau: »Du miese Fotze, du blöde Schlampe, du Volksverräterin!«, während weitere ihre Wut über Merkels Entscheidung, die Flüchtlinge ins Land zu lassen, ebenso deutlich zum Ausdruck brachten. Merkel erinnerte sich später, dass sie niemals eine so tief sitzende Feindseligkeit von deutschen Mitbürgern erfahren habe. Diese hässliche Konfrontation veranlasste sie jedoch, nur noch entschlossener an ihrer Willkommenskultur festzuhalten und die Menschen, die vor dem syrischen Bürgerkrieg flohen, willkommen zu heißen.[2]

Merkel dachte nicht daran, sich mit anderen europäischen Regierungschefs zu beraten, bevor sie entschied, Deutschlands Tore zu öffnen. Als täglich Hunderte, dann Tausende von den Strapazen der Flucht gezeichnete Syrer, Afghanen und Iraker am Münchner Bahnhof ankamen und von jubelnden Deutschen begrüßt wurden, die eifrig bemüht waren, großzügige Gastfreundschaft anzubieten, wurde Merkel von ihren europäischen Kollegen, die von ihrem Handeln überrascht und darüber verärgert waren, mit Warnungen überschüttet. Sie warnten, dass ihre unilaterale Entscheidung fehlschlagen und die Flüchtlingskrise so verschärfen würde, dass dies ganz Europa politisch und wirtschaftlich beschädigen könnte. Auf einem angespannten Gipfeltreffen, das im EU-Hauptsitz in Brüssel einberufen wurde, kritisierte sie Ungarns Premierminister Orban scharf wegen ihrer, seiner Ansicht nach, tollkühnen Politik und erklärte, dass er ihr darin unter keinen Umständen folgen würde.

»Es ist mir egal, was Sie denken, aber ich werde meine Grenzen verteidigen, wenn nötig, indem ich Zäune um mein Land errichte«, sagte Orban beleidigt. »Ich werde Ihren moralischen Imperialismus nicht akzeptieren. Und glauben Sie mir, Frau Kanzlerin, am Ende werden Sie gezwungen sein, dasselbe zu tun wie ich an meinen Grenzen.« Merkel schob ihre Papiere beiseite und starrte eisig über den riesigen Konferenztisch im Justus-Lipsius-Gebäude, wo sich die EU-Regierungschefs häufig zu Krisensitzungen versammeln, um zu überlegen, wie den dringendsten Herausforderungen – darunter der Flüchtlingszustrom, Russlands Aggression in der Ukraine, Griechenlands Schuldenprobleme und Großbritanniens Brexit-Entscheidung –, zu begegnen sei.

»Als ich aufwuchs, hatte ich immer eine Mauer vor Augen«, sagte Merkel mit bewegter Stimme zu Orban, »und ich will auf keinen Fall erleben, dass weitere Zäune in Europa errichtet werden.« Die anderen Regierungschefs lehnten sich sprachlos zurück, als sie ihre Botschaft aufnahmen und ihnen klar wurde, dass Merkels wilde Entschlossenheit, die Grenzen für die Flüchtlinge offen zu halten, eine Frage der Humanität.[3]

Aufgewachsen im kommunistischen Ostdeutschland im Schatten der Berliner Mauer – die sie jeden Tag auf dem Weg zur Arbeit als Physikerin sah –, empfand Merkel es immer als Pflicht, Menschen in Not zu helfen. Ihr Vater Horst Kasner war ein lutherischer Pastor, der mit seiner Familie 1954 – sieben Jahre bevor die berüchtigte Mauer gebaut wurde, um die Abwanderung qualifizierter Arbeiter in den Westen zu verhindern – von Hamburg nach Templin, nördlich von Berlin in Ostdeutschland, gezogen war. Nachdem er sich in seiner neuen Gemeinde eingelebt hatte, betrieb er eine Einrichtung für körperlich und geistig Behinderte. Seiner ältesten Tochter impfte er die Pflicht ein, denen zu helfen, die nicht für sich selbst sorgen können.

Merkels Entscheidung 2015, Deutschlands Türen für fast eine Million Flüchtlinge zu öffnen, ist nur eine von mehreren Herausforderungen, mit denen sie, die Schlüsselfigur, die jetzt das Schicksal des Kontinents, wenn nicht des Westens in den Händen hält, gegenwärtig konfrontiert ist. Seit sie 2005 zur deutschen Kanzlerin gewählt wurde, an die Spitze einer Mitte-rechts-Regierungskoalition, ist sie, größtenteils gegen ihren Willen, zu Europas unentbehrlicher Führungspersönlichkeit geworden. Da es keinen europäischen Partner gibt, mit dem sie die Lasten teilen kann, war Merkel gezwungen, fast vollständig die Verantwortung für die Bewältigung einer Reihe äußerst schwieriger Probleme zu übernehmen. Sie hat die Initiative beim Umgang mit der Flüchtlingskrise ergriffen, sie musste die Risiken einer erneuten Finanzkrise im Falle eines Euro-Crashs minimieren, und sie war gezwungen, dem Wiederaufleben eines aggressiven Russlands unter Präsident Wladimir Putin und den Folgen des EU-Austritts Großbritanniens entgegenzutreten.

Als die Auswirkungen der globalen Finanzkrise 2008 Griechenland in die Insolvenz zu treiben drohten, fädelten sie und ihr unerbittlicher Finanzminister Wolfgang Schäuble die schwierigen Verhandlungen ein, die zu drei Rettungsaktionen führten und schließlich verhinderten, dass Griechenland aus der Eurozone ausschied. Gleichzeitig war sie Hauptverhandlungspartnerin des Westens mit Wladimir Putin und setzte sich dafür ein, dass Europa mit wirtschaftlichen Sanktionen auf Russlands Annexion der Krim und seine Unterstützung separatistischer Rebellen in der Ostukraine reagierte.

Gegenwärtig bemüht sich Merkel darum, was vielleicht ihre schwierigste Aufgabe sein könnte, den Kontinent wieder auf Kurs in eine friedliche, sichere und blühende Zukunft zu bringen, nachdem Großbritannien sich entschieden hat, die Europäische Union 2019 zu verlassen. Merkel wollte Deutschland nicht in einer Führungsrolle sehen und würde nach eigener Aussage Lasten und Verantwortung viel lieber mit anderen teilen, um Europa auf dem breitem Konsens vieler zu führen. Aber in dem Machtvakuum, unter dem Europa seit der Finanzkrise 2008 leidet, ist Merkel mangels Alternative zur entscheidenden Person geworden, die Europas Zukunft formt.

Nach Donald Trumps überraschender Wahl 2016 verkündete Merkel, dass sie trotz ihrer Bedenken, zu lange im Amt zu bleiben, noch einmal als Kandidatin ihrer Partei für eine vierte Amtszeit antreten würde. Merkel war so geschockt über die Wahl Trumps, dass sie sich fragte, ob sie bei der Aussicht eines so unverträglichen amerikanischen Partners wirklich länger im Amt bleiben wollte. Insgeheim hatte sie mit Hillary Clinton gefiebert, mit der sie eine enge persönliche Verbindung gepflegt hatte. Ein Merkel-Clinton-Duo wäre in Anbetracht ihrer großen gegenseitigen Bewunderung und dem Einvernehmen darüber, wie viele globale Probleme anzugehen sind, vielleicht die mächtigste Partnerschaft der Weltpolitik geworden.

Während seines Abschiedsbesuchs in Deutschland zwei Wochen nach der US-Präsidentschaftswahl bat Merkel Präsident Obama, zu erklären, was da gerade passiert sei und ihr zu raten, was sie tun solle. Obama drängte sie, für eine weitere Amtszeit zu kandidieren, weil sie die einzige Regierungschefin sei, die in so gefährlichen Zeiten das Vertrauen in die westliche liberale Demokratie aufrechterhalten könne. Obama bat sie außerdem, offen im Umgang mit Trump zu sein; dies in der Hoffnung, dass die Last und Verantwortung des Amtes dessen Ansichten mäßigen würden.

In ihrer Gratulationsbotschaft an Trump einen Tag nach seinem Wahlsieg erklärte Merkel, dass sie eine weitere enge Zusammenarbeit mit den Vereinigten Staaten unter seiner Führung begrüßen würde. Aber sie stellte strenge Bedingungen. Sie betonte, dass eine solche Zusammenarbeit nur auf der Grundlage gemeinsamer Werte zwischen Deutschland und den Vereinigten Staaten stattfinden könne, nämlich auf »Demokratie, Freiheit und Respekt vor dem Gesetz und der Würde des Menschen, unabhängig von Herkunft, Hautfarbe, Religion, Geschlecht, sexueller Orientierung oder politischer Einstellung.«

Obama hielt sie für klug, doch Merkel bestritt, dass sie den Ehrgeiz habe, die westliche Welt zu führen, denn »keine einzelne Person, selbst mit größter Erfahrung, kann die ganze Welt reparieren.« Da Großbritannien jedoch die Europäische Union verlässt, Frankreich einer unsicheren Zukunft entgegensieht und die Vereinigten Staaten sich mit einem unerfahrenen Präsidenten, der eine »Amerika zuerst«-Politik vertritt, in unbekannte Gewässer begeben, hat sich Merkel als Hauptverteidigerin einer westlich-liberalen demokratischen Ordnung erwiesen, die auf beiden Seiten des Atlantiks von Rechtspopulisten bedroht ist.

Deutschland fällt jetzt eine Schlüsselrolle in Europa zu und hat längst Großbritanniens Platz als Amerikas Partner in der Führung der atlantischen Allianz eingenommen. Amerikanische Präsidenten seit Ronald Reagan haben erkannt, dass alle Wege zu einer Kooperation mit Europa über Berlin führen. Merkels Betonung gemeinsamer Werte als Grundlage außenpolitischer Kooperation zwischen Washington und Berlin steht jedoch in scharfem Gegensatz zu dem transatlantischen Ansatz, den Trump im Wahlkampf vertreten hat. Ein Abbruch der deutsch-amerikanischen Zusammenarbeit könnte Europa destabilisieren, Amerikas Stellung in der Welt schwächen und Russland die Möglichkeit geben, seine Einflusssphäre zu erweitern. Putin hat gezeigt, dass Moskaus oberste strategische Priorität darin besteht, weitere Uneinigkeit in der NATO und der Europäischen Union zu säen, um den Zusammenhalt dieser Institutionen zu zerstören. Trump ist von vielen Experten für Außenpolitik eindringlich gemahnt worden, sicherzustellen, dass sein Wunsch nach besseren Beziehungen zu Russland nicht die atlantische Allianz untergräbt.

Merkel hat vergeblich nach einem verlässlichen Partner gesucht, der helfen könnte, die Last zu teilen, Europa durch die gegenwärtigen Belastungen zu führen. Seit dem Zweiten Weltkrieg scheute Deutschland immer vor zu viel Einfluss zurück und hat bei der Lenkung der Europäischen Union traditionell eng mit Frankreich zusammengearbeitet. Während ihrer drei Amtszeiten als deutsche Kanzlerin wurde Merkel jedoch von den gescheiterten Präsidentschaften Nicolas Sarkozys und François Hollandes tief enttäuscht.

Das Fehlen einer starken Führung in Paris hat Deutschland die Rolle eines widerwilligen Führers aufgezwungen, dessen politische Macht entsprechend seiner wirtschaftlichen Dominanz auf dem Kontinent gewachsen ist. Merkel stellte fest, dass Sarkozy zu unberechenbar und launisch ist und keine Vision hat, wohin es mit Europa gehen sollte. Sein Nachfolger, der Führer der Sozialistischen Partei, François Hollande, zählt zu den unpopulärsten Präsidenten des heutigen Frankreich und war ständig mit Aufständen innerhalb seiner eigenen Partei konfrontiert. Im Osten wurde Merkel ähnlich enttäuscht, insbesondere durch die Ereignisse in Polen, das aufgeblüht ist und bislang eine der Erfolgsgeschichten im postkommunistischen Europa darstellte, aber jetzt unter der Partei »Recht und Gerechtigkeit« eine antiliberale, undemokratische Wendung genommen hat.

Trotz ihrer proamerikanischen Einstellung hat Merkel verstanden, dass sie sich nicht immer auf die Unterstützung durch das Weiße Haus stützen kann. Als Obama zu Beginn seiner Präsidentschaft verkündete, es sei für die USA an der Zeit, den Blick nach Asien zu richten, fürchteten viele Europäer, dass die USA ihre Rolle als militärischer Beschützer Europas aufgeben und ihre Aufmerksamkeit auf die schnell wachsenden Märkte in China, Südkorea und Indien richten würden. Obamas Verärgerung über die »Trittbrettfahrer« unter den europäischen Verbündeten, die sich weigerten, einen eigenen hinreichenden Beitrag zu ihrer Verteidigung zu leisten, schien in ihrem Verhältnis zu einer Art »liebevoller Strenge« zu führen. Bei ihren Treffen erinnerte Obama Merkel oft daran, aus Sicht der USA wäre es an der Zeit, dass sich Deutschland und seine Partner nach sieben Jahrzehnten amerikanischer Vormundschaft nach dem Zweiten Weltkrieg nun um ihre eigenen Angelegenheiten kümmerten. Mit der Zeit entwickelten Merkel und Obama jedoch eine enge Beziehung und schlossen persönlich Freundschaft, was der transatlantischen Partnerschaft nützte. Obama verlieh Merkel die Freiheitsmedaille des Präsidenten und stattete Berlin in den letzten Wochen seiner Präsidentschaft einen Abschiedsbesuch ab, um seinen Respekt vor ihr als Regierungschefin zu zeigen und sie zu drängen, weiterhin die Werte der westlichen Demokratie in der Welt zu verfechten.

Während ihrer langen Amtszeit erlebte sie im Inland eine bemerkenswerte Stabilität, was ihre Stellung in Europa in einer Zeit, da andere Regierungschefs im eigenen Land schwierige Herausforderungen durchstehen mussten, festigte. Während zwei ihrer drei Amtszeiten bildete sie mit ihrer Christdemokratischen Union eine große Regierungskoalition mit den Sozialdemokraten, sodass sie über 80 Prozent der Sitze im Deutschen Bundestag verfügte.

Merkel zeichnet unter anderem die außerordentliche Fähigkeit aus, die Positionen ihrer Gegner zu vereinnahmen, was sie während ihrer Kanzlerschaft schon oft getan hat. Sie entwaffnete die Anti-Atomkraft-Partei der Grünen, indem sie angesichts der Reaktorkatastrophe von Fukushima verkündete, Deutschland würde bis 2022 alle Atomkraftwerke vom Netz nehmen. Deutschland startete daraufhin ein ehrgeiziges Programm mit enormen Kosten, aber viel öffentlicher Unterstützung, um die Energielücke mit alternativen Energiequellen wie Wind und Solarenergie zu füllen. Deutschland ist heute weltweit führend, was die Energiewende weg von fossilen Brennstoffen angeht, und bezieht jetzt fast ein Drittel seiner Energie aus alternativen Energiequellen.

Zudem hat Merkel die Basis ihrer Christdemokratischen Union erweitert, indem sie fortschrittliche Programme übernommen hat, z. B. was Kinderbetreuung und Frauenrechte angeht, die einst den Sozialdemokraten vorbehalten waren. Während einige CDU-Anhänger murrten, dass sie damit das Profil der Partei verwischt und ihre Stammwähler verunsichert habe, zeugt Merkels anhaltende Popularität während ihrer drei Amtszeiten von ihrer beeindruckenden Fähigkeit, sich nach dem politischen Wind zu richten, um im Einklang mit der Stimmung deutscher Wähler zu bleiben. Im Umgang mit all den Krisen, die ihre Regierungszeit kennzeichnen, hat Merkel es doch geschafft, den Kurs zu wechseln, wann immer es notwendig war, um der öffentlichen Meinung Rechnung zu tragen und sicherzustellen, dass das Land fest hinter ihr steht.

Keine andere Krise illustriert besser Merkels Fähigkeit, Meinungsumschwünge in der Bevölkerung zu steuern, als der Zustrom syrischer Flüchtlinge, der 2015 den ganzen Kontinent zu destabilisieren drohte. Auf dem Höhepunkt ihrer Macht erlaubte Merkel 900 000 Flüchtlingen auf einmal nach Deutschland zu kommen, während sich Ungarn, Polen und andere östliche Nachbarn entschieden weigerten, mehr als eine bloß symbolische Zahl von Flüchtlingen aufzunehmen. Zuerst waren die Deutschen stolz darauf, ihre großzügige Gastfreundschaft zu demonstrieren und anderen europäischen Ländern ein Beispiel zu geben, indem sie überwiegend syrische, afghanische und irakische Flüchtlinge in ihrem Land begrüßten. Merkels Motto »Wir schaffen das!« klang wie das Echo des Refrains »Yes, we can« aus Obamas Wahlkampagne, der amerikanische Bürger 2008 fasziniert hatte.

Sie ermahnte die deutsche Öffentlichkeit, die Ankunft der syrischen Flüchtlinge als einmalige Gelegenheit für das Land zu betrachten, seine Bevölkerung zu verjüngen. Die Flüchtlinge könnten dazu beitragen, eine Menge unternehmerischer Energie freizusetzen, nachdem Jahrzehnte niedriger Geburtenraten Ängste weckten, ob das Land Renten und Gesundheitsfürsorge für die schnell alternde Bevölkerung finanzieren könnte. Tatsächlich hatte der deutsche Innenminister einige Jahre zuvor eine Studie vorgestellt, die belegt, dass Deutschland in den nächsten zwei Jahrzehnten 400 000 Migranten bräuchte, um offene Stellen zu besetzen, wenn der gegenwärtige Lebensstandard gehalten werden sollte.

Deutsche Beamte begannen die syrischen Asylsuchenden abzufertigen – die meisten waren junge Männer – und bemühten sich, sie

möglichst im Hinblick auf offene Stellen am Arbeitsmarkt zu vertei-
len und in Bildungsprogramme zu schleusen. Sobald klar geworden
war, dass viele der Flüchtlinge nicht in absehbarer Zeit in ihre Heimat zurückkehren würden, genehmigte der Deutsche Bundestag zusätzliche Fördermittel in Höhe von fast 95 Milliarden Euro im Laufe
von drei Jahren – das entspricht einer Summe von fast 28 000 Euro
pro Jahr für jeden Flüchtling –, um die Kosten von Sprachkursen,
beruflichen Qualifizierungsmaßnahmen und sogar kulturellen Integ-
rationskursen zu decken, die es den Flüchtlingen erleichtern sollten,
sich an ihr neues Heimatland zu gewöhnen.

Bald begannen sich die Deutschen jedoch zu fragen, welche Folgen es für das Land haben könnte, wenn so viele Fremde aus Nahost
ins Land kommen. Und ob z. B. ihre nationale Identität dadurch
bedroht sei. Im reichen Bayern, wo die CSU, die Schwesterpartei
der CDU, seit Jahrzehnten die Politik bestimmt, kam es in einigen
Dörfern vor, dass die dorthin gebrachten Flüchtlinge gegenüber
den Dorfbewohnern in der Überzahl waren. CSU-Chef Horst See-
hofer beklagte, dass die populistische fremdenfeindliche »Alternative für Deutschland« (AfD), die 2013 gegründet worden war, allmählich viele CSU-Wähler anzog, die mit der großzügigen
Asylpolitik unzufrieden waren, weil sie das Gefühl hätten, dass
durch sie die katholisch geprägte Tradition und Kultur Bayerns verändert werden würde.[4]

Aus anderen Regionen Deutschlands, insbesondere im ehemals
kommunistischen Osten, wo fremdenfeindliche Tendenzen schon
immer sehr stark waren, wurde von zunehmenden Angriffen auf
Flüchtlingsheime berichtet. Am Silvesterabend 2015 erstatteten dann
Dutzende Frauen in Köln und Hamburg Anzeige gegen junge muslimische Migranten wegen Diebstahls und Belästigung während der
abendlichen Feiern auf den Straßen der Innenstadt. Die Überfälle
lösten eine scharfe Gegenreaktion aus. Viele Deutsche forderten nun
eine sofortige Änderung der Asylpolitik und beharrten darauf, dass
das Land die Politik der offenen Tür, die Merkel unterstützt hatte,
nicht länger fortsetzen könne. Um die Kritiker in den eigenen Reihen zu besänftigen, beugte sich Merkel dem Druck und akzeptierte

neue Gesetze, die die Zahl der Flüchtlinge, die nach Deutschland kommen dürften, begrenzen sollten. Asylsuchende würden nur noch eine Aufenthaltserlaubnis von einem Jahr statt von drei Jahren erhalten, die aber gegebenfalls verlängert werden könnte. Der Familiennachzug hingegen wurde ausgesetzt.

Dennoch wuchs die öffentliche Sorge über die Auswirkungen von Merkels Politik. Wie viele Flüchtlinge dürften bleiben und wie lange? Wie konnte erwartet werden, dass junge männliche Asylsuchende aus Syrien sich in deutschen Gemeinden integrieren, wenn ihre Kultur so sehr in Widerspruch zu der des Westens stand? Obwohl viele Deutsche wussten, dass Zuwanderung notwendig war, um offene Stellen zu besetzen und mit den anfallenden Einkommenssteuern Renten und Gesundheitsfürsorge für eine alternde Gesellschaft zu finanzieren, fragten sie sich, ob die Gesellschaft es verkraften könne, so viele Flüchtlinge zu integrieren – siebzig Prozent davon junge männliche Araber ohne Begleitung von Frauen und Kindern –, aus einer Kultur, deren Werte ihren eigenen in vieler Hinsicht widersprach.

Im Dezember 2016, als sich schon viele Deutsche auf die Weihnachtstage vorbereiteten, ereignete sich einer der schlimmsten Terroranschläge, die in den letzten Jahren in Deutschland zu beklagen waren. Ein 24-jähriger tunesischer Migrant steuerte einen riesigen Lastwagen mitten in den Berliner Weihnachtsmarkt am Kurfürstendamm, tötete dabei zwölf Menschen und verletzte weitere fünfzig. Verantwortung für den Anschlag übernahm der sogenannte Islamische Staat. Die Methode, mit einem großen Lastwagen unschuldige Zivilisten niederzumähen, stammt aus dem Handbuch des Islamischen Staates, das über die Website der Terrororganisation verbreitet worden war. Fünf Monate zuvor war ein tunesischer Migrant in Frankreich am französischen Nationalfeiertag mit einem Lastwagen in eine Menschenmenge auf der Uferpromenade Nizzas gefahren und hatte dabei 84 Menschen getötet, bevor er von Sicherheitskräften erschossen wurde. Der Attentäter von Berlin wurde später in Mailand aufgespürt, wo er bei einer Schießerei von der Polizei getötet wurde.

Die Anschläge befeuerten die Kritik an Merkels Politik vom rechten Flügel ihrer Partei und die der fremdenfeindlichen, europakritischen und extremistischen Partei »Alternative für Deutschland« (AfD), die zusehends an Unterstützung gewann. Kaum drei Jahre nach ihrer Gründung stieg die Popularität der AfD schlagartig an und sie war in neun von sechzehn Landtagen vertreten. In Merkels Heimat, Mecklenburg-Vorpommern, erhielt sie 20 Prozent der Wählerstimmen und schien auf dem besten Weg, eine bedeutende Kraft in der Bundestagswahl im September 2017 zu werden, bei der sie die drittstärkste Partei zu werden hoffte.

Wie andere westliche Regierungschefs schien Merkel ratlos, was zu tun sei, um eine weitere Welle terroristischer Anschläge zu verhindern. Es war zu spät, um die Türen für die enormen Flüchtlingszahlen, die über die Türkei aus Syrien nach Europa gekommen waren, zu schließen. Es war bekannt, dass eine große Zahl mutmaßlicher Anhänger des Islamischen Staates als Flüchtlinge getarnt nach Europa gekommen waren, um so ihrer Entdeckung durch die Sicherheitskräfte zu entgehen. Merkel hatte daraufhin die Auflagen für Flüchtlinge in Deutschland verschärft, etwa ein Burkaverbot in Schulen eingeführt, und ihre Regierung hatte weitere Maßnahmen ergriffen, um gegen den Missbrauch deutscher Gesetze vorzugehen. Mit Afrika und Ländern des Nahen Ostens wurden Verhandlungen aufgenommen, um viele der Migranten, die nach Deutschland gekommen waren, zurückzunehmen. Doch viele der Herkunftsstaaten weigerten sich zu kooperieren. Es wurde berichtet, dass deutsche Behörden bereits Monate vor seinem Attentat versucht hatten, Anis Amri abzuschieben. Tunesien erkannte ihn jedoch nicht als Staatsbürger an.[5]

Lange hatte Merkel geglaubt, die Flüchtlingskrise könnte am besten entschärft werden, indem die Bemühungen um eine friedliche Lösung in Syrien verstärkt würden. In gewisser Hinsicht war Deutschland auch bestens dazu geeignet, um bei der Suche nach einer Friedenslösung, die den blutigen Bürgerkrieg in Syrien beenden würde, zu vermitteln, denn das Land unterhielt traditionell gute Beziehungen zu allen wichtigen Protagonisten. Merkel vertraute man und sie wurde in Washington respektiert; Präsident Obama hatte oft seine Bewunderung für ihre eiserne Geduld im Umgang mit Wladimir Putin zum Ausdruck gebracht.

Obama erkannte, dass sie in Anbetracht der Schwäche von London und Paris die einzige Regierungschefin unter den Verbündeten war, auf die er sich verlassen konnte. Er wusste zu schätzen, dass sie dazu beigetragen hatte, dass der Westen bei den langwierigen Verhandlungen über ein Atomabkommen mit dem Iran eine einheitliche Position gewahrt hatte. Merkel war zudem, beinahe automatisch, zur Hauptgesprächspartnerin Putins geworden. Sie sprach fließend Russisch, zudem konnten sie sich aber auch auf Deutsch unterhalten, das Putin während seiner fünfjährigen Tätigkeit als KGB-Agent in Dresden vor dem Fall der Mauer perfektioniert hatte. Trotz gegenseitiger Verachtung hatte Putin mittlerweile, wenn auch widerwillig, Respekt vor Merkel entwickelt. Außerdem genoss sie hohes Ansehen in Teheran, das lange schon lebhafte wirtschaftliche Beziehungen zu Deutschland unterhielt. Während der Regentschaft des Schahs fanden viele Mitglieder der religiösen Opposition, die später in der Islamischen Republik an die Macht gelangten, Zuflucht in Deutschland.

Merkels Bemühungen um eine friedliche Lösung in Syrien erwiesen sich jedoch am Ende als erfolglos. Russland und Iran, die beiden Hauptverbündeten Bashar Assads, des starken Manns Syriens, wollten ihn nicht zum Rücktritt zwingen, um so einer Übergangsregierung – als Vorstufe zu einem dauerhaften Frieden – den Weg zu ebnen. Die Vereinigten Staaten bestanden darauf, dass Assads Abgang der notwendige erste Schritt zur Lösung des Konflikts sei, denn keine der Anti-Assad-Gruppierungen würde einer Vereinbarung zustimmen, bei der er an der Macht bliebe. Aber dann beschlossen Assad und seine Verbündeten den militärischen Einsatz zu verdoppeln und starteten einen brutalen Luft- und Bodenangriff auf Syriens zweitgrößte Stadt Aleppo, der Ende 2016 einen Großteil des bewaffneten Widerstands gegen seine Herrschaft zerschlug.

Angesichts der diplomatischen Sackgasse, was den Syrienkrieg anging, wandte sich Merkel an ihren alten Gegner Recep Rayyip Erdoğan, um eine Vereinbarung zu treffen, die den Flüchtlingsstrom durch die Türkei nach Europa stoppen könnte. Die deutsche Initiative gefiel ihren europäischen Partnern nicht, aber Merkel trieb die Sache trotzdem voran. Ihr war klar, dass andere europäische Länder, mit Ausnahme Schwedens, nicht bereit waren, eine gerechtere Verteilung der Flüchtlinge nach Quoten zu akzeptieren, wie sie es für die 28 europäischen Staaten vorgeschlagen hatte. Widerwillig musste sie einsehen, dass Deutschland nicht weiter in solchem Tempo Flüchtlinge aufnehmen konnte wie bisher, ohne die politische Stabilität zu riskieren. Da die Bundestagswahlen 2017 näher rückten, wollte Merkel unbedingt eine Abmachung mit Erdoğan treffen, um den Flüchtlingsstrom nach Europa zu drosseln, obwohl ihr immer klar war, dass er kein verlässlicher Partner ist.

Das Abkommen, das im März 2016 zwischen Deutschland und der Türkei getroffen wurde, wurde allgemein kritisiert, besonders von Menschenrechtsorganisationen. Die Türkei verpflichtet sich darin, weitere syrische Flüchtlinge, die von der Türkei nach Griechenland kommen, zurückzunehmen. Im Gegenzug versprach die EU die Aufnahme eines syrischen Flüchtlings für jeden Syrer, der in die Türkei zurückgeschickt wurde. Zudem erhält die Türkei weitere drei Milliarden Euro Unterstützung – zusätzlich zu den bereits zuvor zugesagten drei Milliarden Euro – für die Versorgung der 2,7 Millionen syrischen Flüchtlinge, die sich auf türkischem Boden aufhalten. Der umstrittenste Passus war Merkels Versprechen, die Beitrittsverhandlungen der Türkei zur Europäischen Union zu beschleunigen und eine baldige Visafreiheit für Türken für die Einreise in die EU zu gewähren, wenn die Türkei die hierfür notwendigen Bedingungen erfülle.

Die UN-Flüchtlingsorganisation und andere Menschenrechtsorganisationen bemängelten, dass ein solcher Austausch von Flüchtlingen gegen internationales Recht verstoße. Mehrere EU-Mitgliedsstaaten erklärten, sie würden diesen Sonderkonditionen für die Türkei nicht zustimmen und keine weiteren syrischen Flüchtlinge auf Grundlage der Rückführungsvereinbarungen mit Griechenland akzeptieren. Zur Überraschung vieler Experten verringerte sich jedoch der Strom der Flüchtlinge aus der Türkei dramatisch.

Erdoğan wies die türkische Polizei und das Militär an, an der Küste zu patrouillieren, um Menschenhändler davon abzuhalten, ihrem lukrativen Geschäft nachzugehen. Viele Flüchtlinge gaben daraufhin angesichts des Risikos, ihr ganzes Geld zu verlieren, indem sie abgefangen und in die Türkei zurückgeschickt werden, den Plan auf, nach Europa zu fliehen.

Innerhalb von Monaten machte sich ein Gefühl der Erleichterung in Deutschland und anderen europäischen Ländern breit, während die Flüchtlingskrise von den Titelseiten der Zeitungen verschwand. Im Juli 2016, fast genau ein Jahr, nachdem die erste große Flüchtlingswelle Griechenland erreichte und sich nach Norden in Richtung Deutschland bewegte, berichtete die UN-Flüchtlingsorganisation, dass durch die Schließung der Grenzen der Balkanländer und durch das EU-Flüchtlingsabkommen mit der Türkei der Flüchtlingsstrom über die Ägäis nach Griechenland zu einem Rinnsal geschrumpft sei.

Während weiterhin in großer Zahl Flüchtlinge aus Afrika südlich der Sahara von Libyen über das Mittelmeer nach Italien kamen, war der Strom syrischer Flüchtlinge, der 2015 mehr als 1,1 Millionen Menschen nach Europa gebracht hatte – den bei weitem größten Teil nach Deutschland und Schweden –, versiegt. Das Gespenst, dass Deutschland von Horden muslimischer Einwanderer überrannt werden würde, schien das Land nicht länger im Griff zu haben, auch wenn die Kosten und Mühen, so viele Fremde in so kurzer Zeit zu integrieren, immer noch ernste Probleme aufwarfen. Aber Merkel überstand, was anfangs als eine tödliche Gefahr für ihren Machterhalt erschienen war.

Eine ganz andere Herausforderung stellte das sich mehrere Jahre hinziehende Drama der Eurozone dar. Im Gegensatz zu ihrem mutigen, beinahe waghalsigen Umgang mit der Flüchtlingskrise handelte Merkel hier nicht vorschnell, sondern bedächtig und spielte in den angespanntesten Momenten der griechischen Schuldenkrise immer wieder auf Zeit. Als Griechenland 2010 zum ersten Mal eingestand, dass es seine umfangreichen Schulden nicht zurückzahlen könne, bestand Merkel darauf, eine Rettungsaktion müsse mit einem strikten Sparkurs verbunden sein, damit Griechenland seine verschwenderische Haushaltsfuhrung aufgibt. Merkel war zudem klar, dass andere Länder mit ähnlichen Schuldenproblemen – wie Portugal und Spanien –, die sich durch die globale Finanzkrise noch verschärft hatten, eine ähnliche Disziplin für sich ablehnen würden, wenn Griechenland nicht dazu bereit wäre, drakonische Sparmaßnahmen einzuhalten.

In den Augen der Südeuropäer benutzte Merkel die Wirtschafts- und Finanzkraft ihres Landes, um ihnen das deutsche Modell aufzuzwingen. Die Nord-Süd-Spaltung, die reiche Kreditgeber wie Deutschland und die nordischen Staaten gegen arme Schuldner im Mittelmeerraum ausspielte, drohte jedoch Europa zu zerreißen. Christine Lagarde, die Chefin des Internationalen Währungsfonds, beharrte deshalb wiederholt darauf, Deutschland müsse sich auf die einzig logische Maßnahme einlassen, einen Großteil der griechischen Schulden abzuschreiben, und vielleicht auch derjenigen Italiens und anderer südeuropäischer Staaten. Merkel wusste jedoch, dass deutsche Wähler in einer Zeit, da die alternde deutsche Bevölkerung um eine auskömmliche Rente ringt, nicht oder nur sehr ungern bereit wäre, die Last zu übernehmen. Viele Wirtschaftsexperten prophezeien, dass Deutschlands Weigerung, die Notwendigkeit eines Schuldenschnitts anzuerkennen, den Boden für eine weitere Eurokrise in naher Zukunft bereitet.

Trotz ihrer pro-europäischen Überzeugungen weigerte sich Merkel die ganze Zeit, europaweite Lösungen in Erwägung zu ziehen, die die Schuldenkrise entschärft hätten. Schon früh wurde vom Chef der Europäischen Zentralbank, Mario Draghi, der Gedanke vorgetragen, dass der Druck auf Griechenland, Italien und andere südeuropäische Länder erheblich gemildert werden könnte, wenn sich die neunzehn Mitglieder auf einen Plan gemeinschaftlicher Schuldenübernahme einigen könnten, oder mit anderen Worten, wenn die Haftung für alle Schulden in der Eurozone unter den Mitgliedern geteilt würde. Draghi argumentierte, dass eine solche Vereinbarung die Märkte von der Stabilität des Euro überzeugen würde, weil er vollständig von den vereinten Ressourcen aller Mitgliedsstaaten gedeckt wäre, insbesondere von Europas wirtschaftlichem Machtzentrum Deutschland.

Peer Steinbrück, prominenter Sozialdemokrat und früherer Finanzminister, der gegen Merkel als Kanzlerkandidat angetreten war, war bereit, die Idee zu übernehmen. Aber die Sozialdemokraten schreckten davor zurück, als ihnen klar wurde, dass sie bei den Wahlen einen hohen Preis zahlen würden, wenn sie eine so drastische Maßnahme befürworteten. Italiens früherer Premierminister Mario Monti bat Merkel zu der Zeit geradezu inständig, doch bitte zu bedenken, welch historische Bedeutung ein solcher Quantensprung für ein stärker vereintes Europa hätte. Aber sie lehnte seine Bitte ab, denn sie wollte in dieser Frage die Mehrheitsmeinung der deutschen Wähler nicht übergehen. »Es wäre dies eine großartige Gelegenheit gewesen im Hinblick auf eine stärkere Vision von Europa, und eine, die die Krise gestoppt hätte. Stattdessen zahlten wir am Ende wegen engstirniger politischer Bedenken einen hohen Preis«, so Monti mir gegenüber.[6]

Aber Merkel, der gleichwohl immer bewusst war, wie weit die deutsche Öffentlichkeit gehen würde, um ihren europäischen Nachbarn zu helfen, hielt dennoch an der harten Linie ihres Finanzministers Wolfgang Schäuble fest. Beide fürchteten, dass anderenfalls ihre Partei viele Wähler an die anti-europäische, populistische »Alternative für Deutschland« verlieren würde, wenn sie versuchten, die ehrgeizige Vision eines stärker vereinten Europas zu erzwingen. Der Aufstieg des Populismus überall in Europa hatte Regierungen vorsichtiger werden lassen bei dem Versuch, den Wählern die Idee stärkerer europäischer Integration einzurichten – wovor Merkels Ziehvater, Helmut Kohl, sich nicht gefürchtet hatte, als es darum ging, die geliebte Deutsche Mark gegen den Euro einzutauschen. Merkel machte also einen Rückzieher und schloss sich Schäubles Überzeugung an, dass die Deutschen nicht bereit wären, Verantwortung für die Schulden ihrer europäischen Partner zu übernehmen.

Deutschland lehnte auch die Idee eines europaweiten Einlagensicherungssystems für die Banken der Eurozone ab, weil der Regierung klar war, dass sie deutsches Geld riskieren würde. Die Deutschen wollten nun mal nicht, dass ihr schwer verdientes Geld zur Absicherung eines möglichen Bankenkollaps in einem anderen europäischen Staat diente. Deutschlands Weigerung, solche Schritte überhaupt in Erwägung zu ziehen, enttäuschte seine Partner und stärkte sie in der Überzeugung, dass deutsche Unterstützung für europäische Politik nur so weit reichte, wie es den eigenen nationalen Interessen nützt. Während Merkel und Schäuble ihre Unterstützung für eine stärkere Integration Europas bekundeten, bis hin zu einer politischen Einheit und Gründung der Vereinigten Staaten von Europa, war für Griechen und andere Europäer völlig offensichtlich, dass deutsche Wähler nicht länger bereit waren, ihre eigenen Interessen dem europäischen Projekt zu opfern.

Meinungsumfragen zeigten, dass die Deutschen der Ansicht waren, ihre Regierung sei zu nachsichtig mit den Griechen und anderen europäischen Partnern gewesen. Sie waren strikt dagegen, weitere Rettungsgelder zur Verfügung zu stellen. Am Anfang der Eurokrise hatten die Deutschen den Eindruck, Opfer ihrer eigenen Korrektheit zu sein, was die Befolgung der EU-Regeln angeht, und ärgerten sich nun, dass sie für das ihrer Ansicht nach unverantwortliche Verhalten ihrer Partner bezahlen sollten. Anderswo in Europa herrschte jedoch eine ganz andere Einstellung, denn eine deutliche Mehrheit der Griechen, Italiener, Franzosen und Spanier waren der Meinung, dass die Deutschen zu eigennützig seien, wenn sie ihren europäischen Partnern in der Stunde der Not weitere Hilfe verweigerten.

Überall in Athen waren die Hauswände mit Bildern von Merkel mit Hakenkreuz und Hitlerbart beklebt. Merkel nahm die Beleidigungen hin und beharrte darauf, dass Deutschland keineswegs grausam oder herzlos mit seinen südlichen Nachbarn umgehe. Sie argumentierte, dass Deutschland nur sicherstellen wolle, dass die Hilfen, die Griechenland, Spanien und Portugal zum Abbau ihrer Schulden angeboten würden, parallel von Haushaltsreformen begleitet sein müssten, die ihre Finanzen langfristig sanierten und ihnen helfen würden, in der globalen Wirtschaft konkurrenzfähig zu sein.

Merkel stand im eigenen Land unter enormem Druck, keinesfalls weitere Finanzhilfen anzubieten. Deutsche Rentner klagten, sie wollten nicht, dass ihre kostbaren Ersparnisse für die verschwenderischen Nachbarn im Süden ausgegeben würden. Die *Bild*, mit acht Millionen Lesern täglich die wohl populärste Tageszeitung des Landes, schloss sich der Kampagne gegen die Rettungsaktionen für Griechenland an. In einer Titelstory, die ein Foto mit einer Unmenge von Jachten in der Ägäis zeigte, berichtete das Blatt, dass Griechen immer noch mit 55 oder sogar 50 in Rente gehen könnten, wenn sie in einem »gefährlichen Beruf« arbeiteten. Diese Regel sei so weit gefasst, dass die Liste gar Frisöre einschließe, während Deutschland das Renteneintrittsalter gerade auf 67 erhöht hatte. Griechische Zeitungen hielten sich ihrerseits nicht mit scharfer Kritik zurück und warfen ihren deutschen Kreditgebern vor, sie auszupressen, um französischen und deutschen Banken aus der Klemme zu helfen, die nach der Einführung des Euro in Scharen nach Griechenland gekommen seien, um riskante Kredite an Kunden zu vergeben, die gar nicht kreditwürdig waren.

Die gegenseitigen Vorwürfe dauern bis zum heutigen Tag an, wobei Deutschland von den südlichen EU-Staaten vorgeworfen wird, von einer Sparpolitik à la »Iss jetzt endlich deinen Spinat« besessen zu sein. Sie beharren darauf, dass für die Europäische Union die Zeit für eine Investitionsspritze reif sei, die Jobs und wirtschaftliches Wachstum fördere und für neue Hoffnung bei der wachsenden Zahl arbeitsloser junger Menschen in Europa sorge. Die nächste ökonomische Krise in Europa könnte Deutschland, das fast die Hälfte seines Bruttosozialprodukts durch Exporte erwirtschaftet, unmittelbar treffen. Da Deutschland die meisten Produkte an seine europäischen Partner verkauft, würden für den Fall, dass die Probleme Griechenlands infolge einer EU-weiten Bankenkrise oder einer erneuten Rezession auch auf Italien oder Frankreich übergreifen, die deutschen Exporte wahrscheinlich empfindlich zurückgehen und die Arbeitslosigkeit in Deutschland steigen. Wenn deutsche Wähler vielleicht nicht hören wollen, dass ihr zukünftiger Wohlstand auch von ihrer Bereitschaft abhängt, ihren europäischen

Nachbarn dabei zu helfen, den weiteren wirtschaftlichen Niedergang abzuwenden, werden Merkel und andere ihnen das vielleicht einfach klar machen müssen – ob sie wollen oder nicht.

Merkel wurde nicht nur die Lösung der europäischen Flüchtlings- und Staatsschuldenkrise aufgebürdet, sie war zudem genötigt, die Führung beim Umgang mit weiteren Herausforderungen zu übernehmen. Im März 2014 war sie mit einer der größten Bedrohungen der Sicherheit des Kontinents seit dem Fall der Berliner Mauer konfrontiert: Russlands offener Bruch internationalen Rechts durch die Annexion der Krim und den Einmarsch in die Ostukraine. Merkel hatte Putin oft getroffen und mit ihm gesprochen, seitdem sie 2005 Kanzlerin geworden war – weitaus häufiger als andere westliche Regierungschefs. Sie hat außerdem ein tiefes Verständnis für seine Motive. In ihren Gesprächen betonte er immer wieder seine Entschlossenheit, rückgängig zu machen, was er als größte geopolitische Katastrophe des 20. Jahrhunderts bezeichnet: den Zusammenbruch des Sowjetreiches.

Putin hat sich vollkommen dem Ziel verschrieben, Russlands Stellung als Supermacht wiederherzustellen, und ein 650 Milliarden Euro teures Programm zur Modernisierung des Militärs gestartet, um seine ehrgeizigen Pläne zu verwirklichen. Er arbeitet mit Tricks und Täuschung, ganz wie er es als erfolgreicher KGB-Offizier gewohnt ist. Merkel, die im kommunistischen Ostdeutschland unter dem sowjetgestützten Regime aufgewachsen ist, kennt die Denkweise Putins und seines Trupps ehemaliger KGB-Offiziere ganz genau. Sie spürt, wenn er sie anlügt, und er scheint zu wissen, dass sie es weiß. In ihren Gesprächen über die Ukraine bestritt er häufig jegliche Einmischung Russlands, bis sie ihn mit unbestreitbaren Beweisen für russische Beteiligung konfrontierte. Bei einem Treffen zog sie Fotos hervor und zeigte auf russische Soldaten in Uniformen ohne Abzeichen, worauf Putin überrascht und verwundert reagierte. Diese berüchtigten »kleinen grünen Männchen« hatten ungestraft an der russischen Übernahme der Krim teilgenommen und im Namen separatistischer Rebellen im Donbass und anderen Regionen der Ostukraine gekämpft.

Nach der Übernahme der Krim hat Merkel Putin bei mehr als siebzig Anlässen getroffen oder mit ihm gesprochen. Auf Obamas Geheiß ist sie als Hauptverhandlungspartnerin des Westens aufgetreten, bei dem Versuch, Putin davon zu überzeugen, dass er eine funktionierende Beziehung zu den westlichen Verbündeten nur wiederherstellen kann, wenn er die Operationen in der Ukraine beendet, sich von der Krim zurückzieht und sich an internationales Recht hält. Trotz großer Umsatzverluste deutscher Firmen, die bislang riesige Profite beim Handel mit Moskau einfuhren, einigte sich die Europäische Union auf Merkels Betreiben auf wirtschaftliche Sanktionen gegen Russland. Es ist ihr gelungen, dass der Westen bei der Frage der Sanktionen Geschlossenheit wahrte, indem sie die europäischen Partner auf die Linie der Vereinigten Staaten gebracht hat. Und dies trotz der Bedenken Italiens, Ungarns und anderer EU-Staaten, die der Ansicht waren, dass Sanktionen keine geeigneten Mittel seien. Die Trump-Regierung, die eine engere Beziehung zu Russland anstrebt, könnte die Uneinigkeit innerhalb Europas über die Art des Umgangs mit Moskau weiter verstärken.

Im eigenen Land kämpfte Merkel gegen die wachsende Schar sogenannter »Putin-Versteher« oder Verteidiger des russischen Regierungschefs, die sich trotz Putins aggressiven und bösartigen Vorgehens nach einer neuen Ära der Ost-West-Entspannung sehnten. Der frühere Bundeskanzler Gerhard Schröder (SPD) verdiente ein Vermögen, indem er nach seinem Ausscheiden aus dem Amt Aufsichtsratschef des russischen Gazprom-Konzerns wurde. Seinen siebzigsten Geburtstag feierte er mit Putin und weiteren Freunden in St. Petersburg. Schröders früherer Kanzleramtsminister Frank-Walter Steinmeier, lange deutscher Außenminister, bevor er das im Wesentlichen repräsentative Amt des Bundespräsidenten übernahm, hat versucht, seine Partei von der harten Haltung Merkels gegenüber Putin abzugrenzen, indem er sich dafür aussprach, dass der Westen mehr Verständnis für Russlands Machtansprüche haben müsse.

Als NATO-Truppen im Sommer 2016 ein Manöver auf verschiedenen Truppenübungsplätzen in Estland, Lettland und Litauen durchführten, um diesen Verbündeten zu versichern, dass sie im Fall einer russischen Aggression beschützt würden, wetterte Steinmeier gegen unnötiges »Säbelrasseln und Kriegsgeheul«, wie er es nannte, mit dem die Gefahr eines militärischen Konflikts nur erhöht würde. »Wer glaubt, mit symbolischen Panzerparaden an der Ostgrenze des Bündnisses mehr Sicherheit zu schaffen, der irrt«, sagte Steinmeier. Merkel hatte mit ihrer harten Linie gegen Putin die öffentliche Meinung jedoch fest auf ihrer Seite, denn das Misstrauen gegenüber seinem autoritären Führungsstil und seiner Missachtung der Wahrheit ist gewachsen.

Beim Ausbruch der Ukrainekrise waren die Deutschen noch gespalten, was Vergeltungsmaßnahmen gegen Russland anging. Doch der Abschuss eines Passagierflugzeugs der Malaysian Airline, mutmaßlich durch Russland, bei dem fast dreihundert Menschen, überwiegend Niederländer, ums Leben kamen, sorgte jedoch für einen Meinungsumschwung zugunsten Sanktionen. Putins wiederholtes Leugnen jedweder russischen Beteiligung obwohl es sich eindeutig um eine russische Flugabwehrrakete handelte, die das Flugzeug zerstört hatte, beschädigte nachhaltig sein Ansehen in der deutschen Öffentlichkeit.

Die Deutschen waren außerdem empört, als von der Regierung angestiftete russische Medien behaupteten, dass ein vierzehnjähriges russisches Mädchen namens Anna von einer Gruppe junger Männer in einem Berliner Vorort brutal vergewaltigt worden sei. Als bekannt wurde, dass das Mädchen nur ein paar Tage bei Freunden gewesen war, ohne seinen Eltern etwas zu sagen, fuhr Putins Propagandamaschine fort, Deutschland zu beschuldigen, ein schreckliches Verbrechen an einem unschuldigen russischen Mädchen vertuschen zu wollen.

Trotzdem ist Merkel davon überzeugt, dass der Westen mit Putin im Gespräch bleiben muss und dass Dialog ebenso notwendig ist wie Abschreckung. Sie kritisierte Obamas herabsetzende Bezeichnung Russlands als »Regionalmacht«, denn solche Beleidigungen würden Putin, der davon besessen sei, Russland wieder eine herausragende Rolle auf der Weltbühne zu verschaffen, unnötig provozieren. Sie betrachtet es als ihre Aufgabe, in regelmäßigem Kontakt mit Putin zu bleiben, weil sie überzeugt davon ist, dass er hören muss, warum sein Verhalten den Westen ängstigt.

Oft kommt sie dabei an einen Punkt der Verzweiflung und ist nach eigener Aussage manchmal versucht, einfach den Raum zu verlassen, während sie seinen Schimpftiraden zuhören muss. Sie schüttelt den Kopf bei dem Gedanken daran, wie er bei ihren Treffen endlos darüber lamentiert, dass der Westen ihn schlecht behandele und versuche, sein Land einzukreisen, indem die NATO ihre Streitkräfte bis an russische Grenzen ausweitet. Dennoch ist sie davon überzeugt, dass es für Putin, der von Schmeichlern und Gaunern umgeben ist, wichtig ist, von ihr direkt zu erfahren, wie sie und andere westliche Regierungschefs über ihn denken.

Merkel hat sich um eine friedliche Lösung in der Ukraine bemüht, indem sie die Bedingungen für ein Abkommen durchgesetzt hat, das sie in Minsk, der Hauptstadt Weißrusslands, mit ihm erzielt hat. Nachdem sie stundenlang sein Gejammer über die schlechte Behandlung Russlands durch die Vereinigten Staaten und ihre europäischen Verbündeten angehört hatte, verfiel Merkel in eine düstere Stimmung. Es lief wieder einmal auf eine Nachtsitzung hinaus, in der sie mit Putin verhandeln musste. Diesmal waren noch der französische Präsident François Hollande und der Präsident der Ukraine Petro Poroschenko dabei. Aber sie waren nur Staffage für den Showdown zwischen Merkel und Putin. Über ein Jahr war sie für den Westen Verhandlungspartnerin des russischen Präsidenten gewesen und hatte versucht, den Umstand, dass sie fließend Russisch spricht, und die mächtigen wirtschaftlichen Beziehungen ihres Landes zu Moskau zu nutzen, um Putin zu bewegen, mit ihr zusammenzuarbeiten, um eine Friedensvereinbarung für die Ukraine zu erzielen. Aufgrund vieler Telefonate und Marathontreffen kannte sie mittlerweile seine Lügen und Täuschungsmanöver. Putin spielte weiterhin den Geschädigten, behauptete, der Westen wolle ihn in die Enge treiben und Russland daran hindern, seine rechtmäßige Rolle als Weltmacht wiederzuerlangen. Als Judosportler mit schwarzem Gürtel war er stolz darauf, seine Gegner aus dem Gleichgewicht zu bringen. Bei einem ihrer ersten Treffen mit Merkel rief er Koni, seine schwarze

Labradorhündin zu sich herein, während sie zum Frühstück in seiner Datsche saßen. Angeblich hatte er nichts von Merkels Abneigung gegen Hunde gewusst, die auf ein traumatisches Kindheitserlebnis zurückgeht – sie war damals von einem Hund gebissen worden. Als der Hund um sie herumschlich, schien Putin ihr Unbehagen zu genießen. Noch heimtückischer, er bot ihr den Hund als Geschenk an.

Gegen sechs Uhr morgens beim Minsker Gipfel verlor Merkel schließlich die Geduld. Sie sagte zu Putin, dass sie nicht länger bereit sei, seinen ständigen Tiraden über Kränkungen Moskaus zuzuhören. Er müsse die Punkte der Waffenstillstandsvereinbarung akzeptieren oder der Westen würde weitere Sanktionen verhängen. Sie stand auf, um zu gehen, in der Erwartung, dass Putin nicht nachgeben würde. Zu ihrer Überraschung tat er jedoch genau das. Die Minsker Vereinbarungen waren zumindest vorübergehend gerettet und Hoffnungen auf ein späteres Friedensabkommen wurden am Leben gehalten.

Merkel hatte jedoch nicht viel Zeit, um ihren Erfolg zu genießen. Von Minsk flog sie nach Brüssel, wo sie der nächste Verhandlungsmarathon erwartete. Diesmal würde sie bei den Forderungen an den linken griechischen Premierminister Alexis Tsipras den knallharten Polizisten spielen müssen. Im Gegenzug für weitere Kredite sollte er sich zu drastischen Sparmaßnahmen und Strukturreformen in Staat und Wirtschaft verpflichten. Nachdem wieder einmal bis in die Nacht gefeilscht worden war, brach Tsipras die Verhandlungen ab und kündigte überraschend ein Referendum an, bei dem die griechische Bevölkerung selbst über die Forderungen der Gläubiger entscheiden sollte. Merkel flog wütend und enttäuscht nach Hause und fürchtete, dass Tsipras' rücksichtslose Entscheidung ganz Europa destabilisieren würde. Nachdem die Griechen die Bedingungen abgelehnt hatten, ließ die griechische Regierung die Banken schließen und führte Kapitalverkehrskontrollen ein, war aber innerhalb weniger Wochen gezwungen, diesen Weg wieder aufzugeben und die Sparauflagen nun doch zu akzeptieren. Tsipras gab nach, wurde aber wiedergewählt und erhielt damit das Mandat, die Bedingungen des neuen Deals zu erfüllen. Zumindest vorerst war der Euro gerettet – zu Bedingungen, die für die griechische Bevölkerung noch belastender waren.

Merkels Pendeldiplomatie in diesen hektischen Wochen hörte nicht auf. Sie flog nach Hause und hatte kaum Zeit, sich wieder an ihren zurückhaltenden Ehemann Joachim Sauer zu gewöhnen, dessen Abneigung, sich in der Öffentlichkeit zu zeigen, außer bei den jährlichen Wagner-Festspielen in Bayreuth, ihm übrigens den Spitznamen »Phantom der Oper« eingebracht hat. Nach wenigen Stunden Schlaf empfing sie den britischen Premierminister David Cameron und seine Frau zu einem familiären Wochenendtreffen, bei dem auch besprochen werden sollte, wie Großbritannien in der EU gehalten werden kann.

Cameron hatte den Fortbestand seiner Regierung mit einem Referendum über den Verbleib Großbritanniens in der EU verknüpft. Merkel wollte Großbritannien unbedingt in der EU halten, denn sie fürchtete, dass sein Ausscheiden Europa destabilisieren und sie eines Partners berauben würde, der ihre atlantische Perspektive teilte. Sie versicherte dem britischen Regierungschef, dass sie bereit wäre, alles Erdenkliche zu tun, um ihm zu helfen, mit Ausnahme grundlegender Änderungen der EU-Verträge. Nach einigen langen Diskussionen erzielten sie und Cameron eine Vereinbarung über ein Paket von Zugeständnissen für Großbritannien, was EU-Reformen anging, die die britische Bevölkerung beschwichtigen und Cameron als Sieger darstellen sollten. Das Paket beeindruckte die britische Bevölkerung jedoch nicht, sie lehnte das Referendum ab und stimmte für den Austritt aus der EU.

Merkel hat nie verstanden, warum Cameron seine politische Zukunft riskierte und ebenso Großbritanniens 43-jährige Mitgliedschaft in der Europäischen Union. Der Ausgang eines Referendums wird häufig von Wählern entschieden, die aus vielerlei Gründen ihre Unzufriedenheit mit der Regierung ausdrücken wollen. Der europaskeptische Flügel der Konservativen Partei war lange eine lästige Splittergruppe, die die Arbeit der Europäischen Union behinderte.

Nach Camerons überwältigendem Wahlsieg 2015 schien man jedoch allgemein überzeugt, dass die Kritiker in seiner Partei endlich zum Schweigen gebracht würden.

Merkel hielt es für absurd, dass Cameron sein starkes Mandat aus den Unterhauswahlen für ein frühes Referendum über Europa riskierte, dessen Ausgang von vielen unbekannten Faktoren beeinflusst werden könnte. Es war ihr ein weiteres Rätsel, warum Cameron ausgerechnet den 23. Juni für das Referendum wählte, ein Datum, an dem britische Studenten – die vielleicht begeistertsten Unterstützer für den Verbleib in der EU – ihre Abschlussprüfungen absolvierten oder sich auf dem beliebten Musikfestival in Glastonbury aufhielten. Zu ihrer Bestürzung überwogen irrationale Ansichten der britischen Bevölkerung, wie z. B. die Angst vor unkontrollierter Einwanderung.

Nach dem schockierenden Ausgang des Referendums versuchte Merkel wieder Ruhe in der Europäischen Union herzustellen. Während andere europäische Regierungschefs auf ein schnellstmögliches Ausscheiden Großbritanniens aus der EU drängten, sprach sich Merkel erst einmal für eine Denkpause aus in der

Hoffnung, Camerons Nachfolger – und die Briten überhaupt – würden vielleicht die nachteiligen Auswirkungen des Votums für die britische Wirtschaft noch einmal überdenken wollen. Außerdem beharrte sie darauf, dass es, sobald Großbritannien Artikel 50 des Lissabon-Vertrages auslöse und der zweijährige Countdown zu seinem formalen Austritt beginne, kein »Rosinenpicken« geben und London keine Vorzugsbehandlung bei der Neuregelung seiner Beziehungen zu Europa erwarten könne. Vor allem machte Merkel deutlich, dass Deutschland und andere EU-Staaten darauf bestehen würden, dass Großbritannien – für den Fall seines Verbleibs im europäischen Binnenmarkt – Personenfreizügigkeit innerhalb dieses Marktes akzeptieren müsse. Dieser Punkt ist für Camerons Nachfolgerin Theresa May vielleicht am schwersten zu schlucken. Sie hatte das Amt der Premierministerin mit dem Versprechen übernommen, im März 2017 mit Brexit-Verhandlungen zu beginnen.

Großbritanniens Austritt aus der europäischen Union verstärkt nur noch Deutschlands dominante Rolle auf dem Kontinent – was Merkel

Sorgen bereitet. Sie hätte beim Umgang mit den verschiedenen europäischen Krisen im Laufe des vergangenen Jahrzehnts lieber eng mit den anderen europäischen Regierungschefs in Paris, London, Warschau und Rom zusammengearbeitet, um einen breiten Konsens zu finden: in der Eurokrise, im Ukrainekonflikt, beim syrischen Flüchtlingsproblem und beim Nachdenken über die Zukunft Europas.

Da es in den genannten Hauptstädten jedoch keine starken Regierungen gab, war Merkel zu Alleingängen gezwungen, was ihr vielleicht nicht lieb war. Denn es war damit unvermeidlich, dass ihre Entscheidungen in anderen Teilen Europas kritisiert wurden und es wieder hieß, dass Deutschland seinen Einfluss zum eigenen Vorteil nutze. Als mächtigster Staat Europas muss Deutschland jetzt praktisch allein entscheiden, wie der Kontinent in Zeiten wirtschaftlicher Umbrüche und allgemeiner Entfremdung vom europäischen Ideal in eine ungewisse Zukunft gesteuert werden soll.

Angesichts des allgemeinen Misstrauens gegenüber einer verstärkten europäischen Integration hat Merkel ehrgeizige Initiativen zur Belebung des europäischen Projekts vermieden und starkes Misstrauen gegenüber der EU-Kommission und dem Europäischen Parlament entwickelt. Beide Einrichtungen bevorzugen tendenziell eine föderalistische Politik, die letztlich zu den Vereinigten Staaten von Europa führt. Merkel respektiert den Willen der Wähler, die Politiker gewählt haben, um Europa durch zwischenstaatliche Zusammenarbeit der Regierungen zu managen statt durch Brüsseler Bürokratie. In Zeiten grundlegender politischer und wirtschaftlicher Unsicherheit wollen die Europäer mehr Kontrolle über ihr Leben haben, innerhalb ihrer eigenen Kommunen, und scheinen deshalb nicht in der Stimmung für »mehr Europa« zu sein.

Als Interessengemeinschaft souveräner Nationalstaaten war die Europäische Union lange Vorbild für die Globalisierung. Nach Ansicht vieler Europäer hat die Aufhebung nationaler Grenzen wegen des Verlusts von Arbeitsplätzen in der Produktion, die in Billiglohnländer in Asien verlagert wurden, zu Rezession und Instabilität geführt und einen Strom von Migranten aus Afrika und Nahost ausgelöst. Ganz ähnlich klingen Donald Trumps Klagen darüber, dass die amerikanische Arbeiterklasse ohnmächtig zusehen musste, wie ihre Arbeitsplätze nach Mexiko verlegt wurden, und dass zu viele Fremde versuchen, illegal in die Vereinigten Staaten zu kommen.

Drei Generationen nach dem Zweiten Weltkrieg hat Deutschland die Lasten der Nazivergangenheit, die seinen Einfluss auf dem Kontinent begrenzt haben, langsam abgelegt. Während Großbritannien und Frankreich einen Niedergang durchleiden, erkennt Deutschland, dass seine strategischen und politischen Weichenstellungen bis weit ins 21. Jahrhundert das Schicksal Europas bestimmen wird. Wieder einmal stellt sich damit die deutsche Frage, die Europa jahrzehntelang verfolgt hat. Diesmal geht es jedoch nicht mehr darum, ob Deutschland zu stark oder zu schwach ist. Denn in absehbarer Zukunft wird das Schicksal Europas weitgehend in Berlin entschieden.

Kapitel 2

London

Das abtrünnige Reich

Es wurde als das Letzte Abendmahl angekündigt. Vier Tage nachdem er als Premierminister zurückgetreten war, als Folge des erstaunlichen Votums des 23. Juni 2016 für den Austritt aus der Europäischen Union, flog David Cameron in gedrückter Stimmung nach Brüssel zu einem Abschiedstreffen mit seinen Kollegen. Als er sich zum letzten Mal mit den anderen 27 Regierungschefs an den Tisch setzte, war er, wie er sich später erinnerte, beeindruckt von dem betretenen Schweigen am Tisch und einer Stimmung der »Traurigkeit und (des) Bedauerns«.

Er wusste, dass die anderen Regierungschefs wütend über seine Entscheidung waren, das Referendum überhaupt abzuhalten. Es wurde weithin als historischer Fehler betrachtet, der seine Karriere ruinierte und die schwerste Krise Großbritanniens seit dem Zweiten Weltkrieg auslöste. Aber es war keine Zeit für Schuldzuweisungen. Er erklärte, dass ihm der Ausgang furchtbar leid täte, der die 43-jährige Mitgliedschaft in der EU beenden würde. Aber er hätte keine andere Wahl gehabt, als das Referendum anzusetzen, um den erbitterten Machkampf in seiner Partei zu beenden. Selbst wenn er die Zeit zurückdrehen könnte, fügte er hinzu, würde er nichts anders machen.

Einige Regierungschefs verdrehten fassungslos die Augen, sie waren noch immer verwundert über Camerons leichtsinnige Entscheidung, mit einem Volksentscheid quasi die Würfel entscheiden zu lassen, und dass ihm nicht bewusst war, welche schädlichen Konsequenzen dies für sein Land und den Rest Europas haben könnte. Sie bemühten sich höflich und versöhnlich zu sein. Die deutsche Kanzlerin Angela

Merkel war fatalistisch und sah keine Möglichkeit, Großbritanniens Entscheidung rückgängig zu machen. »Es war keine Zeit des Wünschens, sondern die Dinge realistisch zu betrachten«, sagte sie.

Taavi Rõivas, der junge Premierminister Estlands, der bei EU-Gipfeln immer neben Cameron saß, drückte seine Dankbarkeit gegenüber britischen Soldaten aus, die vor fast einem Jahrhundert dazu beigetragen hatten, dass sein Land erstmals die Unabhängigkeit erlangte. Frankreichs Präsident François Hollande erinnerte daran, wie britische und französische Soldaten Seite an Seite in den Schützengräben des Ersten Weltkrieges gekämpft hatten. Irlands Premierminister Enda Kenny stellte fest, dass Großbritannien und Irland dank der EU-Mitgliedschaft schließlich einen jahrhundertelangen Konflikt beenden und einen dauerhaften Frieden schaffen konnten. Ihre Verärgerung über Cameron ließ sich jedoch nicht völlig verbergen. Als er fragte, was als Vorspeise zum Abendessen serviert werden würde, erwiderte einer der Anwesenden: »Wachtelsalat. Aber vielleicht sollten es bittere Pillen sein.«

Am selben Tag verabschiedete sich ein weiterer britischer Politiker von seinen europäischen Kollegen in Brüssel, aber in diesem Fall war es mehr ein Siegestanz als eine Totenwache. Nigel Farage, cholerischer Chef der britischen Unabhängigkeitspartei (Ukip), der viele Leave-Wähler mit Ängste schürenden Warnungen vor Masseneinwanderung mobilisiert hatte, bereitete es eine große Freude, seine Gegner im Europäischen Parlament zu verspotten. »Als ich vor siebzehn Jahren hierherkam und sagte, ich wolle eine Kampagne für den Austritt Großbritanniens aus der Europäischen Union führen, haben Sie alle gelacht«, spottete er. »Nun, ich muss sagen, jetzt lachen Sie nicht, oder?«[1]

Farage machte sich über die Abgeordneten und ihren idealistischen Traum von einem vereinten Europa lustig und sagte weiter zu ihnen: »So gut wie niemand von Ihnen ist schon einmal in seinem Leben einer richtigen Arbeit nachgegangen.« Während andere Mitglieder des Europäischen Parlaments darüber in Wut ausbrachen, warf Belgiens früherer Premierminister Guy Verhofstadt nur kurz ein: »Ok, wir sollten es positiv sehen. Wir sparen uns die größte Verschwendung des EU-Haushalts: Ihr Gehalt!« EU-Kommissionspräsident Jean-Claude Juncker bat um Ruhe und schlug vor, dass es vielleicht in aller Interesse läge, wenn Farage das Europäische Parlament verlassen würde – zum letzten Mal. »Sie haben für den Austritt gekämpft und die britische Bevölkerung hat für den Austritt gestimmt, also warum sind Sie dann noch hier?«, fragte Juncker. Daraufhin feuerte Farage einen letzten Schuss auf seine einstigen Kollegen ab und beharrte, dass er und nicht sie auf der richtigen Seite der Geschichte stände. »Der Grund, warum Sie so empört sind, wird aus den wütenden Äußerungen vollkommen klar«, sagte er. »Sie verschließen sich mit Ihrem politischen Projekt der Realität!«

Zu Hause in Großbritannien standen die Menschen immer noch unter Schock über den Ausgang, den keine Seite – Leave oder Remain – wirklich für möglich gehalten hatte. Umfragen hatten noch in der Woche vor dem Referendum einen komfortablen Vorsprung von zehn Prozent für Remain ausgemacht, dennoch gewann Leave am Ende mit 52 Prozent gegen 48. Wie kam das? Angstmache vor unkontrollierter Einwanderung hat mit Sicherheit dazu beigetragen. In vielen Städten und verödeten Industrieregionen wurde Immigranten vorgeworfen, den Einheimischen die Jobs wegzunehmen, weil sie für niedrigere Löhne arbeiteten. Außerdem wurde ihnen zur Last gelegt, den öffentlichen Sektor wie Schulen und Krankenhäuser zu belasten und die Immobilienpreise in die Höhe zu treiben. Farage und seine Anhänger zeigten Plakate, auf denen unter der Überschrift »Breaking Point« eine lange Reihe überwiegend dunkelhäutiger Flüchtlinge beim Betreten des Landes abgebildet waren. Der Hass, der durch die rassistischen Untertöne und die feindlichen Konfrontationen geschürt wurde, musste unvermeidlich eine tragische Wendung nehmen. Eine Woche vor dem Referendum wurde Jo Cox, Mutter von zwei kleinen Kindern und Labour-Abgeordnete im Parlament, die sich für den Verbleib Großbritanniens in der EU stark machte, in ihrem Wahlkreis auf der Straße angeschossen und niedergestochen. Der Mann, der wegen des Mordes an ihr angeklagt wurde, antwortete vor Gericht, als er nach seinem Namen gefragt wurde: »Tod den Verrätern, Freiheit für Großbritannien!«[2]

Wie im amerikanischen Präsidentschaftswahlkampf spielte auch postfaktischer Journalismus für den Wahlausgang eine Rolle. Am Tag des Referendums berichtete die antieuropäische Tageszeitung *Daily Mail* falsch, dass die Europäische Union die Mitgliedschaft der Türkei vorbereite, was 76 Millionen Türken Reisefreiheit nach Großbritannien und den anderen 26 EU-Staaten verschaffen würde.[3] Solche bewussten Falschinformationen steigerten die Ängste und haben mit Sicherheit die Entscheidung vieler Wähler beeinflusst. Im Nordwesten, wo nur wenige Migranten leben, befürchteten Einheimische, dass ein neues Werk des japanischen Autoherstellers Nissan, das dort gebaut werden sollte, Scharen von Migranten anziehen würde, die dort für niedrige Löhne arbeiten. Selbst Gegenden, die hohe Subventionen von der Europäischen Union erhalten, wie Cornwall und Wales, stimmten gegen ihre eigenen finanziellen Interessen und für den Austritt wegen unbegründeter Ängste vor einem möglichen Flüchtlingsstrom. Jetzt bitten die Bewohner dieser Regionen die britische Regierung, sie für den beträchtlichen Verlust von EU-Geldern zu entschädigen.

Als größte Enttäuschung für das Remain-Lager entpuppten sich die jungen Wähler, die als entscheidender Faktor galten, um Großbritannien in Europa zu halten. Viele Studenten in Großbritannien waren die wohl enthusiastischsten Befürworter des Verbleibs in der EU. Sie genossen die Möglichkeit, frei zu reisen und in jedem der 28 Mitgliedsstaaten leben, arbeiten und studieren zu können. Während 75 Prozent der 18- bis 25-Jährigen, die ihre Stimme abgaben, »Remain« wählten, stimmten nur 39 Prozent der über 65-Jährigen für den Verbleib in Europa. Die Wahlbeteiligung unter jungen Leuten betrug 64 Prozent, höher als erste Berichte angezeigt hatten; aber bemerkenswerte 90 Prozent der über 65-Jährigen gaben ihre Stimme ab und sorgten dafür, dass die Waage sich zum Leave-Lager neigte.[4] Als er von der demographischen Verteilung der Wählerstimmen im britischen Referendum erfuhr, erinnerte Martin Schulz, der damalige Präsident des Europäischen Parlaments, an die berühmten Worte George Bernard Shaws: »Alte Männer sind gefährlich. Ihnen ist die Zukunft egal.«

Die Regierung hatte mit einer überwältigenden Lawine von Stimmen junger Menschen für den Verbleib Großbritanniens in der EU gerechnet, aber am Ende reichte es nicht. Einige Studenten, die überzeugt waren, dass das Remain-Lager mühelos gewinnen würde, gaben später zu, dass sie sich nicht die Mühe gemacht hätten, ihre Stimme abzugeben. Entweder weil sie sich auf ihre Prüfungen vorbereitet, das Ende des Schuljahres gefeiert hätten oder auf dem Weg in ein langes Wochenende mit Musik und Spaß gewesen wären. Nur wenige Tage nach dem Referendum zeigten viele Studenten Reue, unterzeichneten eine Petition, die mehr als vier Millionen Unterschriften für ein zweites Referendum sammelte, und beriefen sich darauf, dass sie sich der Konsequenzen nicht bewusst gewesen wären.

Bildung war ein weiteres Kriterium für das Abstimmungsergebnis: Hochschulabsolventen stimmten für den Verbleib in Europa, Menschen mit mittlerem Schulabschluss stimmten mit überwältigender Mehrheit für den Austritt. Am deutlichsten war der Unterschied zwischen Arm und Reich, zwischen reichen Großstädten und heruntergekommenen kleineren Städten. In London, wo jetzt über eine Million Migranten aus Europa leben und arbeiten, stimmten fast 60 Prozent für den Verbleib, ebenso in der verjüngten Großstadt Manchester. Schottland, das mit Hilfe des großen Zustroms von Migranten floriert, stimmte ebenfalls mit 62 Prozent für den Verbleib. Die Bewohner ländlicher Gegenden oder kleiner Städte, die gegen einen Verbleib in der EU waren, hatten nur wenig oder gar keinen Kontakt zu Migranten oder waren durch Schreckgeschichten über fremdländische Horden, die in Großbritannien einfallen könnten, verängstigt; darunter waren auch solche, die einem nostalgischen Nationalismus anhingen und sich danach sehnten, dass sich die Inselnation wieder von den Mühen des kontinentalen Europas in die Grenzen des schmucken Old England zurückzieht.

Insofern passt der Ausgang des britischen Referendums ins Profil der Antiglobalisierungsbewegung, die populistische Aufstände gegen etablierte Politiker in Europa und den Vereinigten Staaten antreibt. So wie arbeitslose weiße Männer in Industrieregionen wie Michigan oder Ohio ihre Frustration zum Ausdruck brachten, indem sie Trump wählten, rächten sich viele britische Arbeiter, deren Lebensstandard in den letzten Jahren gesunken ist, am Establishment, das für den

Verbleib in der EU ist, um ihre Unzufriedenheit mit dem Status quo auszudrücken. Cameron gewann Ökonomen und Unternehmer, die argumentierten, dass Großbritannien wesentlich ärmer werden würde, wenn es die Europäische Union verlassen würde. Aber der Slogan des Leave-Lagers, »Kontrolle zurückgewinnen!«, verfing bei älteren Wählern viel stärker als die Behauptung der Remain-Anhänger, dass Großbritannien »stärker, sicherer und besser dran« wäre, wenn es in der Europäischen Union bliebe.[5]

Am Ende führte Camerons politische Fehleinschätzung zu seinem Sturz. Er hatte die Euroskeptiker lange als eine Randgruppe betrachtet und verächtlich als »Spinner und Verrückte und heimliche Rassisten« bezeichnet.[6] Die Stimmen anti-europäischer Wortführer wurden während der dreizehnjährigen Regierung von New Labour unter Tony Blair und Gordon Brown und anschließend Camerons erster Regierungskoalition mit den pro-europäischen Liberaldemokraten wirksam zum Schweigen gebracht. 2013 empörte Cameron jedoch den rechten Flügel seiner Partei, indem er die Heirat gleichgeschlechtlicher Paare in England und Wales legalisierte, gerade als die Partei für die Unabhängigkeit des Vereinigten Königreichs (Ukip) an Unterstützung unter Konservativen des rechten Flügels gewann.

Um rechte Euroskeptiker in seiner eigenen Partei zu beschwichtigen, kündigte der Premierminister an, Ende 2017 ein Referendum über den Verbleib in Europa abzuhalten. Er sagte, er habe genug von seinen konservativen Kollegen, die sich »ständig über Europa auslassen«, und entschied, der Debatte ein für alle Mal ein Ende zu machen. Vertraulich sagte er, er habe nicht wirklich geglaubt, dass er das Referendum jemals abhalten müsse, denn er rechnete damit, dass die Koalition mit den Liberaldemokraten weiter bestehen würde und man sich darauf verlassen könne, dass sie ihr Veto gegen ein Referendum einlegen würden. Außerdem hatten sich die Briten 1975 unter der Labourregierung Harold Wilsons – zwei Jahre nachdem sie der Europäischen Wirtschaftsgemeinschaft (EWG), wie sie damals genannt wurde, beigetreten waren – im Verhältnis zwei zu eins dafür entschieden, in Europa zu bleiben. Deshalb dachte er, er könnte mit der Unterstützung der Labour Partei rechnen – was sich als weiterer Irrtum erwies.

Als Cameron bei den Wahlen 2015 entgegen allen Erwartungen und zu seiner eigenen Überraschung als erster Konservativer in zwei Jahrzehnten eine absolute Mehrheit gewann, wurde sein persönlicher Sieg schnell eine Belastung. Da seine eigene Partei nun vollständig die Regierung kontrollierte, fand er sich plötzlich von seinem eigenen Versprechen, ein Referendum über Europa abzuhalten, in die Ecke gedrängt. Ukip hatte vier Millionen Stimmen bekommen und entzog Camerons Partei weiterhin einflussreiche Konservative. Im Februar 2016 entschloss sich Cameron zu handeln und kündigte an, dass vier Monate später, am 23. Juni, eine Volksabstimmung stattfinden würde. Er dachte, angenehmes Wetter und die unmittelbar bevorstehenden Sommerferien würden die Wähler positiv für Europa stimmen.

Camerons Kollegen in Europa waren jedoch skeptisch hinsichtlich des Referendums. Europa war bereits schwer erschüttert worden, als Frankreich und die Niederlande eine europäische Verfassung ablehnten. Die deutsche Kanzlerin Merkel war davon besonders überrascht und erwähnte gegenüber Besuchern, sie könne nicht verstehen, dass ihr »guter Freund David« ein so riskantes Spiel spielen wolle. Merkel war bereit, alles zu tun, was sie konnte, um Großbritannien in Europa zu halten, vorausgesetzt es entsprach den Europäischen Verträgen.

Während eines langen Wochenendes, das sie zusammen mit ihren Ehepartnern auf dem Barockschloss Meseberg, dem Gästehaus der Bundesregierung, ungefähr 70 Kilometer nördlich von Berlin, verbrachten, sprachen Merkel und Cameron lange über eine Wahlkampfstrategie, damit Europas drittgrößter Staat und größte Militärmacht weiterhin aktiv mit dem Kontinent verbunden bleibt. Merkel begrüßte, dass Großbritannien nach wie vor für einen freien Handel eintrat, was Deutschland wegen seiner Abhängigkeit vom Export nützte, der fast die Hälfte seiner Wirtschaftsleistung ausmacht. Merkel war jedoch nicht bereit, Großbritannien weitere Ausnahmen von EU-Regeln zu genehmigen. Großbritannien war schon zugestanden worden, nicht bei der europäischen Einheitswährung mitzumachen, sowie dem Schengener Abkommen über die Abschaffung von Grenzkontrollen an

den europäischen Binnengrenzen und der europäischen Sozialgesetz-
gebung fernzubleiben. Sie bestand darauf, dass Großbritannien die
»vier Freiheiten« akzeptieren müsse, das Kernstück der Europäischen
Union, wenn es Teil des europäischen Binnenmarkts bleiben wolle: den
freien Verkehr von Waren, Kapital, Dienstleistungen und Personen.[7]
Cameron willigte widerstrebend ein und erzielte, quasi als »Not-
bremse«, eine Vereinbarung, die es Großbritannien erlaubte, Migranten den Zugang zu Sozialleistungen für einen Zeitraum von sieben
Jahren zu verwehren. Die britische Presse kritisierte die Abmachung
jedoch als schwach und unwirksam, insbesondere nachdem die Regierung widerstrebend eingestanden hatte, dass die Einwanderung 2015
auf eine Rekordhöhe von 330 000 Menschen geschnellt war, weit über
das selbstgesetzte Ziel der Regierung von maximal 100 000 hinaus.

Die Entscheidung zweier prominenter Mitglieder des inneren Zirkels
seiner politischen Verbündeten, zur Leave-Kampagne überzulaufen,
empfand Cameron als Verrat an seiner Person. Boris Johnson, der
frühere Bürgermeister von London, dessen ungepflegtes, provozieren-
des Auftreten ihn zum beliebtesten Politiker des Landes gemacht hat,
schlug sich auf die Seite der Leave-Kampagne. Eine unverhohlene
Kampfansage an Camerons Führungsanspruch. Johnson, ein ehemaliger Journalist, der immer noch eine wöchentliche Kolumne für den
konservativen *Telegraph* schreibt, gestand, dass er zwei Versionen ver-
fasst hatte – eine, die für den Verbleib in der EU argumentierte, die
andere für den Austritt –, bevor er sich in letzter Minute entschied,
die Kolumne, die die Leave-Kampagne unterstützte, zu veröffent-
lichen. In Downing Street 10 vermochte Cameron seine Wut darüber
kaum zu beherrschen, dass ihm sein ehrgeiziger Freund in den Rücken
gefallen war. Johnson und Cameron waren Klassenkameraden und
Kommilitonen in Eton bzw. Oxford gewesen und hatten eigentlich
ein enges und freundschaftliches Verhältnis. Doch nachdem sich
Johnson urplötzlich auf die Seite der »Leave«-Bewegung geschlagen
hatte, sprachen die beiden Männer nicht mehr miteinander.[8]
    Genauso erbost war Cameron über den Treuebruch eines anderen
engen Freundes: Michael Gove, konservativer Justizminister und Pate

seines verstorbenen Sohnes Ivan. Ihre Ehefrauen waren ebenfalls befreundet und sie verkehrten häufig miteinander, zusammen mit ihren Kindern. Gove hatte monatelang zwischen seiner persönlichen Loyalität gegenüber Cameron und seinen eigenen, leidenschaftlich-euroskeptischen Überzeugungen gerungen, bevor er sich entschloss, sich der Leave-Kampagne anzuschließen. Er und Johnson vermochten es, verständlich, überzeugend und wirkungsvoll mit Durchschnittswählern zu kommunizieren, was die Euroskeptiker vom rechten Rand unter Führung von Farage nicht konnten. Sie konzentrierten sich auf die Notwendigkeit, uneingeschränkte Einwanderung zu stoppen, und verspotteten die düsteren Warnungen vor einem wirtschaftlichen Desaster aus dem Remain-Lager. »Projekt Fear« nannten sie dies, eine Angstphantasie, nur geschaffen, um Wähler einzuschüchtern. Währenddessen wurden Cameron und sein Team durch haarsträubende Behauptungen in die Defensive gedrängt, Großbritannien sei gezwungen, wöchentlich 350 Millionen Pfund in den EU-Haushalt zu zahlen. Eine Zahl, die mehr als doppelt so hoch ist wie der tatsächliche britische Beitrag. Die Leave-Unterstützer schlugen vor, dieselbe Summe könnte stattdessen dazu benutzt werden, um jede Woche ein neues Krankenhaus zu bauen, um das staatliche Gesundheitssystem zu entlasten. Eine populäre Behauptung, die Cameron nicht aus der Welt schaffen konnte, obwohl sie nicht stimmte. In seiner Unfähigkeit, bei der Referendum-Kampagne die Wähler zu erreichen, bat Cameron sogar Präsident Obama um direkte Unterstützung.Obwohl das Weiße Haus durchaus Bedenken hatte, sich in innenpolitische Angelegenheiten Großbritanniens einzumischen, erkannte Obama, dass der Preis, der zu zahlen wäre, wenn Großbritannien Europa verlassen würde, für ihn zu hoch wäre, um sich herauszuhalten. Obama flog also im April nach London und richtete sich direkt an die britischen Wähler, um sie zu überzeugen in der Europäischen Union zu bleiben. Denn es sei in Großbritanniens eigenem Interesse, ein Teil Europas zu bleiben, um seine Bedeutung der Welt zu behalten.

Obama verärgerte das Leave-Lager, indem er warnte, Großbritannien müsse sich in Sachen bilateraler Handelsabkommen mit den USA »hinten anstellen«, wenn es die Europäische Union verließe.

Damit nahm er der anti-europäischen Kampagne ein wichtiges Argument, deren Vertreter immer behaupteten, dass das besondere Verhältnis zu den Vereinigten Staaten durch ein neues Handelsabkommen erhalten bliebe. Es war dies eine der massivsten Einmischungen eines amerikanischen Präsidenten in den Wahlkampf eines befreundeten Verbündeten seit dem Kalten Krieg. Dennoch zeigte der Obama-Auftritt nur geringe Wirkung. Eine Mehrheit britischer Wähler war der Meinung, dass Obamas Einmischung unangebracht sei, in jedem Fall würde es keinen Einfluss auf ihre Wahl in die eine oder andere Richtung haben.[9]

Cameron wurde klar, dass Obama keine entscheidende Rolle spielte. Er war überzeugt, dass der Schlüssel zum Erfolg eine hohe Wahlbeteiligung der Labour Partei zugunsten des Verbleibs in der Europäischen Union wäre. Er wusste, dass die Boulevardpresse – einschließlich der Massenblätter wie die *Sun*, der *Express* und die *Daily Mail* ebenso wie der konservative *Telegraph,* die die Bürokratie des EU-»Superstaates« in Brüssel geißelten – eine Mehrheit konservativer Wähler verleiten würden, für den Austritt zu stimmen. Er war jedoch zuversichtlich, dass diese Stimmen durch die Anhänger der Labour Partei, die »Remain« wählten, ausgeglichen würden. Dies erwies sich als einer seiner größten Fehler während seiner sechsjährigen Amtszeit als Premierminister.

Jeremy Corbyn, Führer von Labours linkem Flügel und Sozialist der alten Schule, hatte die Europäische Union immer als kapitalistischen Club betrachtet, der den Interessen der Großindustrie diene, aber nicht den arbeitenden Menschen. Zudem wollte er Cameron keinen Gefallen tun. war überzeugt, das Einstehen der Labour-Partei für den Zusammenhalt des Vereinigten Konigsreichs während der Kampagne für Schottlands Unabhängigkeit 2014 hätte entscheidend zum Wahldesaster für Labour bei den Parlamentswahlen in Schottland ein Jahr später beigetragen.

Obwohl die früheren Premierminister Tony Blair und Gordon Brown bereit waren, mit den Torys Wahlkampf zu machen, weigerte sich Corbyn, seinem Rivalen zu helfen. Er hatte keine Neigung, Labour-Wähler zu mobilisieren, und fuhr kurz vor dem Referendum einfach in Urlaub. Sein demostratives Desintresse sorgte nach dem Referendum für einigen Wirbel in seiner Partei. Den bekamen Corbyn und seine Anhänger zwar wieder in den Griff, aber der Vorgang stand letztendlich exemplarisch für die Abgehobenheit der Volksparteien in westlichen Demokratien gegenüber ihrer Wählerschaft. In den daniederliegenden Gegenden Nordenglands, der Midlands und Wales, wo mehrheitlich Labour gewählt wird, war der Stimmenanteil für den Austritt erstaunlich hoch. Trotz Labours vorheriger Unterstützung Europas.

Viele dieser Bürger aus unteren und mittleren Einkommensschichten stimmten aus Protest gegen die Europäische Union, die sie als Inkarnation der Globalisierungsmächte betrachteten, die sie verachten. Europa war zum verhassten Symbol ihrer Unzufriedenheit geworden. Ihnen galt Europa als Hauptursache ihres sinkenden Lebensstandards – Fabriken machten dicht, staatliche Subventionen wurden zusammengestrichen, und die verbleibenden Jobs gingen an ausländische Arbeiter, die die schlechtere Bezahlung dankbar akzeptierten.

Am Abend des 23. Juni, als die Stimmen ausgezählt wurden, sahen die Ergebnisse anfangs gut für Cameron und sein Team aus. Es schien, dass die ökonomischen Argumente für den Verbleib Wähler überzeugten, dass in der Europäischen Union zu bleiben eine stabile und sichere Wahl sei. Aber im Fortgang des Abends kamen die schlechten Nachrichten herein. Camerons Kommunikationschef Craig Oliver und sein amerikanischer Berater Jim Messina, Obamas Wahlkampf-Guru, bemerkten, dass Labour-Hochburgen wie Sunderland im wirtschaftlich angeschlagenen Nordosten entgegen der Prognosen für »Leave« stimmten. In den letzten Tagen waren sie äußerst besorgt gewesen, dass all die Energie und Begeisterung in ärmeren Regionen anscheinend in Proteststimmen gegen die Regierung flossen. Das Remain-Lager hatte es nicht geschafft, überzeugend zu begründen, dass es das Leben der britischen Bevölkerung verbessern würde, wenn sie für den Verbleib in Europa stimmte. Um Mitternacht wurde Cameron klar, dass das Spiel vorbei war. Er bereitete seine Rücktrittsrede vor, die er am nächsten Morgen halten wollte.

Der Ausgang des Referendums sorgte für Aufruhr an den Märkten und führte weltweit zu einem Wertverlust der Aktien in Höhe von zwei Billionen Dollar an einem einzigen Tag. Das Pfund fiel auf den tiefsten Stand seit dreißig Jahren und verlor in den kommenden Monaten weiter an Wert gegenüber dem Dollar. Zuerst bewirkte der starke Fall des Pfunds eine Steigerung des Exports und zog Touristen ins Land. Aber mit der Zeit trieb er die Lebensmittelpreise in die Höhe, da Großbritannien ungefähr 40 Prozent seines Nahrungsmittelkonsums importiert.

Da nun fraglich war, wer die beiden großen Parteien führen würde, und Großbritanniens Zukunft ungewiss war, kündigte Schottlands Premierministerin Nicola Sturgeon an, dass eine Wiederholung des Referendums von 2014 über Schottlands Unabhängigkeit »höchst wahrscheinlich« sei, da die schottische Bevölkerung unbedingt in der Europäischen Union bleiben wolle. Der stellvertretende Premierminister von Nordirland deutete ebenfalls einen Bruch mit dem Vereinigten Königreich und den Beitritt zur Republik Irland an, um auf diese Weise in der Europäischen Union zu bleiben. Während es so aussah, als würde Großbritannien komplett aus den Fugen geraten, versicherten die anderen 27 Staaten der Union, dass sie alles in ihrer Macht stehende tun würden, um zu verhindern, dass der sezessionistische Virus auf andere Länder übergreift, in denen die EU gerade an Zustimmung verlor, einschließlich Italien und Frankreich.

Der Austritt Großbritanniens – einer der drei »tragenden Säulen« der Europäischen Union – drohte fast sieben Jahrzehnte europäischer Integration zu gefährden, die dem Kontinent, der mehr als ein Jahrtausend von blutigen nationalistischen Konflikten verwüstet worden war, ein bemerkenswertes Maß an Frieden und Wohlstand gebracht hat. Nach Artikel 50 des 2007 unterzeichneten Lissabon-Vertrages muss ein Mitgliedsstaat, der die Europäische Union verlassen will, seine Absicht mitteilen und dann in zweijährigen Verhandlungen ein Abkommen über die Einzelheiten seines Austritts aushandeln.

Einige EU-Regierungschefs hegten die Hoffnung, dass man es sich in Großbritannien noch einmal überlegen würde, sobald man sich über die enormen Kosten und den ungeheuren Verwaltungsaufwand klar würde, die die Beendigung einer 43-jährigen Beziehung zu Europa mit sich brächte. Der französische Präsident François Hollande sagte, Großbritannien solle keine Vorzugsbehandlung erhalten und gezwungen werden zu erkennen, wie rau und unbequem das Leben außerhalb der EU sein werde. Und sei es nur, um anderen zu zeigen, dass es schwierig sei, einen Weg aus der Europäischen Union zu finden. Hollandes Botschaft war eindeutig an die französische, nicht an die britische Bevölkerung gerichtet: Der rechtsgerichtete Front National hatte bereits geschworen, Camerons Beispiel zu folgen und ein Referendum über die EU-Mitgliedschaft abzuhalten, wenn die Parteivorsitzende Marine Le Pen im Mai 2017 zur Präsidentin gewählt werden sollte.

Andere Regierungschefs betonten hingegen, der Wille der britischen Bevölkerung solle respektiert werden, und Europa solle nun nicht aus Bosheit oder Rachsucht handeln. Merkel erkannte rasch, dass die britische Entscheidung unumkehrbar war und man Großbritannien Zeit geben müsse, über seine Optionen nachzudenken. Aber sie beharrte darauf, dass Großbritannien keine Vorzugsbehandlung erhalten würde und ein »Rosinenpicken« in der Form, dass Vorteile weiterhin beansprucht, Nachteile hingegen ignoriert werden könnten, nicht infrage komme. Jean-Claude Juncker, der Chef der Europäischen Kommission, verglich die Situation mit dem Ende einer Liebesbeziehung. »Wenn eine Freundin dich verlässt, solltest du ihr nicht ewig nachsehen«, sagte er zu einem seiner persönlichen Mitarbeiter. »Irgendwann ist es Zeit, sich nach anderen Mädchen umzusehen.«

Aber die Beziehung zwischen Großbritannien und Europa war eher eine jahrzehntelange Ehe als ein Sommerflirt. Juncker wurde bald klar, dass die Scheidung schmerzlich und kompliziert werden würde. Er beharrte jedoch darauf, die Last der Verantwortung für Großbritanniens Notlage liege direkt bei der Cameron-Regierung, die durch ihre ständige Kritik an einem sogenannten »europäischen Superstaat« in Brüssel britischen Interessen geschadet habe. »Ich betrachte David Cameron nicht als Feind«, sagte er zu seinem Mitarbeiter. »Aber wenn man den Menschen jahrelang erzählt, dass an der Europäischen Union etwas nicht stimmt, muss man sich nicht wundern, wenn sie einem schließlich glauben.«[10]

Camerons plötzlicher Rücktritt löste einen bösartigen Führungskampf in seiner Partei aus, den viele mit der Art von Intrigen verglichen, wie man sie in der Serie »House of Cards« bewundern kann. Sowohl Johnson als auch Gove, die die Brexit-Kampagne angeführt hatten, schienen selbst wirklich erstaunt über ihren Sieg. Nach dem Referendum verschwanden sie aus der Öffentlichkeit und schienen sich nicht darauf vorbereitet zu haben, was zu tun sei, wenn sie tatsächlich 17 Millionen britische Bürger davon überzeugt hätten, ihrem Aufruf zu folgen und Europa zu verlassen. Johnson, der beliebteste Politiker des Landes, galt als natürlicher Erbe Camerons. Gove erklärte sich frühzeitig dazu bereit, die Wahlkampagne seines Verbündeten für das Amt des Premierministers und Vorsitzenden der Konservativen Partei zu unterstützen.

Innerhalb von Tagen schien Gove es sich jedoch anders zu überlegen. Freunden gegenüber beklagte er sich über Johnsons chaotisches Benehmen und bezweifelte, dass er den Charakter und die Selbstdisziplin habe, die nötig sei, um das Land zu führen. Zudem befürchtete er, dass Johnson sein Versprechen, aus der Europäischen Union auszutreten, brechen würde. Gove entschloss sich deshalb, gleich selbst für den Job des Premierministers zu kandidieren, und informierte Johnson in einem spätabendlichen Telefonat, dass er ihn bei der Wahl des Parteivorsitzenden herausfordern würde.

Johnson war darüber sprachlos. Seine Mitarbeiter hatten das Saint Ermin's Hotel in London gemietet, wo Johnsons Vorbild Winston Churchill während des Krieges die Kommandostelle für Spezialeinsätze eingerichtet hatte, um am nächsten Morgen den Start seines Wahlkampfs um das Amt des Premierministers zu verkünden. Stattdessen schwenkte Johnson kurz vor Bewerbungsschluss für das Rennen um den Parteivorsitz der Konservativen Partei die weiße Flagge und sagte, »angesichts der Verhältnisse im Parlament« habe er entschieden, dass er nicht der nächste Premierminister des Landes werden könne.[11]

Die Nachricht von Goves Verrat schockierte viele prominente Torys und machte damit auch seine Hoffnungen, den Kampf um die Führung zu gewinnen, zunichte. Nach Johnsons Verzicht, nachdem

Gove ihm in den Rücken gefallen war, blieb noch Theresa May, die als Innenministerin in den letzten sechs Jahren für das Thema Einwanderung zuständig gewesen war, als einzige Spitzenkandidatin übrig. Als eine von vier älteren Kabinettsmitgliedern unter Cameron war May stets loyal geblieben, wenn auch nur eine halbherzige Unterstützerin des Remain-Lagers, in der Überzeugung, dass Großbritanniens Sicherheitsinteressen am besten gewahrt würden, wenn es in der Europäischen Union bliebe. Nach dem Sieg des Leave-Lagers versprach sie jedoch, dass ihre Regierung den Willen der Bevölkerung respektieren würde, und »Brexit bedeutet Brexit«.

In ihrer Partei galt May als harte, sachliche Ministerin, detailbesessen, den Kopf immer über ihre Unterlagen gebeugt. Als Elder Statesman Kenneth Clarke sie vor der Wahl als »verdammt schwierige Frau« bezeichnete, nahm sie seine Kritik als Tugend und machte sich bei den Euroskeptikern beliebt, indem sie sagte: »Der Nächste, der das feststellen wird, ist Jean-Claude Juncker.«

Als Cameron zurückgetreten war, hatte er damit gerechnet, noch einige Monate als geschäftsführender Premierminister im Amt zu bleiben, während die Partei seinen Nachfolger bestimmen würde. May fand jedoch zur Überraschung vieler Kollegen genug Unterstützung, um die Parteiführung schneller als erwartet zu übernehmen, und zog kaum drei Wochen nach dem Brexit-Votum in Downing Street 10 ein. Sie wollte die Partei einen und ihre Autorität sichern, indem sie einige anti-europäische Politiker auf Schlüsselpositionen des Kabinetts berief, um ihre Loyalität zu gewinnen: David Davis wurde zum Leiter eines speziellen Brexit-Ministeriums und damit zum Chefunterhändler ernannt; der frühere Verteidigungsminister Liam Fox wurde neuer Handelsminister mit dem Auftrag, ein Netzwerk neuer Handelsabkommen aufzubauen, sobald Großbritannien die EU verlassen habe; und zum Erstaunen vieler Kritiker, sich selbst eingeschlossen, wurde Johnson zum Außenminister ernannt, um als Gesicht von Mays Regierung nach außen zu fungieren.

Bei Übernahme des Amtes der Premierministerin machte May schnell deutlich, dass sie das Land ganz anders regieren würde als Cameron. Sie feuerte einige Minister, die ihm nahestanden, seinen

Thronfolger, Schatzkanzler George Osbourne, eingeschlossen. In ihrer Antrittsrede versprach sie, soziale Ungerechtigkeiten und Klassenunterschiede, die sich unter Camerons Sparpolitik verschärft hatten, zu bekämpfen, und versicherte, dass sie nicht die Absicht habe, »im Interesse der wenigen Privilegierten« zu regieren. May führte ihr Bestreben, sich für eine gerechtere Gesellschaft einzusetzen, auf die moralischen Werte zurück, die ihr Vater, ein anglikanischer Pfarrer, ihr vermittelt hat.[12] Sein Tod bei einem Autounfall, als sie einundzwanzig war, hat sie tief erschüttert, aber sie war entschlossen, durch politische Arbeit etwas zu verändern. Bei einer Parteiversammlung sagte sie einmal, dass die Konservativen ihr öffentliches Image als »die böse Partei«, die eine grausame und herzlose Haltung gegenüber den Benachteiligten einnehme, ändern müsse. Der Ausgang des Referendums, erklärte sie, als sie Premierministerin wurde, sei nicht nur der Auftrag, die Europäische Union zu verlassen, sondern auch die Forderung nach ernsthaften sozialen Veränderungen von Menschen, »die die Kontrolle über ihren Alltag verloren hatten«. Sie betonte, dass ihre Regierung entschlossen sei »ein Land für alle aufzubauen«.[13]

Mays soziales Gewissen ist, engen Mitarbeitern zufolge, mit einem zutiefst pragmatischen Charakter gepaart. Wenn sie mit einem unvorhergesehenen Problem konfrontiert sei, suche sie nach der praktischsten Lösung. Dieser Charakterzug wird bei der Herausforderung, Großbritannien aus der Europäischen Union zu lösen, in hohem Maße auf die Probe gestellt. In ihrer Rede auf dem Parteitag der Torys drei Monate nach ihrer Machtübernahme versprach May Ende März, Artikel 50 des Lissabon-Vertrages auszulösen (was sie auch tat). Dadurch beginnt die Uhr für einen zweijährigen Verhandlungsprozess zu ticken, um die Zustimmung zu einem Austrittsabkommen 2019 zu erreichen. Ein Jahr vor den nächsten regulären Parlamentswahlen in Großbritannien. Die größte Herausforderung, vor der sie bei diesen komplexen Verhandlungen stehen würde, ist, an ihrem Versprechen festzuhalten, dass Großbritannien wieder seine Grenzen kontrollieren wird, um die Einwanderung zu drosseln, und gleichzeitig die europäischen Partner davon zu überzeugen, Großbritannien weiterhin in der Zollunion und im europäischen Binnenmarkt zu halten.

Alle EU-Mitgliedsstaaten haben deutlich gemacht, dass Großbritannien Arbeitnehmerfreizügigkeit akzeptieren muss, wenn es im europäischen Binnenmarkt bleiben will – was für die May-Regierung inakzeptabel ist. May stand zudem vor harten Verhandlungen über die Brexit-Rechnung, die sich nach Einschätzung von Experten in den nächsten zehn Jahren auf eine Summe von ungefähr 60 Milliarden Euro belaufen wird, die Großbritannien noch für langfristige EU-finanzierte Projekte und Pensionsverpflichtungen zu zahlen hat. Auf Großbritanniens Dienstleistungssektor könnten 75 000 Jobs verloren gehen, wodurch 45 Milliarden Euro an Staatseinnahmen und 11 Milliarden Euro an Steuern verloren gehen.[14]

Bei ihren ersten Treffen mit anderen europäischen Regierungschefs waren diese verblüfft darüber, wie May die Verhandlungen zu führen gedenkt. Sie beeindruckt viele ihrer Kollegen durch ihre stoische Ruhe und Beherrschtheit. Sie wirkt absolut geschäftsmäßig, mit wenig Sinn für Humor. Ein Grund für ihre professionelle Art ist sicherlich ihr Feminismus. Im Gegensatz zur ersten Premierministerin Großbritanniens, Margaret Thatcher, fördert May aktiv die Karriere anderer Frauen. Sie startete die Kampagne »Women2Win«, die dafür wirbt, mehr konservative Frauen ins Parlament zu wählen. Während Thatcher die Gesellschaft männlicher Politikerkollegen bevorzugte und wenig oder gar nichts tat, um andere Frauen zu unterstützen, die ein Mandat anstrebten, hat May ein mächtiges Netzwerk engagierter Unterstützer von Frauen aufgebaut, die unterhalb des Radars des männlich dominierten politischen Establishments operieren.

Seitdem sie 1997 ins Parlament kam, hat May dazu beigetragen, dass die Zahl weiblicher konservativer Abgeordneter von 13 auf 68 gestiegen ist. Abgesehen von ihrer feministischen Politik, ihrem Einsatz für andere Frauen, unterscheidet sie sich von Thatcher durch ein ausgeprägtes Gespür für Mode, das von der britischen Presse eifrig verfolgt wird, zum Beispiel ihre Vorliebe für hochhackige Schuhe mit Leopardenmuster. Ihr einziger Luxus sei ein lebenslanges Abonnement der *Vogue*, sagt sie. »Man kann klug sein und Kleider lieben«, sagte sie einmal. »Eine der Herausforderungen für Frauen in der Politik ist es, wir selbst zu sein.«

Ihre erste Auslandsreise als Premierministerin unternahm May nach Berlin, um eine andere mächtige Frau in der Politik zu besuchen: die deutsche Kanzlerin. Nach eigener Aussage bewundert May Merkel schon lange wegen der unauffälligen, gewissenhaften Art zu regieren, was viele ihrer männlichen Gegenspieler dazu verleitet, ihre Beharrlichkeit zu unterschätzen. Beide Frauen haben vieles gemeinsam – sie sind beide Töchter protestantischer Pfarrer, die ihnen ein starkes Pflichtbewusstsein vermittelt haben, Menschen in Not zu helfen. Sie haben beide keine Kinder, sind ziemlich distanziert und verkehren nicht gerne mit anderen Politikern gesellschaftlich, sondern bevorzugen es, ihre Freizeit mit ihren Ehemännern zu verbringen, die ansonsten angemessen im Hintergrund bleiben. Bei einem langen Gespräch über Europa, gefolgt von einem Abendessen, entstand eine freundliche Beziehung zwischen Merkel und May, jedoch ohne oder fast ohne Herzlichkeit.

Merkel hatte sich zuvor mit anderen EU-Regierungschefs beraten und übermittelte May die schonungslose Botschaft, dass es keine Sonderbehandlung geben würde. Wenn Großbritannien im europäischen Binnenmarkt bleiben wolle, müsse es wie andere europäische Länder, die nicht zur EU gehören, zum Beispiel die Schweiz und Norwegen, die Grundregeln der Europäischen Union akzeptieren, den freien Verkehr von Waren, Kapital, Dienstleistungen und Personen. Da es das Hauptziel der Brexit-Befürworter war, die uneingeschränkte Einreise europäischer Arbeitnehmer nach Großbritannien zu stoppen, schien May vor einer unmöglichen Aufgabe zu stehen, noch bevor die Verhandlungen überhaupt begonnen hatten.

Nach den ersten Treffen mit ihren europäischen Kollegen erkannte May, wie schwierig die Lage für Großbritannien war: Wenn Großbritannien im europäischen Binnenmarkt bleiben will, um seine Handelsbeziehungen zu schützen, wird es Arbeitnehmerfreizügigkeit akzeptieren müssen. Doch wenn es Teil der Zollunion bleibt, hat es nicht die Möglichkeit, bilaterale Handelsabkommen mit Drittländern zu schließen. Aus diesen Vereinbarungen auszusteigen würde Großbritannien jedoch auch aus vielen multinationalen Zulieferungsketten ausschließen, mit ungeheuren Kosten in Bezug auf Handel, Investition und vor allem Arbeit. Die Kräfte der Globalisierung sind eine unverrückbare Realität, sodass praktisch jede internationale Geschäftssparte heutzutage durch verzweigte grenzüberschreitende Zulieferungsketten bestimmt ist und jedes Endprodukt zahlreiche Ursprünge hat. Durch eine Unterbrechung dieser Kette würde ein Land gezwungen, aus dem groß angelegten Herstellungsprozess auszuscheiden; insbesondere von Autos, was für Großbritannien einen ungeheuren Verlust von Arbeitsplätzen bedeuten würde.

Merkel und andere europäische Regierungschefs wollten von Anfang an signalisieren, dass sie eine kompromisslose Haltung gegenüber Großbritannien einnehmen würden, um sezessionistische Bewegungen in Frankreich und den Niederlanden abzuschrecken und zu zeigen, dass die Kosten des populistischen Versuchs, die EU zu verlassen, beträchtlich sind. Nach Abwägung aller Möglichkeiten kam Merkel zu dem Schluss, dass es letztendlich zur Auflösung der Europäischen Union führen könnte, Mays Regierung eine Alternative anzubieten. Während für Merkel Großbritanniens Austritt feststeht, haben andere noch die Hoffnung, dass die volkswirtschaftlichen Kosten die Briten veranlassen werden, es sich anders zu überlegen. Die früheren Premierminister Tony Blair und John Major haben eine Kampagne gestartet, um ihre Landsleute davon zu überzeugen, die Kosten des Austritts, der jetzt schon die teuerste Scheidung der Geschichte genannt wird, noch einmal zu überdenken.

EU-Regierungschefs haben nach eigener Aussage jedoch keine Zeit, sich mit solchen Phantastereien zu beschäftigen. Als sich Boris Johnson zum ersten Mal mit anderen EU-Außenministern traf und später sagte, er glaube, dass die die Briten »vielleicht ihren Kuchen bekämen und ihn auch verspeisen könnten«, wurde er von Donald Tusk, dem Präsidenten des Europäischen Ministerrates, grob zurechtgewiesen. Im Namen der 27 Regierungschefs bescheinigte Tusk Johnson mit unverblümten Worten, dass er sich Illusionen mache. »Die grausame Wahrheit ist, dass wir beim Brexit alle etwas verlieren werden«, sagte er. »Es wird für niemanden Kuchen auf dem Tisch stehen. Es wird nur Salz und Essig geben.«

Tusk sagte auch, dass sich die May-Regierung auf schmerzliche Konsequenzen gefasst machen müsse, wenn sie das Versprechen, Europa zu verlassen, einlöse und ihren Weg konsequent zu Ende gehe. Mit dieser Warnung verband er die vage Hoffnung, dass die finanzielle Belastung, die mit dem Austritt verbunden ist, May und ihre Regierung vielleicht zur Vernunft brächten. Er wünschte, sie würde vielleicht in Erwägung ziehen, ein neues Referendum abzuhalten, um den Brexit rückgängig zu machen, gab jedoch zu, dass eine solche Möglichkeit weit hergeholt sei. »Die einzige Alternative zu einem harten Brexit ist überhaupt kein Brexit«, sagte Tusk. »Auch wenn heute fast niemand an die Möglichkeit glaubt.«[15]

Als May sich in den ersten Monaten ihrer Amtszeit eingehender mit den Einzelheiten des Verwaltungsaufwands und den finanziellen Belastungen befasste, die mit dem Rückzug aus Europa verbunden sind, gestand sie engen Freunden, dass sie von der Größe der Aufgabe überrascht sei. Das Land aus der Europäischen Union herauszulösen, würde das größte Projekt werden, das eine britische Regierung jemals in Friedenszeiten in Angriff genommen habe. Sie war froh, dass sie einige prominente anti-europäische Minister in ihr Kabinett berufen hatte: wenn auch nur aus Boshaftigkeit – vornehmlich Davis, Fox und Johnson –, denn ihnen bürdete sie die schwere Aufgabe auf, einen Weg aus Europa zu finden. Ihr war aber auch klar, dass sie gleichwohl verantwortlich blieb.[16] Der Kurssturz des Pfunds nach dem Brexit-Votum trieb bald die Lebensmittelpreise in die Höhe und löste einen Aufschrei der Verbraucher aus, als Lebensmittelläden sich kurzzeitig genötigt sahen, lokale Spezialitäten wie die beliebte »Marmite Würzpaste« aus den Regalen zu nehmen.

Jede Woche brachte Nachrichten über weitere Kosten, die Großbritannien würde tragen müssen. Der Regierung war zum Beispiel nicht klar, dass Großbritannien mit einem Anteil von acht Prozent am EU-Haushalt für Pensionen geradesteht, der ca. 60 Milliarden Euro umfasst. Mays Entscheidung, Ende März 2017 den zweijährigen Verhandlungsprozess auszulösen, beraubte ihre Regierung eines Druckmittels. Aber sie dachte, sie hätte keine andere Wahl, weil die Brexit-Anhänger weiterhin Druck machten. Wie sollte sie die

EU-Subventionen für Großbritanniens Elite-Universitäten und erstklassige medizinische und wissenschaftliche Forschungszentren ausgleichen? Außerdem würde Großbritannien die über fünfzig Freihandelsabkommen, die bis dahin durch die Europäische Union innerhalb der Welthandelsorganisation abgedeckt worden sind, neu bearbeiten müssen. Als Davis die Regierung informierte, dass bis zu 900 Buchhalter, Anwälte und andere Unterhändler benötigt würden, um den Brexit zu managen, wurde in Australien, Neuseeland und Kanada eine Rekrutierungskampagne gestartet, um passendes Personal zu finden, das die Vorbereitungen zu den Verhandlungen mit der EU unterstützen kann.

Vor allem steht das Vereinigte Königreich jetzt wieder vor dem Problem, den Zusammenhalt seiner eigenen Union bewahren zu müssen. Schottland wird wahrscheinlich erneut seine Möglichkeiten prüfen und vielleicht durch ein zweites Referendum die Unabhängigkeit anstreben. Nordirland wird nach einem Weg suchen, um in der Europäischen Union zu bleiben, der sich in der Wiedervereinigung mit der Republik Irland anbietet. Diese sezessionistischen Bewegungen könnten Großbritannien einen schweren Schlag versetzen und zum Verlust von über fünf Millionen Bürgern und einem Drittel der Landmasse führen. Großbritanniens Austritt wird auch für Europa teuer. Der Verlust des zweitgrößten Nettobeitragszahlers wird eine Kürzung des EU-Haushalts von ca. 10 Milliarden Euro nötig machen und die ökonomische Last für die übrigen Mitgliedsstaaten erhöhen. Das deutsche Finanzministerium schätzt, dass Deutschland allein von 2019 an etwa fünf Milliarden Euro mehr zahlen muss.

Viele Europäer haben sich jedoch damit abgefunden, dass Großbritannien austritt. Seit Ende des Zweiten Weltkriegs hat Großbritannien eine ambivalente Beziehung zu Kontinentaleuropa unterhalten. Als sich Großbritanniens Kolonialreich aufzulösen begann und die Vereinigten Staaten und die Sowjetunion sich als neue rivalisierende Supermächte etablierten, schien es Premierminister Harold Macmillan, dass er keine andere Wahl hätte, als sich dem europäischen Integrationsprozess anzuschließen. Seine Anfragen wurden von Frankreichs Präsident Charles de Gaulle zweimal abgelehnt, der nicht glaubte, dass Großbritannien jemals ein Teil des Kontinents sein könne. Als Großbritannien schließlich 1973 unter dem konservativen Premierminister Edward Heath doch erlaubt wurde, der Europäischen Wirtschaftgemeinschaft beizutreten, erntete er nicht gerade Begeisterungsstürme.

Selbst nach einem ersten Referendum, das zwei Jahre später unter der Labour-Regierung Harold Wilsons abgehalten wurde und eine Zustimmung zu Europa im Verhältnis zwei zu eins ergab, schien Großbritannien dennoch immer gleichzeitig einen Fuß in Europa zu haben und einen draußen. Mehr als ein Jahrzehnt unterbrach Margaret Thatcher europäische Gipfeltreffen mit ständigen Forderungen nach einer finanziellen Ermäßigung für ihr Land und beharrte darauf, dass ihr Land unfair behandelt werde und kein so großer Nettobeitragszahler in den EU-Haushalt sein sollte. Später, nach dem Fall der Berliner Mauer und der Wiedervereinigung Deutschlands, weigerte sich Großbritannien 1992, sich an den Plänen für eine Einheitswährung zu beteiligen und bestand darauf, nicht Teil der EU-Sozialunion zu werden.

Großbritannien hat lange an seiner stolzen Identität der »hoheitlichen Insel« festgehalten, die einen sicheren Abstand zum Kontinent wahrt. Wenn schlechtes Wetter die Überfahrt über den Ärmelkanal verhindert, meldet die britische Boulevardpresse immer noch gerne, dass »Nebel Europa von Großbritannien abgeschnitten habe«. Solche engstirnigen Anwandlungen, verbunden mit wachsender Sorge über die Flüchtlingskrise, unter der Europa leidet, trieb letzten Endes viele britische Wähler dazu, ihre eigenen ökonomischen Interessen außer Acht zu lassen und »die Kontrolle (über ihren Staat) zurückzuerlangen«. Als ehemaliges Kolonialreich, dessen globale Bedeutung stetig abnimmt, wird Großbritannien möglicherweise schon bald feststellen, dass seine Präsenz auf der Weltbühne in den kommenden Jahren noch dramatischer abnehmen wird als bisher. Das wiederum wird dazu führen, dass Europa als Ganzes an Bedeutung in der Welt verlieren wird – ein Ergebnis, das sowohl Großbritannien als auch Europa noch zutiefst bedauern werden.

Paris

Auf der Suche nach einstigem Glanz

Der Élysée-Palast, in dem Frankreichs Präsidenten seit bald 150 Jahren residieren und arbeiten, ist der Inbegriff majestätischen Prunks. Der Besucher betritt die Rue du Faubourg Saint-Honoré Nr. 55 durch ein eindrucksvolles Tor aus schwarzem Eisen. Die Republikanische Garde mit federgeschmückten Helmen und Bajonetten geleitet den Gast über einen kiesbedeckten Innenhof, dann betritt man die berühmte Ehrenhalle, wo der Präsident ausländische Staatsgäste begrüßt. Eine Marmorskulptur zu Ehren der Französischen Revolution, bestehend aus 200 weißen Fahnen, wird eingerahmt von zwei mächtigen Kandelabern aus Kristallglas und Bronze.

Die Haupttreppe mit ihren mit vergoldeten Palmzweigen verzierten Handläufen führt in die erste Etage. Dort erwartet den Besucher eine Bronzestatue von Auguste Rodin. Sie steht vor einem Gemälde von Dubois aus dem Jahr 1811 mit Namen *Europe*. Weiter geht es durch zwei Vorzimmer mit Portraits ehemaliger Präsidenten der Republik, woran sich der eigentliche Amtssitz anschließt. Der Salon doré (Goldener Saal), das Büro des Präsidenten, ist üppig geschmückt mit Gobelins und einem Kristallkronleuchter aus der Zeit Napoleons des Dritten. Wenn der Gast dann dem höchsten Repräsentanten Frankreichs gegenübersitzt, beeindruckt in dem Raum am allermeisten die weiche Wärme und Ruhe, die das Meisterwerk schlechthin ausstrahlt: ein perfekt aufgeräumter Louis-quinze-Schreibtisch aus Walnussholz, seit Kurzem der Arbeitsplatz von Emmanuel Macron. Im Mai 2017 gelang dem 39-jährigen Macron ein bemerkenswerter

Aufstieg ins höchste Staatsamt. Als unabhängiger Kandidat der politischen Mitte holte er bei der Stichwahl um das Präsidentenamt 66 Prozent der Stimmen, obwohl er bis zu diesem Zeitpunkt weder ein durch Wahl vergebenes Amt innegehabt noch bei der Wahl selbst eine der bislang führenden politischen Parteien Frankreichs hinter sich wusste.

Auch die Minister, die das Alltagsgeschäft der französischen Regierung erledigen, genießen die vornehmen Insignien dieses imperialen Luxus. Der Sitz des Premierministers befindet sich im grandiosen Hotel Matignon an der Rue de Varenne, wo einst Talleyrand Europas aristokratische Elite fürstlich bewirtete. Der Kulturminister verteidigt die Werte von bildender Kunst, Film und Literatur im atemberaubenden Palais Royal, einst die Privatresidenz von Kardinal Richelieu. Der Justizminister überwacht Gerichte und Gefängnisse vom Hotel de Bourvallais am Place Vendôme aus, gleich neben dem luxuriösen Hotel Ritz. In einem weiteren prächtigen Palast an den Ufern der Seine entlang des Quai d'Orsay sinniert Frankreichs oberster Diplomat über den Zustand der Welt, handelt Verträge aus und herrscht über 163 Botschaften, wie schon seine Vorgänger seit 1589, als Heinrich III. Louis de Revol zum ersten Außenminister der Welt ernannte.

Diese üppigen Privilegien locken traditionell Frankreichs beste und begabteste Köpfe in die Regierung, wo ihnen gute Einkünfte in Lebensstellungen ebenso sicher sind wie der Schutz vor den Gesetzen des Dschungels, die auf dem Arbeitsmarkt in der Privatwirtschaft gelten. Gewiss bringt Frankreich auch erfolgreiche Ingenieure, Geschäftsleute und Internetunternehmer hervor, aber die erste Wahl vieler Universitätsabsolventen ist und bleibt die komfortable Sicherheit eines Jobs beim Staat. Auch Macron hatte diesen Pfad zur Macht beschritten: Nach seinem Studium an den Eliteschulen Sciences Po und École Nationale d'Administration (ENA) arbeitete er zunächst als Investmentbanker bei Rothschild. Später diente er als Wirtschaftsminister in der Regierung der Sozialisten, trat aber zurück, weil er sich mit seinen Reformplänen nicht durchsetzen konnte. Anschließend gründete er eine eigene politische Bewegung unter dem Namen »En Marche!«, um seine radikale Reformagenda voranzutreiben,

Frankreichs unternehmerisches Potenzial zu entfesseln und die Rolle des Staates im Alltag der Bürger zurückzudrängen.

Mehr als jeder fünfte Bürger Frankreichs ist Angestellter des Staates. Der öffentliche Sektor kontrolliert rund 57 Prozent der französischen Wirtschaft – in keinem westlichen Land mit Ausnahme von Finnland ist dieser Anteil höher. Das verwöhnte Dasein als höherer Beamter mag erklären, warum die herrschende Elite so wenig weiß von den alltäglichen Sorgen und Nöten ihrer Landsleute. Diese Privilegien erregen mehr Kontroversen über die Frage, warum der Staat angesichts der lähmenden Probleme des Landes eher das Problem als die Lösung darstellt. Macron hat versprochen, 120 000 staatliche Jobs zu streichen und den ausufernden staatlichen Sektor in Frankreich einzudämmen. Auch das Arbeitsrecht will er liberalisieren, um Unternehmen freiere Hand beim Einstellen und Entlassen von Mitarbeitern zu geben.

Der Präsidentschaftswahlkampf 2017 war einer der turbulentesten, den Frankreich je erlebt hat. Einer nach dem anderen der ursprünglichen Favoriten musste die Segel streichen, weil die Wähler einen dramatischen Wandel herbeisehnten. In den Vorwahlen bei den Konservativen mussten Ex-Präsident Nicolas Sarkozy und Ex-Premier Alain Juppé am Ende François Fillon den Vortritt lassen, auch er ein ehemaliger Premierminister, der eine radikale Runderneuerung des öffentlichen Sektors à la Margaret Thatcher zugunsten von mehr Privatunternehmen versprach. Zudem gelobte er, der politischen Klasse mehr Integrität zu verordnen.

Dann aber geriet er selbst in eine Kontroverse über die Beschäftigung seiner Frau und Kinder als parlamentarische Mitarbeiter auf Staatskosten – für eine geringe Gegenleistung, wenn überhaupt. Die Tatsache, dass Fillons Vetternwirtschaft durchaus legal war und andere Mitglieder der Nationalversammlung routinemäßig genau dasselbe taten wie er, also ihre Angehörigen pro forma beschäftigten, fachte die allgemeine Entrüstung über die exklusiven Privilegien der herrschenden Elite weiter an.

Seitens der Sozialisten beschloss Präsident François Hollande, angesichts seiner verheerenden Bilanz und entsprechender Umfragewerte, sich gar nicht erst um eine Wiederwahl zu bewerben. Sein Premierminister, Manuel Valls, ein knallharter und wirtschafts-freundlicher Politiker, nahm an, damit sei der Weg für ihn frei, doch machte ihm überraschend der deutlich progressivere Benoît Hamon die Kandidatur streitig. Allerdings blieb Hamon während des Wahl-kampfs so blass, dass er es beim ersten Wahlgang auf nur gerade mal 6 Prozent der Stimmen brachte. Auf der linken Seite des politischen Spektrums stand Hamon deutlich im Schatten des quasi-kommunis-tischen Kandidaten Jean-Luc Mélenchon. Der fuhr einen eindeutig gegen Europa gerichteten Kurs, der die Reichen zur Kasse bitten wollte, unter anderem mit einer Steuer von 100 Prozent auf Einkom-men über 400 000 Euro.

Die Wähler jedoch waren der herrschenden Elite von Mit-te-links-Sozialisten bis Mitte-rechts-Republikanern derart überdrüs-sig, dass es erstmals seit 60 Jahren keiner der Kandidaten dieser Par-teien, die sich in der Nachkriegszeit in der Führung des Landes abgewechselt hatten, auch nur in die Stichwahl schaffte. Dort stan-den sich nun Macron mit seiner politischen Start-up-Bewegung und Marine Le Pen, die Kandidatin der äußersten Rechten, gegenüber. Man sah darin einen Zweikampf zwischen offenen Märkten und In-ternationalismus auf der einen und Populismus und Protektionismus auf der anderen Seite. Nach dem Sieg Macrons war praktisch in ganz Europa ein tiefer Seufzer der Erleichterung darüber zu vernehmen, dass Frankreichs Wähler Le Pen und ihrer fremdenfeindlichen, anti-europäischen Kampagne letztendlich doch eine deutliche Abfuhr er-teilt hatten.

Le Pen und ihr Front National hatten zwar verloren, aber immer-hin 11 Millionen Stimmen geholt – mehr als doppelt so viel wie ihr Vater bei der Präsidentschaftswahl 2002. Sie versprach, die Opposi-tion gegen Macrons Präsidentschaft zu führen und kündigte an, die Unterstützung für ihre Botschaft des populistischen Nationalismus vor der nächsten, in fünf Jahren anstehenden Wahl weiter auszu-bauen. Frankreich bleibt ein zutiefst gespaltenes Land, hin und her-gerissen zwischen Le Pens Angebot, sich in einen nationalistischen, geschützten Kokon zurückzuziehen, und Macrons schwieriger Mission, aus Frankreich wieder ein modernes, dynamisches Land mit Führungsanspruch in Europa und der Welt zu machen. Für seine Ansprache nach dem Wahlsieg wählte der junge Präsident einen besonderen Auftritt: Nicht etwa zur traditionellen Marseillaise, sondern zu den Klängen von Beethovens Ode an die Freude, der offiziellen Europa-Hymne, schritt er bedächtig auf eine Bühne vor der gläsernen Pyramide des Louvre. Macron spürte bei seiner Antrittsrede sehr wohl die Größe der Aufgabe, die vor ihm lag, und er gab zu, sich der »Wut, der Ängste und der Zweifel« in einer gespaltenen Gesellschaft durchaus bewusst zu sein, in der sich die Trennlinie zwischen den Verlierern und den Gewinnern der Globalisierung nur zu deutlich abzeichnete.[1]

Mehr als zwei Jahrhunderte nach dem gewaltsamen Sturz der Monarchie, der Europa bis ins Mark erschütterte, sieht es manchmal so aus, als stünde Frankreich am Rande eines erneuten revolutionären Aufstands. Seit der globalen Finanzkrise von 2008 haben Streiks, Demonstrationen und Fälle mutwilliger Zerstörung landesweit zugenommen. Der Widerstand gegen Frankreichs Elite ist inzwischen so tief verwurzelt, dass selbst einfachste Vorschläge zur Verbesserung von Schulen, Arbeitsmarkt oder Sozialstaat Proteste und Arbeitsniederlegungen auslösen, die immer wieder das Land lahmlegen. Noch stärker als in den USA und anderen westlichen Ländern, in denen populistische Bewegungen florieren, schäumt Frankreich zu großen Teilen vor Wut und Abscheu über das, was der Soziologe Michel Crozier vor vier Jahrzehnten erstmals als »blockierte Gesellschaft« diagnostizierte. Als vorrangiger Grund für den andauernden Stillstand gilt die Selbstbedienungsmentalität der politischen Kaste. Die französische Bevölkerung traut ihr einfach nicht mehr zu, die Reformen umzusetzen, die es bräuchte, um das Land wieder in Schwung zu bringen.

Für Außenstehende vermitteln die erhabene Rolle des Staates und Frankreichs glanzvolle Geschichte den Eindruck, das Schicksal habe dem Land eine Führungsrolle in der Welt zugedacht. Doch hinter der Fassade verblassenden Ruhms kämpft Frankreich gleich mit mehreren bedrückenden Krisen, die das Selbstverständnis des Landes auf eine Weise auf die Probe stellen, die nach Ansicht mancher Experten sogar in einem Kollaps der Fünften Republik enden könnten. Geblendet durch die einstige Größe scheint Frankreichs Elite den Problemen seiner einfachen Bürger noch weiter entrückt zu sein als je zuvor. Der Rückhalt in der Bevölkerung für die klassischen Parteien ist wegen ständiger Finanzskandale und ineffektiven Regierungshandelns massiv eingebrochen.

Laut Umfragen halten mehr als drei Viertel der Franzosen ihre politische Führung für korrupt. Die heftige Abneigung gegen die herrschende Elite hat dem populistischen Nationalismus des Front National eine Menge Auftrieb im Wahlvolk gegeben. Unter Marine Le Pen, die die Führung der Rechtsaußen-Bewegung von ihrem Vater Jean-Marie geerbt hat, hat der Front National seine extremistischen Kanten abgeschliffen und konzentriert seine Botschaft heute stärker auf die Frustration über die Elite, die globalisierungsfeindliche Bewegung gegen die Europäische Union und den Verlust der katholischen Identität Frankreichs durch den Zustrom muslimischer Einwanderer. Im Wahlkampf betonte Le Pen immer und immer wieder Macrons Hintergrund als Mitglied genau jener Elite – Absolvent teurer Schulen und Universitäten, reicher Investmentbanker. Es besteht kein Zweifel, dass sie als prominente Stimme der politischen Opposition weiterhin die Karte dieses Klassenkonflikts ausspielen wird.

Marine Le Pen vermittelt nach außen ein wesentlich geschliffeneres Bild als ihr ungehobelter Vater, der wegen übler antisemitischer Aussagen aus der Partei ausgeschlossen wurde – beispielsweise tat er den Holocaust als »ein Detail der Geschichte« ab. Marine Le Pen ist zwei Mal geschieden, ihr aktueller Lebenspartner ist der Vizepräsident des Front National. Sie sieht die Zeit und das Momentum auf ihrer Seite. Während ihrer gesamten politischen Karriere hat sie wiederholt vorausgesagt, sie würde spätestens 2022 in den Élysée-Palast einziehen, und sie hofft definitiv, dieses Ziel zu erreichen, falls Macron scheitern sollte. Sie verhöhnt die herrschende Elite, die ihrer Ansicht nach in ihrem bourbonisch-royalen Luxusleben die wachsenden Sorgen der einfachen Leute einfach ignoriert. Sie hat auf clevere Weise die Attraktivität des Front National ausgedehnt und viele berufstätige junge Leute in die Partei integriert. Zugleich ist Le Pen ihrer Kernbotschaft treu geblieben, der zufolge der Respekt für Gesetz und Ordnung wiederhergestellt werden, die muslimische Einwanderung eingedämmt und die nationale Identität der Franzosen mit neuem Leben erfüllt werden müssen.

Wie bei Donald Trump in den USA sprechen Le Pens populistische Themen viele französische Wähler an, sind diese doch zusehends angewidert von dem, was sie als Niedergang und Verfall ihres Landes wahrnehmen. Mit den stärksten Rückhalt hat sie sich bei der Industriearbeiterschaft gesichert. Viele dieser Arbeiter waren einst treue Anhänger der Kommunistischen Partei, heute fühlen sie sich der fremdenfeindlichen extremen Rechten verbunden. Seit der globalen Finanzkrise 2008, die Frankreichs Wettbewerbsposition in der Welt schwer geschadet hat, haben sich diese Stimmungen noch verstärkt.

Über 1000 Fabriken haben in den vergangenen fünf Jahren dichtgemacht, Frankreichs Industrie ist in Sachen Wertschöpfung gerade noch halb so groß wie die Konkurrenz in Deutschland. Die einstmals florierende Region im Norden Frankreichs, wo die Kohle- und Stahlindustrie zu Hause waren, wirkt heute öde und verlassen. Die Wirtschaft ist so geschwächt, dass sich die Jugendarbeitslosigkeit auf einem Level von 25 Prozent bewegt. Die Folge ist eine massive Abwanderung von Fachkräften: Junge und ambitionierte Männer und Frauen kehren dem Land den Rücken und suchen ihr Glück in London, New York oder im Silicon Valley.

Am bedenklichsten aber ist die Bedrohung der unmittelbaren Sicherheit des Landes durch radikale islamistische Terroristen, die eine ganze Serie brutaler Anschläge verübten und dabei Hunderte französische Bürger ermordeten. Viele der dschihadistischen Gewalttäter stellten sich als Muslime der zweiten und dritten Generation heraus, die in Frankreich geboren und aufgewachsen sind, sich aber von der säkularen Gesellschaft ausgeschlossen fühlen. Einige davon gehörten zu den geschätzten 1500 französischen Muslimen, die sich dem Kampf für den Islamischen Staat in Syrien angeschlossen haben.

Als Land mit dem größten muslimischen Bevölkerungsanteil in Europa steht Frankreich nun vor der Aussicht auf einen permanenten

Ausnahmezustand, für viele in angstvoller Erwartung der nächsten Terrorwelle. Derweil werden die wiederholten Bemühungen der Regierung, die durch ethnische und religiöse Spannungen gespaltenen Gemeinden zu versöhnen, zunehmend als nutzlos wahrgenommen – was das Vertrauen der Menschen in die politische Führung noch weiter aushöhlt.

Wie ist Frankreich in diese schlimme Lage geraten? Fast die gesamte Nachkriegszeit über galt das Land als Muster des schönen Lebens, beneidet vom Rest der Welt. Es verband Eleganz mit Bildung, dazu eine hohe Wertschätzung für gute Weine, exzellente Küche und die bildenden Künste. Die vielgerühmte »joie de vivre« spielt im Zeitalter des Terrorismus eine deutlich geringere Rolle, dennoch besitzt Frankreich nach wie vor zahlreiche Werte und Tugenden. Trotz des Primats des Staates gibt es noch zahlreiche Privatunternehmen von Weltrang, etwa die Luxusmarkengruppe LVMH, den Reifenhersteller Michelin und den Flugzeugkonzern Airbus.

Dank der 35-Stunden-Woche verbringen französische Arbeiter deutlich weniger Zeit am Arbeitsplatz oder im Büro als ihre amerikanischen Kollegen. Viele können mit 60 Jahren in Rente gehen; und im Fall einer Entlassung kassieren französische Angestellte staatliche Leistungen bis zu 8000 Dollar im Monat. Frankreich hat eine exzellente Gesundheitsversorgung für die gesamte Bevölkerung zu deutlich geringeren Kosten als in den USA. Es hat die höchste Geburtenrate in Europa und eine wesentlich gesündere Demographie als Deutschland, Japan oder China, zum Teil dank satter Steueranreize für große Familien. Berufstätige Mütter werden stärker als anderswo zum Verbleib im Beruf motiviert – dafür sorgt die staatlich finanzierte Ganztagskinderbetreuung. Französische Schüler schneiden im weltweiten Vergleich in den Fächern Mathematik, Literatur und Philosophie mit am besten ab.

Aber Frankreich leidet auch unter einem aufgeblähten Regierungsapparat, des Weiteren an einer störrischen Abneigung gegen striktere Haushaltsdisziplin, die nötig wäre, um sich an den heftigen globalen Wettbewerb anzupassen, und an einem Mangel an sozialer Mobilität, der dem Entstehen einer Leistungsgesellschaft im Wege steht. Der französische Präsident genießt qua Verfassung mehr Macht als jeder andere politische Führer in den westlichen Demokratien. Dennoch haben es mehrere französische Staatschefs nacheinander, von der linken wie von der rechten Seite des politischen Spektrums, aus Furcht vor feindseligen Protesten in den Straßen nicht fertiggebracht, eine aggressive Reformagenda durchzusetzen, die die Strukturprobleme des Landes anpackt.

Im Ergebnis klingen die Beschwörungen von Glanz und Größe Frankreichs, die man so oft von Präsidenten und Premierministern hört, immer hohler. Sogar die Führungsrolle Frankreichs in Europa und der Welt läuft Gefahr, bald der Vergangenheit anzugehören. Mehr denn je in der Nachkriegsära steht Frankreich in Europa im Schatten eines mächtigen Deutschland, dessen wachsende Dominanz auf dem Kontinent für einen Nachbarn, mit dem die Deutschen eine über fünf Jahrhunderte lange blutige Geschichte verbindet, böse Erinnerungen weckt. Die dysfunktionale Beziehung zwischen dem dynamischen Deutschland und dem schwächelnden Frankreich ist zu einem zentralen Faktor im verschobenen Kräftegleichgewicht innerhalb der Europäischen Union geworden.

Über sechs Jahrzehnte war die deutsch-französische Achse die treibende Kraft in der EU. Sie geht zurück auf die frühen Tage des Wiederaufbaus nach dem Zweiten Weltkrieg. Nach der Schmach der vier Jahre deutscher Besatzung während des Krieges begann Präsident Charles de Gaulle mit geradezu besessenem Ehrgeiz, Frankreich wieder den Platz im Pantheon der Führungsmächte in der Welt zu verschaffen, der ihm seiner Ansicht nach gebührte. Frankreich wurde Atommacht und zu einem der fünf permanenten Mitglieder des UN-Sicherheitsrats. Mit der wirtschaftlichen Erholung nach den Zerstörungen des Krieges durchlief Frankreich eine nie da gewesene Erfolgsphase, die heute als *les trente glorieuses* gefeiert werden, die drei glorreichen Jahrzehnte von Frieden und Wohlstand.

Derweil trieben zwei französische Staatsmänner, Jean Monnet und Robert Schuman, die Idee voran, Frankreich könne seine strategischen Interessen am besten in einem Europa voranbringen, das seine Kohle- und Stahlindustrie zusammenlegte, um so künftige

Kriege mit Deutschland unmöglich zu machen. De Gaulle war bestrebt, die deutsch-französische Partnerschaft als Kern eines wiederbelebten Westeuropa zu stärken, und pflegte deshalb eine enge persönliche Beziehung mit Deutschlands erstem Nachkriegskanzler Konrad Adenauer. De Gaulles Plan für Europas triumphale Rückkehr auf die Weltbühne sah Frankreich in der politischen Führungsrolle, während Deutschland für die wirtschaftliche Schlagkraft sorgen sollte. Er verglich die Beziehung mit der zwischen Pferd und Kutsche, »und Deutschland ist dabei das Pferd und Frankreich der Kutscher«.[2]

Nach der Suez-Krise von 1956 fühlte sich de Gaulle vom »perfiden Albion« hintergangen, als die Briten beschlossen, lieber mit den USA gemeinsame Sache zu machen, als eine neue Partnerschaft mit dem kontinentalen Europa zu schmieden. De Gaulle hat den Briten diese Hinwendung zu einer besonderen Partnerschaft mit Washington niemals verziehen. Später blockierte er zwei Mal per Veto Großbritanniens Versuche, dem Gemeinsamen Markt beizutreten, dem Vorläufer der Europäischen Union, und erst nach seinem Ausscheiden aus dem höchsten Amt gelang es den Briten 1973, Mitglied im »Country Club« zu werden.

Während Frankreich und Großbritannien nach der Suez-Krise unter Druck der USA einen hastigen Rückzug aus ihren kolonialen Einflusszonen im Nahen Osten organisierten, tröstete Adenauer de Gaulle im Gespräch mit dessen Premierminister Guy Mollet, »Europa wird Ihre Rache sein«. Er und de Gaulle bauten weiter ihre Partnerschaft aus, die die europäische Integration in ihre frühen Jahre führen sollte, wobei Deutschland seine wachsende wirtschaftliche Kraft im Tandem mit Frankreichs politischem Gewicht als Atommacht und permanentem Mitglied im UN-Sicherheitsrat einsetzte. Später bauten Helmut Schmidt und Valery Giscard d'Estaing auf dieser Zusammenarbeit auf und legten gemeinsam, zunächst als Finanzminister, später dann als Regierungschefs, die Grundlage für Europas Wirtschafts- und Währungsunion.

Dann, als Gegenleistung für Frankreichs Ja zur Wiedervereinigung nach dem Fall der Berliner Mauer, beschloss Helmut Kohl, die geliebte D-Mark zugunsten einer einheitlichen europäischen Währung, des Euro, aufzugeben. Seine engsten Berater hatten Kohl gewarnt, der Euro würde ohne eine begleitende Fiskalunion nicht bestehen können, aber Kohl glaubte, den Euro mit voller Kraft voranzutreiben sei der Preis, den man zahlen müsse, um Frankreich zu beschwichtigen. Präsident Mitterrand beharrte darauf, ein an Fläche und Bevölkerung zum Machtzentrum Mitteleuropas gewachsenes Deutschland mit 82 Millionen Bürgern erfordere ein unwiderrufliches Bekenntnis zur europäischen Einheit in Form der einheitlichen Währung.

Wenngleich aus gegnerischen politischen Lagern stammend, verband Kohl und Mitterrand eine enge persönliche Freundschaft. Als leidenschaftlicher europäischer Föderalist erzählte mir Kohl, eines seiner ergreifendsten Erlebnisse sei es gewesen, Hand in Hand mit Mitterrand des 70. Jahrestags der Schlacht von Verdun zu gedenken, die so viele französische und deutsche Soldaten das Leben gekostet hatte. Mit der D-Mark Deutschlands legendäres Symbol des Wirtschaftswunders nach dem Krieg zugunsten des Euro aufzugeben war ein Vabanquespiel. Aber Kohl glaubte, es sei die Sache wert, um Frankreich zu versichern, dass Deutschland seine wachsende Macht für die Interessen des geeinten Europa einsetzen würde.

Aber Mitterrands Befürchtungen sollten sich als sehr vorausschauend erweisen. Mit der Erweiterung der Union um die ehemals kommunistischen Staaten in Osteuropa verschob sich der Schwerpunkt des Kontinents abrupt in Richtung Berlin, das inzwischen wieder als Hauptstadt etabliert war. Die engen deutsch-französischen Bande begannen sich zu lösen, nachdem der sozialdemokratische Kanzler Gerhard Schröder eine Reihe einschneidender Arbeitsmarktreformen umsetzte, die die Bühne für eine bemerkenswerte wirtschaftliche Erholung bereiteten. Deutschland ließ seinen Status als »kranker Mann Europas« schon bald hinter sich, während Frankreich wirtschaftlich immer weiter abglitt.

Schröders Reformen zogen die Wut der Arbeiterklasse auf sich, die einen Großteil der Stammwählerschaft der SPD ausmacht. Dies kostete ihn die Bundestagswahl im Jahr 2005, bei der Angela Merkel und ihre Christlichen Demokraten an die Macht kamen. Merkel und ihre Mitte-rechts-Regierung profitierten von den mutigen Reformen Schröders, dem die schmerzhaften Einschnitte seines Sanierungsplans die politische Karriere ruinierten. Deutschland ging bei der Umstrukturierung seiner Wirtschaft weiter voran und stellte sich auf den rauen Wind des globalen Wettbewerbs ein, zu einer Zeit, als in Frankreich weiter Stagnation herrschte. Mit dem wiederholten Zurückstellen einer vergleichbaren ökonomischen Runderneuerung ließen Frankreichs Regierungen ein Ungleichgewicht zwischen den beiden europäischen Partnern erwachsen, das der Beziehung nicht guttat. Wie Merkel engen Mitarbeitern bei mehreren Gelegenheiten erzählte: »Frankreichs Schwäche ist zu einem der größten Probleme Europas – und Deutschlands – geworden.«

Das Ungleichgewicht wurde noch verschärft durch Merkels schwieriges persönliches Verhältnis mit zwei französischen Präsidenten, dem konservativen Republikaner Nicolas Sarkozy und dem Sozialisten François Hollande. Merkel hoffte, die Nachkriegstradition des deutsch-französischen Führungsduos mit Sarkozy fortsetzen zu können, kam aber nicht gut mit seiner impulsiven, unsicheren Persönlichkeit klar. Sarkozy seinerseits klagte über Merkels Mangel an Phantasie und ihren langsamen, bedächtigen Stil – er verglich sie mit einem alten Diesellaster, der so gemächlich entlangtuckert, dass er Monate bis zu seinem Ziel braucht.

Gegenüber den Amtskollegen bei europäischen Gipfeltreffen ließ er öfter gehässige Bemerkungen über Merkel fallen, etwa »sie erzählt mir, sie sei auf Diät, und dann holt sie sich eine weitere Portion Käse«. Natürlich blieben derlei Anspielungen der deutschen Delegation nicht verborgen, und Merkel war entsprechend verärgert. Einmal versuchte Sarkozy, seine impulsiven Ausbrüche wiedergutzumachen. »Angela, wir sind dafür geschaffen, miteinander klarzukommen. Ich bin der Kopf, Sie sind die Beine der Europäischen Union«, sagte er zu ihr. Merkel fand das weder witzig noch überzeugend. »Nein, Nicolas, Sie sind Kopf und Beine, ich bin die Bank.«

Merkel hoffte auf einen Neuanfang, als Hollande bei der Wahl 2012 gegen Sarkozy siegte und Frankreichs erster sozialistischer Präsident seit Mitterrand wurde. Aber sie wurde tief enttäuscht durch seine Weigerung, die Reformen bei Arbeitsmarkt und Bildung in Angriff zu nehmen, die Frankreich so dringend brauchte, um zu Deutschland aufzuschließen und wieder zu einem Partner auf Augenhöhe zu werden. Zu Hollandes bescheidener Bilanz und seiner ineffektiven Führung kam dann auch noch sein eigenartiges Verhalten, etwa als im Bild festgehalten wurde, wie er das Appartement seiner Geliebten verlässt und auf dem Sozius eines von seinem Bodyguard gelenkten Motorrollers verschwindet. Privat zog er über die Armen her, beleidigte sie wegen ihrer schlechten Zähne und mangelnden Hygiene. Als sozialistischer Politiker, dessen Parteigrundsätze auf der Verbesserung der Lebensumstände benachteiligter Gruppen aufbauen, unterstrich Hollande mit derartigen Sprüchen nur, wie abgehoben und zynisch er und seine Partei durch die Jahre der Macht geworden waren.

Gegen Ende seiner fünfjährigen Amtszeit war Hollandes Ansehen bei den Wählern so tief gesunken, dass Umfragen nur noch eine Zustimmungsrate von vier Prozent auswiesen.[3] Kein französischer Präsident seit dem Zweiten Weltkrieg war im öffentlichen Ansehen jemals so tief gefallen. Bruno Cautres, einer der Autoren der Umfrage, beschrieb es als eines der verheerendsten Resultate in der Nachkriegsgeschichte französischer Spitzenpolitiker. »Für die Franzosen war es die Bestätigung, dass Hollande einfach nicht weiß, wie man sich als Präsident zu benehmen hat«, so Cautres.[4] Angesichts solch miserabler Umfragewerte kündigte Hollande sechs Monate vor dem Ende seiner Amtszeit an, nicht zur Wiederwahl anzutreten.

Hollandes Entschluss, keine zweite Amtszeit anzustreben, bewirkte einen völlig offenen Wahlkampf, der als richtungsweisend für Frankreich und für ganz Europa angesehen wurde. In den Jahren zuvor hatte das Fehlen einer starken französischen Führung nicht nur der Partnerschaft zwischen Paris und Berlin geschadet, es hatte auch Fortschritte zu mehr Handlungsfähigkeit und Geschlossenheit in der Europäischen Union behindert. Hollandes klägliches Ansehen bei den Wählern und den anderen europäischen Regierungschefs hatte auch seine Kabinettskollegen entmutigt, die glaubten, er würde dem

Ruf des Landes einen ernsthaften und nur schwer zu behebenden Schaden zufügen. Während der griechischen Schuldenkrise, in der Frankreich letztendlich Merkel überredete, Griechenland in der Eurozone zu belassen, klagten französische Minister, die an der hitzigen EU-Debatte beteiligt waren, über das herablassende Verhalten ihrer europäischen Kollegen ihnen gegenüber.

Bei einem Treffen in Brüssel traf Pierre Moscovici, ein ehemaliger sozialistischer Finanzminister, der aus der Regierung ausgeschieden war, um EU-Kommissar für Wirtschafts- und Währungsfragen zu werden, seinen alten Freund und Nachfolger, Finanzminister Michel Sapin. Beide waren sozialistische Senkrechtstarter gewesen, die mit Präsident François Mitterrand als Mentor Karriere gemacht hatten. Nach seiner Zeit als Finanzminister übergab Moscovici den Stab an Sapin und zog nach Brüssel.

Moscovici nahm bei dem Treffen Sapin beiseite und hielt ein leidenschaftliches Plädoyer im Namen der armen Länder Südeuropas, die unter drückender Schuldenlast und strengen, von Deutschland verordneten Sparmaßnahmen zu leiden hatten. »Du musst jetzt den Deutschen die Stirn bieten, sonst stehen wir vor einem wirtschaftlichen Desaster für ganz Europa«, sagte Moscovici. Sapins Antwort kam mit einem wehmütigen Seufzer und spiegelte die neuen Kräfteverhältnisse in Europa wider: »Du verstehst nicht, cher ami«, meinte Sapin. »Frankreich ist nicht mehr, was es einmal war«.

Frankreichs geschwundener Einfluss auf Deutschland und den Rest Europas ist indes nicht allein den persönlichen Schwächen seiner politischen Führung geschuldet. Dieser Niedergang hat viele gesellschaftliche und ökonomische Gründe, etwa die hohen Steuern, die das Wirtschaftswachstum immer wieder ausgehöhlt haben, ein ausufernder staatlicher Sektor und die fehlende Motivation für unternehmerische Dynamik, die wiederum zu einem Mangel an Fachkräften geführt hat. Die Suche nach besseren Jobs hat über 300 000 Franzosen nach London getrieben – London ist dadurch inzwischen quasi zur sechstgrößten Stadt Frankreichs geworden. Rund 80 000 junge Leute aus Frankreich zog es ins Silicon Valley, wo ihre guten mathematischen Fähigkeiten bei Technologie-Start-ups sehr gefragt sind. Viele weitere sind von Paris nach Brüssel gezogen – der Hochgeschwindigkeitszug, mit dem sie pendeln, braucht 70 Minuten für die Strecke, und in Brüssel sind die Wohnungen billiger und die Steuern niedriger.

Frankreichs innenpolitische Probleme haben die politische Führung gehindert, eine aktivere Rolle in Europas diversen Krisen zu übernehmen, vor allem während der ersten Flüchtlingswelle. Als Merkel Lob für ihre humanitäre Reaktion einheimste, nämlich Deutschlands Grenzen für Syrer auf der Flucht vor dem Bürgerkrieg zu öffnen, war Hollande zunächst gegen ihre Idee verpflichtender Quoten, die sicherstellen sollten, dass jedes EU-Land einen fairen Anteil an den Flüchtlingen übernimmt. Als dann an mehreren Grenzen Stacheldrahtzäune hochgezogen wurden, die der Politik eines Europa ohne Grenzen widersprachen, musste Merkel die volle Verantwortung für die Krise alleine schultern – und Hollande stand hilflos daneben.

Letztendlich erklärte sich Frankreich bereit, gerade einmal 24 000 Asylsuchende aufzunehmen, mithin nur ein Bruchteil der fast eine Million Flüchtlinge, die 2015 nach Deutschland geströmt waren. Hintergrund der französischen Zurückhaltung in der Flüchtlingsfrage war eine tief sitzende Furcht, die Aufnahme von Einwanderern in großer Zahl würde viele Wähler verprellen und wäre nur Wasser auf die Mühlen von Marine Le Pen und ihrem Front National. Frankreich hatte jahrelang damit gerungen, mit 6000 verzweifelten, in Calais festsitzenden Flüchtlingen zurechtzukommen, die über den Ärmelkanal weiter nach Großbritannien wollten. Als die Regierung schließlich das als »Dschungel« bekannt gewordene Lager dieser Gestrandeten abriss und die Bewohner im ganzen Land verteilte, schlug Hollande und Valls heftige Wut aus diversen Städten und Vororten in Frankreich entgegen, die gezwungen waren, die unwillkommenen Gäste aufzunehmen. Dann stürzten die Popularitätswerte vor den Wahlen 2017 ab, und die beiden höchsten Politiker Frankreichs hegten einen tiefen Groll gegen Merkel, weil die sie gedrängt hatte, europapolitische Maßnahmen umzusetzen, von denen viele Wähler nichts wissen wollten.

Mehr als alles andere schadete dem Ruf von Frankreichs Führung jedoch eine Serie von Terroranschlägen über einen Zeitraum von 18 Monaten, die eine Welle der Angst in ganz Europa auslöste. In den Augen der Franzosen waren ihre politischen Führer einfach unfähig, die Bevölkerung zu schützen. Die tödlichen Attacken drängten die Bedenken wegen der Wirtschaftslage im Land in den Hintergrund und machten die persönliche Sicherheit zu einer der ersten Prioritäten im Alltag der Franzosen. Es begann im Januar 2015 mit der Ermordung von mehr als einem Dutzend Journalisten des *Charlie Hebdo*, vermeintlich weil die Satirezeitschrift beleidigende Mohammed-Cartoons veröffentlicht hatte – einer davon zeigte den Propheten mit einer Bombe im Turban.

Zehn Monate danach kostete ein koordinierter Angriff militanter Islamisten auf das Bataclan-Theater, ein Straßencafé und ein Fußballstadion 130 Menschenleben. Fast 500 weitere wurden beim tödlichsten Überfall auf Frankreich seit dem Zweiten Weltkrieg verletzt. Im folgenden Juli steuerte ein geistesgestörter Immigrant aus Tunesien einen gemieteten LKW in die Menschenmenge auf der Hauptpromenade von Nizza, die dort das Feuerwerk zum Nationalfeiertag sehen wollte – 84 Menschen kamen zu Tode. Die Tatsache, dass alle Täter ihre grauenvollen Taten auf die Inspiration durch die Propaganda islamistischer Extremisten zurückführten, nährte weitere Vorbehalte gegen Frankreichs große muslimische Bevölkerungsgruppe und verstärkte die xenophobe Botschaft des rechtsextremen Front National.

Als Premierminister reagierte Valls mit der Verhängung des Ausnahmezustands, worauf über 10 000 schwerbewaffnete Polizisten in den Straßen von Paris patrouillierten. Die Sicherheitskräfte hatten umfassende Befugnisse und konnten Hausarrest anordnen, Razzien ohne richterliche Genehmigung durchführen und öffentliche Versammlungen verbieten, was auch die Schließung von Moscheen einbezog. Im Jahr nach den Anschlägen führte die Polizei über 4000 Hausdurchsuchungen durch, aber laut Innenministerium kam es in der Folge lediglich zu einer einzigen Strafverfolgung. Die allermeisten dieser Durchsuchungen und Hausarreste betrafen französische Muslime vorwiegend nordafrikanischer Herkunft.

Viele der ca. fünf Millionen Muslime in Frankreich klagen schon lange über systematische Diskriminierung durch die Polizei. Sie haben es auch wesentlich schwerer als die weiße Bevölkerung Frankreichs, einen Job oder eine Wohnung zu finden oder Bildungschancen wahrzunehmen. Die Muslime machen in Frankreich etwa neun Prozent der Bevölkerung aus, aber ca. 60 Prozent der Gefängnisinsassen – das ist ein höherer Anteil als der von Afroamerikanern und Latinos in amerikanischen Gefängnissen.[5] Allein, Frankreich ist in seinem anhaltenden Ausnahmezustand die eigentlichen Wurzeln von Wut und Entfremdung unter den Muslimen der dritten Generation gar nicht angegangen.

Eine Studie des Institut Montaigne in Paris, bei der nach den Terroranschlägen in ganz Frankreich über 1000 Muslime befragt wurden, ermittelte eine enorme Diskrepanz in der Haltung der unterschiedlichen Generationen. Die erste Generation, von der viele vor 40 bis 50 Jahren aus Marokko, Tunesien oder Algerien gekommen waren, um Hilfsarbeiterjobs anzunehmen, sieht sich relativ gut in die säkulare Gesellschaft Frankreichs integriert. Manche gaben zwar an, sie äßen ausschließlich »halal« zubereitetes Fleisch und glaubten, Frauen müssten einen Hijab tragen, sagten aber auch mehrheitlich zu fast 70 Prozent, sie respektierten den französischen Säkularismus und das Modell der Republik für die ethnische Integration. Eine separate Gruppe, die sogenannten »Ultras«, die 28 Prozent der Befragten repräsentieren, gab allerdings an, den französischen Lebensstil entschieden abzulehnen und der Auffassung zu sein, dass das islamische Recht, die Scharia, Vorrang habe vor den Gesetzen der französischen Republik. Sie befürworteten die Polygamie und glaubten an eine strenge Auslegung des Islam. Die Hälfte dieser Gruppe war zwischen 15 und 24 Jahre alt, was die tiefe Spaltung zwischen den Generationen widerspiegelt, gemäß der viele junge Muslime extremistischen Ansichten zuneigen.

Laut Hakim el Karoui, einem ehemaligen Berater der französischen Regierung in muslimischen Angelegenheiten und Autor dieser Studie, ist für viele unzufriedene muslimische Jugendliche die rückständige Version des Islam zu einer neuen Identität geworden. »Der

Islam ist der Grundpfeiler ihrer Revolte«, sagte er. »Diese Revolte ist eingebettet in einen Islam der Spaltung, der Verschwörungstheorien und des Antisemitismus.« Nach Ansicht vieler junger französischer Muslime funktioniere das französische Modell der Assimilation für sie einfach nicht, und die lokalen Schulen seien offenbar nicht in der Lage, ihnen säkulare Werte zu vermitteln.

Die Entfremdung wird noch verstärkt durch den mühelosen Zugang zu Ereignissen im Nahen Osten über das Internet – die Menschen gewinnen den Eindruck, gleich mehrere Krisen auf einmal zu erleben: den Bürgerkrieg in Syrien, die Transformation der arabischen Gesellschaften, in denen Frauen besseren Zugang zu Bildung bekommen, und die Deindustrialisierung, die vielen von ihnen den Zugang zum Arbeitsmarkt massiv erschwert. Laut dieser Studie, der ersten detaillierten Umfrage unter französischen Muslimen überhaupt, sind die meisten der Terroristen, die an den jüngsten Anschlägen beteiligt waren, junge, in Frankreich oder Belgien geborene Muslime ohne Job oder Berufsausbildung, die als Kleinkriminelle im Gefängnis gesessen haben und überzeugt sind, der Staat habe sich von ihnen abgewandt.[6]

Das Innenministerium geht davon aus, dass die terroristischen Netzwerke bis zu 10 000 junge Leute radikalisiert haben, und es hat etwa 1800 Mitglieder dieser dschihadistischen Netzwerke identifiziert. Auf der Suche nach einem effektiveren Umgang mit der Bedrohung durch entfremdete junge Muslime hat die französische Regierung auch den Rat der führenden Gelehrten des radikalen Islam gesucht. Die Meinungen über die Ursachen des Terrorismus gehen allerdings weit auseinander. Beim Studium der Fälle von Terroristen, die die Anschläge durchführten, scheint niemand sicher zu sein, ob diese jungen Leute, die sich dem gewalttätigen Dschihadismus anschlossen, durch die religiöse Bekehrung zum islamischen Extremismus motiviert oder ob sie Kriminelle sind, die den Islam als Vorwand zur Kanalisierung ihrer Hassgefühle missbrauchen.

Diese extrem zugespitzte Debatte hat auch eine hässliche persönliche Note angenommen. Zwei von Frankreichs angesehensten Akademikern auf diesen Gebiet, Gilles Kepel und Olivier Roy, haben mehrere vielbeachtete Bücher über den Nahen Osten und französische Muslime veröffentlicht und in der Vergangenheit zusammengearbeitet. Heute reden sie kein Wort mehr miteinander. Zwei Jahrzehnte lang waren sie eng befreundet, bis ihre unterschiedlichen Interpretationen der Gründe hinter dem Aufstieg des Dschihadismus in Frankreich in einen erbitterten Streit ausartete, der ihre persönliche Beziehung zerstörte.[7]

Nach Ansicht von Kepel, Professor am Pariser Institut für Politische Studien (kurz »Sciences Po«), erwuchsen die mörderischen Anschläge in Frankreich aus der Radikalisierung des Islam, deren Ursache die gescheiterte Integration der muslimischen Bevölkerung in Frankreich ist. Er sieht den Schlüsselmoment im Jahr 2005. Damals kam es in den Ghettos der Pariser Vorstädte zu Gewaltexzessen mit Straßenschlachten und brennenden Autos, bei denen die Frustration junger französischer Muslime überkochte und sich gewaltsam entlud. Kepel glaubt, dieser Wutausbruch reflektiere das Aufkommen einer dritten Generation des Islam in Frankreich, nach der ersten Generation postkolonialer Immigranten, die Arbeit suchten, und einer zweiten Generation, die Mühe hatten, ihren gesellschaftlichen und politischen Platz im Land zu finden.

Gleichzeitig mit den Unruhen im Jahr 2005 veröffentlichte ein radikaler Islamist namens Abu Musab al-Suri einen langen Text mit dem Titel »Appell zum weltweiten islamischen Widerstand« auf »jihadosphere«-Websites, in dem er enttäuschte junge Muslime aufforderte, einen Bürgerkrieg in Europa zu entfachen. Laut Kepel wurde dieser militante Appell zum Drehbuch für die ein Jahrzehnt später verübten Gräueltaten von Terroristen des Islamischen Staats, mit den verheerenden Anschlägen in Frankreich und Belgien. Kepel zieht eine direkte Verbindungslinie von den jüngsten Anschlägen zu den Unruhen des Jahres 2005, als junge Muslime zu der Überzeugung gelangten, es sei »notwendig, sich von Frankreich zu lösen und das Land zu verlassen.«[8]

Roy dagegen, der den Großteil seiner beruflichen Karriere mit persönlicher Recherche im Nahen Osten und in den Banlieues französischer Großstädte zugebracht hat, beharrt auf seiner Schussfolgerung, die gegenwärtigen Entwicklungen zeigten vielmehr eine Islamisierung des Radikalismus. Nach seiner Überzeugung wollen die entfremdeten jungen Leute und Kleinkriminellen, die sich dem Dschihad und der Gewalt zuwenden, in gleicher Weise die Gesellschaft sprengen wie die Terroristen der Roten Brigaden und der Baader-Meinhof-Gruppe vier Jahrzehnte zuvor. Laut Roy haben viele der heutzutage in Terrorakte in Europa verwickelten Täter keine religiösen oder militanten Überzeugungen, sondern nutzen den Islam als Vorwand für ihre extremen Gewaltakte. Roy glaubt, die meisten französischen Muslime seien entgegen der verbreiteten Ansicht recht gut integriert, und diejenigen, die zur Gewalt greifen, täten dies, weil sie als Straftäter von der Gesellschaft an den Rand gedrängt wurden.

Ungeachtet dessen, was nun die Terroranschläge provozierte, hat sich die Aussicht auf eine anhaltende Phase dieses ethnischen Krieges tief in die Vorstellungswelt der Franzosen eingegraben. 2015 veröffentlichte Michel Houellebecq – durch einen bizarren Zufall exakt am Tag des Anschlags auf *Charlie Hebdo* – seinen rasch zum Bestseller gewordenen Roman »Soumission« (*Unterwerfung*). Die Geschichte spielt im Jahr 2022 und beschreibt die Wahl eines französischen Muslims zum Präsidenten, der Recht und Ordnung wiederherstellt, indem er Frankreichs säkulare Traditionen abschafft und eine Form islamischen Rechts installiert. Im gleichen Jahr schrieb Jean Rolin einen weiteren populären Roman mit dem Titel *Les Événements* (*Die Ereignisse*). Darin zeichnet er ein noch düstereres Portrait eines Frankreich, das in den Bürgerkrieg abgleitet, in dem regionale Milizen unterschiedlicher politischer und religiöser Prägung gewaltsame Konflikte austragen, die den Einsatz von Friedenstruppen der Vereinten Nationen notwendig machen.

Rolins Roman mag zwar als weit hergeholte, um nicht zu sagen abwegige Zukunftsvision erscheinen, aber diese Vision wird von manchen Sicherheitsexperten durchaus ernst genommen. Patrick Calvar, Direktor von Frankreichs Inlandsgeheimdienst DGSI, hält die Möglichkeit eines bewaffneten Konflikts in Frankreich für absolut real. Er warnte die Mitglieder eines französischen Untersuchungsausschusses, der sich mit den Anschlägen vom November 2015 beschäftigt, »wir stehen am Rand eines Bürgerkriegs… Ich glaube, es wird passieren. Ein oder zwei weitere Terroranschläge, und es ist so weit.« Calvar verwies auf gewaltbereite rechtsextreme Splittergruppen in Frankreich, die sogar schon den Guerillakrieg trainieren und offenbar bereit sind, eine gewalttätige Konfrontation mit französischen Muslimen und ausländischen Immigranten zu provozieren.

Angesichts der hohen Anspannung nach den Terroranschlägen fand der französische Präsidentschaftswahlkampf 2017 in einer Atmosphäre von Angst und Misstrauen statt, die die verschiedenen ethnischen Bevölkerungsgruppen in einer nie gekannten Weise spaltete, und das ausgerechnet in der Nation, die sich »Freiheit, Gleichheit, Brüderlichkeit« auf die Fahne geschrieben hat. Im Vorwahlkampf der Konservativen gründete Sarkozy sein Programm zur Rückgewinnung der Präsidentschaft vor allem auf eine Strategie des scharfen Rechtskurses, und er bezog dabei Positionen gegen radikale Islamisten, die selbst Marine Le Pen reichlich extrem erschienen. Er sprach sich dafür aus, alle, die auf einer Liste von Terrorverdächtigen stünden (die sogenannte »Fiche S«), in Administrativhaft zu nehmen und ihnen bis zum Beweis ihrer Unschuld ihre Bürgerrechte zu entziehen. Sarkozys Gegenspieler, Ex-Premierminister Alain Juppé, bezeichnete diesen Vorschlag als »Guantánamo à la Française«, und selbst Le Pen meinte, solche Lager verstießen »gegen unsere Verfassung«.[9]

Die Medien warfen Sarkozy vor, neofaschistischen Instinkten nachzugeben und »in braunen Wassern zu fischen«, und viele Wähler seiner Partei hatten eindeutig den Eindruck, er wollte das Klima der Verunsicherung nach den Terroranschlägen für sich ausschlachten. Sarkozy gelobte, »gnadenlos« die Autorität des Staates in jedem Winkel Frankreichs wiederherzustellen. Er versprach, die Einwanderung für fünf Jahre auszusetzen, um sich auf die Eingliederung der bereits eingetroffenen Neuankömmlinge zu konzentrieren und diesen die französischen Werte nahezubringen. Er wies auch den Code der politischen Korrektheit von sich, der es »in der angelsächsischen Welt den Communitys möglich machte, in parallelen Gesellschaften zu leben und sich gegenseitig zu ignorieren«. Den Verfechtern von Toleranz und kultureller Vielfalt hielt er entgegen, »es ist an der Zeit, den

Mund aufzumachen und sich nicht dafür entschuldigen zu müssen, Franzose zu sein.«

Sarkozy, dessen Vater aus Ungarn stammt, will von multikultureller Vielfalt nichts wissen und beharrt darauf, alle Immigranten müssten Frankreichs nationale Identität übernehmen, einschließlich seiner ureigenen Geschichte und Werte. »Wer Franzose werden will, soll Französisch sprechen, leben wie die Franzosen und nicht versuchen, unseren Lebensstil zu verändern, den wir schon so lange pflegen. Sobald du französisch bist, sind deine Ahnen die Gallier.« Bildungsministerin Najat Vallaud-Belkacem, in Marokko geboren, wies ihn öffentlich in scharfer Form zurecht, er würde ethnische Ressentiments schüren und den multikulturellen Hintergrund vieler Bürger Frankreichs einfach ignorieren. »Ja, es gibt Gallier unter unseren Ahnen«, sagte sie. »Aber da sind auch noch Römer, Normannen, Kelten, Korsen, Araber, Italiener, Spanier. Das macht Frankreich aus.«

Im Gegensatz zu Sarkozys eiferndem Appell an die Ängste der Franzosen suchte Juppé die weise Gelassenheit des »Elder Statesman« auszustrahlen und versprach, Frankreichs gespaltene Gemeinden zu versöhnen. Juppés scharfer Verstand und seine arrogante Art waren bestens bekannt, und so inszenierte er sich vor allem als seriöse Alternative zu Sarkozy und dessen aggressivem Pitbull-Stil. Als Gegenpol zur dystopischen Vision seines Rivalen wählte Juppé als Slogan für seine Präsidentschaftskampagne »Die glückliche Identität«. Nach seinen Vorstellungen sollte Frankreich seine ethnische Vielfalt zum Vorteil des Landes nutzen, verbunden mit nationaler Kultur und starken republikanischen Werten. Juppé sagte, er strebe durch Kompromissbereitschaft statt Konfrontation eine geeinte, erfolgreichere und egalitärere Gesellschaft an; statt Muslimen die französische Cuisine aufzunötigen, spräche doch nichts dagegen, in den Schulmensen auch halal zubereitete Mahlzeiten anzubieten.

Den meisten konservativen Wählern war jedoch klar, dass beide, Sarkozy wie Juppé, zu sehr der Vergangenheit verhaftet waren. Keiner von beiden kam an der Tatsache vorbei, dass man sie gewissermaßen als rundenerneuerte Politiker wahrnahm, die für schon früher gescheiterte Visionen standen. Stattdessen entschieden sich die konservativen Wähler für Fillon als Mitte-rechts-Kandidat. Dieser war zwar Premierminister unter Sarkozy gewesen, trotzdem gelang es ihm, sich als unverbrauchtes Gesicht zu präsentieren. Fillons Aufstieg zum Kandidaten der Republikaner war auch seiner Betonung traditioneller Werte geschuldet. Als praktizierender Katholik machte er sich die öffentliche Wut der französischen Konservativen im bäuerlichen Kernland – »*la France profonde*« – zunutze, die sich kurz zuvor an der Verabschiedung eines Gesetzes zur Zulassung der Homoehe entzündet hatte.

Als sich Fillon jedoch immer mehr in den Skandal um die Beschäftigung seiner Frau und seiner Kinder auf Staatskosten verstrickte, stürzten seine Beliebtheitswerte ab – für die Wähler war er nichts anderes als ein weiterer Heuchler. Und so konnte Macron als wirtschaftsfreundlicher Reformer, der Frankreich wieder zu einstiger Größe führen wollte, das Vakuum in der politischen Mitte füllen.

Für den Präsidenten Macron bleibt der größte politische Gegenspieler nach wie vor der Front National, bei weitem die prominenteste und dauerhafteste aller rechtspopulistischen Parteien in Europa. Nachdem der Front National jahrelang an den Rändern des politischen Lebens geblieben war, rückte er bei den Präsidentschaftswahlen 2017 ins Zentrum der französischen Politik, als Le Pen an Zugkraft gewann und Protestkandidaten in ganz Europa immer mehr Popularität genossen. Wie viele Wähler in den großen westlichen Demokratien waren auch die Franzosen tief enttäuscht von ihrer traditionellen Führungselite, die es einfach nicht fertigbrachte, die in ihren Augen fundamentalen Probleme des Alltags in Angriff zu nehmen, etwa die Bedrohung durch Kriminalität und Terrorismus, das wachsende Einkommensgefälle und die Konfusion über die kulturelle Identität. Bei aller intensiven Rivalität hatten Republikaner und Sozialisten traditionell gemeinsam verhindert, dass der Front National an die Macht kommen konnte – man hatte sich nach der ersten Runde der Präsidentschaftswahlen noch stets hinter dem Zentrumskandidaten zusammengetan. Die etablierten Parteien konnten zuvor schon einmal die Machtansprüche des FN abwehren, als Jean-Marie Le Pen 2002 den Kandidaten der Sozialisten hinter sich ließ und in die Stichwahl gegen Präsident Jacques Chirac einzog. Im Wahlkampf 2017 appellierten trotz ihrer Bedenken wegen Macrons fehlender Erfahrung genau jene Parteien des ganzen politischen Spektrums an ihre Wähler, sich für den einzig verbliebenen Kandidaten zu entscheiden, der dem Machtstreben des Front National Einhalt gebieten konnte.

Wie in anderen Teilen Europas, in denen populistische Nationalisten immer mehr an Boden gewinnen, wurde auch in Frankreich die Frage der Identitätspolitik zu einem zentralen Element der Bemühungen, die vielen Probleme in den Griff zu bekommen. Die Terroranschläge, die gescheiterte Integration von Millionen Muslimen und der Verlust der Kontrolle über die eigenen Grenzen haben Grundfragen nach der französischen Identität neu aufgeworfen. Und diese Fragen lösen sich nicht in Wohlgefallen auf. Der Identitätskrieg ist zur zentralen Debatte in den Schulen geworden, wo manche Lehrer und Eltern bereits fordern, der Unterricht sollte aus einer nationalistischen Sicht gestaltet werden, die französische Kultur und Werte betont, als Gegengewicht zu einer allzu globalen Perspektive. »So viele Menschen haben einen französischen Pass, aber die Frage, was Frankreich ist und wie man das Wissen über und die Liebe zu Frankreich vermitteln könnte, wurde schlicht übersehen. Diese Frage wird aber nun, angesichts der jüngsten Terroranschläge, mit viel größerer Dringlichkeit gestellt«, sagt Alain Finkielkraut, ein konservativer Sozialphilosoph, der viel über die Widersprüche durch die multikulturelle Identität und die durch diese Belastung entstandene Aushöhlung französischer Bildungsstandards geschrieben hat.[10]

Seit ein Gesetz aus dem Jahr 1905 das Prinzip des *Laizismus* festschreibt, dem zufolge sich die Religion aus dem öffentlichen Leben herauszuhalten hat, beruht die Identität des modernen Frankreich in hohem Maße auf der Bedeutung der säkularen Gesellschaft. Die wachsenden Spannungen wegen des Islam und der Sicherheitsfrage haben die kulturellen und religiösen Auseinandersetzungen jedoch wieder ins Zentrum des Alltagslebens gerückt. Im Sommer 2016 beherrschte eine bisweilen absurd anmutende Debatte ganz Frankreich: Es ging um den »Burkini«– einen den ganzen Körper bedeckenden

Badeanzug – und dessen Verbot in fünfzehn Städten an der französischen Riviera. Valls beharrte auf dem Burkini-Verbot, weil dieser eine islamistische Uniform sei, die »die Versklavung der Frau« symbolisiere und als Mittel zur Durchsetzung islamischer Gesetze verstanden werden könne. Frankreich verbannte den Schleier und andere »augenfällige« religiöse Symbole schon im Jahr 2004 aus allen staatlichen Schulen, und 2010 auch die Vollverschleierung, die Burka, von allen öffentlichen Plätzen. Aber die Bilder von Polizeistreifen, die an Stränden patrouillierten und vollständig bekleidete Frauen zum Verlassen des Strands zwangen, setzten die Regierung der Lächerlichkeit aus, vor allem nachdem Valls angeregt hatte, das richtige Rollenmodell müsse Marianne sein, die weibliche Figur, die die französische Nation symbolisiert und die klassischerweise mit entblößten Brüsten dargestellt wird.[11] Fast musste man annehmen, der Premierminister verlange von Frauen, die ihre Loyalität zu französischen Werten zeigen wollten, oben ohne herumzulaufen.

Der Burkini-Streit zeigt exemplarisch, wie Identitätspolitik und kulturelle Themen ins Zentrum des politischen Lebens gerückt sind, in Frankreich ebenso wie in den USA. In diesen Zeiten des wachsenden Populismus neigen Wähler beiderseits des Atlantiks dazu, sensible politische Themen wie die Einwanderung als fundamentale Herausforderung ihrer nationalen Identität, aber auch ihrer Sicherheit und Souveränität wahrzunehmen. Wie in den USA warnten auch französische Kommentatoren, die Fülle der Krisen, mit denen man sich beschäftigen müsse, stelle die Überlebensfähigkeit der jeweiligen Demokratie infrage. Aber in einem Land, in dem die Philosophie des Existentialismus bis heute blüht, sind die Franzosen nun einmal stolz auf ihre Fähigkeit, mit Widrigkeiten umzugehen, selbst wenn es den Anschein hat, als wären die absoluten Grundlagen ihrer Gesellschaft in Gefahr.

Ein Jahr nachdem Terroristen 89 Musikfans bei einem Konzert niedergemäht und das Bataclan in ein Leichenhaus verwandelt hatten, war das Theater erneut bis auf den letzten Platz gefüllt: Der britische Rockstar Sting gab zum Jahrestag des furchtbaren Ereignisses ein Sonderkonzert zum Gedenken an die Opfer von damals. Seit dem 13. Jahrhundert, als Frankreich zur Großmacht aufstieg, hat es immer wieder diese bemerkenswerte Fähigkeit bewiesen, sich aus tiefster Verzweiflung wieder aufzurichten, etwa während des Zeitalters der Aufklärung und nach der erniedrigenden Besetzung durch die Nazis im Zweiten Weltkrieg. Vielleicht fasst der Leitspruch der Stadt Paris die Standhaftigkeit der Nation am besten zusammen: »Fluctuat nec mergitur« – Sie schwankt, aber sie geht nicht unter.

Kanzlerin Angela Merkel mit Präsident Wladimir Putin in dessen Residenz nahe Sotschi. Sie hat eine Hundephobie, von der Putin angeblich nichts wusste, als er seinen schwarzen Labrador in den Saal ließ.

(Sputnik / Alamy Stock)

Gestrandete Flüchtlinge am Keleti-Bahnhof in Budapest. Man ließ sie weiterreisen, nachdem Merkel auf weiterhin offenen Grenzen in Europa beharrte. Später sollte sie die politischen Folgen ihrer Entscheidung bereuen.

(Zuma Press, Inc. / Alamy Stock)

Flüchtlinge verlassen einen im ungarischen Hegyeshalom an der österreichischen Grenze angehaltenen Zug, bevor sie in Deutschland oder Schweden Asyl suchen. Ungarn errichtete Stacheldrahtzäune an den Grenzen, um Flüchtlinge fernzuhalten. *(Radek Procyk / Alamy Stock)*

Berliner Polizei sperrt den Weihnachtsmarkt am Breitscheidplatz ab. Ein tunesischer Einwanderer war mit einem LKW in die Menschenmenge gefahren. Es gab 12 Tote und 50 Verletzte. *(Agencja Fotograficzna Caro / Alamy Stock)*

Merkel feilscht mit Tsipras über die Lösung der griechischen Schuldenkrise bei einem EU-Gipfel in Brüssel, Oktober 2015. *(Newzulu / Alamy Stock)*

Ein syrischer Flüchtling mit zwei kleinen Kindern in den Armen kämpft sich nach der Überfahrt von der Türkei nach Lesbos aus einem Schlauchboot. Über 850 000 Flüchtlinge auf dem Weg nach Nordeuropa passierten 2015 die griechische Insel. *(Reuters / Alamy Stock)*

Tsipras winkt nach der Wie-
derwahl im September 2015
Anhängern vor der Syriza-Par-
teizentrale zu.
Er versprach, die von den
Kreditgebern verlangten
Sparmaßnahmen abzu-
lehnen, lenkte aber für ein
drittes Rettungspaket ein.
(Elias Verdi / Alamy Stock)

Ein Graffiti in Athen zeigt
Merkel mit Hakenkreuz und
Hitlerbärtchen. Nach dem
Beharren der Deutschen auf
Steuererhöhungen und Ren-
tenkürzungen trotz drückender
Wirtschaftsflaute
in Griechenland kam es zu
antideutschen Protesten.
(360b / Alamy Stock)

Küss' die Hand, Frau Merkel!
Jarosław Kaczyński bei einem
Berlin-Besuch. Der rechtsgerichtete polnische Führer entsetzte
EU-Partner mit der Unterdrückung
von politischen Gegnern und Medien
und weckte Befürchtungen um
die Zukunft der Demokratie in Polen.
(Süddeutsche Zeitung / Alamy Stock)

Kaczyński bei einer Zeremonie auf dem Warschauer Soldatenfriedhof zum 6. Jahrestag des Flugzeugabsturzes bei Smolensk im Jahr 2010. Damals starben 96 Menschen, darunter sein Zwillingsbruder Lech.

(Chen Xu / Xinhua / Alamy Stock)

Merkel empfängt die britische Premierministerin Theresa May in Berlin im Juli 2016. May hatte kurz zuvor David Cameron abgelöst, der nach dem Brexit-Referendum zurückgetreten war.

(dpa Picture Alliance / Alamy Stock)

EU-Kommissionspräsident Jean-Claude Juncker gemeinsam mit seinem Erzfeind, Britanniens führendem Euroskeptiker Nigel Farage, in Brüssel.

(Andia / Alamy Stock)

Kapitel 4

Brüssel

Die Hauptstadt Europas – der Turmbau zu Babel?

Die Architekten des riesigen Doms, in dem das Europäische Parlament in Straßburg tagt, dachten bei ihrem Entwurf ursprünglich an ein klassisches römisches Amphitheater. Allerdings erinnert der modernistische Bau auf unheimliche Art an den Turm zu Babel im berühmten Gemälde des flämischen Meisters Pieter Brueghel aus dem Jahr 1563 – eine in vielerlei Hinsicht frappierende Symbolik. Genau wie Brueghels Turm wirkt das Parlamentsgebäude irgendwie unvollendet, wie in einer Art Schwebezustand, der den ungewissen Ausgang des Streits um den Aufbau des vereinten Europa recht gut versinnbildlicht. Mit 24 offiziellen Sprachen und ganzen Heerscharen von Übersetzern und Dolmetschern, die sämtliche Reden und Dokumente zu übersetzen haben, vermittelt das Europaparlament mit seinen 751 Mitgliedern so etwas wie eine Art babylonische Verwirrung darüber, wohin es mit Europa gehen soll. Der Slogan der laufenden Legislaturperiode »Viele Sprachen auf der Suche nach einer Stimme« drückt das ganz treffend aus.

Der Hauptsitz des EU-Parlaments liegt in Brüssels Europaviertel, ganz in der Nähe der anderen zentralen Institutionen mit der EU-Exekutivkommission und dem Ministerrat, in dem die 28 nationalen Regierungen vertreten sind. Auf Drängen Frankreichs muss jedoch einmal im Monat der komplette EU-Apparat – Parlamentarier, Personal, Lobbyisten, Journalisten und Übersetzer, insgesamt rund 10 000 Leute – die Sachen packen und fünf Stunden per Bahn von Brüssel nach Straßburg fahren, um dort Plenarsitzungen abzuhalten.

Das ist etwa so, als dürften die Mitglieder des US-Kongresses nur in einer Woche im Monat Gesetze verabschieden und dies auch nur bei Sondersitzungen, die in Pittsburgh stattzufinden hätten. Die jährlichen Kosten dieses parlamentarischen Wanderzirkus – geschätzte 200 Millionen Dollar – trägt der wehrlose europäische Steuerzahler.

Einer der massivsten Kritikpunkte an der EU ist die fehlende demokratische Legitimation – insbesondere dieses Argument spielte bei der Kampagne vor dem Brexit-Referendum in Großbritannien im Juni 2016 eine große Rolle. Von den sieben Institutionen[1] der EU wird nur das Europäische Parlament direkt vom Volk gewählt, und ausgerechnet diese Stimme des Volkes ist so schwach, dass sie noch nicht einmal eigene Gesetzesinitiativen einbringen kann.

Das mächtigste EU-Gremium ist der Ministerrat, dem der frühere polnische Premierminister Donald Tusk vorsitzt. Dessen Job ist die Leitung der häufigen Gipfeltreffen der Regierungschefs aller 28 Mitgliedsstaaten und das Aushandeln von Kompromissen, die den Kurs der europäischen Politik bestimmen sollen. Als Ratspräsident wird Tusk im Konsens von den nationalen Regierungschefs bestimmt, denen viel daran liegt, die Entscheidungsgewalt über EU-Beschlüsse fest in der Hand ihrer jeweiligen Regierungen zu behalten.

Und dann ist da noch die Europäische Kommission, das Exekutivgremium der EU, die Wirtschaftsabkommen aushandelt, über die Einhaltung von Kartellbestimmungen wacht und Gesetzesvorschläge einbringt. Der Präsident der Kommission wird vom EU-Parlament vorgeschlagen, in der Regel von der stärksten politischen Fraktion. Die übrigen 27 Kommissionsmitglieder werden von den einzelnen Regierungen entsandt und bedürfen der Zustimmung des Präsidenten. Traditionell gilt die Entsendung nach Brüssel als eine Möglichkeit, politische Verbündete mit einem ebenso ruhigen wie lukrativen Posten zu versorgen oder lästige Rivalen ins gut dotierte Exil zu schicken.

Jean-Claude Juncker, seit November 2014 Präsident der EU-Kommission, kam als Kandidat der EVP (Europäische Volkspartei) an den Job. Die EVP gehört zum Mitte-rechts-Lager und stellt die stärkste Fraktion im EU-Parlament. Juncker gilt allgemein als einer der erfahrensten und fähigsten Politiker in Europa. Zuvor war er fast zwei

Jahrzehnte lang Premier- und Finanzminister Luxemburgs gewesen. Als überzeugter Föderalist und langjähriger Verfechter des Konzepts der Vereinigten Staaten von Europa verkörpert Juncker gleichermaßen das Gute und das Schlechte in der Verwaltung der europäischen Institutionen.

Seine lange Regentschaft im winzigen Großherzogtum Luxemburg, wo er den Wohlstand seiner 400 000 Staatsbürger mehrte, indem er den Ruf des Landes als internationale Steueroase absicherte, führte ihn bis an die Front des langwierigen Kreuzzugs für seinen Traum eines vereinten Europa. Aber sein Aufstieg zum Kommissionspräsidenten stieß auch auf deutlichen Protest. Kritiker werfen ihm vor, er sei viel zu sehr ein Geschöpf der undurchsichtigen europäischen Institutionen, die als weitgehend immun gegen den Volkswillen gelten. Wenn Europa aus der allgemeinen Stimmung von Politikverdrossenheit und Verfall herausfinden wolle, brauche es, so jene Kritiker, eine unverbrauchte Sicht auf die Dinge und ein offenes Ohr für die Belange der Bürger – und eben gerade keinen absoluten Insider, der seine abgehobene Mission für die Vereinigten Staaten von Europa verfolgt, von der so viele Wähler gar nichts wissen wollen.

Mit seinem arroganten Gebaren eckt Juncker bei vielen seiner Kollegen an. Auch wenn sie der gleichen politischen Familie entstammt, pflegt Bundeskanzlerin Angela Merkel eine herzliche Abneigung gegen ihn und war richtig aufgebracht, als er ihren Widerstand gegen seinen Aufstieg zum Kommissionspräsidenten mit List und Tücke umging. Auf dem Höhepunkt der Eurokrise prägte er einen Satz, den man heute als »Junckers Fluch« kennt. Er bringt die Schwierigkeiten der Politiker, europäische und nationale Interessen unter einen Hut zu bringen, auf den Punkt: »Wir wissen, was wir tun müssen«, sagte er einst noch in seiner Funktion als Premierminister, »wir wissen nur nicht, wie wir wiedergewählt werden könnten, wenn wir es getan haben.«

Nach der Übernahme der Präsidentschaft der EU-Kommission holte Juncker mehrere wichtige Mitglieder des EU-Parlaments als persönliche Verbündete ins Boot. Darunter vor allem solche, die seine Überzeugung teilen, Europa brauche, wenn es an Einfluss auf internationaler Ebene gewinnen wolle, eine stärkere Verlagerung nationaler Hoheitsrechte hin zu den europäischen Institutionen. Einer der engsten Freunde Junckers ist der Sozialdemokrat Martin Schulz, der zwei Legislaturperioden lang Präsident des EU-Parlaments war, bevor er beschloss, als Kanzlerkandidat der SPD nach Berlin zu wechseln. Bei einer Parlamentssitzung sagte Juncker, Schulz würde ihn fast jeden Morgen um sieben Uhr anrufen, besonders in Krisenzeiten. »Manchmal wünschte ich mir, er würde sich das abgewöhnen«, seufzt Juncker.[2]

Beide Männer sind seit Jahrzehnten hartnäckige Verfechter des europäischen Traums und sagen sogar, sie könnten jeden Satz des jeweils anderen zu Ende formulieren. Wie alle wahren Gläubigen sind sie überzeugt von ihrem Kampf für die gerechte Sache und sehen ihren Weg durch den historischen Erfolg der EU bestätigt, nach dem Zweiten Weltkrieg nunmehr über sieben Jahrzehnte lang Frieden und Wohlstand auf dem Kontinent gesichert zu haben. In ihren Augen tragen sie die Fackel des idealistischen Erbes von Europas Gründervätern wie Jean Monnet und Robert Schuman weiter.

Sie glauben, Europa könne sich nur durch eine Bündelung der Kräfte als Supermacht etablieren. Europas Gewicht als weltgrößter Wirtschaftsraum mit über 500 Millionen zahlungskräftigen Verbrauchern bedeutet enormen Einfluss auf den Welthandel. Und sie sind fest davon überzeugt, die Herausforderungen des 21. Jahrhunderts, wie der Klimawandel und die gewaltigen Flüchtlingsströme, seien am besten auf europäischer Ebene zu bewältigen, nicht durch unkoordinierte Einzelmaßnahmen nationaler Regierungen.

Aber Juncker und Schulz müssen den Zeitgeist fürchten. Der große föderalistische Traum vom Aufbau der Vereinigten Staaten von Europa, der Monnet und seine Visionäre inspirierte, scheint bei den Wählern der jeweiligen Regierungschefs nicht mehr zu verfangen. Eine machtvolle Bewegung von Globalisierungsgegnern hat den Aufstieg populistischer Kräfte von links und rechts befeuert, was wiederum die etablierten Regierungsparteien in einem Ausmaß schwächte, dass sie sich kaum noch trauen oder schon gar nicht mehr in der Lage sind, die europäische Sache zu vertreten.

Trotz dieser widrigen Trends entschieden Juncker und Schulz nach dem Brexit-Votum der Briten, sie hätten gar keine andere Wahl, als sich solch kleinkariertem Denken auf dem ganzen Kontinent standhaft und entschlossen zu widersetzen. Sie haben sich schon vor langer Zeit der »Fahrrad-Theorie« verschrieben, die erstmals der frühere EU-Kommissionspräsident Jacques Delors formuliert hatte. Europa müsse demnach immer in Bewegung bleiben, in Richtung auf das Ziel eines vereinten Kontinents, sonst laufe es Gefahr, einfach umzufallen.

Am Morgen nach dem Brexit-Referendum, als Europa noch benommen von dem Schlag war, den ihm der laut vieler Meinungsumfragen für unmöglich gehaltene Ausgang der Abstimmung versetzt hatte, waren sich die beiden Präsidenten einig: Kommission und Parlament müssten ihren Führungsanspruch als »Hüter der Verträge«, auf denen die Nachkriegsordnung Europas gründet, durchsetzen. Sie sprachen davon, umfangreiche Reformen auf den Weg zu bringen, die aus der Kommission eine richtige europäische Regierung machen sollten, mit dem EU-Parlament als gesetzgebender Kontrollinstanz und einem föderalen Rat der Mitgliedsstaaten, der als zweite Kammer fungieren könnte, sozusagen als europäischer Senat. Sie beschlossen, dieses Projekt zur Erneuerung Europas beim Gipfeltreffen im März 2017 anlässlich des 60. Jahrestages der Römischen Verträge – so etwas wie die Magna Charta der Europäischen Union – zu präsentieren.

Juncker und Schulz wollten dem Europaparlament mehr Macht verleihen, auch um die Bereitschaft zu signalisieren, stärker auf den Wählerwillen einzugehen. Das Parlament kann zwar Handelsverträge per Veto stoppen und über die Besetzung von Spitzenpositionen in der EU entscheiden, es hat aber nach wie vor keine Möglichkeit, Steuern und Einnahmen zu erheben oder auch nur europäische Gesetze vorzuschlagen – dies bleibt Sache der Kommission. Ohne jede Haushaltsbefugnis bleiben fast alle EU-Finanzen unter strikter Kontrolle der nationalen Regierungen. Zwar wird das EU-Parlament seit 1979 direkt gewählt, und damit haben die Wähler formal die Entscheidung darüber, wer sie in Europa vertritt. Allerdings wird dieser Prozess von den Wählern bisher kaum angenommen, deshalb taugt er bislang auch nicht wirklich als Legitimationsprozess durch das Volk.

Bei den Europawahlen 2014 lag die Wahlbeteiligung europaweit bei kläglichen 42 Prozent. Am geringsten war sie in den ehemals kommunistischen Ländern des Ostens: Ganze 18 Prozent der Tschechen, 13 Prozent der Slowaken und 24 Prozent der Polen gaben ihre Stimme ab. Und viele dieser gewählten Mitglieder des Europäischen Parlaments (MEPs) wollen vom Traum eines geeinten Europa nichts wissen und sind generell dafür, mehr Souveränitätsrechte an die nationale Ebene zurückzugeben. Tatsächlich werden ein Viertel der 751 MEPs, die 2014 für eine Legislaturperiode von fünf Jahren gewählt wurden, dem Lager der Euroskeptiker um Le Pen und Farage zugerechnet.

Aber abgesehen von diesen unverbesserlichen EU-Gegnern stießen Juncker und Schulz auch bei den EU-Regierungschefs auf heftigen Widerstand gegen den neu erwachten Impuls für ein stärker vereintes Europa. Dieser ständige Gegenwind und der Frust darüber, im Kampf um mehr Befugnisse gegenüber den nationalen Regierungen fast immer den Kürzeren zu ziehen, zeigten bei Schulz irgendwann Wirkung. Nach über zwanzig Jahren des Kampfs um mehr Macht für das EU-Parlament als direkter Stimme des Volkes beschloss Schulz, Brüssel den Rücken zu kehren und sich wieder ausschließlich der deutschen Politik zu widmen.[3] Als einer der prominentesten deutschen Sozialdemokraten sah Schulz in der Übernahme der Parteiführung in der SPD die beste Chance, seine Ambition eines stärkeren Europa zu verwirklichen. In dieser Funktion tritt Schulz nun bei der anstehenden Bundestagswahl im September 2017 als Kanzlerkandidat für die SPD an.

Da seine Partei mit einem neuen Gesicht in die Wahlen gehen wollte, wählten die Sozialdemokraten Schulz zu ihrem Fahnenträger, der Angela Merkel im Streben nach einer vierten Amtszeit als Kanzlerin herausfordern soll. Nach Schulz' langer Abwesenheit von der politischen Bühne in Deutschland hatte er es allerdings nicht leicht, die deutschen Wähler von seiner Nähe zu ihren Sorgen und Nöten zu überzeugen. Aber in dieser Phase seiner Karriere und angesichts eines am Abgrund wandelnden Europa sagte ihm sein Gefühl, es gebe keine andere Wahl, als den Weg zur politischen Macht über die Kanäle der nationalen Regierung zu suchen, in der Hoffnung, eine neue und stärker europäisch geprägte Perspektive nach Berlin zu bringen. Schulz sagt, er sei entsetzt über die alarmierende Verbreitung antieuropäischer Stimmung in Deutschland. Die gegen Einwanderung und gegen die EU gerichtete Agenda der rechtslastigen Alternative für Deutschland gewinnt an Boden – die Partei ist drauf und dran, bei den Wahlen 2017 einen dramatischen Einstieg in den Deutschen Bundestag zu schaffen.

Das Brexit-Votum verschafft Populisten jeder Couleur in allen Teilen Europas viel Auftrieb, und Deutschland bildet darin keine Ausnahme. Anstatt gegen die EU-feindliche Botschaft anzukämpfen, passen viele europäische Staatschefs ihre politischen Ansichten lieber an den populistischen Tonfall an und gingen zuletzt auf Abstand zu jedem Vorschlag, mehr Macht an die europäischen Institutionen zu übertragen. Nachdem Juncker nun seinen wichtigsten Verbündeten in Brüssel verloren hat, erweist sich ausgerechnet Donald Tusk als Junckers Hauptrivale im Wettstreit der europäischen Institutionen. Dieser jedoch sieht seine Rolle als Präsident des Ministerrats gerade darin, die von den nationalen Regierungen diktierten Prioritäten durchzusetzen. Tusk genießt die volle Unterstützung von Kanzlerin Merkel, die als dominante Politikerin in der EU daran festhält, Europa solle auf der Basis der zwischen den Regierungen der EU-Staaten erreichten Entscheidungen regiert werden.[4] Die EU-Kommission und das EU-Parlament spielen in diesem Modell nur die zweite Geige.

Merkel glaubt vor allem an die Macht und die Legitimation der auf nationaler Ebene gewählten Abgeordneten, nicht an die Übertragung von mehr Autorität an Brüssel. Aus ihrer Sicht sollten Entscheidungen, die von den EU-Regierungschefs gemeinsam oder im Wege des Kompromisses getroffen werden, für den Kurs Europas bestimmend bleiben. Tusk teilt diese Ansicht und beharrt darauf, die Regierungen der EU-Staaten seien die eigentlichen »Herren der Verträge«

und sollten auch die politische Führerschaft bei der gesetzgeberischen Agenda, die von Kommission und Parlament umgesetzt wird, in der Hand behalten. Merkel und Tusk weisen unisono darauf hin, der Aufstieg des Populismus und das wachsende Misstrauen gegenüber Europa hätten sie in ihrer Ansicht nur noch bestärkt. Nach ihrer Überzeugung könnte ein ohnehin taumelndes Europa in einer sich hinziehenden Krisenphase eine tiefgreifende Runderneuerung gar nicht überstehen. Schließlich würde eine solche Erneuerung dramatische neue Initiativen mit sich bringen, die von oben durch supranationale Institutionen mit dürftiger demokratischer Grundlage vorgegeben würden.[5]

Diese Überzeugung ist gerade bei den neuen Mitgliedern in Mittel- und Osteuropa stark ausgeprägt, wo ehemals kommunistische Staaten wenig Neigung zeigen, mehr Souveränität an Brüssel abzugeben, nachdem sie zur Übernahme des Wusts von EU-Vorschriften und Gesetzen mehr oder weniger gezwungen worden waren. Diese Bestimmungen sind als »Acquis Communautaire« oder gemeinschaftlicher rechtlicher Besitzstand in 140 000 Seiten niedergelegt. Die Regierungschefs im östlichen Europa räumen zwar durchaus ein, der Wohlstand in ihren Ländern sei seit dem Beitritt zur EU gewachsen, berufen sich aber darauf, sie hätten nicht jahrelang um die Rückgewinnung ihrer nationalen Souveränität nach dem Zerfall des sowjetischen Imperiums gekämpft, um diese nun an der Haustür einer gesichtslosen Bürokratie in Brüssel wieder abzugeben. Nach dem Brexit-Votum haben die Regierungen von Polen, Ungarn, der Slowakei und der Tschechischen Republik Junckers Vorschläge zur Ausrichtung auf eine stärker integrierte Union sogar formell abgelehnt und eine »kulturelle Gegenrevolution« in Europa gefordert, die der Kommission einige Befugnisse abnehmen und den nationalen Hauptstädten mehr Macht zurückgeben würde.[6]

Die emotionale Debatte darüber, ob nun »mehr Europa oder weniger Europa« erstrebenswert sei, erreichte ihren Höhepunkt in den Monaten nach dem britischen Referendum bei Junckers Auftritt in der Legislativkammer des »Turmbaus zu Babel« in Straßburg, als er vor den Mitgliedern des EU-Parlaments seinen »Bericht zur Lage der

Union« vortrug. Dieses alljährliche politische Ritual, das im September stattfindet, wenn die Europäer aus dem Sommerurlaub zurückgekehrt sind, wurde vor einigen Jahren nach dem Vorbild der »State of the Union«-Ansprache eingeführt, die der US-Präsident immer im Januar vor dem Kongress hält. Die amerikanische Version hält sich dabei normalerweise an ein vorhersehbares Drehbuch, das auf die symbolische Demonstration patriotischer Einigkeit abzielt: Der Präsident wird mit größter Sicherheit die Stärke Amerikas herausstreichen und kann sich mit ebenso großer Sicherheit des stürmischen Beifalls der Abgeordneten gewiss sein. Aber Juncker erkannte, dass jede Art von Rede, die »die Truppen zur Fahne rufen« sollte, nach den Turbulenzen, in die Europa 2016 geraten war, als unaufrichtig interpretiert worden wäre. Die Zukunft sieht auch wirklich wenig rosig aus angesichts der völlig konträren Visionen von Europas Zukunft, der erbitterten Rivalität unter den EU-Institutionen und der beängstigenden Häufung von Krisenherden: Wie sollte man mit der Flüchtlingsfrage umgehen, wie mit einem streitlustigen Russland, wie mit steigender Staatsverschuldung, kollabierenden Banken und den anstehenden quälenden Verhandlungen mit den Briten über deren Ausstieg aus der EU?

Juncker beschloss deshalb, die Schuld an der Malaise Europas ohne Umschweife und mit deutlichen Worten dem Egoismus der nationalen Regierungen anzulasten. Er warnte, Europa stehe vor einer »existenziellen Krise«, in die es zum Großteil durch die ständige Kritik an den EU-Institutionen aus den nationalen Hauptstädten geraten sei, die damit das Vertrauen der Öffentlichkeit in Europa untergraben habe. »Nie zuvor habe ich so viel Spaltung und so wenig Gemeinsinn in unserer Union gesehen. Gerade so, als gäbe es kaum noch Schnittpunkte zwischen der EU und den Hauptstädten ihrer Mitgliedsstaaten«, sagte er vor den versammelten Parlamentariern. »Nie zuvor habe ich so wenige Gemeinsamkeiten zwischen unseren Mitgliedsstaaten gesehen. So wenige Bereiche, bei denen sie sich darauf einigen können, zusammenzuarbeiten. Nie zuvor habe ich nationale Regierungen derart von populistischen Kräften geschwächt und von drohenden Wahlniederlagen gelähmt gesehen.«[7]

Juncker verärgerte Parlamentarier wie EU-Regierungen, als er unterstrich, der Vorrang nationaler Interessen vor gemeinsamen europäischen Zielen habe den politischen Extremismus in vielen Ländern befeuert. Er beklagte das »kleinliche Gerangel um Kompetenzen und die Rivalitäten zwischen Institutionen« bei der Gestaltung von Europa, betonte aber die Entschlossenheit der EU-Kommission, wieder die Oberhand im politischen Tauziehen mit dem Ministerrat und den darin vertretenen nationalen Regierungen zu gewinnen. Er regte mehrere Initiativen an, um die öffentliche Meinung wieder für die europäische Sache zu gewinnen, schlug kostenloses WLAN für alle Ballungsräume bis 2020 vor sowie die Einrichtung einer Freiwilligenarmee der Jugend, die bei öffentlichen Aufgaben auf dem gesamten Kontinent im Rahmen eines europäischen »Solidaritätskorps« Hilfe leisten sollte. Um mit der hohen Jugendarbeitslosigkeit in ganz Europa fertig zu werden, legte er Pläne für einen Investitionsfonds über 700 Milliarden US-Dollar zur Schaffung neuer Jobs vor. Und um Migranten zu motivieren, gar nicht erst nach Europa zu kommen, schlug er vor, Initiativen zu finanzieren, die das Wirtschaftswachstum in Afrika stärken.

Aber Junckers bescheidene Vorschläge kamen bei seinen vielen Kritikern im Parlament und in den nationalen Hauptstädten nicht gut an. Der anhaltende Schock über die Entscheidung der Briten, die EU zu verlassen, war ein herber Dämpfer für den Wunsch der meisten EU-Politiker, neue Programme zu einer Wiederbelebung der europäischen Idee zu starten. Die Regierungschefs waren absolut nicht in Stimmung für die aufwändige Finanzierung von etwas, das bereits als »Weihnachtsbaum« verspottet wurde: lauter schmuckvolle Ideen, denen kaum jemand zutraute, den Enthusiasmus für eine europäische Sache zu beleben, die eindeutig auf dem absteigenden Ast war. Die laue Reaktion auf Junckers Pläne spiegelte den beachtlichen Autoritätsverlust der EU-Kommission in den letzten Jahren sehr gut wider. Europas Regierungen geht es in dieser Zeit viel mehr darum, die Kontrolle über ihre Finanzen und Territorien zurückzuerlangen.

Galt die EU-Kommission einst als treibende Kraft der europäischen Einheit, lockt sie schon längst nicht mehr die klügsten Köpfe und größten Idealisten aus den Ländern des Kontinents an. In den frühen 1960er-Jahren, als die »Hohe Behörde« der Europäischen Gemeinschaft für Kohle und Stahl mit der Exekutive des Gemeinsamen Marktes zur größten Institution Europas zusammengelegt wurde, zog es noch Persönlichkeiten anderen Schlags nach Brüssel. Viele der frühen Eurokraten inspirierte die Herausforderung, neue Wege zur Überwindung nationaler Grenzen in Europa zu finden und eine Art supranationale Regierung aufzubauen, die auch zum Modell für die regionale Zusammenarbeit in Asien, Afrika und Lateinamerika werden konnte.

Die Kommission wuchs mit der Anzahl der EU-Länder immer weiter an, von ursprünglich sechs über zwölf Mitglieder, bis schließlich 28 Staaten der Gemeinschaft angehörten. Der ausufernde Umfang der europäischen Gesetze veränderte das Image der Kommission. Man sah darin nicht mehr die Behörde, die das hehre Ziel der Vereinigung eines Kontinents verfolgte, der von einer Geschichte blutiger Kriege gezeichnet war. Vielmehr galt sie zunehmend als bürokratisches Monstrum, das seine Zeit mit Entscheidungen über alberne Nebensächlichkeiten wie die Form von Salatgurken oder Bananen totschlug, die gemäß einer berüchtigten Norm »frei von Missbildungen und anormaler Krümmung« zu sein hatten.

Zwar liegt die gegenwärtige Zahl von 23 000 Beamten in der EU-Kommission noch unter derjenigen, die für die Ministerien vieler nationaler Regierungen arbeiten, aber doch deutlich über der Gesamtzahl der offiziell im Europaparlament und im Ministerrat beschäftigten Personen. Die üppigen Gehälter und niedrigen Steuern, deren sich diese Europa-Bürokraten erfreuen, erregen vielfach den Neid der Öffentlichkeit. Vor dem Referendum in Großbritannien erfuhren die Wähler von der Pro-Brexit-Kampagne zu ihrer Entrüstung, dass viele EU-Beamte ein höheres Gehalt beziehen als der britische Premierminister.

Junckers Dilemma veranschaulicht viele der Gründe für Europas Probleme. Er und seine Kollegen, die »Lordsiegelbewahrer in Europas Institutionen«, sind zu schwach und zerstritten, um selbst Abhilfe schaffen zu können. Drängen sie zu sehr auf notwendige Reformen, werden sie von den EU-Regierungschefs zurückgepfiffen, die davon überzeugt sind, nur sie als gewählte Vertreter ihres jeweiligen Volkes besäßen die Legitimation, über den Kurs Europas zu entscheiden.[8]

Die Regierungschefs tun sich schwer, die europäische Sache vor unzufriedenen Wählern zu rechtfertigen, denn diese sind nur allzu anfällig für die Anti-Brüssel-Tiraden populistischer Bewegungen von links – etwa »Syriza« in Griechenland oder »Podemos« in Spanien – oder von jenen Protestparteien von ganz rechts außen, wie dem »Front National« in Frankreich oder der »Alternative für Deutschland«. Die Staatenlenker sind wenig geneigt, sich der schwierigen Entscheidung zu stellen, die Juncker in seiner Straßburger Rede angesprochen hatte: dass nämlich die Zeit reif sei für einen dringend notwendigen Schritt nach vorne, hin zu einer größeren Einheit. Ansonsten sehe man der unvermeidlichen Auflösung der Europäischen Union ins Auge. Im Ergebnis haben die Regierungschefs jedoch beschlossen, ihre Probleme lieber vor sich her zu schieben, weil ihnen das Vorangehen in Richtung einer stärkeren europäischen Integration angesichts der populistischen Antagonismen als politisches Vabanquespiel erscheint. Auf Nachfrage räumt allerdings fast jeder Regierungschef in Europa heute ein, dass der Status quo nicht mehr lange haltbar sei.[9]

Angesichts seiner eigenen unklaren Machtposition ist Juncker gezwungen, entlang der Frontlinien zwischen einzelnen EU-Mitgliedsstaaten zu navigieren, die alles andere als ein Bild der Geschlossenheit bieten. Dabei muss er sich überlegen, wie er mit dem enormen Nord-Süd-Dissens umgeht, wie die Haushaltsdisziplin durchzusetzen und die schwächelnde Wirtschaft des Kontinents am besten in Schwung zu bringen sei. Und er steht auch vor einer wachsenden Ost-West-Spaltung beim Umgang mit den Flüchtlingen aus Afrika und dem Nahen Osten und in der Frage, wie man mit einem Russland klarkommen soll, das seinen Einfluss vor allem auf die Nachbarländer ausweiten möchte, die einst Teil des Sowjetimperiums waren.

Die heikle Frage, wie man mit Russlands Ambitionen und seinem autoritären Präsidenten Wladimir Putin umgehen soll, stellt eine der größten langfristigen strategischen Herausforderungen für Europa dar. Juncker suchte den Schulterschluss mit Griechenlands Premierminister Alexis Tsipras im Bestreben, im Dialog mit Moskau Möglichkeiten auszuloten, wie die Konfrontation über die russische Aggression in der Ostukraine beizulegen sei, und was man tun könnte, um die Wirtschaftssanktionen gegen Russland zu lockern. Junckers über die Köpfe der europäischen Regierungschefs hinweg getroffene Entscheidung, sich mit Putin zu treffen, erzürnte Kanzlerin Angela Merkel und andere, die meinten, er überschreite seine Kompetenzen und gefährde die fragile Einigkeit der Europäer gegenüber Russland, das sich durch die Annexion der Krim und die Bewaffnung der Separatisten in der Ostukraine der Verletzung internationalen Rechts schuldig gemacht hatte.

Trotz der Differenzen über Russland stützte Juncker Merkels kontroverse Entscheidung, die Grenzen Deutschlands während des Anstiegs der Flüchtlingszahlen aus der Türkei im Jahr 2015 zu öffnen, und argumentierte für ihre Idee eines Quotensystems zur Umsiedelung dieser Flüchtlinge, auf dessen Basis die EU-Länder die Last der Aufnahme von Immigranten hätten untereinander aufteilen sollen. Er wollte auch die EU-Politik der offenen Grenzen gegenüber solchen Regierungschefs wie Ungarns Premierminister Viktor Orban verteidigen, der mit Stacheldrahtzäunen den Strom der Flüchtlinge stoppte, die in Europa Schutz vor dem Bürgerkrieg in Syrien suchten. Deutschland und Schweden öffneten großherzig ihre Grenzen während des anfänglichen Anschwellens der Migrantenzahlen auf Hunderttausende. Die Länder Osteuropas weigern sich hingegen strikt, an Plänen zur Ansiedlung muslimischer Flüchtlinge auf ihrem Staatsgebiet teilzunehmen. Juncker bemühte sich, ein Quotensystem für 165 000 Flüchtlinge zu etablieren – dabei sollte jedem Land je nach Bevölkerungszahl eine bestimmte Anzahl Flüchtlinge zugewiesen werden –, aber diese Idee war kaum in der Welt, da fiel sie schon wieder in sich zusammen. Der erbitterte Widerstand jener Mitgliedsstaaten, die ihre nationale und kulturelle Identität durch den Zustrom der Muslime gefährdet sahen, ließen den Vorschlag umgehend scheitern.

Juncker und die anderen Mitglieder der EU-Kommission haben sich auch in der Gratwanderung einer Lösung der Staatsschuldenkrise zwischen Geberländern im Norden und Schuldnern im Süden versucht. Deutschland verlangte, mit Unterstützung von Finnland und den Niederlanden, von den Schuldnerländern wesentliche Strukturreformen, die mit schmerzhaften Rentenkürzungen und Jobverlusten als Gegenleistung für die Genehmigung weiterer Finanzhilfen einhergehen sollten – davon allein über 300 Milliarden Euro für Griechenland.

Europas wirtschaftliche Stagnation hält allerdings seit der globalen Finanzkrise 2008 schon über fast ein Jahrzehnt der Austerität an. Die Südländer schlossen sich deshalb den dringenden Appellen von Italiens Premierminister Matteo Renzi und Frankreichs Präsident François Hollande an, Europa solle seine Politik stärker auf Wachstum und Beschäftigung ausrichten – besonders mit Blick auf junge Menschen, deren fortdauernde Arbeitslosigkeit Befürchtungen einer »verlorenen Generation« geweckt hatte. Juncker hatte zuerst jahrelang die deutsche Dauerforderung gegenüber Griechenland nach der Devise »Sei still und iss deinen Spinat!« verteidigt, räumte nun aber das Scheitern dieser Politik ein und unterstützt Argumente, die auf die intensivierte Förderung von Arbeitsmarkt und Wachstum hinauslaufen. Er gab Forderungen nach, die EU-Regeln zur Begrenzung des Haushaltsdefizits zu ignorieren und Frankreich und andere Budgetsünder von Strafzahlungen auszunehmen. Juncker achtete dabei sorgfältig darauf, Deutschland als Führungsmacht in der EU nicht zu verprellen, und versicherte sich bei seinem Versuch, den Kurs der EU-Wirtschaftspolitik zu ändern, weitsichtig der Kooperation durch Mario Draghi, den Präsidenten der Europäischen Zentralbank. Dessen Maßnahmen zur quantitativen Lockerung sollten die Zinsen niedrig halten und Finanzmittel für kleine und mittelständische Unternehmen verfügbar machen, damit diese mehr junge Leute einstellen könnten.

Die Verhandlungen über das Ausscheiden der Briten aus der EU drohen hingegen zu einem höchst kontroversen Thema unter den Mitgliedsstaaten zu werden. Es gibt deutliche Differenzen darüber, wie kulant sich Europa gegenüber Großbritannien verhalten soll. Die Briten möchten Zugang zum europäischen Binnenmarkt behalten und den Banken in der Londoner City erlauben, ihre Finanzdienstleistungen in der gesamten EU anzubieten – das sogenannte »Passporting«. Vor allem aber möchte die Regierung von Premierministerin Theresa May den Zustrom von Einwanderern nach Großbritannien begrenzen. Sie argumentiert, die Einwanderung vorwiegend aus anderen EU-Staaten würde den öffentlichen Sektor in vielen Gemeinden überfordern. Mays Amtsvorgänger David Cameron hatte für eine Obergrenze plädiert: Bei maximal 100 000 Immigranten jährlich sollte Schluss sein. Zum Zeitpunkt des Referendums war allerdings bekannt geworden, dass in den zurückliegenden zwölf Monaten über 330 000 Einwanderer – viele davon aus Osteuropa – nach Großbritannien gekommen waren.

Das Thema Zuwanderung war die größte Sorge für viele britische Wähler bei ihrer Entscheidung gegen den Verbleib in der EU. Aber Juncker und andere EU-Lenker drängen darauf, die Briten und die Regierung May müssten, wenn sie weiterhin ungehinderten Zugang zum europäischen Markt haben wollten, sich auch an die »vier Freiheiten« halten, die den ungehinderten Fluss von Waren, Dienstleistungen, Kapital und Menschen innerhalb der EU garantieren.[10] Für viele EU-Spitzenpolitiker ist das die rote Linie, die die Briten akzeptieren müssen.

Die Diskussion über das künftige Verhältnis zu den abtrünnigen Briten wird nicht nur wegen der Notwendigkeit kompliziert, über vier Jahrzehnte gemeinsamer Vorschriften und Gesetze aufdröseln zu müssen. Die Unterhändler werden auch klären müssen, wie die EU mit Fragen von Finanzen und Sicherheit umgehen soll, die sich durch den Verlust des zweitgrößten Einzahlers im EU-Budget und den Verlust der mächtigsten Armee Europas ergeben könnten. Die Verhandlungen sollen innerhalb von zwei Jahren nach dem geplanten Beginn im März 2017 abgeschlossen werden. Die Komplexität der Thematik lässt allerdings vermuten, dass es bis zu einem Jahrzehnt dauern könnte, bis Großbritannien sein künftiges Verhältnis zu Europa in eine Form gegossen hat. Auch wer am Ende für Europa sprechen wird, ist eine heikle Frage. Nicht zuletzt weil die EU-Kommission, der Rat und das EU-Parlament jeweils einen eigenen Vertreter für die Scheidungsverhandlungen mit London bestimmt haben. Ein weiteres Mal droht damit das »Turmbau zu Babel«-Syndrom, das so typisch für die EU und ihre Institutionen ist, die höchst sensible Diskussion über die künftigen Verbindungen zwischen Britannien und den einstigen Partnern in Gefahr zu bringen.

Trotz des Kompetenzwirrwarrs in der EU mussten die USA und der Rest der Welt zu ihrem Verdruss feststellen, dass ihre eigenen nationalen Interessen von den Brüsseler Bürokraten erheblich beeinträchtigt werden können. Junckers Kommission besitzt eine klar definierte Macht in zwei Bereichen, die auch die Welt außerhalb Europas zur Kenntnis nehmen musste: die Möglichkeit, umfassende Wirtschaftsabkommen im Namen aller EU-Mitgliedsstaaten auszuhandeln, und die Macht, kartellrechtliche Vorschriften gegen globale Konzerne durchzusetzen.

Die USA und die EU hatten gehofft, ein ambitioniertes neues Vertragswerk bis zum Ende der Obama-Administration unter Dach und Fach zu bringen, die sogenannte »Transatlantic Trade and Investment Partnership« (TTIP). Dieser Termin muss nun verschoben werden. TTIP sollte nicht nur Zölle abschaffen, sondern auch viele Vorschriften beseitigen, die verstärkten transatlantischen Handel und Investitionen behindern. Davon sollten Wirtschaftswachstum und Arbeitsmarkt profitieren. Trotz des Aufstiegs von China, Indien und anderen Schwellenländern spielt sich immer noch etwa die Hälfte aller globalen Handels- und Investitionsaktivitäten zwischen Europa und den USA ab.

TTIP sollte die Führungsrolle des Westens in der Weltwirtschaft festigen und der westlichen Welt die Möglichkeit verschaffen, zukunftsweisende Standards für den Rest der Welt vorzugeben. Die EU-Kommission sagt, TTIP würde die Volkswirtschaften mit zusätzlichen 120 Milliarden Euro für Europa und 90 Milliarden Euro für die USA stärken. Diese optimistischen Voraussagen stießen jedoch auf große Skepsis. Proteste von Globalisierungskritikern stellen das

Schicksal des Handelsabkommens auf beiden Seiten des Atlantiks massiv infrage. Die TTIP-Gegner begründen ihren Widerstand damit, der Vertrag würde zu einer Verwässerung von Nahrungsmittelsicherheit und Umweltschutz führen und die Regulierung des Bankensystems ebenso untergraben wie die Souveränität nationaler Regierungen. Was einst als visionäre Initiative angekündigt wurde, die Europa und die USA enger zusammenbringen und Millionen neuer Jobs schaffen sollte, fällt mehr und mehr einer globalisierungskritischen Gegenreaktion zum Opfer.

Europa hat auch bewiesen, dass es mit seinen Regelungsbefugnissen selbst die großen Ambitionen von Amerikas Mega-Konzernen konterkarieren kann. Der Status der EU als weltgrößter Wirtschaftsraum gibt ihr die Durchsetzungskraft, Unternehmen weltweit ihre Wettbewerbsregeln zu diktieren. Als vielleicht mächtigste Kartellbehörde der Welt kann die Wettbewerbsdirektion der EU gleichzeitig als Richter, Jury und Staatsanwalt auftreten, wenn es darum geht, die internationalen Folgen von Unternehmensfusionen, Missbrauch marktbeherrschender Stellung und Steuerstrategien zu beurteilen.

Als General Electric vor fast zwei Jahrzehnten versuchte, Honeywell zu übernehmen, glaubte der mächtige Vorstandsvorsitzende Jack Welch, die Zustimmung der EU einzuholen sei eine reine Formalität, nachdem das US-Justizministerium den Deal bereits abgesegnet hatte. Aber Mario Monti, der zuständige Wettbewerbskommissar, blockierte die Fusion und argumentierte, sie würde zu deutlichen Preissteigerungen führen und damit den Interessen der europäischen Kunden schaden. Nachdem Welch auch im persönlichen Aufeinandertreffen Monti nicht von der Annahme des Deals hatte überzeugen können, hämmerte er frustriert mit der Faust auf Montis Schreibtisch. Er sagte Monti, er habe die Nase voll von der EU und würde jetzt nach Hause gehen und seine Memoiren schreiben. »Sehr schön, Mr. Welch«, erwiderte Monti. »Machen Sie aus dieser Reise nach Brüssel ihr letztes Kapitel.«

Erst kürzlich haben sich die EU-Behörden US-Technologiegiganten wie Google vorgeknöpft. Google wird vorgeworfen, in drei Fällen sein virtuelles weltweites Monopol im Bereich digitaler Suchdienste zu missbrauchen. Die Kommission verlangt auch von Apple, stolze 14 Milliarden US-Dollar Steuern und Strafzahlungen zu entrichten, die der Konzern dank eines mit der Regierung von Irland ausgemauschelten Steuerdeals vermieden hatte. Solche Fälle ziehen zunehmend die Verärgerung der US-Regierung auf sich, die glaubt, die EU-Kommission gehe zu weit und überschreite ihre Kompetenzen mit Entscheidungen, deren Auswirkungen weit über die europäischen Märkte hinausreichen.

Vorstände amerikanischer Technologieunternehmen klagten, sie würden ungerecht bestraft für ihre erfolgreichen Innovationen, und die Kartellkommissare versuchten nur, den Wettbewerb zum Vorteil der eigenen, europäischen Firmen zu beeinflussen. Die Kommission bestreitet jedoch jede pro-europäische Voreingenommenheit, derweil werden internationale Kartellverfahren immer mehr zu einem Konfliktfeld in den transatlantischen Beziehungen. Unter dem Credo »America First« von Präsident Trump kann man sich leicht ausmalen, dass kartellrechtliche und andere regulatorische Konflikte mit amerikanischen Forderungen in Verbindung gebracht werden, Europa müsse einen größeren Anteil an den künftigen Ausgaben für seine eigene Verteidigung tragen.

Europas Flüchtlingskrise, seine hilflosen Versuche, Konflikte im Nahen Osten zu entschärfen, und sein gescheiterter Versuch, Russlands Invasion in der Ukraine zu verhindern, haben die anhaltende Schwäche des Kontinents, wenn es um militärische und sicherheitspolitische Herausforderungen im 21. Jahrhundert geht, noch stärker ins Blickfeld gerückt. Die Terroranschläge in Paris und Brüssel führten schließlich vielen europäischen Politikern drastisch vor Augen, wie hilflos sie nun für ihre Wählerschaft gegenüber neuen Bedrohungen ihrer Nationen erscheinen mussten. Ihrer politischen Schwachstellen wohl bewusst, sind sie sich zuletzt endlich über eine der auffälligsten Lücken in der Atlantikpartnerschaft klar geworden: der fehlenden Kooperation zwischen der EU und der NATO.

Für jeden, der sich eine gewisse Zeit in Brüssel aufhält, ist eines der erstaunlichsten Rätsel das markante Fehlen jeder politischen Abstimmung zwischen zwei der wichtigsten Institutionen des Westens. Obgleich es, was die Mitgliedschaft betrifft, eine größere Schnittmenge zwischen den beiden Organisationen gibt als je zuvor – 22 der 27 NATO-Staaten gehören auch der EU an – und trotz der Tatsache, dass die jeweiligen Hauptquartiere nur wenige Kilometer voneinander entfernt liegen, haben die Chefs der beiden Institutionen kaum je miteinander kommuniziert. »Manchmal hat man den Eindruck, die EU und die NATO lebten nicht in der gleichen Stadt, sondern auf zwei verschiedenen Planeten«, sagte Donald Tusk, der Präsident des EU-Ministerrats.[11] »Heute stehen wir jedoch vor den gleichen Bedrohungen, gleich ob sie aus dem Osten, aus dem Süden oder von innen kommen. Unsere Bürger verlangen nach mehr Sicherheit, egal, ob sie nun in Ländern der EU, der NATO oder beider Organisationen leben. Hier müssen wir als politische Führer liefern. Das ist unsere demokratische Verantwortung.«

Als man 2003 hitzig über die Frage debattierte, ob man sich am Irak-Krieg beteiligen solle, versuchten Frankreich und Deutschland, eine neue Sicherheitsinitiative ins Leben zu rufen, die ein militärisches Hauptquartier der EU schaffen sollte, klar abgegrenzt von der NATO, sodass Europa würde vermeiden können, durch die gemeinsamen militärischen Verpflichtungen mit den USA in künftige Konflikte hineingezogen zu werden. Aber der Konflikt in Syrien, die Eskalation der Terroranschläge in Europa und die Flüchtlingskrise haben viele Regierungen davon überzeugt, dass es eine törichte Verschwendung von Ressourcen wäre, die Strukturen der NATO auf europäischer Ebene zu kopieren.

Der bevorstehende Brexit hat andere EU-Hauptstädte auch zu Überlegungen veranlasst, wie man die Briten ebenso wie die USA weiter in die Verteidigung des Kontinents einbinden könnte. In Europas fortdauernder Wirtschaftskrise kann es sich niemand leisten, die EU und die NATO getrennte Wege gehen zu lassen, angesichts der vielfältigen Sicherheitsbedrohungen wie dem Schutz von Öl- und Gaspipelines, Cyberattacken und einer neuen Aggressivität Russlands. Dazu kam auch noch hausgemachter Terrorismus durch Sympathisanten des Islamischen Staates.

Und vor allem hat die Wahl Donald Trumps Befürchtungen in Europa neu entfacht, Amerika würde seinen Verpflichtungen nicht mehr nachkommen wollen. Eine Generation nach dem Ende des Kalten Krieges hat Trumps Feststellung, die NATO sei »obsolet«, die Führer Europas ordentlich erzittern lassen angesichts der Feststellung, wie selbstzufrieden sie bislang die fortdauernde Abhängigkeit von den USA hinnähmen, anstatt die Verantwortung für ihre eigene Verteidigung verstärkt selbst in die Hand zu nehmen. Als Geschäftsmann scheint Trump die Absicht zu haben, die NATO-Allianz in eine Reihe geschäftlicher Vereinbarungen mit einzelnen europäischen Nationen umzuwandeln. Diese neue Doktrin, wenn es denn eine wird, könnte schon bald das Ende der transatlantischen Partnerschaft bedeuten, so wie wir sie bis heute kennen.

Beim Warschauer Gipfel im Juli 2016 beschlossen die Spitzen von NATO und EU endlich, es sei an der Zeit, die Sicherheitskooperation zwischen zwei der wichtigsten Institutionen des Westens zu verbessern. Die Übereinkunft ruft zu einer engeren Abstimmung der militärischen Planung und zum Austausch von Geheimdiensterkenntnissen über neue Bedrohungen auf, etwa über potenzielle Terroranschläge in Europa und im Nahen Osten. Sie umfasst auch gemeinsame Militärübungen und die Unterstützung von Marinepatrouillen im Mittelmeer, um Schlepperbanden das Handwerk zu legen, die Flüchtlinge nach Europa bringen wollen.[12]

Der Deal soll auch eine vernünftigere Aufteilung der Ausgaben für Verteidigung, Schulung und die Fähigkeit zum Umgang mit modernen Formen hybrider Kriegsführung fördern. Durch die Stärkung der Bande zwischen NATO und EU hoffen Europas Politiker auf ein verstärktes Engagement der USA und Großbritanniens in europäischen Sicherheitsbelangen.

Vieles wird jedoch von den Europäern selbst abhängen. Europas Verteidigungsfähigkeit verlangt auch mehr Investitionen. Die meisten NATO-Staaten liegen ein gutes Stück unter dem von der Allianz vorgegebenen Ziel eines Verteidigungsetats in Höhe von 2 Prozent des Bruttosozialprodukts. Europas Militär hat auch strukturelle Probleme. Ein Indiz dafür: Die europäischen Staaten haben zwar zwei

Millionen Männer und Frauen in Uniform, aber nur etwa 40 000 davon gelten als tauglich für den Kampfeinsatz. Europa hat also ein Verhältnis von 1:25 zwischen Kampftruppen und militärischem Unterstützungspersonal – bei den amerikanischen Soldaten und Soldatinnen beträgt dieses Verhältnis 1:6!

Zukünftige Sicherheitsbedrohungen werden flexiblere Reaktionen erfordern, die sich am besten durch Bündeln von Ressourcen erreichen lassen. Im Kampf gegen den Terrorismus könnte die NATO beispielsweise mit der EU kooperieren, indem man die polizeilichen Datenbanken der Einzelstaaten miteinander verbindet und Spezialkräfte der EU einsetzt, um Zugriff auf finanzielle Vermögenswerte von Verdächtigen zu bekommen. In der Arktis entwickelt sich bereits eine weitere schwierige Herausforderung: die Wahrung der friedlichen Kontrolle über Energieressourcen und globalen Schifffahrtswege, die sich durch das Schmelzen der polaren Eiskappen eröffnen werden.

Diese neuen Transportwege werden helfen, Tausende Seemeilen und bis zu sieben Tage Fahrzeit gegenüber den aktuellen Passagen durch den Suez- und den Panamakanal einzusparen. Und Europas jüngstes Trauma des Umgangs mit der syrischen Flüchtlingskrise ist vielleicht nur der Auftakt zu etwas noch viel Größerem. Laut einer Prognose der Vereinten Nationen wird die Welt 70 Prozent mehr Nahrungsmittel benötigen, um eine Weltbevölkerung zu versorgen, die bis zum Jahr 2050 auf 9,6 Milliarden Menschen anwachsen wird. Kriege, Hungersnöte und Dürren werden den Exodus von Flüchtlingen aus Afrika in Richtung der rettenden Ufer Europas noch intensivieren. Klimaexperten sagen voraus, mindestens drei Dutzend Länder würden schon innerhalb der nächsten zehn Jahre unter extremen Ernteeinbußen oder Trinkwasserknappheit leiden. Die sich auf dem afrikanischen Kontinent ausbreitende Wüstenbildung wird bis zu 250 Millionen Afrikaner betreffen.[13]

Der Westen muss sich auf diese potenziellen Katastrophen vorbereiten. Ein ganzheitlicher Ansatz, der die »Hard Power« der NATO mit der »Soft Power« der EU zusammenführt, um neuer Risiken und Gefahren Herr zu werden, könnte auch die Unterstützung der Öffentlichkeit in den USA und in Europa stärken und die atlantische Allianz neu beleben. Man sollte ein gemeinsames politisches Planungsgremium schaffen, das das geistige Potenzial beider Institutionen auf eine Weise erschließt, die Erfindungsgeist, innovatives Denken und intelligenten Einsatz von Ressourcen unter den Regierungen des Westens inspiriert.

NATO-Generalsekretär Jens Stoltenberg sagt, eines seiner Hauptziele sei es, eine undurchschaubare Institution wie die NATO näher an die normalen Bürger heranzubringen und diese davon zu überzeugen, dass ihre Sicherheit bei ihr in guten Händen ist. Stoltenberg erzählt, er habe in seiner Zeit als Norwegens Premierminister die Wochenenden oft inkognito als Taxifahrer zugebracht, um mit seinen Kunden ganz unbefangen über die Leistung der Regierung zu sprechen.[14] Die größte Herausforderung, vor der er als NATO-Chef steht, ist aber weniger die Suche nach Wegen, in einen Dialog mit dem Wahlvolk zu treten. Der wahre Härtetest wird sein, einen neuen US-Präsidenten und seine Politikerkollegen in Europa nachhaltig davon zu überzeugen, dass die Führungsrolle des Westens in Angelegenheiten von globaler Bedeutung nur aufrechtzuerhalten sein wird, wenn man es schafft, das Vertrauen in eine effektive Sicherheitskooperation auf beiden Seiten des Atlantiks zurückzugewinnen.

Kapitel 5

Madrid

Hält die Mitte?

»Die Zweite Revolution ist da!« Mit diesem Ausruf begrüßten die Spanier den völlig überraschenden Ausgang der Wahlen im Dezember 2015 als bedeutendste politische Entwicklung seit dem Sturz von Diktator Francisco Franco 40 Jahre zuvor. Das schlechte Abschneiden der klassischen Volksparteien – der regierenden Volkspartei (Partido Popular) von Premierminister Mariano Rajoy und der oppositionellen Sozialistischen Spanischen Arbeiterpartei unter Führung von Pedro Sánchez – zeigte überdeutlich, wie überdrüssig die Wähler der Vielzahl von Korruptionsskandalen waren, in die sich beide großen Parteien während ihrer jeweiligen Regierungszeit und danach verstrickt hatten.

Der kometenhafte Aufstieg zweier neuer Parteien – der deutlich linksorientierten Bewegung »Podemos« unter Führung von Pablo Iglesias und einer wirtschaftsliberalen Gruppe namens »Ciudadanos« (Bürger) – reflektierte den deutlichen Wunsch vieler Spanier, das festgefahrene Zweiparteiensystem loszuwerden, das vier Jahrzehnte lang die Geschicke des Landes bestimmt hatte. Der Wahlausgang war die direkte und deutliche Folge des jahrelangen wirtschaftlichen Niedergangs, mit Banken- und Immobilienkrisen und europaweit 24 Millionen verzweifelten arbeitslosen Jugendlichen. Das zehrte an der politischen Stabilität, und dieser Trend zeigte sich nicht nur in Spanien, sondern auf dem gesamten Kontinent.

Dabei war das Spanien nach Franco eine der großen Erfolgsgeschichten der Europäischen Union. Der friedliche Übergang von der

Diktatur zur Demokratie und die rasche Verbesserung des Lebensstandards seit der Aufnahme von Spanien und Portugal in die EU gab ein ideales Modell für die Erweiterungswelle der Union gegenüber den postkommunistischen Ländern Osteuropas ab. Spanien wuchs zu einem der dynamischsten Standorte der Fertigungsindustrie in Europa heran, im Automobilsektor war nur Deutschland noch produktiver.

Seit dem heftigsten wirtschaftlichen Abschwung Europas nach der Weltwirtschaftskrise wird das ökonomische Modell der Iberischen Halbinsel allerdings auf eine schwere Probe gestellt. Eine geplatzte Immobilienblase riss das Bankensystem gleich mit in die Tiefe, in der Folge gerieten die Staatsschulden außer Kontrolle und Privatinsolvenzen nahmen explosionsartig zu. Seit Beginn der Krise wurde jeder vierte Spanier arbeitslos, über 150 000 Familien verloren ihr Zuhause. Die Krisen schaukelten sich gegenseitig hoch, und Spanien schien zeitweise dem völligen Kollaps nahe. Die große Rezession zerstörte das Vertrauen in das herrschende Establishment, und die politische Ordnung geriet derart aus den Fugen, dass das Land fast ein Jahr lang führungslos dahintrieb. In dieser Zeit brachten auch zwei Wahlen kein eindeutiges Ergebnis, bis es Rajoy schließlich gelang, eine Minderheitsregierung zusammenzuzimmern.[1]

Das Machtvakuum ging mit einer weiteren Revolution einher: dem Wiedererwachen der katalonischen Unabhängigkeitsbewegung. Der Ausbruch separatistischer Neigungen in einer der reichsten Regionen Spaniens war eine weitere Manifestation des neuen Nationalismus, der in weiten Teilen Europas blüht und gedeiht.[2] Auch andere Staaten sehen sich mit dem Unabhängigkeitsstreben einzelner Regionen konfrontiert: Populistische Nationalisten in den wohlhabenden Regionen Flanderns in Belgien sowie in Norditalien wollen sich von der Zentralregierung lösen.

In Spanien jedoch wuchs die Kampfansage an die Herrschaft Madrids zu einer existenziellen Bedrohung heran, zumal auch das Baskenland, Galicien und sogar die Bewohner der Kanarischen Inseln nun nach Autonomie verlangen. In den zehn Monaten des Jahres 2016 ohne funktionsfähige Zentralregierung fragten sich viele Spanier, ob die Zeit reif wäre, den ohnehin fragilen Zusammenhalt ihrer Nation in regionale Enklaven aufzulösen, was vielleicht sogar zum Vorboten der Zersplitterung des Kontinents insgesamt werden könnte.[3]

Katalonien sieht sich schon immer als ein Land für sich. Es besitzt eine eigene Kultur und blickt auf über ein Jahrtausend eigener Geschichte zurück. Iberische Stämme an der Mittelmeerküste trieben einst Handel mit Griechen und Karthagern, und die separate politische Identität der Region lässt sich bis ins Mittelalter verfolgen. Die Katalanen haben den Verlust ihrer nationalen Souveränität nach der Niederlage gegen Spaniens Monarchie im Jahr 1714 niemals akzeptiert. In den vergangenen drei Jahrhunderten hat Katalonien immer wieder um die Wiedererlangung seiner Unabhängigkeit gekämpft, trotz brutaler Unterdrückung seiner Regionalregierung, seiner Sprache und kulturellen Werte.

Die Katalonienfrage spielte eine entscheidende Rolle im Spanischen Bürgerkrieg von 1936 bis 1939, und katalanische Kämpfer fochten mutig für die Zweite Republik. Als dann Demokratie und Autonomie am Ende durch die Truppen von »Generalissimo« Franco niedergeschlagen waren, überzog die Diktatur die Region mit harschen Maßnahmen, um auch die letzten Reste der Unabhängigkeitsbewegung auszumerzen.

Die katalanische Sprache wurde verboten, und Francos Sicherheitskräfte unterdrückten auf jede erdenkliche Weise die Zurschaustellung der katalanischen Flagge oder anderer kultureller Symbole in Schulen, Kirchen und kommunalen Einrichtungen.

Nach dem Tod Francos 1975 führte die bemerkenswerte Umwandlung Spaniens in eine Mehrparteiendemokratie auch zur Wiederherstellung der stolzen, historischen Identität Kataloniens. Die Verfassung von 1978 schließt zwar das Recht auf Loslösung vom Zentralstaat für die 17 Regionen Spaniens aus, weckte aber dennoch Hoffnungen auf die Anerkennung lokaler Kulturen und eine Entwicklung des Landes hin zu einer »Nation der Nationen«. Die neue Grundrechtecharta erkannte Katalonien eine begrenzte Autorität zu und erlaubte die Etablierung eines eigenen Regionalpräsidenten und -parlaments. Schulen durften wieder in katalanischer Sprache unterrichten.

Im Unterschied zu vielen anderen, von ethnischem Nationalismus inspirierten separatistischen Bewegungen ist Kataloniens Unabhängigkeitsstreben vor allem von Fragen der Politik, Wirtschaft, Sprache und Kultur geprägt. Zudem ist die Bewegung durch und durch friedlich, ganz im Gegensatz zur terroristischen Gewalt, die den baskischen Separatismus in der Vergangenheit prägte. Als Spanien der EU beitrat, glaubten viele Katalanen, es sei nur eine Frage der Zeit, bis die Macht des Nationalstaats zugunsten größerer lokaler Befugnisse unter einem »Europa der Regionen« zerfallen würde.

Im Lauf der Jahre trafen die führenden politischen Parteien und die föderale Rechtsprechung jedoch Maßnahmen, um die Zentralregierung zu stärken und die Sache des spanischen Nationalismus zu befördern. Unterstützung dafür kam auch aus anderen Regionen, für die die Autonomiebestrebungen Kataloniens vor allem den potenziellen Verlust finanzieller Transfers bedeuteten. Die Finanzkrise von 2008 und das Platzen der spanischen Immobilienblase trafen die Katalanen besonders hart, und die erzwungene Umverteilung ihres Einkommens zugunsten ärmerer Regionen befeuerte den Unmut der Menschen über das, was sie als fiskalische Plünderung durch die Zentralregierung in Madrid wahrnehmen.

Katalonien, mit 7,5 Millionen Einwohnern im Nordosten Spaniens gelegen, ist eine der wohlhabendsten Regionen in ganz Europa – die Katalanen wären für sich allein die achtgrößte Volkswirtschaft innerhalb der EU. Katalonien steht zwar für ca. ein Viertel aller Exporte Spaniens, doch von jedem Euro, den die Katalanen an Bundessteuern zahlen, werden nur 57 Cent in ihrer Region investiert. Da Katalonien nicht auf eigene Steuereinnahmen zurückgreifen kann, war man während der Finanzkrise noch erboster darüber, ausgerechnet die Zentralregierung um Hilfe bitten zu müssen. Kataloniens damaliger Präsident Artur Mas, dessen Partei Convergence die Region seit Jahrzehnten regiert, wollte finanzielle Zugeständnisse ähnlich denen erreichen, die das Baskenland erhielt, aber seine Forderungen wurden abgelehnt.

Unter dem wachsenden Druck seiner unruhigen katalanischen Wählerschaft versuchte Mas mehrfach, die schwelende Unabhängigkeitsrevolte abzuwenden. Er entwarf ein erweitertes Autonomiestatut, scheiterte mit seinen Bemühungen aber bei der Regierung in Madrid ebenso wie vor Spaniens Verfassungsgericht. Als alle Alternativen ausgeschöpft waren, beugte sich Mas den Separatisten und stimmte einem bindenden Referendum zur Unabhängigkeit Kataloniens zu, ungeachtet des in der spanischen Verfassung festgelegten Abspaltungsverbots.

Am 11. September 2012 strömten über eine Million Menschen in die Straßen von Barcelona und forderten, Katalonien solle Europas nächster unabhängiger Staat werden dürfen. Mas reagierte mit der Auflösung des Regionalparlaments, um seine Verhandlungsposition gegenüber der Zentralregierung Rajoys zu stärken. Als pragmatischer Politiker nach dem Vorbild seines Mentors Jordi Pujol, der es in der Ära nach Franco lange Zeit geschafft hatte, den katalanischen Nationalismus in Schach zu halten, bestand Mas darauf, die Zentralregierung müsse zumindest ein gewisses Maß an Kompromissbereitschaft erkennen lassen, die er der wachsenden Bewegung der Separatisten entgegenhalten könnte.

Aber seine wiederholten Appelle an Madrid, die Zügel des Zentralstaats zu lockern, stießen auf taube Ohren: Rajoy weigerte sich strikt, über mehr Autonomie für die Katalanen auch nur zu verhandeln. In den ersten vier Jahren als Premierminister, als er eine absolute Mehrheit hinter sich hatte, gelangte Rajoy zu der Überzeugung, dass jegliche Konzession gegenüber Katalonien neue Unabhängigkeitsforderungen aus dem Baskenland nach sich ziehen würde, denen dann wahrscheinlich weitere Regionen wie Galicien, Valencia und Andalusien folgen würden. Auch diese hatten nämlich bereits den Wunsch nach mehr Spielraum bei der Gestaltung der eigenen Angelegenheiten geäußert.

Er fürchtete, jedes Zeichen von Schwäche im Umgang mit potenziell abtrünnigen Regionen würde das wachsende Misstrauen der Öffentlichkeit gegenüber der Zentralregierung noch weiter verschärfen, nicht zuletzt wegen der unpopulären Sparmaßnahmen, die er seinem Volk auf Geheiß Deutschlands und anderer EU-Partner auferlegt hatte. Rajoy drückte neue Maßnahmen durch, die die Macht des

Verfassungsgerichts stärkten, um damit jeden denkbaren einseitigen Schritt Kataloniens in Richtung Abspaltung zu unterbinden.

Da kein Kompromiss mit Madrid in Sicht war, gewann die separatistische Bewegung in Katalonien weiter an Zulauf.[4] Der »katalanische Nationalfeiertag« wird jedes Jahr am 11. September mit einem Protestmarsch begangen, bei dem Hunderttausende Separatisten friedlich in den Straßen von Barcelona demonstrieren und ihre Unterstützung für einen eigenen, unabhängigen Staat zur Schau tragen. Inzwischen ist der finanzielle Druck noch weiter gewachsen, und mit ihm die Tendenz zur Abspaltung. Trotz Anzeichen wirtschaftlicher Erholung in Spanien klagt die katalanische Regierung, die erheblichen Steuerzahlungen an Madrid würden jede wirtschaftliche Erholung der Region im Keim ersticken. Sie argumentiert, die Lücke zwischen ihren Steuerzahlungen und der zurückfließenden Investitionen sei auf 15 Milliarden US-Dollar gewachsen. Das entspricht der Hälfte des Jahreshaushalts der Region. Auf beiden Seiten verhärten sich die Fronten. Der Chef der spanischen Zentralbank warnte, weitere Schritte in Richtung Unabhängigkeit könnten Kapitalverkehrskontrollen auf katalanischen Bankkonten nach sich ziehen.

Im Gegenzug drohte Katalonien, das rund ein Fünftel der spanischen Volkswirtschaft ausmacht, mit dem Aussetzen der Zahlung seines Anteils an den Staatsschulden. Meinungsumfragen zeigten, dass die Zustimmung zur Unabhängigkeit von 20 Prozent zu Beginn der Finanzkrise 2009 auf fast 50 Prozent gewachsen war. Als Schottland von der britischen Regierung 2014 die Erlaubnis zu einem Referendum erhielt, bei dem 55 Prozent für den Verbleib im Vereinigten Königreich votierten, beschloss Mas, Katalonien würde selbstständig ein Referendum abhalten, ohne Rücksicht auf den Widerstand aus Madrid. Das nicht bindende katalanische Referendum brachte ein Ergebnis von 80 Prozent für die Trennung von Spanien, allerdings bei einer Wahlbeteiligung von nur 37 Prozent, da das Oberste Gericht Spaniens das Ergebnis schon im Voraus für ungültig erklärt hatte – mit der Begründung, die Abstimmung sei verfassungswidrig, da in der Verfassung die Unteilbarkeit Spaniens festgeschrieben sei.

Nach dem Übergang Spaniens in eine demokratisch regierte, parlamentarische Erbmonarchie im Jahr 1978 war es den Volksparteien zunächst immer gelungen, alleine zu regieren. Die Abneigung gegen komplizierte Koalitionen ist wohl teilweise den schmerzhaften Erinnerungen an die Zweite Republik zuzuschreiben. Damals war ein instabiles demokratisches Regime während des Bürgerkriegs zusammengebrochen. In der Post-Franco-Ära ist es den Konservativen und den Sozialisten gelungen, reibungslose Machtwechsel zu organisieren, die die politische Stabilität des Landes unter der wohlwollenden Regentschaft von König Juan Carlos und, seit 2014, dessen Sohn Felipe VI. gewährleisteten. Spaniens erste postautoritäre Regierung führte 14 Mitte-rechts-Parteien zur »Union des Demokratischen Zentrums« unter Führung von Premierminister Adolfo Suárez zusammen. Neben dem friedlichen Übergang aus der Franco-Ära verwirklichte Suárez auch politische Reformen, die freie Wahlen ermöglichten, die erste demokratische Verfassung seit 1931 in Kraft setzten und Spanien in die NATO führten. Seine Minderheitsregierung überstand sogar einen Militärputsch – zu der Zeit befand sie sich auch noch im Kampf gegen die ETA, eine bewaffnete Gruppe baskischer Nationalisten, die mit Terroranschlägen während der Amtszeit von Suárez über 200 Menschen tötete. Aber die UDC wurde bei den Wahlen im Jahr 1982 vernichtend geschlagen und musste die Macht an die Sozialisten abgeben. In der Folge stellten sich Spaniens Konservative in einer langen Phase in der Opposition neu auf. Dabei konnten sie auch auf die Hilfe anderer europäischer Parteien zurückgreifen, vor allem der der deutschen Christdemokraten unter Kanzler Kohl. So konnte Suárez die Bewegung modernisieren und ihre historische Verbindung mit Franco überwinden. Sie wurde in »Partido Popular« (Volkspartei) umbenannt und gelangte erstmals von 1996 bis 2004 mit José Maria Aznar als Premierminister an die Macht.

Die Spanische Sozialistische Arbeiterpartei, ursprünglich 1879 gegründet, erwachte nach Francos Tod wieder zum Leben und wandelte sich von einer radikal-marxistischen Gruppe zu einer pragmatischen, sozialdemokratischen Bewegung nach dem Muster der deutschen Sozialdemokratischen Partei. Die SPD druckte und finanzierte sogar die Plakate und Broschüren für den Wahlkampf der spanischen Sozialisten. Der frühere Bundeskanzler Willy Brandt entwickelte sich zum persönlichen Mentor für Felipe González, der Spanien als Premierminister von 1982 bis 1996 regierte. In dieser Periode, die als die goldenen Jahre Spaniens in der Post-Franco-Ära gelten, trat das Land der EU bei, baute den Sozialstaat aus und modernisierte die Wirtschaft.

Später, unter der Führung von José Luis Rodríguez Zapatero, vollendeten die Sozialisten eine zweite gesellschaftliche Transformation, die das Abtreibungs- und Scheidungsrecht lockerte und Spanien zum ersten römisch-katholischen Land überhaupt machte, das die gleichgeschlechtliche Ehe erlaubte. Unter Anleitung Deutschlands unternahm Spanien auch erste Schritte zur Aufarbeitung der Menschenrechtsverletzungen während der Franco-Diktatur und des Spanischen Bürgerkriegs. Man verabschiedete 2007 das »Gesetz des historischen Andenkens«, das den Opfern Francos eine finanzielle Entschädigung zusicherte.

Aber eine Einparteienregierung birgt, selbst wenn sie zwischen rivalisierenden politischen Gruppen wechselt, oft die Gefahr des Machtmissbrauchs. Im Fall Spaniens steht der Geruch der Korruption in enger Verbindung mit der traditionellen herrschenden Klasse. Als die Sozialisten an der Macht waren, verstrickten sich prominente Minister in Bestechungsskandale in Zusammenhang mit Bauprojekten vor der Weltausstellung in Sevilla und den Olympischen Spielen in Barcelona. Während ihrer letzten Regierungsperiode hatte die Volkspartei unter Rajoy gleich mehrere Anklagen wegen Veruntreuung, Korruption, Einflussnahme und Geldwäsche am Hals. Darin verwickelt waren auch diverse führende Politiker, darunter Minister des Kabinetts und prominente Bürgermeister in ganz Spanien. Der Schatzmeister der Volkspartei wurde der Abschöpfung geheimer Spenden von Bauunternehmen und anderer Unternehmensgruppen beschuldigt. Aus der damit angelegten Schmiergeldkasse sollen Umschläge mit Barzahlungen an ältere Parteiführer – darunter auch Rajoy – gegangen sein. Die Parteigrößen bestreiten die Anschuldigungen vehement und schieben dafür dem Schatzmeister der Partei, Luis Barcenas, alle Schuld in die Schuhe. Dieser wurde Ziel einer strafrechtlichen Untersuchung, nachdem bekannt wurde, dass er über 50 Millionen Dollar auf geheimen Bankkonten in der Schweiz und an anderen Orten gebunkert hatte.

In die anhaltenden Berichte über Korruption im herrschenden Establishment sind auch ein früherer Richter des Obersten Gerichts Spaniens sowie der Schwiegersohn von König Juan Carlos verstrickt. Letzterer wurde der Veruntreuung von Geldern aus Wohltätigkeits-organisationen beschuldigt. Die Entrüstung der Öffentlichkeit traf aber größtenteils die zwei führenden Parteien und kostete beide viel Unterstützung in der Wählerschaft.

Der Stimmenanteil der Volkspartei und der Sozialisten brach bei den Parlamentswahlen von 80 Prozent im Jahr 2011 auf unter 50 Prozent vier Jahre danach ein. Davon profitierten vor allem zwei Neueinsteiger in der Parteienlandschaft: Podemos und Ciudadanos, die Transparenz und saubere Regierungsführung zu den wesentlichen Eckpfeilern ihrer jeweiligen politischen Plattformen erklärten, seit sie im Jahr 2014 die politische Bühne betraten.

Angesichts der unvermindert wachen Erinnerung an den Faschismus in Spanien, Griechenland und Portugal ist es vor allem die radikale Linke, die in der Wählergunst im ganzen südlichen Europa zugelegt hat. Podemos, auf Deutsch »Wir können«, wurde 2014 als linke Protestpartei von einer Gruppe von Universitätsprofessoren in Madrid gegründet, aus Wut über den Machtmissbrauch der etablierten Parteien. Podemos erwuchs aus der aufständischen Bewegung »Los Indignados« (Die Empörten), die nach der Finanzkrise von 2008 entstanden war, und stellte massive Proteste und Demonstrationen gegen politische Korruption und soziale Ungleichheit auf die Beine. Einen weiteren Schub erfuhr die Bewegung während der schlimmen Immobilienkrise in Spanien und der unter Rajoy durchgesetzten harten Sparmaßnahmen, die einen rasanten Anstieg der Arbeitslosigkeit, besonders bei jungen Leuten, zur Folge hatten.

Podemos hoffte, es der griechischen Linkspartei Syriza gleichtun zu können, die 2015 als Folge des Scheiterns der etablierten Parteien von Sozialisten und Konservativen in Griechenland an die Macht kam. Syriza erlangte allgemeine Bekanntheit durch den Widerstand gegen Deutschland und andere Kreditgeber in der Diskussion um die Rettung Griechenlands vor dem Staatsbankrott – auch wenn man am Ende den EU-Forderungen nachgab, um Griechenland in der Euro-Zone zu halten. Podemos stand Syriza in der Konfrontation mit den Geberländern bei: Die Bewegung veranstaltete große Kundgebungen zur Unterstützung des radikalen Syriza-Chefs, Premierminister Alexis Tsipras.

Inspiriert wurde die Podemos-Führung darüber hinaus durch die linkspopulistische Bewegung von Hugo Chávez, des 2013 verstorbenen starken Mannes Venezuelas. Einer der Parteigründer war sogar Berater von Chávez gewesen, und die Medienstrategien von Podemos ähneln denen von Chávez. Angeführt vom charismatischen Pablo Iglesias mit seinem markanten Pferdeschwanz attackierte Podemos immer wieder Spaniens »Kastensystem« und mobilisierte eine starke Unterstützung der Basis für die Forderung nach einer größeren Rechenschaftspflicht, um dem Machtmissbrauch durch die politische Elite, die Geschäftswelt und die spanische Königsfamilie einen Riegel vorzuschieben.[5]

Iglesias, der nach einem der Gründerväter des spanischen Sozialismus im 19. Jahrhundert benannt wurde, hält nichts vom Etikett des radikalen Linken und nennt seine Partei »post-ideologisch«. Die Hauptthemen seiner Bewegung sind laut Iglesias die Einkommensverhältnisse und die soziale Ungleichheit, die aus der europäischen Schuldenkrise erwachsen, ebenso wie die Serie der Korruptionsskandale der Reichen und Mächtigen Spaniens. Er und seine Partei fanden vor allem bei jungen Wählern Anklang, holten 20 Prozent der Stimmen bei den Wahlen im Dezember 2015 und wurden so zum potenziellen Königsmacher der spanischen Politik.

Wie Podemos schwang sich auch die Mitte-rechts-Bewegung »Ciudadanos« (Bürger) bei den Wahlen 2015 zu einem Faktor der nationalen Politik auf. Mit 13 Prozent der Stimmen wurde sie zur viertstärksten Partei Spaniens. Die Gruppe spricht mit ihrer liberalen, wirtschaftsfreundlichen Philosophie und der Betonung individueller Freiheit vor allem konservative Wähler an, die von der Arroganz und

Korruption, die den Ruf der Partido Popular in deren Regierungszeit gründlich ruinierten, die Nase voll haben. Ciudadanos stammt zwar aus Katalonien, ist aber ein strikter Gegner der Unabhängigkeitsbestrebungen in der Region. Unter Führung von Albert Rivera, wie Iglesias noch in seinen Dreißigern, will die Partei Spanien reformieren, indem man der Korruption den Kampf ansagt und die Macht auf eine neue Generation von Reformern verlagert, die es mit der Bereinigung des Systems ernst meinen.

Im Unterschied zu Iglesias betont Rivera jedoch, sein politisches Programm werbe für »vernünftige Veränderung« durch marktwirtschaftliche Reformen, die mittels Steuersenkungen und Beseitigung regulatorischer Hürden Investitionen stärken und Arbeitsplätze schaffen sollen. Bei allen ideologischen Differenzen wollen beide neuen Parteien mehr als nur die gegenwärtige Politikergeneration ablösen; ihr Ziel sind eine Runderneuerung der als ineffektiv erachteten Institutionen und die Schaffung größerer Transparenz, um der allgegenwärtigen Korruption des politischen Establishments Herr zu werden.

Mehr noch als die anhaltende Wirtschaftskrise stellt der katalanische Separatismus die vielleicht größte Herausforderung für den spanischen Staat dar. Von den vier landesweit aktiven Parteien Spaniens ist Podemos die einzige, die Katalonien das Recht zugesteht, über seinen Status in einem Referendum selbst zu entscheiden. Alle anderen Parteien sind gegen ein solches Plebiszit und begründen das damit, dass es gegen die Verfassung Spaniens verstoße.

Das Problem: Je länger Spanien zögert, den Katalanen ein Mitspracherecht über ihre eigene Zukunft zu gewähren, desto stärker scheint die Abspaltungsbewegung zu werden.

Die Wahlen von 2015 ergaben ein politisches Patt. Weder Rajoy noch Sánchez gelang es, eine stabile Koalitionsregierung zu bilden, und König Felipe VI. blieb nichts anderes übrig, als Neuwahlen auszurufen. Sechs Monate später gingen Spaniens Wähler erneut zu den Urnen, um die Blockade zu lösen. Der Wahltermin lag nur drei Tage nach dem historischen Referendum in Großbritannien, das eine Mehrheit für den Ausstieg aus der EU ergab. Beim spanischen Wahlvolk, ohnehin besorgt über die lange Phase politischer Instabilität, verfehlte der Brexit-Schock seine Wirkung nicht. Am Tag nach dem britischen Referendum sackte Spaniens Aktienindex um mehr als 12 Prozent ab. Rajoy warnte auch vor den früheren Verbindungen zwischen Podemos und Venezuelas Regime von Hugo Chávez. Er beschwor die Wähler, keinen Sprung ins Ungewisse zu riskieren und lieber die Führung des Landes in sichere Hände zu legen, anstatt sie populistischen Emporkömmlingen anzuvertrauen. Diese Strategie, die Ängste der Wähler zu schüren, ging auf. Die Partido Popular schnitt deutlich besser ab, als in den Meinungsumfragen vorhergesagt, und ging als klarer Sieger aus der Wahl hervor, wenngleich sie eine absolute Mehrheit deutlich verpasste. Podemos, die beim vorherigen Wahlgang aus dem Stand auf 20 Prozent gekommen war, verzeichnete Einbußen, während sich die etablierten Mitte-links-Sozialisten einigermaßen erholen konnten. Zumindest eine Zeitlang schien es, als würde sich das alte Zweiparteiensystem doch noch behaupten können.

Am politischen Patt in Spanien änderte sich damit aber erst einmal nichts, denn Rajoy schaffte es auch nach der zweiten Wahlrunde nicht, innerhalb eines Jahres eine stabile Regierungskoalition auf die Beine zu stellen. Eine weitere Verschlechterung der prekären Wirtschaftslage in Spanien und Portugal zeichnete sich ab – beide Länder hatten riesige Staatsschulden angehäuft, die gegen die Regeln der europäischen Einheitswährung verstießen. Deshalb drohten auch noch Strafzahlungen von mehreren Millionen Euro. In Lissabon wackelte die ohnehin fragile Linksregierung, und die Aussicht auf eine fortgesetzte Blockade in Spanien drohte die ganze Iberische Halbinsel in eine neue Zone der Instabilität zu verwandeln – und das zu einer Zeit, in der sich Europas politische Führer mit Problemen an vielen anderen Fronten herumschlagen mussten.

Im Sommer 2016 schien dann eine Krise nach der anderen über Europa hinwegzurollen. Eine Welle von Terroranschlägen in Belgien, Frankreich und Deutschland hatte die Europäer aufgeschreckt. Italien stand vor einem massiven Zusammenbruch des Bankensystems und einem Verfassungsreferendum, das der Regierung gefährlich werden konnte. Ungarn und Polen erließen Gesetze, die ihr Bekenntnis zur Demokratie ernsthaft infrage stellten. Griechenland litt nach wie vor unter einem riesigen Schuldenberg, und die Aussicht auf eine weitere Krise der Eurozone zeichnete sich am Horizont ab. Europas wirtschaftliche Erholung kam nur schwer voran, das Wachstum blieb schwach und der Arbeitsmarkt blutete weiter aus. Die Entscheidung der Briten, aus der EU auszusteigen, hatte alle überrascht, und Europas Führungsriege hatte keine klare Vorstellung, wie es nach diesem Ereignis weitergehen könnte. Es wurde aber bald klar, dass komplizierte Verhandlungen über den Brexit ihren Bemühungen, das Vertrauen der Wähler zurückzugewinnen und die Herausforderung durch die Populisten abzuwehren, nicht eben förderlich sein würden.

Ein weiteres Mal sah sich Kanzlerin Merkel genötigt, zur Tat zu schreiten. Finanzminister Wolfgang Schäuble, ihr verlässlichster politischer Verbündeter und die zweitmächtigste Persönlichkeit in der deutschen Regierung, entschied, für die Rettung von Spanien und Portugal müsse alles getan werden. Bei einem Treffen der G20-Minister in China ließ Schäuble die Kollegen wissen, dass die von der EU-Kommission verhängten harten Sanktionen, wie sie die Euro-Regeln eigentlich vorsehen, noch mehr politische und wirtschaftliche Turbulenzen auslösen könnten, und das in einer Zeit, in der Europa solche zusätzliche Unruhe definitiv nicht gebrauchen konnte. Das entbehrt nicht einer gewissen Ironie, gilt doch gerade Schäuble als unerbittlicher Kassenwart, der den verschwenderischen Südländern besonders genau auf die Finger schaut. Schäuble meinte aber, ein politischer Schaden für seinen Freund Rajoy wäre gefährlicher für Europas Stabilität als eine Untergrabung des Vertrauens in den Euro.

Nachdem also ausgerechnet Schäuble eine Mehrheit der EU-Kommissare davon überzeugt hatte, auf finanzielle Strafmaßnahmen gegen Spanien und Portugal zu verzichten, war hingegen Jean-Claude Juncker davon wenig begeistert. Der Chef der EU-Kommission sagte seinen Kollegen, auf lange Sicht würde solch dreiste politische Einflussnahme Europa nur schaden. Er musste aber zugeben, weder er noch irgendjemand sonst wäre in einer Position, sich der Macht und dem Einfluss Deutschlands zu widersetzen. »Wir müssen nicht päpstlicher sein als der Papst, aber machen Sie bitte bekannt, dass der Papst eine Null-Strafe wollte«, bemerkte Juncker sarkastisch gegenüber seinen Kollegen und drückte damit seinen Frust über die Machtlosigkeit der EU-Institutionen bei einer Konfrontation mit dem mächtigen Deutschland aus.[6] In den Augen vieler Spanier bleibt Deutschland dennoch eher mit harten Sparmaßnahmen verbunden, die Rajoy umzusetzen sich genötigt sah. Das hatte die EU nach dem Kollaps der Grundstückspreise, der die spanische Wirtschaft beinahe zugrunde gerichtet hätte, von Spanien gefordert. Kanzlerin Merkel ist zwar eine enge politische Verbündete Rajoys, gilt aber auch als hauptverantwortlich für die Bürde, unter der Spanien und das restliche Südeuropa zu leiden haben. Im vergangenen Jahrzehnt hatte Deutschland immer darauf bestanden, Spanien und andere Länder, die über ihre Verhältnisse lebten, müssten nun ihre Ausgaben kürzen und Steuern erhöhen, um ihre ökonomische Glaubwürdigkeit wiederzuerlangen. Das Ausmaß der wirtschaftlichen Rezession, besonders was den Verlust von Arbeitsplätzen angeht, macht derartige Maßnahmen jedoch extrem schwer verdaulich.

Spanien durchleidet ebenso wie Griechenland und Italien die vielleicht schlimmste Krise in Sachen Jugendarbeitslosigkeit in der Geschichte Europas nach dem Krieg. In manchen Regionen findet jeder Zweite unter 30 keine dauerhafte Arbeit mehr. Das Fehlen von Arbeitsmarktreformen, die die Wirtschaft öffnen, wird oft als negativer Faktor angeführt, der die Jobperspektiven für junge Leute in Spanien und anderswo in Südeuropa beeinträchtigt. Die Frage, ob sich die Wirtschaft erholt und ob die Regierung den Mut findet, mutige Reformen anzupacken, wird entscheiden, ob Spanien zu der Energie und Dynamik zurückfindet, die seinen Lebensstandard innerhalb der 30 Jahre nach dem Beitritt zur EU immerhin vervierfacht hatten.

Europas schwerste Wirtschaftsflaute seit der Weltwirtschaftskrise hat viele Wähler in weiten Teilen des Kontinents den herrschenden Parteien der politischen Mitte entfremdet. Frustriert und wütend wenden sie sich zuletzt radikalen Gruppen am rechten und linken Rand des politischen Spektrums zu. In Deutschland, Österreich, den Niederlanden und im Vereinigten Königreich fühlen sich ehemals treue Anhänger der Tories und Christdemokraten auf der rechten oder der Sozialdemokraten auf der linken Seite von anti-europäischen, immigrantenfeindlichen Botschaften populistischer Rechtsaußen-Parteien angezogen.

In mancherlei Hinsicht gründet die schwindende Attraktivität der etablierten Parteien in der Tatsache, dass die großen ideologischen Debatten zwischen links und rechts geführt und erledigt sind. In den meisten Ländern Europas, ganz gleich, wer an der Macht ist, gilt es heute als selbstverständlich, dass ein umfangreicher staatlicher Sektor, finanziert durch saftige Einkommensteuern, für die allgemeine Krankenversicherung und ein großzügiges Arbeitslosengeld aufkommt. Was einst als fortschrittliche politische Agenda von Sozialdemokraten galt, haben heute alle Teile des politischen Spektrums verinnerlicht. In Ermangelung jeder Debatte über die Erhaltung von Europas großzügigen Sozialsystemen hatten die Parteien des politischen Mainstream in Spanien, Frankreich, Italien und Großbritannien Mühe, eine klare politische Stimme zu finden. Und dabei sind ihnen in den letzten zwei Jahrzehnten ungefähr zwei Drittel ihrer Anhänger abhandengekommen.[7]

Die Wirtschaftskrise hat nicht nur neue populistische Kräfte auf der politischen Bühne hervorgebracht und den regionalen Separatismus gefördert. Sie befeuerte auch eine Gegenreaktion auf die Globalisierung und eine tiefe Abneigung gegen jede Form supranationaler Herrschaft, wie sie die EU-Institutionen in Brüssel repräsentiert. Während jedoch die Unzufriedenheit mit der Vorstellung eines vereinten Europa in Frankreich, den Niederlanden und Dänemark Parteien der extremen Rechten Auftrieb gab, fallen in Spanien, Griechenland und Portugal die unguten Erinnerungen an faschistische Diktaturen der Vergangenheit stärker ins Gewicht.

Deshalb wandten sich die Wähler in Südeuropa eher den radikalen Linken zu, wenn sie ihrem Missfallen über die etablierten Parteien Ausdruck verleihen wollten. Nach Ansicht vieler politischer Experten könnten die anhaltenden sozialen und wirtschaftlichen Unruhen, die mit all den Krisen um Euro, Sparmaßnahmen und Flüchtlinge in Verbindung stehen, zu einem weiteren politischen

Zerfall in ganz Europa führen. Mit dem Auseinanderbrechen des herrschenden Establishments könnten die Wähler versucht sein, der extremistischen Botschaft regionaler Separatisten und populistischer Nationalisten zu folgen. In dieser Hinsicht könnte Spanien für Europa quasi die Rolle des Kanarienvogels in der Kohlenzeche zukommen.

Den Spaniern war definitiv nicht danach, zum dritten Mal innerhalb eines Jahres zur Wahl zu gehen. So gelang es Rajoy, Ende 2016 noch eine weitere Amtszeit zu bekommen, als die Sozialisten sich dazu durchrangen, ihn als Premierminister einer Minderheitsregierung zu akzeptieren. Das erschien ihnen als das kleinere Übel gegenüber einer drohenden und noch größeren Schlappe bei einer weiteren Wahl. Trotz seiner wackligen Machtposition war Rajoy entschlossen, Spanien in die wirtschaftliche Gesundung zu führen, um das Auseinanderbrechen der Nation zu verhindern. Er musste aber einsehen, dass es angesichts des brüchigen Zustands der spanischen Politik schwer sein würde, ein Land zu führen, das von einem Stillstand in den nächsten taumelt.[8]

»Eine Regierung, die nicht regieren kann, ist auch nicht besser als gar keine Regierung«, sagte er dem neuen Parlament. »Ich betrachte es als selbstverständlich, dass wir Tag für Tag eine Mehrheit finden müssen, um das Land führen zu können.«[9] Als beharrlicher Verwalter, der ungern im Rampenlicht steht, sieht sich Rajoy als Wahrer der Einheit Spaniens angesichts der separatistischen Tendenzen in Katalonien und im Baskenland. Er wollte auch den beiden neuen Parteien – Ciudadanos und Podemos – den Wind aus den Segeln nehmen und sein Land zurück zu einem stabileren Gleichgewicht zwischen den klassischen Parteien von Mitte-rechts und Mitte-links führen. Nachdem er Spanien durch eine turbulente Schuldenkrise samt Immobiliencrash manövriert hatte, für die es 2012 auch einer Bankenrettung bedurft hatte, gelang es Rajoy, die wirtschaftliche Talfahrt zu bremsen und die hohe Arbeitslosenrate zu senken. Er verbrachte einen Großteil seiner ersten Amtsperiode damit, die Kompetenzen von Spaniens Verfassungsgericht zu stärken, damit Beamte leichter sanktioniert oder suspendiert werden konnten und um die

Pläne der Separatisten zu durchkreuzen. »Katalonien geht nirgendwohin, nichts wird auseinanderbrechen«, sagte Rajoy in einer landesweit im Fernsehen übertragenen Rede, nachdem das katalanische Regionalparlament zuvor für einen Plan zur Errichtung eines unabhängigen Staates votiert hatte.

In seinem ersten Test nach der Erringung eines zweiten Mandats verbuchte Rajoy einen wichtigen Erfolg, als das Verfassungsgericht gegen die Abhaltung eines Referendums im September 2017 stimmte, das die auf Abspaltung sinnende Regierung Kataloniens als definitiven Wendepunkt auf dem Weg zur Unabhängigkeit betrachtet hatte.

Die Anführer der Bewegung sprachen sich dafür aus, weiter auf das Plebiszit zur Ablösung von Spanien zu drängen. Sie argumentierten, die Entscheidung des Gerichts sei null und nichtig, da sie den demokratischen Willen der Wähler blockieren würde. »Die Institutionen des spanischen Staates sollen wissen, dass sie den Wunsch einer Mehrheit unseres Volkes nicht einfach zum Schweigen bringen können«, erklärte Jordi Sánchez, Präsident der katalanischen Nationalversammlung.[10]

Rajoy ist jedoch fest entschlossen, jeden Schritt in Richtung Abspaltung zu unterbinden. Er möchte nicht als der Premierminister in die Geschichte eingehen, der dem Zerfall seines Landes vorstand. Er ist darauf vorbereitet, Artikel 155 der spanischen Verfassung in Anspruch zu nehmen. Dieser gibt der Regierung das Recht, eine autonome Regionalbehörde zu zwingen, ihren Verpflichtungen unter der nationalen Gesetzgebung nachzukommen. Die Abspaltung verstößt aber nicht nur gegen die geltende spanische Verfassung; selbst wenn die Katalanen ihre Unabhängigkeit erreichen würden, hätten sie kaum Chancen, Mitglied der EU zu werden.[11]

Rajoy hat versprochen, gegen jeden Versuch Schottlands, EU-Mitglied zu werden, sein Veto einzulegen, sollten sich die Schotten vom Vereinigten Königreich lossagen. Denn er ist fest davon überzeugt, dass dies einem politischen Selbstmord der EU-Mitgliedsstaaten gleichkäme. Auch andere EU-Regierungen, die mit vergleichbaren Autonomiebestrebungen zu kämpfen haben, etwa Italien, Belgien und Deutschland, lassen wissen, niemals eine EU-Mitgliedschaft Kataloniens befürworten zu wollen, um nur ja keinen gefährlichen Präzedenzfall zu schaffen.

Dies tut aber, so sagen viele europäische Politiker, der Attraktivität des regionalen Separatismus in Spanien und anderen Ländern offenbar keinen Abbruch. Nach ihrer Ansicht müssen nationale Regierungen unabhängig vom Verfassungsrecht bessere Wege finden, dem Verlangen dieser Regionen nach Unabhängigkeit entgegenzuwirken. Die Vielzahl der Krisen, mit denen die EU und ihre einzelnen Regierungen zu kämpfen haben, könnte das Aufkommen populistischer und separatistischer Kräfte auf dem gesamten Kontinent sogar noch beschleunigen.

In Spanien selbst hat die katalanische Bewegung eine Koalition separatistischer Parteien im Baskenland dazu inspiriert, im dortigen Regionalparlament eine Gesetzesinitiative einzubringen, die auf ein Referendum der Basken abzielt, damit diese über ihre Zukunft selbst entscheiden können – Unabhängigkeit nicht ausgeschlossen. Auch anderswo in Europa ist Schottland beileibe nicht die einzige Region, in der der Drang zur Unabhängigkeit viel Zulauf hat. Separatistische Bewegungen gewinnen vielfach an Einfluss. Grund dafür ist z. B. die als unfair erachtete Steuerlast für die wohlhabenderen Regionen, etwa für die flämische Mehrheit in Belgien und den Norden Italiens, wo die »Liga Nord« unter neuer Führung immer mehr Anhänger gewinnt.

Selbst im überaus soliden Deutschland sind zuletzt gelegentliche Rufe Bayerns nach einem eigenen Staat lauter geworden. Das reflektiert natürlich den bayrischen Stolz auf seine regionale Identität und überregionale Bedeutung, nicht ohne Grund spricht man gelegentlich auch vom »deutschen Texas«.

Der mögliche Zerfall der Nationalstaaten überall in Europa kann durchaus zu einer realen Bedrohung für das Projekt der europäischen Integration werden, zumal diese separatistischen Bewegungen aus der gleichen Gegenreaktion derjenigen gesellschaftlichen und ökonomischen Kräfte hervorgehen, die auch der Globalisierung feindlich gesinnt sind. Gerade weil die EU-Institutionen in Brüssel so unbeliebt geworden sind, weil sie als abgehoben und bürgerfern wahrgenommen werden, gibt es ein starkes Verlangen nach mehr Regierungsmacht auf lokaler und regionaler Ebene, wo auf die individuellen Belange der jeweiligen Gemeinden besser eingegangen werden kann. In diesem Sinn könnte das weitere Geschehen in Katalonien Signalwirkung für Erfolg oder Scheitern der europäischen Idee als Ganzes haben.

Der Drang nach Unabhängigkeit bekam 2012 neuen Schwung, als Rajoy mit Kataloniens Regierungschef Artur Mas über dessen Forderung stritt, die Steuerlast seiner Region gegenüber der Zentralregierung in Madrid zu reduzieren. Madrid verteilt die Steuereinnahmen jeweils an ärmere Regionen Spaniens weiter. Rajoys Weigerung, auch nur zu verhandeln, empörte viele Katalanen und fachte die Rufe nach Unabhängigkeit neu an. »Wir sitzen am Tisch und sagen, wir wollen mit der spanischen Regierung verhandeln, aber sie weigern sich von vornherein, überhaupt mit uns zu reden, und jetzt sitzen wir allein am Verhandlungstisch«, erzählte mir Kataloniens Außenminister Raul Romeva. »Wir werden von Madrid finanziell ausgequetscht. Unser Volk und unsere Gesellschaft drängen uns, Schritte in Richtung Unabhängigkeit zu unternehmen.«[12] Zwischenzeitlich hat der Druck durch Spaniens Wirtschaftskrise auch noch zu Steuererhöhungen für das reiche Katalonien geführt, was die dortigen Autonomiebestrebungen weiter verschärft.

Zwei Parteien, die für die Unabhängigkeit eintreten, schlossen sich zur Koalition »Junts pel Sí« (»Gemeinsam für Ja«) in Katalonien zusammen und holten 2012 eine deutliche Mehrheit im Regionalparlament. Sie setzten zügig einen Antrag durch, der den Prozess in Richtung Unabhängigkeit in Gang bringen sollte. Darüber hinaus hat die katalanische Bewegung eine Koalition separatistischer Parteien im Baskenland dazu inspiriert, dem dortigen Regionalparlament einen Gesetzesantrag für ein Referendum vorzulegen, das den Basken erlauben würde, über ihre Zukunft selbst zu entscheiden, was auch die Unabhängigkeit einschließt.

Carles Puigdemont übernahm von Mas im Januar 2016 das Amt als Präsident Kataloniens, nachdem klar wurde, dass Mas nicht radikal genug war, um eine Mehrheit der nach Unabhängigkeit strebenden Vertreter im Regionalparlament zu organisieren. Anders als sein moderater Vorgänger war Puigdemont schon immer ein klarer Verfechter der Unabhängigkeit Kataloniens gewesen. Gleich nach Ablegung des Amtseids versprach er, zügig einen Plan aufzustellen, der innerhalb von 18 Monaten die Struktur für eine unabhängige katalanische Republik etablieren sollte, inklusive eigener Verfassung, eigener Staatskasse, eines eigenen Sozialversicherungssystems und eines eigenen diplomatischen Dienstes.[13]

Er sagte, die Region hätte gar keine Alternative zur Errichtung einer Infrastruktur für einen eigenen Staat. Schließlich müsse man funktionsfähig sein, sobald ein bindendes Referendum über Kataloniens Zukunft abgehalten wird, möglicherweise schon Ende 2017. Die Katalanen genießen bereits weitgehende Autonomie in den Bereichen Bildung, Gesundheitswesen und Polizei. Aber ihre politische Führung ist nach wie vor eifrig darauf bedacht, auch die anderen Insignien eines unabhängigen Staates zu erwerben. Nun wollen sie ein rechtmäßiges Referendum abhalten, das über ihre Zukunft entscheiden soll, genau wie es in Schottland der Fall war. Ein Problem für die Katalanen besteht allerdings darin, dass Katalonien für Spanien wirtschaftlich weitaus wertvoller ist als Schottland für das Vereinigte Königreich.

Madrid hatte schon immer Mühe, seine zentralistische Herrschaft gegenüber den 17 Regionen des Landes durchzusetzen. Die Devolution der Macht wurde in der Nach-Franco-Ära als entscheidende Grundlage für Spaniens neu erwachsene Demokratie akzeptiert. Indem man allen Regionen ein gewisses Maß an Autonomie in Bereichen wie Bildung und Polizei zugestand, konnte Madrids Zentralregierung die Restauration der historischen Rechte für Katalanen und Basken quasi tarnen, deren unerschütterlicher Glaube an die eigene Nationalität, Kultur und Sprache auch unter der Franco-Diktatur nie ganz ausgelöscht werden konnte.

In den vier Jahrzehnten seit Francos Tod hat Spanien immer Mühe gehabt, die in der Verfassung festgeschriebene Unauflöslichkeit der Einheit ihrer Nation gegen die mächtigen Zentrifugalkräfte des regionalen Separatismus durchzusetzen. Diese Tendenzen sind tief in der lokalen Geschichte begründet und erlangten im Widerstand gegen Franco Heldenstatus. Um den gewalttätigen separatistischen Kampf der baskischen Guerillaorganisation ETA zu ersticken, machte die spanische Regierung enorme Zugeständnisse, die dem Baskenland heute erlauben, eigene Steuern zu erheben und wesentlich weniger Zahlungen an Madrid zu entrichten als Katalonien. Da sagen die Katalanen natürlich, wenn sie schon selbst keinen unabhängigen Staat bilden dürften, wollten sie zumindest den gleichen großzügigen Deal erreichen, den man den Basken zugestand. Als reichste Region Spaniens zahlt Katalonien pro Kopf heute rund zehn Mal mehr an Madrid als das Baskenland. Da die spanische Regierung bzw. Spanien insgesamt sich jedoch immer noch von der Wirtschaftskrise erholen muss, kann man sich derartige Konzessionen in einer Zeit, in der man dringend auf die Beiträge Kataloniens angewiesen ist, schlicht nicht leisten. Sonst wären Renten und Krankenversicherung massiv gefährdet.

Die Kräfte des populistischen Nationalismus, die dabei sind, die demokratische Ordnung des Westens auszuhöhlen, richten sich nicht nur gegen die Brüsseler Bürokratie eines europäischen Superstaats. Die Revolution in Sachen Reise- und Bewegungsfreiheit und digitaler Kommunikation, die alles, was mit unserem Planeten und seinen 7 Milliarden Bewohnern zu tun hat, quasi direkt in unsere Wohnzimmer bringt, weckt gleichzeitig den Wunsch danach, die politischen Angelegenheiten wieder näher im jeweiligen Heimatland zu regeln. Auch die Katalanen genießen ihren hohen Lebensstandard größtenteils dank vielfältiger Verbindungen zum Rest der Welt, doch auch sie bestehen auf dem Recht, gleichzeitig ein Maximum an lokaler Kontrolle über ihre eigene Kultur, Bildung und Politik zu behalten. Gerade darin liegt eine – wenn auch nicht die einzige – Ironie im Zeitalter der Globalisierung: Unser Wohlstand und unsere Sicherheit – die Lösung von Fragen, die mit der Bekämpfung von Krankheit, Hunger und Armut, mit Handel und Klimawandel zu tun haben – sind mehr denn je auf globale Lösungen angewiesen. Dennoch verstärkt sich in Europa, den USA und anderen Teilen der Welt die Forderung, man möge das Regierungshandeln so nah wie möglich am Alltag der einheimischen Bevölkerung ansiedeln.

Kapitel 6

Rom

Die Ewige Stadt – auf ewig im Niedergang?

Die Italiener sind berühmt für ihren resignativen Zynismus, wenn es um Politik, Verbrechen und den beklagenswerten Niedergang ihrer antiken Hauptstadt geht. Mit Vorliebe schmähen sie die politische Elite, sei es wegen der endemischen Kultur der Korruption, die die ehedem dominierenden Christdemokraten zu Fall gebracht hat, sei es wegen der Bunga-Bunga-Eskapaden des vom Medienmogul zum Premierminister mutierten Silvio Berlusconi. Mit größtem Respekt verfolgen sie die beeindruckenden Geschichten von unerschrockenen Staatsanwälten, die versuchen, den finsteren Paten berüchtigter Verbrechersyndikate das Handwerk zu legen – der Cosa Nostra in Sizilien, der Camorra in Neapel und der 'Ndrangheta in Kalabrien.

Mit größtem Vergnügen spotten sie über ihre Hauptstadt, jene verblassende Schönheit, die ihre besten Zeiten lange hinter sich hat. Beliebte Websites in den sozialen Medien wie »Roma faschifo« (»Rom ist widerlich«) zeigen zahllose Bilder von kratergroßen Schlaglöchern, ausgebrannten Autos und überquellenden Mülltonnen in den Straßen der Stadt. Als die Terroristen des IS einst drohten, die Flagge des Kalifats auf dem Petersdom zu hissen, gingen Tausende Italiener online, um sich über die Drohungen der heiligen Krieger lustig zu machen: Der IS, so lästerten sie, würde es doch ohnehin nie schaffen, sich durch den Sumpf des städtischen Abfalls zu wühlen.

Diese Phänomene sind in einem Skandal gewaltigen Ausmaßes kulminiert, der selbst die hartgesottensten Italiener schockierte und ihnen den Beweis dafür lieferte, dass Roms Misere offenbar noch viel schlimmer war, als sie es sich vorstellen konnten. Die Anklagen im »Mafia Capitale«-Prozess wurden erstmals im Dezember 2014 in einem 1200 Seiten starken Haftbefehl enthüllt. Vorangegangen waren zweijährige Untersuchungen durch Roms Generalstaatsanwalt Giuseppe Pignatone. Über hundert Politiker, leitende Beamte und Staatsbedienstete werden darin beschuldigt, jahrelang Bestechungsgeld angenommen und als Gegenleistung das organisierte Verbrechen begünstigt zu haben.[1]

Der Skandal zeigt, wie stark die Tentakeln der Mafia in alle Ebenen der Verwaltung Roms reichen, einschließlich des Umgangs der Bürokratie mit über 300 000 verzweifelten Flüchtlingen, die in den letzten Jahren nach Italien strömten. Der Anführer des römischen Verbrechersyndikats war ein früherer neofaschistischer Terrorist, Massimo Carminati, dessen rechtsradikale Gruppe »Bewaffnete Revolutionäre Kerne« schon in einen Bombenanschlag auf den Bahnhof von Bologna verwickelt war, bei dem über 80 Menschen ums Leben kamen. Sein Hauptkomplize, Salvatore Buzzi, entstammte der linken Seite des politischen Spektrums. Der vorbestrafte Buzzi betrieb eine riesige Kooperative, die sich um städtische und soziale Dienste kümmerte.[2]

Roms Mafiosi schafften es, mehrere Stadtverwaltungen nacheinander – ganz gleich, ob sie rechts oder links orientiert waren – zu korrumpieren. Sie zahlten monatliche Bestechungsgelder an führende Politiker der wichtigsten Parteien und erhielten dafür das Monopol über öffentliche Aufgaben wie Bus- und U-Bahnverkehr, Müllabfuhr und Flüchtlingscamps. Jahrzehntelang plünderten die Gangster die Stadtkasse, ohne als Dienstleister zuverlässige Arbeit abzuliefern.

Ein Zustandsbericht zur Straßensicherheit offenbarte 2016, dass 40 Prozent der Straßen Roms mit Schlaglöchern übersät waren. Busfahrer lassen regelmäßig ihren Job links liegen, wenn wichtige Fußballspiele anstehen. Eltern müssen das Toilettenpapier für die Schulen ihrer Kinder selbst kaufen. Doch das kaltschnäuzige Ausnutzen der Flüchtlingssituation durch die Kriminellen brachte das Fass schließlich doch zum Überlaufen. In einem von der Polizei abgehörten und später veröffentlichten Telefonat brüstete sich Buzzi gegenüber Carminati – auch als der »unsterbliche Einäugige« bekannt, weil er in einer Schießerei ein Auge verloren hatte –, wie er die Kontrolle über die wichtigen Aufnahmezentren in der Umgebung von Rom an sich gebracht und damit 50 Millionen Dollar eingesackt hatte. Diese Zentren waren für die Unterbringung der an den Küsten Siziliens gestrandeten Migranten, Asylsuchenden und Flüchtlinge eingerichtet worden. »Du machst dir keine Vorstellung, wie viel Geld wir mit den Immigranten verdienen«, prahlte Buzzi. »Nicht einmal der Drogenhandel bringt so viel ein.«[3]

Der »Mafia Capitale«-Skandal wird sich noch über Jahre hinziehen, zahllose Korruptionsverfahren stehen bevor, vermutlich im Anschluss an weitere diverse Ermittlungen und Verfahren gegen Ex-Bürgermeister Gianni Alemanno, der die Stadt von 2008 bis 2013 regierte. In dieser Zeit florierte die Kriminalität ganz besonders. Erste Untersuchungen legten gar die Verwicklung von Italo Walter Politano, Antikorruptionschef der Hauptstadt höchstpersönlich, sowie vieler weiterer prominenter Politiker und Beamten offen.

In vielerlei Hinsicht kam dieser Skandal um Rom nicht einmal überraschend. Die grassierende Korruption in Form von Bestechung, Schmiergeld und Erpressung wurde von vielen Italienern lange Zeit einfach hingenommen, vor allem im Süden des Landes, in dem diverse Mafiaorganisationen überall ihre Finger im Spiel haben. Aber die Entdeckung eines zuvor unbekannten Verbrechersyndikats, das die fast vollständige Kontrolle über die heruntergekommenen städtischen Dienste in der Hauptstadt an sich gebracht hatte, war selbst den Italienern zu viel. Sie führte ihnen auch die traurige Tatsache vor Augen, dass die Opfer krimineller Aktivitäten und politischer Amtsvergehen, die einen Großteil des Landes durchdringen, vor allem sie selbst sind.

Diese Enthüllungen liefern nicht nur eine Erklärung für den Verfall der öffentlichen Infrastruktur und des milliardenschweren Lochs in den Finanzen Roms, sie haben auch zu allerlei Gewissensnöten in ganz Italien geführt. Sämtliche Gesellschaftsschichten überall im Land fragen sich, wie ein dynamisches Land mit 57 Millionen Einwohnern – immerhin Europas viertgrößte Volkswirtschaft – derart immun gegen Reformen werden konnte, dass die gesamte Nation, keineswegs nur Rom, vielleicht einfach unregierbar geworden ist.

In mancher Hinsicht stellt die Situation in Rom einen Mikrokosmos vieler Probleme dar, die das ganze Land plagen. Italien versucht seit über zwei Jahrzehnten, Integrität und Effizienz in sein politisches und wirtschaftliches System zu bringen. In den frühen 1990er-Jahren platzte ein landesweiter Korruptionsskandal, der als »Tangentopoli« bekannt wurde. Italiens Untersuchungsrichter enthüllten, wie die beiden führenden Parteien jener Zeit, Christdemokraten und Sozialisten, sich jahrzehntelang an den Schalthebeln der Macht abgewechselt und dabei Schmiergeld für politische Gefälligkeiten als Teil ihrer Parteienfinanzierung eingesteckt hatten. Beide Parteien wurden bald durch eine Welle öffentlicher Empörung hinweggefegt, die einer neuen politischen Ordnung die Tür öffnete, angeführt vom Milliardär und Medienunternehmer Silvio Berlusconi, der von sich behauptete, er sei schlicht zu reich, um korrupt zu sein.

Berlusconi gilt heute als eine frühe Version von Donald Trump; denn er wurde wie dieser auf einer ganz ähnlichen Plattform des populistischen Nationalismus über seine Persönlichkeit als Medien- und Immobilienmogul ins Präsidentenamt gewählt. Über 20 Jahre lang dominierte Berlusconi die italienische Politik, davon drei Amtsperioden als Premierminister. Seine versprochene Reformagenda vermochte er nicht umzusetzen. Stattdessen verbrachte er die meiste Zeit damit, juristische Verfolgungen seiner eigenen Skandale wie Sexpartys und illegale Geschäftspraktiken abzuwehren.

Unter dem Druck anderer europäischer Regierungschefs musste Berlusconi zurücktreten. Im November 2011 wurde er durch eine Regierung von Technokraten unter Führung von Mario Monti ersetzt, einem Wirtschaftsprofessor und ehemaligen EU-Kommissar. Inzwischen 80 Jahre alt und gesundheitlich angeschlagen, klagt Berlusconi noch immer, er sei das Opfer eines Quasi-Staatsstreichs unter Führung von Kanzlerin Merkel geworden. Aber zu jener Zeit gab es ernsthafte Befürchtungen, Europa könnte vor dem finanziellen Zusammenbruch stehen und die Eurozone kollabieren, wenn er nicht zurücktreten würde. Auch Investoren hatten das Vertrauen in Italiens Fähigkeit verloren, seinen Verpflichtungen im Schuldendienst nachzukommen.

Monti galt als potenzieller Retter Italiens und Europas, genoss er doch höchstes Ansehen bei Merkel und den anderen EU-Chefs. So sehr man um seine absolute Integrität und hohe Intelligenz wusste: Monti fehlte es an Charisma und politischer Raffinesse. Er versuchte die über Griechenland und Italien schwebende Finanzkrise als Druckmittel gegen Merkel einzusetzen und sie so dazu zu bewegen, die Verantwortung für die gesamten Schulden zwischen den 19 Mitgliedern der Eurozone aufzuteilen. Monti argumentierte, die Verteilung der Schuldenlast würde den Euro stabilisieren und die Finanzkrise ein für alle Mal auflösen. »Das war eine Gelegenheit, die Krise in einem frühen Stadium in Angriff zu nehmen und als Chance zu nutzen, um Europa voranzubringen. Das wurde aber durch den politischen Widerstand aus Deutschland unmöglich gemacht«, erzählte mir Monti.[4] Merkel war klar, dass die deutschen Wähler von einer Vergesellschaftung der Schulden verschwenderischer Partner nichts wissen wollten, und weigerte sich strikt, eine Änderung der Regeln ins Auge zu fassen. Sie erkannte auch, dass allein schon der Gedanke an solche Ideen wie denen Montis das Ende ihrer eigenen politischen Karriere bedeuten würde.

Im Ergebnis blieb der EU nichts anderes übrig, als bei Merkels Gewohnheit des »Aussitzens« der periodisch auftretenden Finanzkrisen in Europa mitzuspielen. Monti hielt als Premierminister nur gut ein Jahr durch. Im Frühjahr 2013 wurde seine Regierung gemäßigter Technokraten nach Neuwahlen von den Mitte-links-Demokraten abgelöst. Diese hatten sich von einer Partei mit kommunistischen Wurzeln aus der Zeit des Kalten Kriegs zu einer gemäßigten Sozialdemokratischen Partei entwickelt.

Im Rückblick auf seine Amtszeit meinte Monti, der enttäuschendste Aspekt des Regierens in Krisenzeiten sei der Mangel an politischem Mut gewesen, auf den er bei den EU-Regierungschefs gestoßen war. Dabei wussten diese sehr wohl, was das Richtige wäre: Die Ängste und Skepsis der Menschen erforderten mutige Antworten der Politik. Jean Monnet, einer der Gründerväter der europäischen Integration, hatte immer gesagt, Europa würde durch eine Abfolge von Krisen geschmiedet. Erst daraus würde das Verständnis der Öffentlichkeit für die Notwendigkeit erwachsen, die Vereinigten Staaten von Europa zu formen.

Monti glaubt, die Heftigkeit derart vieler Herausforderungen habe Europas Führungselite schlicht überfordert und ihre Fähigkeit gelähmt, effektiv zu reagieren. Zu der Zeit hatten sie bald täglich mit anhaltenden finanziellen Turbulenzen, anschwellenden Flüchtlingsströmen, einem neuerlich aggressiven Russland und islamistischem Terror zu kämpfen. Im Ergebnis scheuten viele Regierungen, Schritte zu größerer europäischer Einheit zu unternehmen, und zogen sich lieber auf nationalistische Positionen zurück, wie das Brexit-Votum der Briten eindrücklich demonstriert. Monti fürchtet, der Drang zurück in den Schoß des Nationalstaats werde dem populistischen Extremismus zusätzlichen Schwung verleihen und könnte zum völligen Auseinanderbrechen der EU führen.

Der antieuropäische Trend verwundert gerade in Italien, immerhin ein Gründungsmitglied der Europäischen Union. Seit die Römischen Verträge im März 1957 unterzeichnet und damit die wichtigsten Institutionen der EU etabliert worden waren, zieht Italien viele Vorteile aus der EU-Mitgliedschaft und sieht Brüssel traditionell als Symbol für wirtschaftliche Chancen und als Garanten für Frieden auf dem Kontinent. Vor allem aber gelangten die Italiener zu der Überzeugung, Brüssel wirke als *vincolo esterno,* d. h. als Druck von außen, der ihr Land vor seinen ärgsten Leiden wie Korruption, nachlässiger Haushaltspolitik und der zwischen dem reichen Norden und dem armen Süden gespaltenen Wirtschaft würde schützen können.

Heute jedoch haben die Italiener aller Altersgruppen und Gesellschaftsschichten den Glauben an die EU verloren. Meist geben sie Europa die Schuld für die wirtschaftliche Schwäche Italiens, das seit 2008 gleich drei Rezessionsphasen durchgemacht hat. Die Kritik der Italiener richtet sich vor allem gegen den Euro, der bei seiner Einführung für viele einen Schock darstellte, verdoppelte er doch quasi über Nacht den Preis für ihren heißgeliebten Espresso. »Die Italiener sind seit jeher mit die stärksten Verfechter der Einheit Europas, aber heute bezahlen wir den Preis für Jahre verantwortungsloser politischer Führung, die die Ursache für alle unsere Probleme immer in Brüssel sah«, erzählte mir Ex-Premierminister Giuliano Amato, einer der Architekten von Europas glückloser Verfassung. »Europa ist aber nicht die Quelle unserer Probleme, ganz im Gegenteil: Wir sollten in Europa den einzigen realistischen Weg sehen, diese Probleme zu lösen.«[5]

Nach Überzeugung der Italiener war es einer ihrer größten Fehler, die Lira aufzugeben und den Euro einzuführen. In der Vergangenheit konnten sie einfach die nationale Währung abwerten und sich per Inflation aus ihren wirtschaftlichen Schwierigkeiten befreien. Heute sind sie an die Regeln der Eurozone gebunden, die darauf ausgelegt sind, die besessene Inflationsfeindlichkeit der Deutschen zu besänftigen. Im Ergebnis durchleidet Italien inzwischen fast ein Jahrzehnt quälender Rezession und verzeichnet die schlechteste Wirtschaftsleistung aller EU-Mitgliedsstaaten, Griechenland ausgenommen.

Seit der Einführung des Euro im Jahr 1999 hat Italien keinerlei Produktivitätswachstum mehr erzielen können. Das Realeinkommen ist sogar gesunken, und die Arbeitslosigkeit ist höher als in jedem anderen EU-Land, wieder abgesehen von Griechenland. Die Staatsverschuldung Italiens beläuft sich auf 2,3 Billionen Euro oder 133 Prozent des Bruttoinlandsprodukts. Italiens Banken sind in größten Schwierigkeiten, belastet mit fast 400 Milliarden Dollar an faulen Krediten – das entspricht etwa einem Fünftel des gesamten Volkseinkommens. In den zehn Jahren seit der Finanzkrise von 2008 hat Italien fast ein Viertel seiner Industrieproduktion verloren – Fabriken schließen, Jobs wandern nach China ab.

Die Schengen-Vereinbarung der EU, die Reisefreiheit ohne Grenzen innerhalb des größten Teils von Europa vorsieht, wird als Wurzel der Flüchtlingskrise gesehen, die die Sozialämter in vielen Teilen des Landes schlicht überfordert. Und da die Politiker die Schuld für Italiens Probleme schon immer gerne in Brüssel sahen, kann es nicht überraschen, dass laut einer kürzlich erfolgten Umfrage die öffentliche Zustimmung zur EU von 73 Prozent 2010 auf unter 40 Prozent 2016 abgestürzt ist. Nach dem Brexit-Votum zeigten Umfragen, dass 48 Prozent der Italiener gewillt wären, es den Briten gleichzutun.

Als Matteo Renzi, Chef der Mitte-links orientierten Demokratischen Partei, 2014 mit 39 Jahren zum jüngsten Premierminister Italiens aller Zeiten wurde, versprach er, das Land aufzuräumen und die Umsetzung dringend benötigter Reformen mit jener Entschlossenheit voranzutreiben, die seine Vorgänger vermissen ließen. Renzi hatte zuvor als beliebter und tatkräftiger Bürgermeister von Florenz seiner Stadt neues Leben eingehaucht, die primär von Tourismus und Renaissancekunst lebt. Diesen zupackenden Enthusiasmus brachte er mit in die Hauptstadt, als er die Führung der Demokratischen Partei übernahm und dabei Enrico Letta verdrängte, einen prominenten Intellektuellen, der als Nachfolger Montis nicht einmal ein Jahr lang als Premierminister gedient hatte. Gleich nach seinem Einzug in den Palazzo Chigi, den Amtssitz des Premierministers in Rom, gelobte Renzi, genau die umfassende Reformagenda umzusetzen, die den Italienern immer wieder versprochen wurde, die das dominierende Establishment aber bislang nie zu liefern vermochte.

Renzi bezeichnete sich selbst als *rottomatore*, eine Art »Demolition Man«, der das alte, im Verfall begriffene System zugunsten einer neuen, dynamischen Ordnung abreißt. In seinem ersten Amtsjahr überraschte er die Experten, als er die Führung der Gewerkschaften seines Landes gegen sich aufbrachte, eigentlich eine wichtige Stütze seiner Partei. Er setzte rasch eine Reihe weitreichender Arbeitsmarktreformen durch, die Einstellungen und Entlassungen deutlich erleichterten. Renzis Arbeitsmarktgesetz sollte jungen Leuten mehr Chancen bieten, deren miese Jobaussichten größten Frust auslösten, seit die Rezession nach der globalen Finanzkrise von 2008 Europa erfasst hatte. Seit fast einem Jahrzehnt finden rund 40 Prozent der Italiener unter 30 Jahren keine dauerhaften und auskömmlichen Jobs mehr. Viele müssen Teilzeitjobs annehmen, in die Schattenwirtschaft ausweichen oder in schneller wachsende Wirtschaften wie die Großbritanniens oder die der USA abwandern.

Als die Flüchtlinge auf dem Weg nach Europa ihre hauptsächliche Durchgangsstation von der Türkei nach Libyen verlagerten, musste Renzi bestürzt zur Kenntnis nehmen, dass ihm die europäischen Partner die angeforderte Hilfe verweigerten. Daraufhin schlug er einen »Migrationspakt« mit den Führern der afrikanischen Länder vor, denen er eine Steigerung von Entwicklungshilfe und Investitionen in Aussicht stellen wollte, vorausgesetzt, die Länder würden helfen, den Strom illegaler Immigranten zu stoppen, die über das Mittelmeer zu den Inseln vor der Küste Siziliens gelangen wollten.

Italiens EU-Partner, allen voran Deutschland und Schweden, die in den vergangenen Jahren zu den Hauptzielen vieler Immigranten geworden waren, waren von den Ergebnissen beeindruckt. Sie gaben Renzis Tauschhandel ihren Segen und entwickelten aus diesem Arrangement eine europaweite Politik: Entwicklungshilfe im Tausch für strengere Migrationskontrollen der afrikanischen Länder. Schließlich entschied sich Renzi, aus seinem Erfolg Kapital zu schlagen und deutlich selbstbewusster gegenüber Kanzlerin Angela Merkel aufzutreten. Deren dominante, fast schon monopolistische Kontrolle der europäischen Politik war durch die Schwäche Frankreichs und anderer EU-Partner noch massiver geworden.

»Ich erkannte, dass Italien zuerst vor der eigenen Tür kehren musste, bevor man gegenüber den Deutschen Ansprüche stellen und Forderungen nach einer Veränderung der Politik Europas einbringen konnte«, erzählte mir Renzi. »Nachdem wir bewiesen hatten, dass wir mit unserem Jobgesetz 580 000 Arbeitsplätze innerhalb von zwei Jahren schaffen konnten, konnten wir glaubwürdig für Veränderungen in ganz Europa eintreten. Erst dann konnte ich beginnen, mich gegen Merkel und Deutschlands fehlgeleitete Politik in Europa zu stellen.«[6]

Renzi überraschte die anderen EU-Regierungschefs mit seiner dreisten Bereitschaft, Merkel das vorzuhalten, was er unter gescheiterter Wirtschaftspolitik verstand, die Deutschland seinen EU-Partnern verordnet hatte, und die er für das Abwürgen von Arbeit und Wachstum in Europa verantwortlich machte. Er kritisierte Deutschlands eigensüchtige Vision und beharrte auf seiner Einschätzung, Merkels harte Sparmaßnahmen würden den südlichen EU-Ländern dauerhaften wirtschaftlichen Schaden zufügen und dem politischen Extremismus noch mehr Zulauf verschaffen. Er warnte, die deutsche Politik würde zur Deflation in ganz Europa führen und so die

Situation der schuldengeplagten Staaten wie Italien nur weiter verschlimmern.

Renzis mutiges Eintreten für die nationalen Interessen Italiens zahlte sich aus. Er gewann die Unterstützung für eine flexiblere Arbeitsmarktpolitik und mehr Hilfe beim Umgang mit dem Flüchtlingsstrom von Nordafrika nach Italien. Er forderte auch besondere Unterstützung für Italiens bedrängte Banken und warnte, ein Ausbleiben dieser Hilfe könnte eine neue Finanzkrise auslösen, die sich dann von Europa über den Rest der Welt ausbreiten würde. Er war auch willens, Merkel in der Frage entgegenzutreten, ob die Wirtschaftssanktionen gegen Russland als Vergeltung für seine Aggression in der Ukraine ernsthaften Schaden für europäische Unternehmen mit sich bringen würden. Denn immerhin hat Italien seit Inkrafttreten der Sanktionen nach der Annexion der Krim 2014 einen geschätzten Ausfall von 3 Milliarden Dollar an Exporten nach Russland zu verkraften.

Beim letzten EU-Gipfeltreffen des Jahres 2015 – dem fünfzehnten innerhalb eines Jahres, das fast nur aus Krisen bestand – schockierte Renzi seine Kollegen, als er Merkel in der Frage der Russland-Sanktionen pure Heuchelei vorwarf. Er sagte, er sei nicht mehr bereit, sich von »dieser Oberlehrerin zurechtweisen zu lassen«, auch wenn sie mehr als zwei Jahrzehnte älter sei als er. Merkel hatte monatelang darauf beharrt, Europa müsse eine deutliche Botschaft an Wladimir Putin senden und deshalb gemeinsam gegenüber Russland auftreten.

Merkel hatte Italien, Bulgarien und andere Staaten gedrängt, die South-Stream-Pipeline aufzukündigen, die russisches Gas nach Südeuropa liefern sollte. Laut Merkel wäre das Festhalten an diesem Projekt das falsche Signal an Putin. Renzi widersetzte sich zunächst, akzeptierte aber am Ende doch ihre Bitten, das Projekt aufzugeben. Italien begab sich nun auf die Suche nach neuen Lieferanten in Afrika. Doch dann, kurz vor ihrem Treffen in Brüssel, erfuhr Renzi, dass Merkel still und heimlich eine zweite North-Stream-Pipeline abgesegnet hatte, die Gas aus Sibirien direkt in den deutschen Hafen Greifswald liefern sollte – ohne die anderen EU-Regierungen darüber auch nur zu informieren.

»Genug ist genug, Angela!«, rief Renzi. »Wir sind auf Ihr Drängen hin die Sparpolitik mitgegangen, haben unseren Bürgern große Lasten aufgebürdet. Sie können nicht behaupten, Sie seien der Blutspender Europas, wenn es in Wirklichkeit wir sind, die bluten müssen.« Weiter warnte er, die Sanktionspolitik der EU würde Einkommen und Beschäftigung in einem Ausmaß beschädigen, das dem politischen Extremismus von rechts wie links im politischen Spektrum auf dem ganzen Kontinent noch mehr Auftrieb geben würde.

»Ihre Politik wird manche von uns den Job als Präsident oder Premierminister kosten«, fuhr Renzi laut Gipfelteilnehmern fort. »Auf lange Sicht mag das nicht wichtig sein. Was aber zählt, ist: Europa kann nur Erfolg haben, wenn es allen 28 Ländern dient, nicht nur einem einzigen.« Merkel antwortete kleinlaut, das North-Stream-Projekt sei lediglich ein »ganz normaler Business-Deal« und sollte keinen Bruch der Sanktionspolitik gegenüber Russland darstellen. Aber Renzi gab sich mit dieser Erklärung nicht zufrieden. »Wir sind Ihrer Linie gefolgt und haben Nein zu South Stream gesagt – schön und gut. Aber plötzlich stellen wir fest, dass Sie heimlich, still und leise einen Deal über eine zweite North-Stream-Pipeline abschließen. Die erste läuft noch nicht einmal mit voller Kapazität. Warum also brauchen Sie einen zweiten Vertrag? Wer hat das entschieden? Ist das Ihre Vorstellung von EU-Energiepolitik? Eine, die für Deutschland gut ist und für den Rest von uns nicht?«

Merkel war verblüfft ob der Vehemenz von Renzis Argumentation. Anders als sonst vermochte sie die anderen Regierungschefs diesmal nicht auf ihre Seite zu ziehen. Renzi gewann die Sympathien aller anderen Kollegen am großen Tisch in Brüssel, mit Ausnahme von Mark Rutte, dem niederländischen Premier und engen Verbündeten Merkels. Merkel sagte, sie würde den North-Stream-Vertrag prüfen und dafür Sorge tragen, dass er mit den EU-Sanktionsregeln gegen Russland vereinbar sei. Aber Renzi hatte bereits klargestellt, dass die emotionale Belastung durch Berlins Spardiktat und Deutschlands lockerer Umgang mit den russischen Gaslieferungen Europas fragilen Konsens gefährdete.

Er kritisierte Merkel auch für ihre Politik der offenen Tür gegenüber Flüchtlingen aus Syrien und beklagte, Deutschland habe genau das versäumt, was von Italien verlangt werde: nämlich Fingerabdrücke zu nehmen und alle Migranten systematisch zu erfassen. Mit seiner emotionalen Zurechtweisung der mächtigen deutschen Regierungschefin positionierte sich Renzi als Gegenpol zu Merkel, und das als einer der jüngsten und unerfahrensten Premiers in Europa. Seine brüske Herausforderung unterstrich die Nord-Süd-Spaltung, die Europa zu zerreißen droht: hier die hochverschuldeten Länder Südeuropas, dort die geizigen Gläubiger im Norden.

Trotz seines beherzten Auftretens auf internationaler Ebene geriet Renzi zu Hause schon bald in Schwierigkeiten. Nachdem er gelobt hatte, den Regierungsstil in Italien dramatisch zu verändern, kamen seine Reformbemühungen nicht voran. Er verband seine politische Zukunft mit einer Runderneuerung der politischen Strukturen Italiens durch ein Referendum über eine Verfassungsreform, die sowohl das Wahlsystem als auch die Legislative umgestalten sollte. Renzi hatte sein Amt mit einem wahren Schaffensrausch und einem betont reformerischen Ansatz als populärer Bürgermeister von Florenz angetreten. Später räumte er allerdings ein, dass er von seinen Leuten zu schnell zu viel verlangt hatte. Für den Fall einer Niederlage beim Referendum hatte er angeboten, sein Amt als Premierminister zur Verfügung zu stellen. Bei der Abstimmung im Dezember 2016 lehnten satte 60 Prozent der Wähler seine Reformpläne ab. Renzi trat am Tag darauf zurück und überließ seinem Freund und Außenminister Paolo Gentiloni den Posten des Premierministers.

Als einer der jüngsten und unkonventionellsten Regierungschefs in Europa verlor Renzi seine impulsive Wette, blieb aber an der Spitze seiner Partei, in der Hoffnung auf ein Comeback. Er war absolut zuversichtlich gewesen, die Regierungsmalaise Italiens überwinden und die Politik des Landes erneuern zu können, indem er die Art und Weise veränderte, wie das Land seine Führung auswählt. Es musste etwas passieren, sagte er mir, damit das Bäumchen-wechsel-dich-Spiel in Italien endlich ein Ende hat – 63 Premierminister hatte das Land in den vergangenen 70 Jahren verschlissen. Er gibt auch zu, dass es ein Fehler gewesen war, die Abstimmung mit seiner Person zu verbinden, da es Wählern, die ihre Unzufriedenheit mit ihm oder seiner Regierung demonstrieren wollten, einen billigen Vorwand lieferte. Er glaubt aber noch immer, »dass es eines Tages möglich sein wird, die Dynamik und Kreativität der Italiener zu entfesseln und sie davon zu überzeugen, einer friedlichen Revolution ihrer Regierungsform zuzustimmen.« Diese Chance könnte sich ergeben, vorausgesetzt, seine Partei gewinne die nächsten nationalen Wahlen.

Viele Italiener glauben, Renzi war zum Scheitern verurteilt, weil er sich einer »Mission impossible« verschrieben hatte. Viele Jahre lang hatten die leeren Versprechungen politischer und wirtschaftlicher Reformen, die die verborgenen Ressourcen des Landes, seinen Einfallsreichtum und seine Dynamik erblühen lassen sollten, den Großteil des Volkes zutiefst zynisch und frustriert zurückgelassen. Die Italiener beklagen das ständige Scheitern des Reformprozesses häufig mit einem Zitat aus Giuseppe Tomasi de Lampedusas Roman *Il Gattopardo* (Der Leopard). Darin wird der fortdauernde Machterhalt der Aristokratie des 19. Jahrhunderts mit folgendem Motto erklärt: »Wenn wir wollen, dass alles bleibt, wie es ist, dann ist es nötig, dass alles sich verändert.«

Jene Italiener, die an radikale Veränderung glauben, sind inzwischen überzeugt, dass das komplette herrschende Establishment demontiert werden muss, wenn das Land den endlosen Zyklus aus politischer Unruhe, wirtschaftlicher Schwäche und endemischer Korruption in der öffentlichen Verwaltung durchbrechen will. In jüngster Zeit sind viele Wähler zur sogenannten »Fünf-Sterne-Bewegung« übergeschwenkt, einer populistischen Protestbewegung, die in weniger als zehn Jahren zu einer führenden politischen Kraft im Land herangewachsen ist. Die Bewegung ging aus den Wahlen von 2013 erstmals als stärkste Partei hervor. Damals holte sie 26 Prozent der Stimmen. Seitdem hat die Partei ihre Führung weiterentwickelt und ihren landesweiten Stimmenanteil noch vergrößert.

Die Fünf-Sterne-Bewegung, 2009 von dem Satiriker Beppe Grillo gegründet, deckt eine breite Palette von Themen ab: Sie befürwortet Steuersenkungen für Kleinunternehmen, mehr Hilfe für die Armen und größere Investitionen in erneuerbare Energie und qualitätsorientierte Landwirtschaft. Sie versprach auch, die Bezahlung und Privilegien sämtlicher Politiker zusammenzustreichen und die Korruption durch transparentere Behörden einzudämmen. Die Bewegung will von ideologischen Kategorien nichts wissen und betont ihre Stellung außerhalb des traditionellen politischen Koordinatensystems. Alle politischen Beschlüsse und Kandidaten für öffentliche Ämter müssen nach umfassenden Online-Überprüfungen durch die Mitglieder abgestimmt und bestätigt werden. Wie Renzi und seine Mitte-links angesiedelte Demokratische Partei sind die Anhänger Grillos strikt gegen Europas Sparpolitik. Sie gehen aber noch weiter und fordern, in einem Referendum zu entscheiden, ob Italien in der Eurozone bleiben oder die Lira wieder als Landeswährung einführen soll. Ein Ausstieg Italiens aus der europäischen Einheitswährung würde nach Ansicht vieler Ökonomen schon bald den völligen Kollaps des Euro auslösen.

Im Unterschied zu anderen populistischen Parteien, etwa linken Gruppierungen wie Syriza in Griechenland und Podemos in Spanien, oder den Rechtsaußen-Parteien wie dem Front National in Frankreich oder Österreichs Freiheitlichen, sieht sich die Fünf-Sterne-Bewegung frei von allen politischen Etiketten. Sie zieht gleichermassen enttäuschte Wähler von rechts wie links an. Grillo und sein verstorbener politischer Guru, Gianroberto Casaleggio, ein Internet-Unternehmer aus Mailand, hoben die Bewegung auf der Grundlage der allgemeinen Verzweiflung über Italiens Rezession und der wachsenden Unzufriedenheit mit der EU aus der Taufe. Sie sahen die Fünf-Sterne-Bewegung als absoluten Gegenentwurf zur italienischen Parteipolitik, der eine stärker egalitär fundierte Demokratie auf der Basis der direkten Beteiligung der Anhänger vorsah. Diese sollten über alle Vorhaben und Kandidaten per Internet-Abstimmung befinden können. Die Fünf Sterne vertrauen seit jeher stark auf das, was sie selbst »Cyber-Utopia« nennen. Darin sollen die machtvollen Instrumente des Internets dazu dienen, Ehrlichkeit und Anstand dieser Form der direkten Demokratie zu gewährleisten.

Casaleggio starb Anfang 2016 an einem Hirnödem, und Grillo zog sich daraufhin aus dem politischen Alltagsgeschäft zurück. Aufgrund der Verurteilung wegen eines von ihm verschuldeten Autounfalls, bei dem drei Menschen zu Tode kamen, darf er gemäß der Regeln seiner Bewegung kein öffentliches Amt bekleiden. Aus Furcht, die Partei könnte an Schwung verlieren, übernahm Grillo nach der Trauerphase schon bald wieder eine prominente Rolle in der politischen Führung der Fünf-Sterne-Bewegung. Er scheute sich nicht, seinen Prominentenstatus zur Mobilisierung der Wähler zu nutzen. Er schwamm sogar die drei Kilometer durch die Straße von Messina, die Sizilien vom Festland trennt, um auf die Verschmutzung des Meeres aufmerksam zu machen.

Eine neue Generation junger und disziplinierter Aktivisten plant, mit der Protestbewegung den nächsten Schritt zu gehen und in die heiligen Hallen der Macht einzuziehen. Sie hatten bereits Erfolge auf lokaler Ebene und hoffen, vielleicht schon bei den nächsten Wahlen die Kontrolle über die Regierung des Landes zu erlangen. Ihre mangelnde Erfahrung wirkt allerdings abschreckend auf Investoren und etablierte Politiker, die der Ansicht sind, die Wirtschaftspolitik der Fünf Sterne würde ins Chaos führen und damit zu einer weiteren Krise für Europa werden.

Im Juni 2016 gewannen die Fünf-Sterne-Kandidatinnen Virginia Raggi und Chiara Appendino die Bürgermeisterwahlen in Rom und Turin, der größten bzw. der viertgrößten Stadt des Landes. Die beiden Frauen waren zwar politische Neulinge, besiegten aber die Gegenkandidaten der »Altparteien« mit dem Versprechen innovativer und pragmatischer Veränderung, sauberer und transparenter Amtsführung und effektiver Schaffung von Arbeitsplätzen. Im Anschluss an diese Erfolge ergaben landesweite Umfragen die höchsten jemals ermittelten Popularitätswerte für die Fünf Sterne: Sie erhielten über 30 Prozent Zustimmung bei allen Wählern Italiens.

Der kometenhafte Aufstieg der Fünf-Sterne-Bewegung reflektiert die verbreitete Abscheu der Öffentlichkeit darüber, wie Italien jahrzehntelang regiert wurde. Trotz zahlreicher Versprechen umfassender Reformen verlieren die einstigen Volksparteien immer mehr an Boden, da man ihnen eher die Fortsetzung als die Befreiung von jenen Plagen der systemimmanenten Korruption, der Verschwendung von

Steuergeldern und der ineffizienten Steuererhebung zutraut. Derweil blüht und gedeiht das organisierte Verbrechen weiter, indem es die Möglichkeiten der Globalisierung nutzt und seine Kontrolle über Italiens riesige Schattenwirtschaft, die nach Schätzungen ein Viertel des Bruttosozialprodukts ausmacht, perfektioniert. Trotz Gerichtsurteilen, die einige ihrer prominentesten Anführer hinter Gitter brachten, kontrollieren Italiens diverse Verbrechersyndikate nach wie vor öffentliche Ausschreibungen für fast alles: von der Giftmüllentsorgung bis zum Thermalbad – von ihren klassischen Einnahmequellen wie Drogenhandel oder Prostitution ganz abgesehen.

Der wahre Härtetest für die Fünf-Sterne-Bewegung wird sein, ob sie beweisen kann, dass sie wirklich effektiv regieren und nicht nur die Wurzeln des Übels benennen kann, mit dem sich das Land herumplagt. Niemand weiß das besser als Raggi, Anwältin und alleinerziehende Mutter, die im Alter von 37 Jahren das Amt der Bürgermeisterin von Rom übernahm. Sie ist die jüngste Persönlichkeit – und die erste Frau – auf diesem Posten. Manche halten die Herkulesaufgabe, Rom zu regieren, für schlicht nicht bewältigbar. Aber Raggi betonte anfangs, sie hoffe, eine positive Wirkung zu entfalten, indem sie einfach mit alten Gewohnheiten aufräume, die dazu führten, dass Politiker und Gangster die kommunalen Betriebe kontrollieren. Sie gelobte die peinlich genaue Durchsetzung offener Ausschreibungen aller öffentlichen Aufträge. Einer Studie der Antikorruptionsagentur des Landes zufolge wurden von den 1500 Verträgen, die städtische Behörden in den letzten Jahren für Müllentsorgung und Straßenreinigung unterschrieben, 90 Prozent ohne korrekte Ausschreibung an Unternehmen mit Verbindungen zum organisierten Verbrechen vergeben.

Raggi holte über zwei Drittel der Stimmen, was die enorme Wut vieler Bürger Roms über die korrupte alte Führungsgarde ihrer Stadt unterstreicht. Ihr unerwarteter Erdrutschsieg gab ihr die Chance, ihr Amt mit einem großen Vertrauensvorschuss anzutreten – der Verdruss über die alten Cliquen und ihre gewohnheitsmäßige Korruptheit war einfach zu groß. Eine ihrer ersten Aufgaben war die Neuverhandlung über den Schuldendienst der Hauptstadt. Die Schulden sind inzwischen auf über 13 Milliarden Dollar geklettert. Sie animierte zur Verwendung waschbarer Windeln zur Müllvermeidung und zur Rückkehr zu einem Tauschsystem für Familien von Geringverdienern. Raggi zog auch Roms Bewerbung für die Ausrichtung der Olympischen Spiele 2024 zurück, zur Bestürzung von Renzi und diverser Unternehmensgruppen, die in der Olympiade einen potenziellen Segen für das Land gesehen hatten. Sie beharrte aber darauf, die Lösung der Alltagsprobleme in Rom müsse Vorrang vor großspurigen Träumereien wie der Ausrichtung von Olympischen Spielen haben.

Raggi wurde auch mit der enormen Wohnungsnot der Stadt konfrontiert und versicherte, die kommunalen Dienste könnten wieder in die Spur kommen, nachdem der jüngste »Mafia Capitale«-Skandal das Ausmaß der Versäumnisse offengelegt hatte. Rom leidet nicht nur unter der allgegenwärtigen Korruption, sondern auch unter einer atemberaubenden Ineffizienz, die auch die größten Anstrengungen jedes noch so ambitionierten Bürgermeisters zunichtemachen könnten. Kurz vor Raggis Amtsübernahme kam heraus, dass die Stadt über 28 000 Wohngebäude besaß, für die mittlerweile unbezahlte Mieten auf 400 Millionen Dollar jährlich aufgelaufen waren. Jahrelang ließ man Mieter in Villen oder Appartements entweder mietfrei oder zu einem Bruchteil des Mietwerts wohnen. Eine Villa mit Blick auf das Kolosseum wurde für 36 Dollar im Monat vermietet, ein kleines Appartement am beliebten Campo de' Fiori brachte eine Monatsmiete von sage und schreibe 6 Dollar ein. Die schockierenden Enthüllungen über so viele billige, von der Stadt subventionierte Wohnsitze waren für viele Römer umso empörender, als sie selbst die höchsten Grundsteuern in ganz Italien zahlen.

Raggi sagte auch der mächtigen römisch-katholischen Kirche den Kampf an. Sie behauptet, der Vatikan sei mit Grundsteuern in Höhe von bis zu 400 Millionen Euro für die riesigen Immobilienbestände und andere Vermögenswerte im Rückstand. Laut Raggi trauten sich frühere Bürgermeister einfach nicht, die Kirche mit Steuerforderungen zu konfrontieren. Papst Franziskus versicherte ihr immerhin, in Zukunft sei der Vatikan unter seiner Führung gewillt, seinen fairen

Anteil zu entrichten, einschließlich von Einkommensteuern für alle Geschäfte, die auf dem Gelände des Vatikan tätig sind. Italiens Politiker mussten jedoch zu ihrem Verdruss feststellen, dass Angriffe auf die katholische Kirche und ihre Hierarchie ein gefährliches Unterfangen sein können. Nach Ansicht vieler ist Raggis Versprechen, auch vom Vatikan Steuerzahlungen einzufordern, nur ein weiterer Beweis ihrer politischen Naivität.

Raggi betont hingegen, ihr Mangel an Erfahrung in den dunklen Künsten italienischer Politik würde letztendlich allen zum Vorteil gereichen. Als eine der wenigen Frauen in einem hohen politischen Amt glaubt sie, ihr Aufstieg werde andere junge Frauen inspirieren, sich in Politik und Regierung zu engagieren. Sie hofft auch beweisen zu können, dass die Fünf-Sterne-Bewegung nicht bloß ein Protestventil, sondern vielmehr eine dauerhafte politische Alternative darstellt, die eine ehrliche und effiziente Regierungsarbeit liefert, die Italien so lange schmerzlich vermisst hat.

In Rom geboren und aufgewachsen, hatte sie bis 2011, kurz nach der Geburt ihres Sohnes, mit der Politik nichts zu tun gehabt. Doch dann konnte sie die Gaunereien und das Missmanagement, das sie überall wahrnahm, nicht mehr ertragen, was der Grund für sie gewesen sei, in die Politik zu gehen. Bevor sie zur Fünf-Sterne-Bewegung stieß, war sie in einer Nachbarschaftsgruppe aktiv. Nach drei Jahren im Stadtrat trat sie zur Bürgermeisterwahl an. Aufgrund des starken Mandats, das ihr der klare Sieg bei der Bürgermeisterwahl in Rom sicherte, galt sie als eine der größten Hoffnungen der Fünf-Sterne-Bewegung mit der Perspektive, später auch die Regierung für das ganze Land zu übernehmen, dessen Bevölkerung nach einem neuen Zeitalter anständiger und effektiver Politiker geradezu lechzt.

Aber Raggi musste bald erkennen, dass sich ihre positive Aufnahme als Bürgermeisterin schon bald abgenutzt hatte. Sie hatte einen unglaublich holprigen Start. In ihren ersten Monaten im Amt türmte sich der Müll in den Straßen noch weiter auf, und das auch noch im schwülen Sommer. Vielen Bürgern, die verzweifelt nach Abhilfe gegen die stinkenden Müllberge riefen, verschlug es im wahrsten Sinn des Wortes den Atem. Sie stellte eine Beraterin ein,

Paola Muraro, die einen Plan zur Reinigung der Stadt aufstellen sollte. Bald darauf musste sie sie wieder loswerden, als herauskam, dass gegen Muraro Ermittlungen wegen Interessenkonflikten bei früheren Beratungstätigkeiten für die Müllentsorgungsbehörde Roms im Gange waren. Ihr Personalchef, Raffaele Marra, wurde wegen Korruptionsvorwürfen, die auf das Jahr 2013 zurückgehen, festgenommen und inhaftiert. Damals war er unter einer früheren Stadtverwaltung für das Wohnungswesen zuständig gewesen. Während Raggi sich mit der Müllkrise herumschlug, hatte sie Mühe, überhaupt ein Verwaltungsteam zusammenzubekommen. Bald sah sich sich zur Entlassung ihrer Stabschefin gezwungen, die keine Reduzierung ihres üppigen Gehalts hinnehmen wollte. Dies wiederum löste eine Flut von Rücktritten aus dem Stadtrat aus, woraufhin niemand mehr die Finanzen der Stadt unter Kontrolle hatte und damit in der Lage gewesen wäre, Wege zu finden, mit den gewaltigen Schulden Roms klarzukommen.[7]

Die Römer sind inzwischen nur noch deprimiert angesichts der vielen leeren Reformversprechungen früherer Tage. Die Größe der Aufgaben bei der Reparatur der zerfallenden römischen Infrastruktur, der Müllbeseitigung, der Ausbesserung von Straßenschäden und der Neubelebung der örtlichen Wirtschaft ist vielleicht von jedem menschlichen Wesen zu viel verlangt. Raggi weiß genau um Roms chaotischen Ruf, und ihr ist klar, dass ihr noch ein harter Kampf bevorsteht, wenn sie aus Rom eine »normale und lebenswerte Stadt« machen will.

Sie hat ihre Mitbürger aufgerufen, ihre Verantwortung wahrzunehmen, um aus Rom eine bessere Stadt zu machen. Neben der unzulänglichen Verwaltung der Stadt in der Vergangenheit gehen viele Probleme auch auf einen Mangel an staatsbürgerlichem Respekt der Bürger selbst zurück. Jeder vierte Fahrgast in Bussen, Straßenbahnen und U-Bahnen fährt schwarz. Einer von fünf Bürgern zahlt keine Abgabe zur Finanzierung der Müllabfuhr. Falschparken wird kaum einmal geahndet, weil die Verkehrspolizei chronisch durch Abwesenheit glänzt. Trotz des schwierigen Starts, den Kritiker ihrer fehlenden Erfahrung zuschreiben, hat Raggi auch Verständnis für ihre Situation erfahren. »Man darf keine Wunder verlangen«, sagte Virginio Carnevali, Italien-Chef der Antikorruptionsinitiative Transparency International. »Rom ist unregierbar.«

Und dann ist da natürlich die allgegenwärtige kriminelle Szene, die sich immer in der Nähe der diversen Bereiche des öffentlichen Lebens herumzutreiben scheint. Raggi hat versprochen, die Mafia Capitale auszutrocknen und sie auszurotten, aber die Kriminellen selbst sind zuversichtlich, in Rom Macht und Einfluss zu behalten. Kurz bevor er in Haft genommen wurde – nach polizeilichen Ermittlungen in der Unterwelt – »mondo di mezzo« –, war Carminati in einem von der Polizei abgehörten Telefonat mit einem Freund zu vernehmen, wie er sich unter Mitstreitern seinen Namen als »der letzte König von Rom« gemacht habe.

In dem Gespräch beschrieb er in drastischen Einzelheiten, wie es sein Verbrechersyndikat geschafft hatte, eine so entscheidende Rolle im Leben Roms zu erlangen. Er sagte, die Gangster seien unverzichtbar, damit die Welt der Reichen und Mächtigen, wie Geschäftsleute und Politiker, ihre Probleme in den Griff bekämen, indem sie Verbindung zur Unterwelt aufnehmen, die dann die Drecksarbeit erledigen würde. »Ich nennen das die Mittelerde-Theorie«, sagte Carminati. »Die Lebenden sind über uns, die Toten sind unten. Und wir sind in der Mitte und sorgen dafür, dass alles so läuft, wie wir es haben wollen.«

Kapitel 7

Warschau

Zwischen Ost und West

An einem nebelverhangenen Tag im April 2010 flog ein Flugzeug der polnischen Luftwaffe in Richtung Smolensk im Westen Russlands. An Bord befanden sich der damalige Präsident Lech Kaczyński, seine Frau und 94 Mitglieder der polnischen Elite aus Regierung und Militär. Die Delegation reiste zum ersten Mal zu einer Gedenkveranstaltung auf russischem Boden zu Ehren von 22 000 polnischen Opfern; viele davon junge Armeeoffiziere, die 70 Jahre zuvor im nahen Wald von Katyn auf Befehl des sowjetischen Diktators Josef Stalin massakriert worden waren.

Beim Landeanflug auf den kleinen Flughafen außerhalb von Smolensk meldete der Pilot mit nervöser Stimme, die Sicht sei zu schlecht, er müsse deshalb die Landung abbrechen. Einige Mitglieder der Delegation, offenbar auch der Präsident persönlich, insistierten, die Zeremonie sei zu wichtig, sie zu verpassen komme nicht infrage. Sie befahlen dem Piloten, den gefährlichen Landeanflug gegen seine bessere Einsicht fortzusetzen. Die russische Tupolew kappte daraufhin einige Baumwipfel und zerschellte schließlich in einem Waldstück, etwa einen Kilometer vor der Landebahn. Alle Insassen kamen dabei ums Leben, darunter zahlreiche politische und militärische Führungskräfte. Für Polen war es eine der schlimmsten Flugzeugkatastrophen seit dem Zweiten Weltkrieg. Die Tragödie von Smolensk verfolgt und spaltet das Land bis heute. Jarosław Kaczyński, Zwillingsbruder des verunglückten Präsidenten, glaubt nach wie vor an eine finstere Verschwörung der Russen und anderer politischer Geg-

161

ner seines Bruders, die die wahre Absturzursache verschleiert. Untersuchungen in Polen und Russland ergaben etwas anderes: Ein Pilotenfehler sei für die Katastrophe verantwortlich. Kaczyńskis Partei »Recht und Gerechtigkeit« (Prawo i Sprawiedliwość – PiS) deutet an, Russland habe in einem Akt von Staatsterrorismus den Absturz herbeigeführt, um Polens Führungselite auszulöschen.

Die ultrakonservative Bewegung PIS, die nach dem Wahlsieg im Oktober 2015 an die Macht kam, griff die zentristische Vorgängerregierung unter Premierminister Donald Tusk und seine Partei »Bürgerplattform« an, weil sie die Erklärung der Russen für bare Münze nahmen. Die Kritiker warfen Tusk Fahrlässigkeit vor, weil er sich weigerte, Beweise zu untersuchen, die ihrer Ansicht nach auf Sabotage oder eine durch eine Bombe oder eine Boden-Luft-Rakete herbeigeführte Explosion an Bord hinweisen könnten. Ihr Verdacht auf eine Täuschung durch Russland wuchs noch, als Moskau sich weigerte, das Flugzeugwrack an polnische Ermittler auszuhändigen.

Eine der ersten Maßnahmen der neuen Regierung nach dem Machtwechsel 2015 war die Einsetzung einer Kommission, die den Absturz erneut untersuchen sollte. Ähnlich wie in der Debatte über den Umgang mit ehemaligen Kommunisten, nachdem 1989 in Polen eine neue Ära der Demokratie angebrochen war, ist das Land gespalten über die Frage, ob man dieses schmerzhafte Kapitel der Geschichte schließen oder noch tiefer in einer Tragödie herumwühlen soll. Das Thema ist jedenfalls geeignet, alte Wunden aufzureißen und zugleich Polens ohnehin angespannte Beziehungen zu Russland weiter zu verschlechtern. Verteidigungsminister Antoni Macierewicz, der die neue Untersuchung in Auftrag gab, zeigt sich überzeugt, das Flugzeug sei mit verstecktem Sprengstoff zum Absturz gebracht worden. Stichhaltige Beweise für eine Verstrickung Russlands hat er bislang jedoch nicht vorlegen können.

Macierewicz und sein Expertenteam haben sogar behauptet, Russland hätte künstlichen Nebel über die Landebahn gesprüht, um die Piloten zu irritieren. Diese Theorie suchten sie durch das Kochen von Würsten zu beweisen: Der Riss, der der Länge nach durch eine gekochte Wurst geht, hat die gleiche Form wie der Riss im Flugzeugrumpf, was darauf hinweisen soll, dass große Hitze im Spiel war.[1] Alles, was bisher an tatsächlichen Beweisen gesammelt wurde, deutet allerdings auf einen tragischen Unfall hin. Tonaufnahmen der polnischen Militärmaschine zeigen klar, dass die beiden Piloten unter Druck standen, weil sie von hochrangigen Offiziellen an Bord gedrängt wurden, die Warnsysteme im Cockpit zu ignorieren und die waghalsige Landung trotzdem zu versuchen.

Die Gegner der PiS sind sich sicher: Die neue Regierungspartei wolle im Zusammenhang mit dem Absturz Emotionen hochkochen, um jeden Vorwurf von Lech Kaczyński abzulenken, der vielleicht höchstpersönlich den Piloten angewiesen habe, das Flugzeug trotz der widrigen Bedingungen zu landen, und deshalb für die Katastrophe verantwortlich gemacht werden könnte, die immerhin die gesamte Führungselite des Landes das Leben gekostet hat. Was bei dieser Untersuchung am Ende herauskommt – und das könnte die politische Atmosphäre über Jahre beeinflussen –, liegt nun möglicherweise in der Hand des Bruders des verunglückten Präsidenten.

Jarosław Kaczyński hat, abgesehen von einem Sitz im Parlament, kein öffentliches Amt inne, aber seine dominante Rolle als Vorsitzender der Partei »Recht und Gerechtigkeit«, die er 2001 gemeinsam mit seinem Bruder gründete, macht ihn zum mächtigsten Mann des Landes. Er diente früher als Premierminister, entschloss sich aber diesmal für eine Führungsrolle hinter den Kulissen. So wählte er persönlich Andrzej Duda als Präsidenten des Landes sowie Beata Szydło als Premierministerin aus, dazu noch weitere Mitglieder ihres Kabinetts. Genau wie sein Held Jozef Piłsudski, der schnurrbärtige Revolutionär, der Polen 1918 in die Unabhängigkeit geführt hatte, lässt Kaczyński lieber die Finger von öffentlichen Ämtern und hält sich im Hintergrund. So kann er die Politik über seine Stellvertreter diktieren, ohne selbst direkter Verantwortung ausgesetzt zu sein.

In seinem spartanisch eingerichteten Büro im Zentrum von Warschau, neben einem Hallenbad und einem japanischen Restaurant gelegen, kauert Kaczyński hinter einem schweren Schreibtisch aus dunklem Holz und empfängt unentwegt Besucher, die ihn über alle Aspekte des politischen Lebens auf dem Laufenden halten. Von dort übermittelt er seine Entscheidungen an die leitenden Kabinettsmitglieder und deren Stellvertreter, die seine Wünsche buchstabengetreu umsetzen. In keiner anderen westlichen Demokratie laufen die Regierungsgeschäfte auf diese Weise – eine Person, die formal gar nicht der Regierung angehört, ist mit unumschränkter Macht ausgestattet.[2]

Kaczyńskis Philosophie gründet auf traditionellen katholischen Werten, einem beharrlichen Misstrauen gegenüber Polens historischen Feinden, Russland und Deutschland, und tiefer Verachtung für die Vision eines vereinten Europa, das die Souveränität der Nationalstaaten untergraben könnte. Diese Haltung kommt bei Millionen konservativer Wähler in Polen gut an, die seinem Kreuzzug für die Stärkung von Polens Nationalbewusstsein und die Betonung christlicher Werte in einem zu über 90 Prozent katholischen Land eifrig applaudieren. Zwar befürwortet eine Mehrheit der Polen die Mitgliedschaft in der Europäischen Union, sie verabscheuen aber auch jeden Eingriff ins tägliche Leben durch Entscheidungen, die von liberalen und säkularen Institutionen in Brüssel oder irgendwelchen anderen äußeren Mächten vorgegeben werden. Aus Kaczyńskis Sicht muss der wachsenden Vorherrschaft Deutschlands in der EU ebenso Einhalt geboten werden wie den Ansprüchen eines immer selbstbewusster auftretenden Russland.[3]

Nach dem Brexit wird Polen das größte EU-Mitgliedsland sein, das eine nationale Währung und auch keinerlei Absicht hat, sich der Eurozone anzuschließen. Angesichts des anstehenden Abschieds der Briten lehnt Kaczyński bislang alle Initiativen von Deutschland und Frankreich ab, einen Quantensprung in Richtung »Vereinigte Staaten von Europa« zu wagen. Nachdem er die Unterstützung weiterer Staaten in Osteuropa gewonnen hatte, plädierte er für einen neuen EU-Vertrag, in dem mehr Kompetenzen von den EU-Institutionen in Brüssel zurück an die Nationalstaaten übertragen werden sollten.

Im eigenen Land geht es Kaczyński vor allem darum, den anhaltenden Einfluss jener zu beseitigen, die er als seine ärgsten Feinde betrachtet: die säkularen Zentristen der »Bürgerplattform«, die unter Tusk und den ehemaligen Kommunisten dienten und die, wie er behauptet, unter dem Deckmantel des Kapitalismus enorme Reichtümer und Einfluss im modernen Polen angehäuft hätten. Seine Regierungspartei hat derart drastische Maßnahmen zur Kontrolle von Medien und Justiz ergriffen, dass sie sich eine scharfe Warnung der EU-Exekutivkommission einhandelte, die Partei würde rechtsstaatliche Grundsätze verletzen und die Grenzen demokratischen Handelns überschreiten.[4]

Seit dem Tod seines Bruders trägt Jarosław Kaczyński jeden Tag Schwarz und besucht jeden Samstag Lechs Grab. Am Zehnten jedes Monats nimmt er an einer Gedenkveranstaltung vor dem Präsidentenpalast teil und behauptet von sich selbst, er werde bis zum Ende seines Lebens um den Bruder trauern. Lech und Jarosław waren einander aufs Engste verbunden und telefonierten mindestens zehn Mal täglich miteinander. Als Kinder, die im kommunistischen Polen aufwuchsen, hatten sie ein angenehmes Leben. So wurden sie u.a. populäre Kinderdarsteller in einem überaus erfolgreichen Film (*Die zwei Monddiebe*) aus dem Jahr 1962.

Später studierten sie Rechtswissenschaften in Warschau und wurden dann in der von Lech Wałęsa angeführten Gewerkschaftsbewegung Solidarność aktiv. Die Zwillinge arbeiteten eng mit Wałęsa zusammen, arbeiteten sich in der Hierarchie der Bewegung empor und halfen dem künftigen Friedensnobelpreisträger, das pro-sowjetische kommunistische Regime Polens zu Fall zu bringen und damit eine neue Ära der Demokratie einzuläuten. In einem ideologischen Streit über die Frage, wie Polen mit Ex-Kommunisten umgehen sollte, überwarfen sich die beiden jedoch mit Wałęsa und anderen Gewerkschaftsführern.

Die Kaczyńskis nahmen eine unversöhnliche Verweigerungshaltung ein und bestanden auf einem sauberen Bruch mit der Vergangenheit: Jeder Amtsträger, der für das kommunistische Regime gearbeitet habe, sei zu ächten. Aber Wałęsa und andere Solidarność-Führer nahmen sich das Versöhnungsmodell Nelson Mandelas zum Vorbild, der es im Südafrika nach der Apartheid geschafft hatte, Frieden zwischen Schwarz und Weiß zu vermitteln. Wie Mandela sahen die Solidarność-Leute in Kompromiss und Rehabilitierung den richtigen Weg, um einen Geist der nationalen Einheit in den bewegten Tagen der Neunzigerjahre zu schaffen.

Das war zu viel für die nach Rache dürstenden Kaczyński-Brüder. Als sie mit ansehen mussten, wie sich ehemalige Kommunisten als Banker oder Manager von Sicherheitsfirmen in der neuen kapitalistischen Demokratie ungerührt bereicherten, erkannten die Kaczyńskis in den wahren polnischen Patrioten – diejenigen, die den Kommunismus einst bekämpft hatten –, die Verratenen zu Gunsten der Verräter, die sie zu stürzen bestrebt gewesen waren.

Die Brüder beschuldigten Wałęsa der Kollaboration mit den Kommunisten, nicht erst nach 1989, sondern schon lange davor. Sie glaubten den anhaltenden Gerüchten, Wałęsas versöhnliche Haltung sei in dessen verborgener Vergangenheit begründet, in der er als Informant für die kommunistische Staatssicherheit unter dem Pseudonym »Bolek« in den 1970ern tätig gewesen sein soll. Wałęsa bestreitet dies bis zum heutigen Tag. Wegen ihrer extremen Ansichten wurden die Kaczyńskis aus der Gewerkschaftsbewegung verdrängt und sahen sich zunächst isoliert an den konservativen Rändern der polnischen Politik, als das Land seinen tiefgreifenden Übergang vom Kommunismus zum Kapitalismus zu bewältigen hatte. 2001 gründeten sie die Partei »Recht und Gerechtigkeit«, die sich, wie sie sagten, ganz den polnischen Idealen von Glauben und Familie verschreiben würde. Die Partei etablierte schon bald enge Verbindungen zur mächtigen katholischen Kirche und zum bäuerlichen Kernland. Hier liegt bis heute ihre wesentliche Basis.

Im folgenden Jahr wurde Lech zum Bürgermeister von Warschau gewählt, und die Kaczyńskis begannen, sich landesweit zu etablieren. Sie profitierten von der wachsenden Ernüchterung durch zahlreiche Berichte über Korruption in der herrschenden Klasse und eine gähnende Kluft zwischen den Einkommen der Ärmeren und einer neureichen Elite, die aus Polens EU-Beitritt Kapital geschlagen hatte. 2005 führte Jarosław die PiS-Partei zum Sieg bei den Parlamentswahlen. Das Amt des Premierministers lehnte er jedoch ab. Er blieb lieber bei seiner gewohnten Rolle als Strippenzieher hinter den Kulissen.

Schon bald aber wurde Lech Präsident. Er bat seinen Bruder, die Regierung zu übernehmen, was Jarosław eher widerwillig tat. Gemeinsam hatten sich die Kaczyńskis nach einer Dekade in der politischen Isolation aus dem Hintergrund an die Spitze der Hierarchie in der größten und bevölkerungsreichsten Nation des mittleren Osteuropa gearbeitet.

Die Brüder nutzten zügig ihre außergewöhnliche Machtfülle. Sie starteten ein Programm der »Lustration«, das frühere kommunistische Kollaborateure enttarnen sollte, die mithilfe alter Seilschaften einen märchenhaften Reichtum angehäuft hatten. Sie versuchten, die öffentliche Entrüstung über Deutschlands Übergriffe durch Landerwerb in den westpolnischen Provinzen Schlesien und Pommern, die früher zu Deutschland gehört hatten, für sich zu nutzen.

Kaczyński startete sogar eine Kampagne, um zusätzliche Stimmrechte in der EU als Kompensation für die Millionen Polen zu beanspruchen, die im Krieg von Nazideutschland umgebracht worden waren. Diese polnische Forderung wurde von allen anderen EU-Ländern als abwegig zurückgewiesen. Gerade in Deutschland löste sie Schock und Wut aus. Die Bevölkerung überall im Land hatte das Gefühl, die Polen zeigten wenig Dankbarkeit für Deutschlands politische und finanzielle Unterstützung der polnischen EU-Mitgliedschaft. Polens dreiste Forderung nach mehr Einfluss in den EU-Gremien reflektierte eine neue Form des Nationalismus, die in Mitteleuropa allmählich zum Vorschein kam. Nachdem man nach Jahrzehnten sowjetischer Unterdrückung die Unabhängigkeit erlangt hatte, waren die postkommunistischen Regierungen entschlossen, ihre Souveränität nicht schon wieder aufzugeben, weder an mächtige Nachbarn noch an gesichtslose EU-Institutionen in Brüssel.

Jarosławs ungehobelte Art säte Zwietracht in den eigenen Reihen. 2007 zerbrach die regierende Koalition unter Führung von »Recht und Gerechtigkeit«, und in der anschließenden Wahl unterlag die PiS der liberalen, pro-europäischen Bewegung unter dem Namen »Bürgerplattform«. Lech blieb zwar Präsident, aber die PiS-Partei sah sich wieder an den Rand gedrängt, als Tusk und seine von der »Bürgerplattform« geführte Koalition begannen, das Land zurück in die politische Mitte zu führen.

Während seiner zwei Amtsperioden hatte Tusk starke politische und wirtschaftliche Verbindungen zu Deutschland wiederbelebt und eine enge persönliche Freundschaft mit Kanzlerin Angela Merkel geschlossen. Merkel und Tusk hatten eine ähnliche politische Haltung, und sie unterstützte ihn dann auch dabei, Präsident des Europäischen Rats zu werden. Damit saß Tusk auf einem der einflussreichsten Posten in der EU-Hierarchie, denn er leitet die EU-Gipfel und legt deren Agenda fest. Bei diesen Gipfeln werden immerhin alle wichtigen politischen Entscheidungen des Blocks der 28 Nationen festgelegt.

Nach dem Tod seines Bruders verfiel Jarosław in tiefe Depression und zog sich zurück. Zeitlebens Junggeselle, hatte die enge politische Verbindung mit seinem Bruder sein gesamtes Erwachsenenleben dominiert. Nach dem Tod seiner Mutter im Jahr 2013 stürzte sich Jarosław mit Verve wieder ins politische Getümmel. Den besten Weg, seinen Bruder zu ehren, sah er darin, mit doppelter Anstrengung das gemeinsame Ziel einer neuen politischen und kulturellen Revolution in Polen in Angriff zu nehmen.

Nachdem Tusk das Amt des Premierministers aufgegeben hatte und als Präsident des Europarats nach Brüssel gewechselt war, geriet die zentristische Regierungskoalition der »Bürgerplattform« nach über acht Jahren an der Macht durch Korruptionsvorwürfe und zunehmende Verdrossenheit ihrer Wählerschaft in Schwierigkeiten. Kaczyński konnte seine Befriedigung über den Machtverfall seiner weltlich orientierten politischen Feinde nicht verbergen. Er pflegt nach wie vor eine heftige Abneigung gegenüber Tusk, den er beschuldigt, Fahrlässigkeit oder Sabotage im Zusammenhang mit dem fatalen Flugzeugabsturz, bei dem u.a. sein Bruder ums Leben gekommen war, zu vertuschen.

Kaczyński erkannte, dass seine populistischen und nationalistischen Ideen auch anderswo auf dem Kontinent an Zugkraft gewannen. Zu jener Zeit fasste er den listigen Entschluss, sich aus dem politischen Tagesgeschäft zurückzuziehen und jüngeren, telegenen Persönlichkeiten der PiS-Partei als Anwärter für die Ämter des Präsidenten und des Premierministers bei den Wahlen 2015 den Vortritt zu lassen. Kaczyńskis Entscheidung, der Partei ein jüngeres Gesicht zu geben, zahlte sich aus. Die attraktivere Kandidatenliste der ultrakonservativen Partei fuhr erdrutschartige Siege ein, die der Partei die unumschränkte Kontrolle über die wichtigsten Institutionen des Landes verschafften.

Kaczyński hatte wichtige Lehren aus den Fehlern seiner Partei in seiner früheren Amtsperiode gezogen. Nach seiner Meinung trieben er und seine Verbündeten ihre aggressiven, rechtsgerichteten Reformen sogar noch zu langsam voran. Diesmal gelobte er, »Recht und Gerechtigkeit« würde die radikale legislative Agenda zügig in Angriff nehmen. Schon bald nach der Machtübernahme legte die Partei eine für Gegner im In- und Ausland ebenso überraschende wie alarmierende Geschwindigkeit und Dreistigkeit an den Tag. In den ersten hundert Tagen im Amt machte die rechtspopulistische Regierung eine Reihe von Ernennungen für das höchste Gericht des Landes, die noch von der Vorgängerregierung stammten, wieder rückgängig und ersetzte sie durch eigene Kandidaten. Sie erließ auch ein Gesetz, das es dem Verfassungsgericht extrem schwer macht, Gesetzesentscheidungen zu blockieren. Das Gericht selbst entschied, dass dieses neue Gesetz verfassungswidrig sei, doch die Regierung weigerte sich schlicht, diese Entscheidung anzuerkennen.[5]

Die EU-Kommission trat auf den Plan und warnte die neue Regierung Polens, ihre Maßnahmen würden die Unabhängigkeit der Gerichtsbarkeit untergraben und »ein systemisches Risiko für den Rechtsstaat« darstellen. Frans Timmermans, Vizepräsident der Kommission, wies in einem offiziellen Brief an die polnische Regierung darauf hin, die EU-Gesetze verlangten absolute Garantien für die Unabhängigkeit der Justiz. In dem Schreiben hieß es, er wolle in »sachlicher und gesetzmäßiger« Weise agieren, aber die Kommission sei verpflichtet, die Rechtsstaatlichkeit zu gewährleisten. »Die Europäische Union basiert auf gemeinsamen, in den Verträgen verankerten Werten«, sagte er. »Das Überwachen der Einhaltung der Rechtsstaatlichkeit ist die gemeinsame Verantwortung aller EU-Institutionen und aller Mitgliedsstaaten.«

Timmermans beharrte darauf, Polen müsse für den Fall, dass diese Gesetze nicht zurückgenommen würden, mit noch nie dagewesenen Sanktionen rechnen. Die Kommission sei durch alle Regierungen der Mitgliedsstaaten ermächtigt, Strafmaßnahmen zu verhängen, um die demokratische Natur der Union zu schützen. Dieses Recht, Sanktionen zu verhängen, wurde der Kommission zugestanden, nachdem Österreichs immigrationsfeindliche »Freiheitliche Partei« erstmals Ende der 90er-Jahre von den herrschenden Christdemokraten in die Regierung eingebunden worden war. Allerdings ist dieses Instrument weniger bedrohlich, als es scheint. Jede Sanktion – einschließlich des Entzugs von Stimmrechten – gegen ein Land, das die Regeln für das politische Kriterium der »Rechtsstaatlichkeit« verletzt, erfordert eine einstimmige Entscheidung aller EU-Mitgliedsstaaten. Ungarns Regierungschef Orban kündigte jedoch an, jede Aktion gegen Polen mit seinem Veto zu blockieren; dafür würde die Regierung in Warschau im Gegenzug zweifelsohne jede EU-Maßnahme gegen Ungarn verhindern.

Dennoch war die polnische Regierung aufgebracht wegen des EU-Beschlusses und beschuldigte die Brüsseler Behörden eines Erpressungsversuchs, um Polen zur Aufnahme von mehr Flüchtlingen zu zwingen. In Warschau tobte Kaczyński wegen einer seiner Ansicht nach inakzeptablen Einmischung in die inneren Angelegenheiten des Landes und erklärte, »Polen lässt sich nicht behandeln wie eine Kolonie«. Premierministerin Beata Szydło reagierte mit einer Mischung aus Spott und Verachtung. Sie verbannte die Flagge der Europäischen Union aus Verlautbarungen der Regierung, bei denen die blaue Fahne mit den goldenen Sternen bis dahin neben der rot-weißen Nationalflagge Polens gestanden hatte. Szydło sagte, ihre Entscheidung habe nichts mit Mangel an Respekt gegenüber den europäischen Partnern zu tun. Es handle sich vielmehr um eine symbolische Bekräftigung der Entschlossenheit ihrer Regierung, bei allen Entscheidungen Polens nationale Interessen in den Vordergrund zu stellen.

Auch die USA waren besorgt über die Maßnahmen von »Recht und Gerechtigkeit«. Man fürchtete, sie könnten die verfassungsgemäße Ordnung Polens aushöhlen. Kanzlerin Merkel und andere verbündete Regierungschefs drängten Präsident Obama, Washington solle seinen politischen Einfluss und die engen Verbindungen zum polnischen Volk geltend machen, um Kaczyńskis Partei zu einem Ende dieser Verstöße gegen rechtsstaatliche Prinzipien zu bewegen.

Bei einem NATO-Gipfel in Warschau im Juli 2016 hatte Präsident Obama ein privates Treffen mit seinem polnischen Gegenüber Andrzej Duda in angespannter Atmosphäre. Er belehrte ihn über die Gefahren einer Manipulation der Judikative. Duda, der seine Anweisungen von Kaczyński entgegennimmt, widersprach Obamas Kritik, versprach jedoch, die Regierung würde Schritte einleiten, um auf derlei Bedenken einzugehen. Obama war mit Dudas Antwort nicht zufrieden und erteilte ihm nach dem Treffen einen ungewöhnlichen öffentlichen Rüffel. »Als Freund und Alliierter Polens fordern wir alle Parteien auf, gemeinsam auf die Bewahrung der demokratischen Institutionen Polens hinzuwirken«, sagte Obama an das polnische Volk gerichtet. »Das macht doch Demokratien aus, nicht nur die in der Verfassung niedergelegten Worte oder die Tatsache, dass wir bei Wahlen unsere Stimme abgeben, sondern unsere Institutionen, auf die wir Tag für Tag vertrauen, also der Rechtsstaat, die unabhängige Justiz und die Pressefreiheit.«[6]

Unbeeindruckt von der Kritik aus Brüssel und Washington wegen der Eingriffe ins Verfassungsgericht begannen die PiS-Minister anschließend die Sicherheits- und Geheimdienste zu säubern. Auch Spitzenbeamte anderer Ressorts wurden aus dem Amt gedrängt. Es ging darum, alles auszuschalten, was ein Regierungssprecher als »gesellschaftliche Krankheit« aus der Ära der »Bürgerplattform« bezeichnete.

Die Maßnahmen erschütterten die Finanzmärkte, und Polens Kreditwürdigkeit wurde bald herabgestuft, aus Furcht, die neue Regierung würde die institutionellen Systeme der Gewaltenteilung aushöhlen. Aber Kaczyński und seine Verbündeten trieben unbeirrt voran, was sie als neue polnische Revolution verkauften, die Patriotismus und nationale Identität stärken würde, durchdrungen von Glauben und katholischen Werten. Mit der Forderung, die staatlichen Rundfunk- und Fernsehkanäle müssten die konservative und nationalistische Ausrichtung der Regierung widerspiegeln, begannen sie, als Nächstes die Pressefreiheit zu beschneiden. Über 160 Journalisten, darunter die prominentesten Nachrichtensprecher und Reporter des Landes, wurden gefeuert oder kündigten angewidert von alleine. Derweil versprach Kulturminister Piotr Gliński, auch künstlerische Veranstaltungen unter die Kontrolle der Regierung zu stellen, und versuchte, die Aufführung eines Theaterstücks der österreichischen Autorin und Nobelpreisträgerin Elfriede Jelinek zu verhindern. Begründung hierfür: Es sei pornografisch.[7]

Zur Verärgerung Deutschlands und anderer EU-Partner erklärte die PiS, sie werde sich nicht an die Zusage der Vorgängerregierung halten, über 7000 syrische Flüchtlinge auf der Basis eines EU-weiten Quotensystems aufzunehmen. Kaczyński beharrte darauf, Polen müsse eine homogene katholische Nation bleiben, und warnte, Flüchtlinge aus Nahost würden »Parasiten und gefährliche Krankheiten einschleppen, die es in Europa seit langem nicht mehr gegeben hat.«

Kaczyński erntete begeisterte Zustimmung vom katholischen Establishment Polens für seine unnachgiebige Ablehnung der Aufnahme muslimischer Flüchtlinge. Der Klerus fürchtete eine Verwässerung der katholischen Identität des Landes. Die Kirche hat in Polen ein außergewöhnlich großes politisches Gewicht, nicht zuletzt wegen Papst Johannes Paul II. (der 2014 heiliggesprochen wurde) und dessen inspirierender Rolle bei der Überwindung des Kommunismus.

Als politischer Revolutionär verehrt, der dazu beitrug, das – nach ehrlicher Überzeugung der Polen – Reich des Bösen zu besiegen, galt Johannes Paul II. als Sozialkonservativer und absoluter Hardliner, wenn es um Fragen wie Empfängnisverhütung, Abtreibung, Scheidung und die Zulassung von Frauen zum Priesteramt ging. In seiner Heimat genießt er nach wie vor Kultstatus, und seine doktrinäre Haltung in gesellschaftlichen Dingen wird von der katholischen Hierarchie Polens mit überwältigender Mehrheit geteilt.

Trotz der Zurechtweisung durch Papst Franziskus, der die Polen bei seinem Besuch im Juli 2016 vor einem Weg der Isolation warnte, verweigert sich die polnische Kirche den Appellen des Pontifex aus Argentinien, sich einer im Wandel begriffenen Welt stärker zu öffnen, besonders was die Aufnahme muslimischer Flüchtlinge in großer Zahl angeht. Einige Vertreter des polnischen Klerus haben die fortschrittliche Agenda von Papst Franziskus öffentlich kritisiert, die auch eine aufgeschlossenere Haltung gegenüber Homosexuellen und wiederverheirateten Geschiedenen einschließt. Polens Bischöfe lehnen jede Aufweichung der kirchlichen Orthodoxie ab und bekräftigten ihre Unterstützung für die konservative Sozialpolitik der PiS, einschließlich restriktiver Abtreibungsgesetze und strikter Kontrollen bei der künstlichen Befruchtung.[8]

Die enge Beziehung zwischen der Kirche und Kaczyńskis Partei nutzt beiden: Die PiS zieht Millionen Wähler an, weil sie den Segen der Kirche hat, und der katholische Klerus sieht seine konservative Haltung gesetzlich verankert und seinen gesellschaftlichen Einfluss gestärkt, wenngleich die Zahl der Kirchenbesucher weiter abnimmt und die jungen Leute einem säkularen Lebensstil zuneigen.

Kaczyński geht auch auf andere Regierungschefs im östlichen Mitteleuropa zu, um politische Allianzen für seine ultrakonservative Politik zu schmieden und sich deren Unterstützung beim Kampf gegen die EU-Institutionen zu sichern. Drei Monate nach Übernahme der Regierungsgewalt durch die PiS hielt er Anfang 2016 ein Geheimtreffen mit seinem engen Freund und Verbündeten, dem ungarischen Premierminister Viktor Orban, im Süden Polens ab. Sie vereinbarten, mit allen Mitteln gegen jeden EU-Plan vorzugehen, syrische Flüchtlinge in ihre Länder zu transferieren. Orban ließ Stacheldrahtzäune an Ungarns Grenzen aufstellen und behauptete rundheraus, die Flüchtlingskrise sei als »Problem Deutschlands« zu sehen, nicht als »europäisches Problem«.[9]

Die beiden Regierungschefs sprachen oft darüber, wie ein östlicher Staatenblock zu bilden wäre, der durch gemeinsame Aufstellung einer transnationalen konservativen Agenda die unter deutscher Führung betriebene Politik ausbremsen könnte. Die beiden teilen eine illiberale Vision, in der auch als autokratisch geltende Maßnahmen gerechtfertigt seien, um notwendige Reformen in jungen Demokratien durchzusetzen. Diese Haltung musste auf Widerspruch bei den regierenden zentristischen Parteien im Westen und in der EU-Kommission in Brüssel stoßen. Orban war bereits mit den EU-Behörden aneinandergeraten, weil er mit seiner konservativen Fidesz-Partei einen »illiberalen neuen Staat« errichten wollte, nachdem er im Jahr 2010 wieder an die Macht gekommen war. Seitdem verstärkt Ungarns Regierung die Kontrolle über die Zentralbank, die Justiz und die Datenschutzbehörde des Landes, ohne die Wünsche aus der EU zu beachten.[10]

Polen und Ungarn wenden sich offenbar zügig von den demokratischen Freiheitsidealen der Revolution von 1989 ab, die beide Länder noch in ihrem erfolgreichen Kampf gegen kommunistische Regime verfolgten. Als ehemalige antikommunistische Dissidenten befürworten Kaczyński und Orban heute eine extrem intolerante Form des Nationalismus, die Einflüssen von außen mit größtem Misstrauen begegnet, seien es nun Flüchtlinge aus Nahost oder EU-Vorschriften aus Brüssel.

Offenbar verachten sie die westlichen Standards des politischen Pluralismus, der Bürgerrechte und der Rechtsstaatlichkeit. Sie betrachten die liberale Version der Demokratie als gescheitert und verweisen auf das politische Patt und das extreme Einkommensgefälle in den USA sowie die Handlungsunfähigkeit der EU beim Umgang mit Flüchtlingen und der Euro-Schuldenkrise. Aber sie sind nicht nur die Stimme der ausländerfeindlichen Rechten. Sie zeichnen von sich selbst ein Bild von Helden der sozialen Gerechtigkeit, die die Armen und Unzufriedenen vor den finsteren Mächten der Globalisierung durch staatliche Subventionen schützen wollen, etwa eine Sonderhilfe für große Familien. Aus ihrer Sicht sorgt die Konzentration der Macht in den eigenen Händen auf Kosten individueller Freiheiten der Bürger dafür, dass die Wähler ihnen ihre Versprechungen abnehmen, die Regierung werde effizienter arbeiten, der Allgemeinheit dienen und ein Gefühl des Nationalstolzes im Volk verbreiten können. Orban behauptet sogar, um in der globalen Wirtschaft des 21. Jahrhunderts erfolgreich zu sein, dürfe Ungarn seine Vorbilder nicht mehr in den westlichen Demokratien suchen, sondern solle sich eher in Richtung autoritärer Staaten wie Russland, China, der Türkei und Singapur orientieren.

In Ungarn und Polen hat sich eine neue Form des Populismus etabliert, die vom klassischen Antagonismus zwischen rechts und links nichts wissen will. Orban und Kaczyński geloben, durch die Abweisung muslimischer Flüchtlinge würden sie ihre Länder vor Terrorismus schützen. Zudem verabscheuen sie die von ihnen so genannte »Gender-Ideologie« mit gleichgeschlechtlicher Ehe und Rechten für Transsexuelle zutiefst. Andererseits sind sie auch offen für klassische linke Positionen im Kampf gegen die Globalisierung: Sie wenden sich gegen Handelsabkommen, die Arbeitsplätze kosten könnten, und rufen nach strikten Vorgaben für in ausländischem Besitz befindliche Banken. Sie sind für die Absenkung des Renteneintrittsalters trotz einer rasch alternden Bevölkerung und bieten Sondervergünstigungen für kinderreiche Familien. Beide Maßnahmen belasten den Staatshaushalt enorm, und sie ignorieren die Vorgaben der meisten Experten, nach deren Überzeugung Ungarn und Polen das Rentenalter heraufsetzen und Familiengelder zusammenstreichen müssten, um ihre Wirtschaftspolitik auf eine gesunde Grundlage zu stellen. Aber Orban und Kaczyński wollen von solcher Kritik nichts wissen und glauben, die Konventionen der freiheitlichen Demokratie müssten an die Bedürfnisse des 21. Jahrhunderts angepasst werden. Die Nationalstaaten müssen nach ihrer Überzeugung viel energischer gegen die aus ihrer Sicht missbräuchlichen Tendenzen der Globalisierung auftreten.

Der Gegenwind, den die liberalen Demokratien in Europa spüren, zeigt sich auch in den Wahlerfolgen populistischer Rechtsaußenparteien wie dem Front National in Frankreich, der Fünf-Sterne-Bewegung in Italien und der Freiheitlichen Partei in Österreich. Also in Wohlstandsgesellschaften, die fürchten, die im letzten halben Jahrhundert erlangten sozialen und ökonomischen Erfolge könnten sich bald in Wohlgefallen auflösen. Die Unzufriedenheit mit der Demokratie angesichts sinkender Lebensstandards und das Entsetzen über die Korruptheit der herrschenden Eliten scheinen in der Tat in der westlichen Welt weit verbreitet zu sein. Laut einer Umfrage der EU-Kommission aus dem Jahr 2014 misstrauten 68 Prozent der Europäer ihren nationalen Regierungen, und 82 Prozent misstrauten den klassischen Volksparteien wie Christdemokraten und Sozialdemokraten, aus denen solche Regierungen hervorgehen. In den USA ergab eine Gallup-Umfrage im gleichen Jahr, dass 65 Prozent der Amerikaner mit ihrem Regierungssystem und dessen Funktionsweise unzufrieden waren – ein erstaunlicher Anstieg gegenüber lediglich 23 Prozent im Jahr 2002. Andere Umfragen der letzten Jahre bestätigen zudem, dass die Unterstützung für die Demokratie in den Bevölkerungen des Westens insgesamt schwindet.

Die plötzliche Abwendung von liberalen demokratischen Idealen durch ehemals kommunistische Staaten im östlichen Mitteleuropa kam für die Gründungsmitglieder der EU wie Deutschland, Frankreich und die Benelux-Staaten höchst überraschend. Gerade von den östlichen Ländern hätte man erwartet, sie würden zu standhaften Verfechtern größerer europäischer Integration werden, da sie doch so massiv von nachhaltigen Fortschritten in ihrer politischen Stabilität und vom wirtschaftlichen Wohlstand profitierten, den sie größtenteils der Mitgliedschaft in zentralen westlichen Institutionen wie der EU und der NATO verdankten.

Gerade Polen galt lange als Modell für die erfolgreiche Transformation von einem repressiven kommunistischen Staat zu einer blühenden marktwirtschaftlichen Demokratie. Der Lebensstandard hat sich seit dem Beitritt zur EU im Jahr 2004 fast verdreifacht. Polens Wirtschaftskraft hat im zurückliegenden Jahrzehnt mehr Jobs entstehen lassen als in jedem anderen EU-Land. Damit ist Polen das einzige Land Europas, das seit der Weltwirtschaftskrise von 2008 eine Rezession vermeiden konnte. Fast 40 Millionen Polen erfreuen sich einer Lebensqualität, von der sie 1989, als das kommunistische Regime zusammenbrach, noch nicht einmal träumen konnten.[11]

Mehr als jedes andere EU-Mitglied profitiert Polen von der Freigiebigkeit seiner EU-Partner in regionalen Strukturfonds, die bis 2020 mehr als 100 Milliarden Euro ins Land fließen lassen. Ungarn, das etwa ein Viertel der Bevölkerungszahl Polens aufweist, bekommt in der gleichen Zeit ca. 22 Milliarden Euro an EU-Hilfen. Die Regierungschefs von Polen und Ungarn scheinen dennoch keine Bedenken zu haben, die Hand zu beißen, die sie füttert.

Michail Gorbatschow sagte einmal, er könne nicht verstehen, wie Polen und andere osteuropäische Staaten nach dem Leben unter dem

Sowjetkommunismus so bereitwillig Mitglieder der EU werden konnten, ersetzten sie damit doch seiner Ansicht nach bloß eine Form des Despotismus durch eine andere. Gorbatschow sagte voraus, irgendwann würde sich bei den Ostländern Ernüchterung über den Beitritt zum »Country Club« des Westens breitmachen.

Als die Sowjetunion sich auflöste, herrschte Jubel bei den Menschen in den ehemals kommunistischen Staaten, die das Gefühl hatten, sich nun endlich mit ihrer Vergangenheit versöhnen und wieder dem Westen zuwenden zu können. Sie begrüßten Redefreiheit, freie Märkte und freie Wahlen. All jene Markenzeichen der Demokratie, die ihnen ein halbes Jahrhundert lang vorenthalten worden waren. Aber nachdem sie die Demokratie erlangt hatten, hatten viele Wähler in Osteuropa offenbar keine Lust mehr, ihre neu gefundene nationale Souveränität zugunsten eines nur vage definierten, vereinten Europa wieder aufzugeben.

Heute erleben wir, wie eine Welle der Enttäuschung durch Mitteleuropa schwappt angesichts der als funktionsunfähig wahrgenommenen Politik der EU-Institutionen. Die demokratischen Revolutionen von 1989 scheinen sich geradezu ins Gegenteil zu verkehren, zeigen doch die Slowakei, Kroatien und die Tschechische Republik allesamt autoritäre Neigungen, die sie in die gleiche Richtung treiben könnten, wie sie Polen und Ungarn längst eingeschlagen haben. Der neue Schlachtruf dieser abtrünnigen Demokratien scheint zu sein: »Brüssel ist das neue Moskau«.

Orban erfreut sich in seinem Land überwältigender Zustimmung für seine trotzige Missachtung Brüssels und der europäischen Politik in der Flüchtlingskrise. Er hat eine Zweidrittelmehrheit im Parlament, durch die er eine neue Verfassung einführen und die Gerichte, die Medien und das politische System des Landes umformen konnte. Er selbst beschreibt das ganz offen als »illiberalen Staat«. Das Schengen-Prinzip der offenen Grenzen ignoriert er einfach. Stattdessen errichtete er Stacheldrahtzäune an den Landesgrenzen, zur Begeisterung seiner Landsleute.

Befragt über die Ironie, die es doch darstellt, wenn ausgerechnet Ungarn neue Barrieren errichtet, um Flüchtlinge abzuwehren – ausgerechnet jenes Ungarn, das den Eisernen Vorhang zwischen Ost und West im Jahr 1989 niedergerissen hat –, antwortete Orban unwirsch: »Der Grenzzaun von damals … war gegen uns gerichtet. Der jetzige ist für uns. Das ist der Unterschied.« Seine Zurückweisung von Kanzlerin Merkel und der EU-Politik offener EU-Binnengrenzen rechtfertigt er beharrlich damit, die Flüchtlingskrise stelle eine Gefahr für die christliche Zivilisation seines Landes dar. »Ich denke, wir haben das Recht zu entscheiden, dass wir keine große Zahl an Muslimen im Land haben wollen«, sagte er.

Ungeduldig angesichts der Irrungen und Wirrungen der Demokratie preist Orban Russlands Präsidenten Wladimir Putin und empfiehlt, dessen Modell der autoritären Herrschaft solle sich der Westen viel öfter zum Vorbild nehmen.

Während der langen Herrschaft von Präsident Vaclav Klaus, einem starken Verfechter der euroskeptischen Schule Margaret Thatchers, entwickelten viele Bürger der Tschechischen Republik eine Antipathie gegen die EU-Institutionen. Viele Tschechen begrüßten diese Kritik von Klaus an Brüssel, ungeachtet der offenkundigen Vorteile, die sie EU-Investitionen verdanken: etwa sicheres Reisen auf modernen Fernstraßen und glitzernde neue Flughäfen, gebaut mit EU-Geldern.

Vor dem EU-Beitritt mussten die Bewerbernationen Gesetze verabschieden, die bis zu 80000 Seiten mit Bedingungen enthielten, in denen sie ihre Loyalität zu den Werten Europas versicherten. Die kürzlich umgesetzten Einschränkungen der Medien und der Justiz durch Staaten in Osteuropa, die eigentlich mit größter Begeisterung EU-Mitglieder sein müssten, lässt eine unheilvolle Abwendung von der freiheitlichen Demokratie erwarten. Es überrascht nicht, dass andere EU-Staaten laut zu fragen beginnen, wieso illiberale östliche Regierungen wie Polen und Ungarn eigentlich weiterhin EU-Gelder erhalten sollten, wenn sie doch von den Grundwerten der EU nichts wissen wollen.

Warum ist aus dem modernen Mitteleuropa samt Österreich ein derart fruchtbarer Boden für die Zurückweisung bürgerlicher Freiheiten, der Rechtsstaatlichkeit und des politischen Pluralismus geworden, wo doch gerade diese Werte die Grundlagen der Demokratie darstellen? Manche Experten geben zu bedenken, die Wurzeln der demokratischen Herrschaft in der Region seien noch zu zart, keine drei Jahrzehnte nach dem Ende des Kommunismus. Vor der sowjetischen Dominanz wurden die Osteuropäer jahrhundertelang von aufeinanderfolgenden Feudalregimen der Ottomanen, der Russen, der Habsburger und der Faschisten geknechtet. Die örtliche Bevölkerung hat logischerweise die Nase voll von jeglicher Unterdrückung von außen, die bestrebt ist, jedes Zeichen nationaler Identität auszulöschen. In Ungarn denken die Menschen noch heute mit Verbitterung daran, wie ihr erster gewählter Premierminister 1849 von der Habsburger Monarchie hingerichtet wurde. In Polen werden feindselige Erinnerungen an das schreckliche Leiden unter fremder Herrschaft, vor allem aus Russland und Deutschland, über die Generationen weitergegeben. Schon allein deshalb ist die Ablehnung, seine Souveränität schon wieder abgeben zu müssen, diesmal an der Haustür einer gesichtslosen Bürokratie in Brüssel, noch immer stark ausgeprägt.

Orban und Kaczyński behaupten, die jüngsten Anschläge des Islamischen Staates in Belgien, Frankreich und Deutschland, an denen auch Terroristen beteiligt waren, die als Flüchtlinge getarnt nach Europa gelangt waren, bestätigten ihre standhafte Ablehnung der Aufnahme weiterer Flüchtlinge. Beide zeigten sich entsetzt über die britische Entscheidung, die EU zu verlassen. Orban hatte sogar eine ganzseitige Anzeige in britischen Zeitungen schalten lassen, die die Wähler zum Verbleib in der EU bewegen sollte. In den Augen Polens und Ungarns war Großbritannien immer ein starker Verbündeter im Kampf gegen das Aufkeimen der von ihnen so gefürchteten Vereinigten Staaten von Europa gewesen. In Großbritanniens Widerstand gegen eine unkontrollierte Einwanderung sahen sie auch eine willkommene Unterstützung ihres eigenen politischen Kampfs gegen Angela Merkel und die EU-Kommission.

Doch weder Polen noch Ungarn möchten die EU tatsächlich verlassen. Die öffentliche Meinung spricht sich in beiden Ländern nach wie vor deutlich für die EU-Mitgliedschaft aus. Laut einer Umfrage des Pew-Forschungszentrums aus dem Jahr 2016 haben 61 Prozent

der Ungarn und 72 Prozent der Polen ein positives Bild von der EU –
das sind paradoxerweise die höchsten Werte unter allen EU-Staaten.
Orban und Kaczyński sagen deshalb, es gehe nicht darum, für oder
gegen die Europäische Union zu sein; sie wollten einfach, dass sie
besser und flexibler im Hinblick auf die Wünsche ihrer Bürger agiere.

Sie beklagen, Europa sei bei der Suche nach Lösungen für eine
Vielzahl aktueller Krisen kläglich gescheitert. Dazu gehören die
Schuldenkatastrophe mit der wirtschaftlichen Depression in Griechenland, wiederholte Attacken islamistischer Terroristen in Frankreich und anderswo, Russlands ungehinderte Aggression in der Ukraine, das Scheitern einer nachhaltigen Beschäftigungspolitik für
junge Menschen und die erfolglose Suche nach einer humanen Lösung für den größten Flüchtlingsstrom seit dem Zweiten Weltkrieg.
»Die Europäische Union ist nicht fähig, weder ihre eigenen Bürger
noch ihre Außengrenzen zu schützen. Und sie vermag auch ihre Gemeinschaft nicht zusammenzuhalten, wie der Brexit beweist«, sagte
Orban auf dem Fidesz-Parteikongress während der jährlichen Som-
merklausur im Juli 2016. »Was braucht es noch, um festzustellen,
dass Europas gegenwärtige politische Führung versagt hat?«

Orban zeigte sich hingegen begeistert über den Wahlsieg von Donald Trump, dessen feindselige Haltung gegenüber illegalen Einwanderern auf einer Linie mit den restriktiven Asylgesetzen liegt, die Ungarn unter seiner Führung verabschiedet hat. Orban steht voll hinter
Trumps Ansichten über den Islam und den Terrorismus und teilt
auch dessen Kritik an der freiheitlichen internationalen Ordnung.
»Trump hat ein Ende der Politik des Demokratieexports verlangt«,
führte Orban aus. »Ich hätte es nicht besser ausdrücken können.«

Innerhalb Europas sieht Orban die Schuld vor allem bei den europäischen Institutionen, deren Demokratiedefizit in den Augen der
europäischen Wähler auf »einen großen Mangel an Legitimität« hin-
ausläuft. Seiner Ansicht nach ist die ständige Suche nach Antworten
der Politik auf europäischer Ebene ein Zeichen intellektueller Träg-
heit. »Bei allem und jedem nach einer EU-Lösung zu rufen hat etwas
vom pawlowschen Reflex eines Hundes: Es steckt keinerlei Bedeutung dahinter.«

Andere europäische Regierungschefs zeigen sich hingegen frustriert darüber, dass sich der Konfrontationskurs der illiberalen Regierungen in Polen und Ungarn offenbar auszahlt. Die brüske Ablehnung der EU-Institutionen samt ihres Spitzenpersonals durch Kaczyński und Orban bei gleichzeitigem Einstreichen von Milliarden an EU-Geldern hat für ihre Regierungen offenbar keinerlei nachteilige Folgen. Beide haben durch die Aushöhlung des Rechtsstaats und anderer demokratischer Werte ihre Macht sogar festigen können. Es besteht allerdings das Risiko, dass ihrer selbstsüchtigen Kritik am Projekt Europa auf lange Sicht kein Erfolg beschieden sein könnte. Wenn noch mehr Staatenlenker ihrem Beispiel folgen, gibt es vielleicht irgendwann keine Europäische Union mehr, der man alle Schuld in die Schuhe schieben könnte.

Kapitel 8

Kopenhagen

Grüner Wohlfahrtsstaat in Gefahr?

Während des Vorwahlkampfs der Demokraten im Jahr 2016 gab Bernie Sanders eine klare Antwort auf die Frage nach seiner Idealvorstellung von den USA. Amerika, so sagte er, sollte eher so werden wie Dänemark. Diese kleine und homogene Nation mit 5,6 Millionen Menschen führt beständig die Rangliste der glücklichsten Gesellschaften der Welt an. Wer wollte da widersprechen, wenn jemand die Anziehungskraft dieser wohlhabenden, gebildeten und fürsorglichen Gesellschaft gerne kopieren möchte?

Die Dänen betrachten sich selbst als offen und egalitär, mit der vielleicht weltweit größten sozialen Durchlässigkeit und Geschlechtergerechtigkeit. Sie erfreuen sich eines der höchsten Pro-Kopf-Einkommen weltweit und einer der niedrigsten Kriminalitäts- und Armutsraten. Jeder bekommt kostenlose Gesundheitsversorgung, auch die Universitätsausbildung ist gratis. Eltern erhalten vierteljährliche Schecks, um die Kosten der Kinderbetreuung abzudecken, Studenten bekommen ein monatliches Stipendium von ca. 900 Dollar für Unterkunft und Verpflegung, ältere Menschen bekommen eine kostenlose Haushaltshilfe.

Die Dänen sind seit jeher stolz auf ihren Ruf als fortschrittliches und großzügiges Land. Neben dem Aufbau eines ausgefeilten Netzwerks der sozialen Absicherung von der Wiege bis zur Bahre finanzieren sie auch eines der weltgrößten Programme für Entwicklungshilfe, das zur Verbesserung der Bildung und zum Kampf gegen Hunger und Krankheiten in vielen armen Regionen der Welt beiträgt.

Sie sind auch Meister der Ausgewogenheit von Beruf und Privat-
leben. Sie arbeiten gerne hart, haben aber dennoch viel Zeit, die sie
zusammen mit der Familie und Freunden genießen können. »Hygge«
ist ein schwer übersetzbares Wort für die dänische Lebensart des be-
haglichen Gemeinsinns – die deutsche *Gemütlichkeit* kommt dem
vielleicht am nächsten. Man denkt unwillkürlich an anregende Wald-
spaziergänge, Abende am Kaminfeuer bei einem Glas Glühwein,
wohlgeordneten Fahrradpendlerverkehr, aufgeräumtes, lichtdurch-
flutetes Interieur mit minimalistischer Kiefernholzmöblierung. Laut
Luisa Thomsen Brits, Bestsellerautorin des Buchs *Hygge*, ist einer der
Schlüssel zum Glück der Dänen die Fähigkeit, Komfort und Zufrie-
denheit ohne jeden nutzlosen materiellen Überfluss genießen zu
können. »Hygge ist ein Stück Selbsterfahrung, Gemeinschaft mit
Menschen und Orten, die uns das Gefühl von Heimat und Selbstbe-
stätigung gibt, die uns Mut und Trost vermittelt.«[1]

Das dänische Utopia klingt fast zu schön, um wahr zu sein – und
vielleicht ist es das auch. Dänen zählen zu den weltweit größten Kon-
sumenten von Antidepressiva, und auch Alkoholismus ist in den langen nordischen Wintern kein seltenes Phänomen. Der tolerante und
verständnisvolle Ruf des Landes gerät unter Beschuss, weil er, wie
Kritiker sagen, eine wachsende Feindseligkeit gegenüber dem Multi-
kulturalismus und muslimischen Einwanderern einschließt, die angeblich die blonde, blauäugige Homogenität der einheimischen Gesellschaft verwässern. Viele Dänen fürchten, ihr bemerkenswertes
und über Generationen perfektioniertes Gebäude von Sozialleistungen könnte schon bald von den Kräften der Globalisierung zerrieben
werden, zu der auch die Revolution des billigen Reisens und die di-
gitale Kommunikation gehören.

Die Dänen sorgen sich wegen der Flüchtlingee, die sich, auf der
Suche nach einem besseren Leben, aus Afrika und dem Nahen Osten
kommend in Richtung der friedvollen und wohlhabenden Gesellschaften im Norden Europas aufmachen. Sie sehen, wie die üppigen
Fischbestände, die einst Hauptnahrungsmittel auf dem Tisch der
Dänen waren, in verschmutzten Weltmeeren rasch schwinden. Sie
müssen zusehen, wie das weltweite Phänomen des Klimawandels das

gewaltige Schelfeis ihrer Kolonie Grönland dahinschmelzen lässt, und müssen erkennen, dass es vielleicht nur eine Frage der Zeit ist, bis der steigende Meeresspiegel ihre heimatliche Halbinsel zu überfluten droht.

Aber die Dänen ergreifen von Natur aus gerne die Initiative, und die gesamte Nation scheint hinter Bemühungen zu stehen, eine existenzielle Bedrohung ihres geliebten grünen Wohlfahrtsstaates abzuwenden. Mehr als jede andere Nation in Europa ergreift dieses kleine nordische Land drastische Maßnahmen, um eine der wohlhabendsten und erfolgreichsten Gesellschaften der Welt zu bleiben. In vielerlei Hinsicht ist Dänemark zu einem sozialen Labor geworden, in dem radikale Politikexperimente Lösungen für die schwierigen Aufgaben des 21. Jahrhunderts aufzeigen sollen. Diese Experimente können auch Trends für den Rest Europas und der westlichen Welt setzen.

Dänemark gilt weithin als eines der Länder mit der weltweit innovativsten Sozialpolitik. Die Dänen sind Pioniere der »Flexicurity«, eines politischen Konzepts, das einerseits ein Netz sozialer Sicherheit für Arme, Behinderte und Arbeitslose bietet und gleichzeitig umfangreiche Ressourcen bereitstellt, damit diese die notwendigen Fähigkeiten erlangen, um in den Arbeitsmarkt integriert werden zu können. Die Dänen haben großes Vertrauen in dieses Modell. Einer von vier Beschäftigten wechselt jedes Jahr den Job, häufiger als in jeder anderen Arbeiterschaft in der entwickelten Welt. Arbeitgeber genießen große Freiheiten in Sachen »Hire and Fire«, um den Unwägbarkeiten einer hochgradig wettbewerbsorientierten Weltwirtschaft gerecht zu werden. Nach Angaben der Organisation für wirtschaftliche Zusammenarbeit und Entwicklung (OECD) gibt Dänemark proportional fast 18-mal mehr für berufliche Bildung aus als die USA.[2]

Eine starke Arbeitsmoral trägt ebenfalls zu der geringsten Arbeitslosigkeit in Europa bei; viele Menschen in Arbeit zu halten ist schlicht notwendig, um die Sozialausgaben abzudecken, die 30 Prozent des Bruttosozialprodukts ausmachen – eine der höchsten Raten weltweit. Ove Kaj Pedersen, Ökonom an der Copenhagen Business School, sieht in Dänemarks Wohlfahrtsstaat mehr Segen als Last für die Wirtschaft. »Ich garantiere, der Wohlfahrtsstaat wird in den nächsten fünf Jahren sogar noch wachsen, weil er für Dänemark den größten Wettbewerbsvorteil darstellt.«[3]

Dänemarks großzügiges Sozialsystem genießt weltweite Bewunderung, und es ist dies auch der Grund, warum das Land so viele Migranten und Flüchtlinge anzieht. Renten und medizinische Versorgung gelten in Umfang und Qualität als die besten der Welt; die enormen Kosten werden durch die hohe Einkommensteuer getragen. Die Dänen achten eifersüchtig auf ihre Lebensqualität und beanspruchen seit jeher Sonderbedingungen, damit ihre Mitgliedschaft in der EU nicht auf Kosten der nationalen Traditionen geht.

Teil des weltgrößten Wirtschaftsraums zu sein hat sich aufgrund von Dänemarks Status als historische Handelsnation bestens bezahlt gemacht. Allerdings wollten auch die Dänen keine weiteren Elemente ihrer Souveränität aufgeben. Sie lehnten den Maastricht-Vertrag von 1992 ab und schlossen sich auch nicht dem Euro an. Die Dänen sahen darin einen allzu ehrgeizigen Schritt in Richtung der Vereinigten Staaten von Europa. Sie unterschrieben zwar den Schengen-Vertrag für passfreies Reisen innerhalb der Europäischen Union, lehnten aber weitere Verträge über engere Kooperation in Polizei- und Sicherheitsfragen ab. Sie gelobten auch, die gemeinsame europäische Währung der aus 19 Ländern bestehenden Eurozone nicht einzuführen. Sie bestehen nach wie vor auf dem Recht, gelegentliche Grenzkontrollen durchzuführen, wenn sie ihre nationalen Interessen bedroht sehen.

Dänemark hat wegen einiger besonders strikter Einwanderungsbestimmungen Kritik auf sich gezogen. Politiker aus dem gesamten politischen Spektrum – nicht nur von rechts außen – scheinen sich gegenseitig darin übertreffen zu wollen, besonders strenge Kriterien für die Aufnahme in ihrem behüteten Wohlfahrtsstaat zu entwerfen. Ganz im Gegensatz zu ihren fortschrittlichen Idealen sind die Dänen scharf nach rechts gerückt, was den Umgang mit Europas Flüchtlingskrise angeht; selbst in linken Parteien herrscht die Überzeugung vor, muslimische Einwanderer in großer Zahl würden die einzigartige dänische Version der sozialen Demokratie untergraben. Derweil ist die Anzahl der Flüchtlinge weltweit auf 60 Millionen gestiegen –

mehr als je zuvor seit dem Zweiten Weltkrieg –, und viele davon suchen Zuflucht vor Krieg, Dürre und extremer Armut; möglichst in wohlhabenden und sicheren Ländern wie Deutschland, Schweden oder eben Dänemark.

Wie auch anderenorts auf dem Kontinent hat die europäische Flüchtlingskrise ebenso in Dänemark eine fremdenfeindliche Wende ausgelöst. Die rechtsorientierte Regierung sah sich – in Kooperation mit den oppositionellen Sozialdemokraten – gezwungen, der öffentlichen Meinung nachzugeben und außergewöhnliche Maßnahmen zu ergreifen, um die Welle der Migranten fernzuhalten, die aus Nordafrika und dem Nahen Osten nach Europa eingeströmt war. Als 2015 über eine Million Flüchtlinge in Deutschland und weitere 200 000 im benachbarten Schweden eingetroffen waren, machte sich bei den Dänen Panik breit. Man fürchtete, das kleine Land könnte von den vielen Syrern, Irakern und Türken schlicht überfordert werden. Zunächst finanzierte die Regierung eine Werbekampagne in libanesischen Zeitungen, die alle Insassen von Flüchtlingslagern beschwörte, sich von ihrem skandinavischen Paradies fernzuhalten. Als sich ein hoher dänischer Diplomat beklagte, die Kampagne würde dem Ruf des Landes schaden, antwortete ihm Integrationsministerin Inger Støjberg: »Ich weiß, und ich finde es großartig, wenn das dazu führen sollte, dass nicht so viele Menschen zu uns kommen.«

Bald darauf entfachte das dänische Parlament eine weitere Kontroverse mit der Verabschiedung des so genannten »Juwelengesetzes« im Januar 2016. Das Gesetz gestattete den Behörden, Kleidung und Gepäck von Flüchtlingen zu durchsuchen und Wertgegenstände zu konfiszieren, die den Wert von 10 000 Kronen (1340 Euro) überstiegen. Damit sollten angeblich die Kosten für Unterbringung und Gesundheitsversorgung der Flüchtlinge gedeckt werden. Die Abgeordneten stimmten auch für eine drastische Kürzung der Sozialleistungen für neue Flüchtlinge um fast 50 Prozent und streckten den Prozess des Familiennachzugs für Asylsuchende von einem auf drei Jahre. Die UN-Flüchtlingsagentur warnte, das Gesetz »könnte Furcht, Xenophobie und ähnliche weitere Einschränkungen nach sich ziehen, die den Asylraum verkleinern würden, anstatt ihn auszuweiten, und die Flüchtlinge lebensbedrohlichen Risiken aussetzen.« Bent Melchior, Dänemarks ehemaliger Oberrabbiner, sagte, das Juwelengesetz scheine »den Charakter dessen zu tragen, was die Nazis bei der Verfolgung von Minderheiten in die Tat umsetzten.«[4]

Die Strafmaßnahmen wurden im Ausland als herzlos und grausam kritisiert. Viele Dänen waren angesichts der internationalen Proteste peinlich berührt ob der Schädigung ihres guten humanitären Rufs. Innerhalb Dänemarks allerdings wurden die Maßnahmen praktisch vom gesamten politischen Spektrum getragen. Dänemark ist zwar stolz auf seine Tradition der Toleranz und seinen viel gepriesenen Schutz religiöser Minderheiten. Allerdings glaubten viele Dänen, der Schutz ihres Wohlfahrtsstaates müsse Vorrang vor der Gastfreundschaft gegenüber Flüchtlingen haben.

Das Juwelengesetz und andere Maßnahmen zur Abhaltung von Flüchtlingen und Asylsuchenden stehen in scharfem Kontrast zu einer mutigeren Phase in der Geschichte des Landes. 1939 verabschiedete das dänische Parlament ein Gesetz gegen »bedrohende, beleidigende oder herabwürdigende Sprache«, um die jüdische Bevölkerung des Landes vor Antisemitismus zu schützen. Während des Zweiten Weltkriegs war Dänemark das einzige von den Nazis besetzte Land, das es schaffte, nahezu alle seine jüdischen Bewohner zu retten, indem man sie heimlich nach Schweden verbrachte. Dänemark war auch der erste Unterzeichner der Genfer Flüchtlingskonvention von 1951.

Verbreitete Ängste unter dänischen Wählern, ihre homogene Gesellschaft könnte unter der Last der Schutz suchenden Flüchtlinge zusammenbrechen, verschoben allerdings die öffentliche Meinung und die Regierungspolitik deutlich nach rechts. In den Wahlen vom Juni 2015 – lange bevor die Flüchtlingskrise ihren Höhepunkt erreichte – suchten sich die etablierten Parteien gegenseitig darin zu übertreffen, wer die Eindämmung des Stroms der Asylsuchenden strenger betreiben würde. Am Ende gelang es den Mitte-rechts-Liberalen, die Sozialdemokraten von der Macht zu verdrängen.

Größter Wahlgewinner war allerdings die Dänische Volkspartei (Dansk Folkeparti – DF). Eine rechtspopulistische Anti-Einwanderungspartei, die auf 21 Prozent der Stimmen kam. Die Liberalen bildeten eine Minderheitsregierung, die auf die Unterstützung der DF angewiesen war. Diese erklärte den Schutz des dänischen Wohlfahrtsstaates und sogar eine Ausweitung der damit verbundenen Vergünstigungen zu ihrem Ziel. Gleichzeitig wollte sie das Land für Ausländer möglichst unattraktiv machen. Die Gründerin der DF, Pia Kjærsgaard, bekam eine einflussreiche Stellung als Sprecherin des dänischen Parlaments. Kjærsgaard, die vor ihrem Wechsel in die Politik in der Alten- und Behindertenpflege gearbeitet hatte, erklärte, man müsse die Muslime von Dänemark fernhalten, denn sie stünden auf einer »niedrigeren Stufe der Zivilisation«.

Unter dem Druck der DF verabschiedete die Regierung des liberalen Premierministers Lars Løkke Rasmussen Gesetze, die als die fremdenfeindlichsten in ganz Westeuropa gelten. In den meisten Fällen wurden diese neuen Gesetze auch von den oppositionellen Sozialdemokraten befürwortet, was den starken nationalen Konsens unter den Wählern aller politischen Richtungen widerspiegelt, wenn es darum geht, die Einwanderung zu begrenzen. Die Regierung hat sogar den eigenen Bürgern Beschränkungen auferlegt, die Flüchtlingen einfach nur symbolische humanitäre Hilfe geben wollten. In einem berühmt gewordenen Fall, der eine kontroverse Debatte über die dänische Gastfreundschaft auslöste, wurde Lise Ramslog, eine 70-jährige Großmutter, wegen Menschenschmuggels verurteilt und mit einer Geldstrafe von rund 3350 Euro belegt, weil sie zwei junge Flüchtlingspärchen sowie ein Kleinkind und ein neugeborenes Baby in ihrem Kleinwagen rund 200 Kilometer zu ihrem Zielort in Schweden gebracht hatte.

Bo Lidegaard ist ein angesehener dänischer Historiker, der auch als Chefredakteur bei *Politiken*, der führenden Tageszeitung des Landes, und als Sicherheitsberater im Büro des Premierministers tätig war. Er räumt ein, dass das »Juwelengesetz« ein ungeschickter Versuch gewesen sei, Einwanderer vom Zielland Dänemark abzuschrecken. Er merkt aber auch an, dass dieses Gesetz bislang so gut wie nie angewendet wurde. Er findet, der Fall Ramslog und andere Vorkommnisse, bei denen Dänen Schwierigkeiten bekamen, weil sie Dinge taten, die man schlicht für menschlich anständig halten muss, reflektierten das Gefühl der Hilflosigkeit und Verzweiflung der dänischen Behörden, wenn sie zu viele Ressourcen aufwenden müssen, um Asylsuchenden Versorgung und Schutz zu bieten.

»Es ist angesichts dieses Gesetzes verlockend zu sagen, etwas ist faul im Staate Dänemark«, erzählte mir Lidegaard. »Das war einfach ein schlecht gemachter Versuch, den Migrantenfluss in den Griff zu bekommen, indem man nach außen signalisierte, Dänemark sei nicht der richtige Ort. Das tiefere Problem liegt vielmehr darin, dass die Menschen wenig Vertrauen in europaweite Lösungen für die Herausforderungen unserer Zeit haben. Und ich fürchte, das Juwelengesetz ist nur ein Beispiel dafür, wie tief Europa noch sinken könnte, wenn wir nicht in der Lage sind, unsere Probleme gemeinsam anzugehen.«[5]

Das Brexit-Votum der Briten hat verbreitet Spekulationen ausgelöst, Dänemark könnte der nächste Kandidat für einen EU-Austritt werden. Dänemark war anfangs nur wegen seiner engen Handelsbeziehungen zu Großbritannien beigetreten, das gut die Hälfte aller dänischen Exporte abnahm. Die Fraktion der Euroskeptiker, angeführt von der Dänischen Volkspartei, macht Stimmung für ein Referendum, weil sie gegen ein, ihrer Ansicht nach, schleichendes Entstehen eines europäischen Superstaats opponiert, der in die Souveränität Dänemarks eingreifen würde. In den Monaten nach dem britischen Votum zeigten allerdings Meinungsumfragen, dass die Unterstützung der Dänen für die EU sogar auf einen Rekordwert von 69 Prozent der Wähler gestiegen war.

Die konservative Regierung von Lars Løkke Rasmussen ist auf die Unterstützung der DF angewiesen, die Xenophobie mit linkssozialistischen Elementen kombiniert: Einerseits pflegt sie ihre gegen Einwanderer gerichtete Rhetorik, andererseits stellt sie sich als standhaften Verteidiger des dänischen sozialen Wohlfahrtsstaates dar. Nach der Abstimmung der Briten sagten Politiker der DF, ein Referendum sei nötig, um Dänemarks nationale Interessen hochzuhalten, damit man im Kampf um die Rückgewinnung von Macht von den EU-Institutionen in Brüssel an die nationalen Hauptstädte gewappnet sei. »Die Eckpfeiler Europas – der Euro, das Schengener Abkommen, die Institutionen – beginnen zu bröckeln, und wenn die Politiker der EU nicht endlich anfangen, auf das Volk zu hören, fällt vielleicht wirklich alles auseinander«, erklärt Morten Messerschmidt, ein führendes Mitglied der DF im Europäischen Parlament. »Wir wollen uns nicht aus Europa zurückziehen, aber wir wollen einen neuen Deal, der unsere nationale Souveränität respektiert.«[6]

Messerschmidt, der bei der Europawahl 2014 mehr persönliche Stimmen bekam als jeder andere Kandidat, war allerdings bald darauf in einen Skandal verstrickt, bei dem es um missbräuchliche Verwendung von EU-Geldern ging. Ermittler der EU fanden heraus, dass er gegen die Regeln des Parlaments verstoßen hatte: Er hatte stolze 400 000 Dollar für Sommerlager und Urlaubsreisen der DF ausgegeben. Das war umso peinlicher, als er seinen politischen Ruf ausgerechnet mit einer Kampfansage an derlei Betrügereien auf Kosten der EU aufgebaut hatte. Er musste daraufhin den Parteivorsitz abgeben, zum Schaden des Ansehens seiner Partei bei den Wählern.[7] Der Skandal in der Volkspartei begünstigte den Aufstieg der noch extremeren neuen Rechtspartei im Jahr 2016, die noch striktere Einwanderungskontrollen fordert und am liebsten alle Asylsuchenden verbannen würde. Die Neue Rechte sicherte sich die notwendigen 20 000 Unterschriften, um bei den nationalen Wahlen antreten zu dürfen, und hofft, der DF Anhänger abspenstig zu machen.

Die kompromisslose Integrationsministerin Støjberg, die besonders eng mit der gegen Flüchtlinge gerichteten Regierungspolitik in Verbindung gebracht wird, spottet über Kritiker, nach denen sich Dänemark in ein fremdenfeindliches Land verwandelt. Sie bevorzugt den Begriff der »Asyl-Austerität« zur Beschreibung einer Reihe von im Parlament verabschiedeten Gesetzen, die Einwanderer und Flüchtlinge fernhalten sollen. Sie weist darauf hin, Dänemark habe 2015 über 21 000 Menschen aufgenommen – mehr als der EU-Durchschnitt – und weitere 75 000 Flüchtlinge würden noch im Rahmen des Familiennachzugs dazukommen. Auf Basis dieser Zahlen, so Støjberg, entspräche das der Aufnahme von 1,3 Millionen Flüchtlingen in den USA. Am meisten fürchtet sie künftige und ungebremste Flüchtlingswellen, die Europa schlicht überfordern würden, vor allem kleine Länder wie Dänemark.[8]

Im Jahr 2015 schien Støjbergs Albtraum Wirklichkeit zu werden, als sage und schreibe 6000 Syrer pro Tag auf ihrem Weg nach Nordeuropa von der Türkei nach Griechenland übersetzten. Besonders alarmiert war sie durch das Geschehen im Nachbarland Schweden, wo die Regierung die Tür für Hunderttausende Iraker und Syrer geöffnet hatte und nun verzweifelt versuchte, mit den Folgen zurechtzukommen. Diese übertriebene Gastfreundschaft fand ein abruptes Ende, als die Schweden begannen, nach gewalttätigen Angriffen schwedischer Skinheads auf Flüchtlinge mit strikten Maßnahmen weitere Immigration abzuwehren.

Die alarmierende Ausbreitung von Immigrantenghettos in Schweden hat vielen schwedischen Wählern Angst eingejagt und die politisch weit rechts stehenden Schwedendemokraten gestärkt. Die Schwedendemokraten sind in jüngster Zeit sogar zur stärksten Partei des Landes angewachsen und kamen zuletzt auf 28 Prozent der Stimmen. Zwar hat es Dänemark geschafft, viele potenzielle Immigranten abzuhalten. Die fremdenfeindliche Botschaft der Neuen Rechten und der Dänischen Volkspartei genießt aber weiterhin starke Unterstützung im Volk, ganz im Einklang mit den Schwedendemokraten und der rechtsnationalistischen Partei »Die Finnen«, die inzwischen an der Regierung in Finnland beteiligt ist. Laut dänischen Politikern haben die restriktiven Aktionen die Entwicklung von Immigrantenghettos eingedämmt. In Schweden gibt es geschätzte 180 solcher Enklaven, Dänemark konnte seine »Ghetto-Liste« auf maximal 30 begrenzen.

Dänemark hat die Barrieren für Einwanderer auch dadurch erhöht, dass das Erwerben der Staatsbürgerschaft deutlich erschwert wurde. Ein 2016 neu eingeführter Test stellt derart schwierige Fragen, dass zwei Drittel der Bewerber schon beim ersten Versuch durchfielen. In den vierzig Fragen des Tests geht es um Dinge wie Wikingerlegenden, astronomische Entdeckungen, die Lebensdaten von Komponisten und obskure Belanglosigkeiten über das dänische Kino. Die Kandidaten müssen auch eine mündliche und schriftliche Prüfung in dänischer Sprache bestehen, wobei das Dänische mit seinen vielen feinen Unterschieden in den Vokalen nur schwer zu beherrschen ist.[9]

Sie müssen auch nachweisen, die letzten fünf Jahre in der Lage gewesen zu sein, finanziell für sich selbst zu sorgen. Die Dänische Volkspartei war der stärkste Befürworter des schwierigeren Tests, Støjberg lehnt eine Rechtfertigung für die hohen Hürden vor Erteilung der Staatsbürgerschaft strikt ab. Sie beharrt darauf, Däne zu werden sei ein ganz besonderes Privileg, »und das müsse man sich eben verdienen«.

Manche Einwanderer haben in Dänemark auch Karriere gemacht. Diejenigen, die den Aufnahmetest schaffen, zollen Dänemarks kosmopolitischer Geschichte als führende Handels- und Seefahrernation Tribut, die dem Rest der Welt gegenüber immer offen stand. Fast 20 Prozent der 1,2 Millionen Einwohner im Großraum Kopenhagen gelten als Immigranten der ersten oder zweiten Generation, vor allem aus der Türkei und vom kriegsgebeutelten Balkan.

René Redzepi, als Sohn eines mazedonischen Immigranten aus ärmlichen Verhältnissen stammend, wurde ein weltbekannter Starkoch – er gründete das Restaurant »Noma«; eine Wortschöpfung aus den dänischen Begriffen für «»Nordisch« und »Essen«.[10] Er erinnert sich, wie er zusammen mit seinem Bruder als Zusteller zehn verschiedene Zeitungen auslieferte, um die Familie finanziell über Wasser zu halten, und er wuchs mit einem besonders wachen Bewusstsein für die wichtigsten Nahrungsmittel aus lokalem Anbau auf. Er hatte Konzentrationsschwierigkeiten in der Schule und landete am Ende in einer Berufsschule für das Hotel- und Gaststättengewerbe. Dort gewann er gleich in der ersten Woche einen Preis für das interessanteste Gericht.

Später ging er bei Spitzenköchen in Frankreich und Spanien in die Lehre, bevor er nach Kopenhagen zurückkehrte und unter Anleitung seines Mentors, des dänischen Spitzenkochs Claus Meyer, »Noma« aus der Taufe hob. Redzepi fand den Gedanken verlockend, ein auf nordische Zutaten spezialisiertes Spitzenrestaurant zu betreiben. »Bei der ganzen Sache ging es immer darum, unsere Region zu verstehen, den Boden, die Jahreszeiten, was das Wetter uns in Südskandinavien zu geben hat. Unser Restaurant hat, so wie ich es verstehe, eine Art Pakt mit der Natur. Darum geht es, eigentlich ganz einfach.«

Aber Redzepi ist eindeutig die Ausnahme. Dank seines beruflichen Erfolgs hat er sich bestens ins dänische Leben und dessen kulturelle Eigenheiten integriert. Die meisten Einwanderer finden sich in ethnischen Enklaven am Stadtrand von Kopenhagen oder anderen Städten wieder. So sauber und geordnet es dort zugeht: Im Prinzip bleiben es Ausländerghettos, abgeschottet vom Alltag der meisten Dänen. In Dänemark leben geschätzte 260 000 Muslime, das sind weniger als 5 Prozent der Gesamtbevölkerung. Die Öffnung des Landes für Rechtsaußenpositionen im Umgang mit Fremden lässt dennoch darauf schließen, dass es einen wachsenden Konsens unter der Einheimischen darüber gibt, muslimische Einwanderung in größerem Maßstab abzublocken, damit die von den Dänen so geschätzte Struktur des Sozial- und Wohlfahrtsstaates erhalten bleibt.

Die anti-muslimische Stimmung im Land wurde durch die jüngeren Erfahrungen der Dänen mit dem dschihadistischen Terrorismus noch verstärkt. Fast ein Jahrzehnt vor den Terroranschlägen in Paris und Brüssel machte die Veröffentlichung der sogenannten Mohammed-Karikaturen in der dänischen Tageszeitung *Jyllands-Posten* Dänemark zum Ziel vehementer Kritik muslimischer Extremisten. Für seine Ausgabe vom September 2005 bat Kulturredakteur Flemming Rose 42 Zeichner um Beiträge, wie sie sich den Propheten Mohammed vorstellten. Zwölf Künstler folgten der Einladung, und die Zeitung veröffentlichte die redaktionellen Karikaturen unter dem Titel »Das Gesicht des Mohammed«.[11] Die kontroverseste davon zeigte den Propheten mit einer Bombe im Turban. Eine andere zeichnete ihn im Himmel, wo er die Selbstmordattentäter anflehte, ihr Treiben zu beenden – Begründung: »Uns gehen die Jungfrauen aus!«

Als Exempel für die Freiheit des künstlerischen Ausdrucks ging die Sache jedoch bald nach hinten los. Vier Monate später standen die Botschaften von Dänemark und Norwegen in Syrien in Flammen. Einen Tag darauf steckte ein aufgebrachter Mob die dänische Botschaft im Libanon in Brand. Insgesamt 139 Menschen kamen bei Demonstrationen von Nigeria bis Pakistan zu Tode. Rose konnte nur noch unter bewaffnetem Personenschutz leben. Später tauchte er auf einer Todesliste der Al-Qaida auf, zusammen mit dem Autor Salman

Rushdie und Stephane Charbonnier, dem Chefredakteur der französischen Satirezeitschrift *Charlie Hebdo*, die ebenfalls die Mohammed-Karikaturen veröffentlicht hatte. Charbonnier wurde zusammen mit elf Kollegen von islamistischen Terroristen ermordet, die das Büro des Magazins in Paris im Januar 2015 überfielen.

Ein ausgefeilter Plan zum Angriff auf das Büro der *Jyllands Posten* in Kopenhagen samt Ermordung aller dort tätigen Journalisten konnte vereitelt werden, als der Rädelsführer, der pakistanisch-amerikanische Extremist David Headley, in den USA verhaftet wurde, bevor er den Plan in die Tat umsetzen konnte. Nur Wochen nach dem Anschlag auf *Charlie Hebdo* erschoss ein junger dänisch-palästinensischer Mann mit Namen Omar Abdel Hamid El-Hussein einen dänischen Filmemacher bei dem Treffen einer Aktivistengruppe für die Meinungsfreiheit, zu der auch ein schwedischer Karikaturist, ebenfalls bekannt für seine Mohammed-Zeichnungen, eingeladen worden war. Der Angreifer entkam zunächst, wurde jedoch Stunden später von der Polizei erschossen, nachdem er einen Wachmann der Hauptsynagoge Kopenhagens ermordet hatte.

Die Terroranschläge auf Ziele in Dänemark hatten einen abschreckende Wirkung und ohne Zweifel auch ihren Anteil an der Entscheidung der Regierung, strenger gegen muslimische Immigranten vorzugehen. Auch wenn viele Dänen mit dieser restriktiven Politik einverstanden sind, sind sie doch auch beschämt, ihr Land als Bastion des Rassismus und der Islamfeindlichkeit porträtiert zu sehen. Dabei sind fremdenfeindliche Anwandlungen kein neues Phänomen. Eine Dänemark-Studie der Europäischen Stelle zur Beobachtung von Rassismus und Fremdenfeindlichkeit kam 1997 zu dem Schluss, die Dänen seien besonders tolerant gegenüber Ausländern, aber gleichzeitig auch mit die größten Rassisten in der Europäischen Union.

Für den Rest der Welt gilt Dänemark in Fragen humanitärer Hilfe als eines der freigiebigsten Länder überhaupt, und seine innovativen Entwicklungsprogramme in Nahost, Afrika und Asien gehören in der praktischen Umsetzung zweifelsohne zu den besten. Im eigenen Land wollen sich die Dänen nicht für ihr erbittertes Bestreben entschuldigen müssen, Immigranten an der Überlastung ihres Sozialstaats zu hindern. Diese Verteidigung des Sozialstaats scheint geradezu Teil der dänischen DNA geworden zu sein. Der deutsche Kanzler Otto von Bismarck gilt weithin als Begründer des europäischen Sozialstaats moderner Prägung im 19. Jahrhundert. Die Dänen führen die Wurzeln ihres Systems hingegen auf ihren König Christian IV. und damit noch drei Jahrhunderte weiter zurück. Dieser stellte großzügige Hilfen für Unterkunft und Lebenshaltung für die Frauen und Kinder seiner Seeleute bereit. »Es ist ein extrem kostspieliges Modell, aber eines, das die Dänen als grundlegenden Teil ihres Lebens betrachten«, sagt Lykke Friis, ehemalige Klima- und Energieministerin und heute Rektorin der Universität Kopenhagen. »Wir sehen uns ganz gerne als Volksstamm. Außenstehenden begegnen wir deshalb in mancherlei Hinsicht etwas argwöhnisch, seien es nun Immigranten oder EU-Bürokraten. Und wir Dänen tun alles, was uns nötig erscheint, um Störungen unseres Lebensstils zu verhindern.«[12]

Dänemark erhebt mit die höchsten Einkommensteuern weltweit, aber viele Dänen akzeptieren diese Steuerlast als fairen Preis für ein großzügiges Sozialsystem von der Wiege bis zur Bahre, um das es die ganze Welt beneidet. »Geld ist im gesellschaftlichen Leben nicht so wichtig wie in Großbritannien oder Amerika«, sagt Christian Bjørnskov, Wirtschaftsprofessor an der Aarhus School of Business and Social Sciences, der seine Doktorarbeit über das dänische Glücksphänomen schrieb. »Wir geben unser Geld hier wohl anders aus. Wir kaufen keine riesigen Häuser oder dicken Autos, wir geben unser Geld lieber aus, um mit anderen etwas gemeinsam zu unternehmen.«[13]

Schon bevor die Flüchtlingskrise die alarmierende Frage aufwarf, ob der Wohlfahrtsstaat noch zu halten sei, sorgten sich die Dänen um die steigenden Kosten für ihre ausufernden Vergünstigungen in einer Zeit geringen Wirtschaftswachstums und angesichts einer alternden Bevölkerung – fast jeder fünfte Däne ist über 60 Jahre alt. Aber die Politiker von links wie rechts sind äußerst zurückhaltend, wenn es um Einschnitte in dieses System der Rundumversorgung geht, mit kostenloser Gesundheitsfürsorge, kostenlosem Studium und umfassenden Zuschüssen selbst für die reichsten Bürger des Landes. Die Dänen haben diese Vergünstigungen als fundamentale Menschenrechte verinnerlicht, die nicht abgeschafft werden dürfen.

Im Ergebnis beschränkt sich der Staat auf bestenfalls kosmetische Korrekturen. Man sucht nach Anreizen, die die Studenten schneller ins Arbeitsleben einbinden und ältere Arbeitnehmer motivieren sollen, auch über das Rentenalter hinaus noch in ihrem Job zu bleiben. Der Staat hat auch begonnen, Sozialbetrug ernsthafter zu verfolgen, nachdem der Fall eines Mannes mittleren Alters – der »Faule Robert« – bekannt wurde. Dieser gab im Fernsehen freimütig zu, er verspüre keine Notwendigkeit zu arbeiten, wo ihm doch der Sozialstaat genug Geld gebe, um in schicken Restaurants essen zu gehen – sogar ein eigenes Appartement konnte er sich leisten. Nach der Aufregung ob dieser Dreistigkeit beschnitt die Regierung die Dauer der Zahlung staatlichen Arbeitslosengelds von vier auf zwei Jahre.[14]

Dieser und andere Fälle führten zu einer Überprüfung des dänischen Sozialstaats und einer Untersuchung der Frage, ob die diversen Vergünstigungen die Arbeitsmoral des Landes untergraben würden. Die Untersuchung machte auch auf die Tatsache aufmerksam, dass die muslimischen Einwanderer, etwa 5 Prozent der Bevölkerung, nicht wirksam in die Gesellschaft integriert werden. Vielmehr würden sie in Ghettos abgedrängt, in denen sie zwar staatliche Beihilfen bekommen, aber keine ausreichenden Anreize, um Dänisch zu lernen oder sich eine Arbeit zu suchen.

Nach einer Studie aus dem Jahr 2010 wurde eine »Ghetto-Liste« der 30 Viertel angelegt, die im Fokus intensiver Bemühungen stehen, mehr Kontakt zu den dänischen Bevölkerungsgruppen herzustellen. Dänemark pflegt heute einen recht strengen Umgang mit beschäftigungslosen Einwanderern. Das »Flexicurity«-Programm bietet großzügige Hilfen bei Einkommen und Ausbildung, aber wenn die Einwanderer keinen Job finden oder einen angebotenen Job nicht annehmen, können sie innerhalb von vier Monaten ihre Zuschüsse verlieren. Viele Dänen glauben, ihr Flexicurity-System habe den Sozialstaat vor einer Kostenexplosion bewahrt, da es mehr Menschen ins Arbeitsleben einbindet, und diese so weder dem Sozialsystem zur Last fallen noch in die Kriminalität abgleiten. Die Programme zur

Berufsausbildung mögen zwar teuer sein, aber Dänemarks Offizielle weisen gern darauf hin, dass so auch der Anteil der Gefängnisinsassen auf einem besonders niedrigen Niveau bleibe, verglichen etwa mit den 2 Millionen Menschen, die in den USA im Gefängnis sitzen. Dort kostet ein Amerikaner hinter Gittern im Durchschnitt bis zu 31 000 Dollar pro Jahr.

Viele Dänen machen sich zweifellos Sorgen wegen der Einwanderungskrise und dem Schicksal ihres Sozialstaats. Noch mehr beunruhigt sie aber der Einfluss des Klimawandels auf ihr Leben. Vielleicht intensiver als jedes andere Land geht Dänemark die Gefahren des steigenden Meeresspiegels für seine verletzlichen Küsten an. Dafür betreibt das Land eine besonders kreative und weitsichtige Klimapolitik. Dänemark hat seinen »Volksstamm« mobilisiert, damit dieser mit die innovativsten Bestrebungen weltweit beherzigt, was die Vermeidung fossiler Brennstoffe und die Nutzung alternativer Energien angeht. Das Land ist auch weltweit führend darin, notwendige Opfer zu bringen, um den Anstieg des Meeresspiegels aufzuhalten.

Die Dänen sehen sich als Kämpfer an mehreren Fronten gegen die Auswirkungen des Klimawandels. Das rasche Abschmelzen des Grönlandeises – nach Angaben von Wissenschaftlern sind im vergangenen Jahrhundert bereits über 9 Billionen Tonnen Eis verschwunden, und die Schmelzrate nimmt mit den steigenden Temperaturen noch weiter zu – lassen das Schreckgespenst eines steigenden Meeresspiegels auftauchen, der innerhalb von Jahrzehnten die Überflutung der dänischen Inseln und der Halbinsel Jütland als durchaus denkbares Szenario erscheinen lässt. Die Dänen beobachten nervös, wie ihr Territorium in Grönland rasch zu einem der sichtbarsten Beweise für die globale Erwärmung wird. Schätzungen der NASA gehen davon aus, dass das Grönlandschelf inzwischen etwa 287 Milliarden Tonnen Eis pro Jahr verliert, durch Abschmelzen der Oberfläche ebenso wie durch das Abbrechen großer Eisblöcke. Eine Reihe warmer Sommer, die mit der intensiven Eisschmelze im Sommer 2012 einsetzte, hat laut Wissenschaftlern die Gefahr noch verschärft.

Nach Ansicht vieler Dänen ist der Verlust an Gletschern und Schelfeis in Grönland so weit und so schnell vorangeschritten, dass ihr Land in nicht allzu ferner Zukunft vor dem Untergang stehen könnte. Und teilweise auch wegen des Klimawandels wird die Arktis, die so eng mit den Sicherheitsinteressen von Dänemark und seinem kostbaren Territorium Grönland verbunden ist, immer mehr zu einem neuen Feld geopolitischer Spannungen zwischen den nordischen Ländern und Russland, das seinen ehemaligen Status als Supermacht wiederherstellen möchte, indem es die gewaltigen Ressourcen und bedeutenden Schifffahrtswege unter seine Kontrolle zu bringen sucht.

Die doppelte Bedrohung durch Flüchtlingsstrom und Klimawandel ist derart komplex, dass sie eigentlich einen globalen Konsens über wirksames Handeln erfordert. Die Dänen haben aber entschieden, sich weiteres Zuwarten nicht leisten zu können. Mangels einer kohärenten Antwort der Weltgemeinschaft haben sie deshalb allein die Initiative ergriffen und eine Reihe von Maßnahmen eingeleitet, die im Guten wie im Schlechten ein Beispiel für Europa und den Rest der Welt liefern könnten, wie man mit diesen schwierigen Aufgaben und den damit verbundenen Dilemmata umgehen könnte.

Trotz des kühlen und stürmischen Klimas verbraucht Dänemark weitaus weniger Energie pro Kopf als andere europäische Länder. Es ist zum Modellstaat für die Entwicklung von Windenergie und passiver Solararchitektur als Alternative zu fossilen Brennstoffen geworden. Und Benzin wird so stark besteuert, dass die meisten Menschen mit dem Fahrrad unterwegs sind. Fast die Hälfte der gesamten Energie im Stromnetz stammt aus erneuerbaren Energiequellen. Aber während die Dänen solch dramatische Schritte in Richtung Energieunabhängigkeit unternehmen, stellen sie auch fest, dass ihre Politik der Förderung alternativer Energiequellen allen verbleibenden konventionellen Energieformen das Wasser abgräbt, was wiederum zu ernsten Problemen führen könnte. Wie Dänemark mit diesen Fragen umgeht, wird für den Rest der Welt noch sehr wichtig werden.

Frank Jensen, der Oberbürgermeister von Kopenhagen, hat gar noch ehrgeizigere Pläne für die Umwandlung seiner Stadt in ein globales Modell für saubere Energie. Er hat sich die Unterstützung aller politischen Parteien für die Förderung von Maßnahmen gesichert, die Kopenhagen bis 2025 zur ersten klimaneutralen Großstadt machen sollen. Neben der großen Menge Energie, die durch Offshore-Windparks erzeugt wird, hat Kopenhagen eine riesige Biomasseanlage gebaut, die die Stadt im Prinzip dadurch heizt, dass sie ihren eigenen Abfall verbrennt.

Dieses Kraftwerk ist so sauber, dass die Stadt gerade einen künstlichen Skihang als Freizeitanlage auf dem Biomassekraftwerk anlegt. Dank der Effizienzgewinne der mit Biomasse befeuerten Wärmeerzeugung, die 800 000 Menschen in der Innenstadt Kopenhagens versorgt, können alle Kohlekraftwerke geschlossen werden, was den Verbrauch fossiler Brennstoffe dramatisch reduziert. Die Fahrzeugflotte des öffentlichen Nahverkehrs der Stadt wird bereits elektrisch betrieben, aber das beliebteste Verkehrsmittel ist nach wie vor das Fahrrad. Kopenhagen besitzt eines der am besten ausgebauten Radwegenetze, und über 65 Prozent der Bevölkerung nutzen täglich das Fahrrad für den Weg zur Arbeit oder zur Schule.

Als bedeutender Hafen, der eine der meistbefahrenen Schifffahrtsrouten Europas bedient, steht Kopenhagen vor immensen Problemen, was die Wahrung der Qualität seiner Wasserversorgung betrifft. Bis in die 1990er spülten Stürme regelmäßig mit Abwasser verunreinigtes Regenwasser direkt in den Hafen. Kopenhagen beschloss daraufhin eine massive Investition von 1 Milliarde Dollar in ein Infrastrukturprogramm, das schon bald Wirkung zeigte. Die Stadt säuberte ihren Hafen durch den Bau neuer Regenwasserreservoirs und spezieller Leitungen, die das Sturmhochwasser von den Docks fernhielt. Ein neues Abwasseraufbereitungssystem reinigt das Wasser im Hafen derart gründlich, dass man sogar darin schwimmen kann. Die Stadt hat auch Mittel in die Abstützung von Deichen und Dämmen und andere Maßnahmen gesteckt, die dazu beitragen, die Dänen vor den Gefahren des steigenden Meeresspiegels zu schützen. Wie alles andere wird auch die Wasserinfrastruktur Dänemarks durch hohe Steuern finanziert, die die Bürger auch motivieren, den Wasserverbrauch zu Hause einzuschränken. Das geht so weit, dass Badewannen heutzutage in dänischen Häusern und Wohnungen eine absolute Rarität sind.

Jensen gab eine aussichtsreiche Karriere als Jungstar der nationalen Politik auf, um Bürgermeister zu werden, getreu seiner Überzeugung, dass nur »lokale Politik nahe am Alltag der Menschen ist«. Während seiner zwei Amtsperioden als Bürgermeister hat er sich einen internationalen Ruf als fortschrittlicher Stadtplaner erworben, der aus Kopenhagen die grünste und vielleicht lebenswerteste Stadt der Welt gemacht hat. Heute lebt über die Hälfte der Menschheit in Städten. Da sieht Jensen die Bürgermeister in der Pflicht, Lösungen zu finden, die für eine saubere und gesunde Umwelt sorgen und zugleich ausreichende Einkommen durch stabiles Wirtschaftswachstum gewährleisten.

Mikkel Hemmingsen, Jensens oberster Problemlöser, managt eine Gruppe von über 50 Wirtschaftsfachleuten, die alle Möglichkeiten der Bewältigung städtischer Probleme in Zusammenarbeit mit dem privaten Sektor und der nationalen Regierung erkunden. Kopenhagens innovative Methoden stoßen weltweit auf so viel Interesse, dass allein China im Schnitt jede Woche eine Delegation entsendet, die sich ansehen will, wie man Kopenhagens Modell auf verschiedene chinesische Großstädte übertragen könnte.

»Die Städte sind ohne jeden Zweifel weltweit zum Hauptmotor der Volkswirtschaften geworden«, sagt Hemmingsen und nippt an seinem Espresso im Büro des Rathauses in einer der seltenen Pausen in seinem 15-Stunden-Tag. »Aber die Städte sind auch eine Art Labor, in dem wir untersuchen, wie wir mit den diversen gesellschaftlichen und wirtschaftlichen Problemen umgehen können, etwa der Reduzierung von Klassenunterschieden und der Integration von Zuwanderern. Vor allem müssen wir wirksame Wege zu einem nachhaltigen Wirtschaftswachstum finden, ohne die negativen Effekte des Klimawandels zu verstärken. Wir erleben diese Herausforderung hier Tag für Tag, deshalb ist uns immer bewusst, dass wir uns nicht nur für unser Leben einsetzen, sondern auch für das künftiger Generationen.«[15]

Er und Jensen sind überzeugt, dass die Großstädte mehr Macht und Verantwortung als nationale Regierungen übernehmen müssen, um als entscheidender gesellschaftlicher Hebel bei der Bewältigung von Flüchtlingsproblematik, Klimawandel und anderen existenziellen Bedrohungen für das menschliche Befinden zu wirken. Laut Hemmingsen ist es Kopenhagen gelungen, einige besonders verfahrene Konflikte zu lösen, indem man an einem dezentralen Regierungssystem festhielt, das den Stadtoberen mehr Freiheit lässt als den politischen Parteien, die sich auf nationaler Ebene herumstreiten. »Wenn du den Wählern gegenüber direkt verantwortlich bist, für die Müllabfuhr, die Schulen, sauberes Trinkwasser und günstigen Strom, erkennst du, was Führung wirklich bedeutet: Du kannst dir die parteipolitische Polarisierung, die wir auf nationaler Ebene erleben, einfach nicht leisten.« Es ist eine Lektion, die sich andere westliche Hauptstädte zu Herzen nehmen – und sie vielleicht auch so effektiv umsetzen – sollten, wie das in Kopenhagen geschehen ist.

Kapitel 9

Riga

Im Schatten des Bären

Das Museum der Besetzung Lettlands ist eine der beliebtesten Se-
henswürdigkeiten in der Hauptstadt Riga, einer majestätischen Ha-
fenstadt, die auf die Zeiten der Hanse im 13. Jahrhundert zurückgeht und heute die größte Stadt des Baltikums ist. Das Museum
dokumentiert eindrucksvoll die drei Phasen brutaler Unterdrückung, die zwei Generationen der lettischen Bevölkerung unter der
Sowjetherrschaft und unter den Nazis im 20. Jahrhundert erleiden
mussten. Die erste Phase beschreibt, wie Lettlands kurze Periode der
Unabhängigkeit zwischen den zwei Weltkriegen 1940 durch einfallende sowjetische Truppen nach Abschluss des Hitler-Stalin-Pakts
beendet wurde, der einen Großteil Osteuropas aufteilte. Die zweite
Phase zeigt die Leiden während des Krieges unter der dreijährigen
Herrschaft Nazideutschlands von 1941 bis 1944. Damals wurden die
meisten der 24 000 Juden Rigas im Ghetto isoliert und systematisch
ermordet. In der dritten Phase geht es um die über vier Jahrzehnte
kommunistischer Herrschaft, die erst mit der Auflösung des Sowjetreichs im Jahr 1991 und der Wiederherstellung von Lettlands Unabhängigkeit endete.

In seinem geräumigen Büro im Rathaus gegenüber dem zentralen
Platz der Stadt spielt Rigas Bürgermeister Nils Ušakovs mit seinen
zwei Katzen und blickt mit gemischten Gefühlen aus dem Fenster in
Richtung Museum. »Es ist kompliziert«, sagt der Politiker in seinen
Vierzigern und versucht, den Mahlstrom aus Kulturen, Sprachen
und Geschichte zu erklären, der sein Leben und das seines Landes

bestimmt.[1] Als beliebter Bürgermeister russischer Abstammung in seiner zweiten Amtsperiode ist sich Ušakovs der Identitätskrisen sehr wohl bewusst, die das Leben so vieler Letten und anderer baltischer Völker prägen, vor allem in der wechselvollen Beziehung zum mächtigen Nachbarn im Osten. »Ich lasse lieber die Historiker über die Vergangenheit urteilen, und darüber, ob man das Geschehene eher als Besatzung oder als Annektierung bezeichnen sollte«, sagt Ušakovs. »Natürlich bezweifelt niemand, dass Lettlands Unabhängigkeit verletzt wurde und dass das Land gegen seinen Willen Teil der Sowjetunion wurde.«

Riga war in der Zarenzeit ein kaiserlicher Hafen, und viele russischstämmige Bürger können die Ansässigkeit ihrer Familie über mehr als zwei Jahrhunderte nachweisen. Symbolfiguren wie der Balletttänzer Michail Baryschnikow und der Regisseur Sergei Eisenstein sind in Riga geboren und aufgewachsen. Die Russen spielen seit jeher eine wichtige Rolle in der Kultur des Baltikums und sehen in den baltischen Seehäfen schon immer ein wichtiges Tor zur Welt. Ušakovs' Eltern waren Teil eines massiven Zuflusses von fast einer Million russischer Arbeiter, Verwaltungsbeamten, Militärpersonal und deren Familien, die von Stalins Regime zur »Russifizierung« Lettlands und in andere in die Sowjetunion eingebundenen Länder geschickt wurden. Für viele von ihnen war der Tag im Jahr 1991, an dem Lettland seine Unabhängigkeit erklärte, ein böses Erwachen: Sie mussten feststellen, dass sie auf einmal staatenlos geworden waren. Denn nach einem Beschluss der neuen Regierung sollten nur Nachkommen von Personen, die schon vor 1940 in Lettland gelebt hatten, automatisch die Staatsbürgerschaft erhalten.

Heute sprechen fast die Hälfte der 700 000 Einwohner Rigas Russisch, haben aber dennoch kein großes Verlangen, in die Heimat ihrer Vorfahren zurückzukehren. Sie beharren aber auch darauf, nicht anders behandelt zu werden als ihre lettischen Landsleute. Seit des Zusammenbruchs des Kommunismus vor einem Vierteljahrhundert leben sie mit ihren lettischen Nachbarn in Frieden und relativem Wohlstand zusammen. Die russischstämmige Bevölkerung klagt aber noch immer über ihren Status als Bürger zweiter Klasse, die kein

Wahlrecht haben und kein Staatsamt innehaben dürfen. Sie ärgern sich über die Weigerung des Staates, Russisch als zweite offizielle Landessprache anzuerkennen. Vor allem aber stört sie die Tatsache, dass sich ihre Eltern, die beim Wiederaufbau der Fabriken, Straßen und Schienennetze nach dem Krieg geholfen haben, nach der Auflösung der Sowjetunion plötzlich in völliger Ungewissheit wiederfanden. Trotz klarer Trennlinien gegenüber Russland innerhalb der lettischen Gesellschaft weist nichts unmittelbar darauf hin, dass der Hang zum Separatismus Ausmaße erreichen könnte, die eine russische Intervention in Lettland befürchten ließen.

Dennoch mehren sich die Spekulationen, dass der dritte Weltkrieg genau hier ausbrechen könnte.[2] Die Wahl von US-Präsident Donald Trump und seine Ambivalenz zu Amerikas Verpflichtungen gegenüber seinen NATO-Partnern schüren Ängste, Putin könnte mit einer weiteren Blitzaktion die Hegemonie über das ehemals sowjetische Territorium der baltischen Länder zurückerlangen. Russlands Intervention in der Ukraine und die Annexion der Krim haben die Balten alarmiert, Putin könnte vielleicht ausnutzen wollen, was er als Schwäche der westlichen Führung interpretiert, um die Expansion der NATO zurückzudrängen. Ein mögliches Szenario: Eine Demonstration russischsprachiger Letten in Riga wird durch von Moskau entsandte Spezialkräfte infiltriert, um Chaos zu erzeugen. Heckenschützen töten drei Demonstranten als Vorwand für eine russische Invasion, die innerhalb weniger Stunden über die Bühne geht. Bis die NATO eine wechselseitige Sicherheitsgarantie ausrufen und eine effektive Reaktion organisieren kann, erklärt Russland, dass jeder Versuch, die Kontrolle zurückzuerlangen, mit dem Einsatz von Atomwaffen beantwortet werden würde.

Das mag sich anhören wie das Drehbuch zu einem James-Bond-Film, aber General Sir Richard Shirreff hält eine russische Invasion für absolut plausibel. Seiner Ansicht nach ist Putins Russland bereit, mit all den Cybertricks und -techniken zu arbeiten, die bereits in der Ukraine und anderswo eingesetzt wurden, um eine Invasion zur Rückerlangung der Kontrolle über das Baltikum zu gewinnen. Und der ideale Ausgangspunkt dafür wäre Lettland. Shirreff war bis zu seiner Pensionierung stellvertretender Oberster Alliierter Befehlshaber in Europa und damit zweithöchster NATO-Offizier, und er hat ein Buch geschrieben, das einem ähnlichen Drehbuch folgt.[3] Darin wird ein unmittelbar bevorstehender Krieg mit Russland beschrieben. Im Vorwort bestreitet Shirreff, es handele sich um Fiktion – er nennt es eine »faktengestützte Vorhersage«, die sich nahe an das hält, was er als leitender Offizier »an höchster und bestinformierter Stelle« erlebt und erfahren habe.

Ušakovs und andere Russischstämmige in Riga tun Shirreffs Buch jedoch als pure Phantasterei ab. Bei allem Stolz auf ihr russisches Erbe und bei aller Enttäuschung über die aus ihrer Sicht diskriminierende Behandlung geben die russischstämmigen Bürger in Lettland unumwunden zu, einen deutlich höheren Lebensstandard zu genießen als ihre Landsleute jenseits der Grenze. Die große Mehrheit der russischstämmigen Letten gehört lieber zum Westen als zu Russland und ist dankbar für den hohen Lebensstandard, den Lettland in den letzten Jahren erreicht hat. Diese kleine baltische Nation mit zwei Millionen Einwohnern blüht seit ihrem Beitritt zur Europäischen Union und zum Nordatlantikpakt 2004 geradezu auf. Lettland hat zudem 2014 auch den Euro eingeführt, und selbst die missmutigsten Angehörigen der russischen Gemeinde nehmen die materiellen Vorteile gerne mit und sagen, es gehe ihnen seit dem Fall der Berliner Mauer doch deutlich besser als zuvor.

Ušakovs wurde 1976 in Riga geboren und erst in Lettland eingebürgert, nachdem er an der örtlichen Universität 1999 seinen Abschluss gemacht hatte. Er musste in einem anspruchsvollen Sprachtest seine Lettischkenntnisse nachweisen, auch Lettlands Geschichte wurde ausführlich abgefragt, und er musste einen Treueeid auf das Land schwören. Über 300 000 Russischstämmige, die in Lettland leben, gelten nicht als vollwertige Staatsbürger, darunter auch Ušakovs Mutter, obwohl die Familie immer im Land gelebt und gearbeitet hat. Ušakovs wuchs ausschließlich mit der russischen Sprache auf und beschloss im Alter von 16 Jahren, Lettisch zu lernen, um sich für ein Studium der Volkswirtschaft an der Universität einschreiben zu können. Nach Ende seines Aufbaustudiums in Dänemark wurde er ein bekannter Redakteur und TV-Kommentator und dachte an eine Karriere als Journalist oder Wirtschaftsprofessor. Dann zog es ihn jedoch in die Politik, als die Partei »Harmonie«, die die Interessen der russischstämmigen Bevölkerung in Lettland vertritt, auf der Suche nach einer jungen und charismatischen Spitze war und Ušakovs im Jahr 2005 bat, die Parteiführung zu übernehmen. Er begann rasch, seine Basis über die russischstämmigen Wähler hinaus auszudehnen, indem er die Partei zu einer moderat linken und auch für lettische Anhänger attraktiven sozialdemokratischen Partei entwickelte.

2011 hatte Ušakovs genug Wähler mobilisiert, um »Harmonie« zur stärksten Partei des Landes zu machen. Bei den letzten zwei Parlamentswahlen holte sie jeweils die meisten Stimmen. Die Bildung einer Koalitionsregierung gelang ihr hingegen nicht – das wurde durch eine Allianz der angestammten Parteien Lettlands blockiert. Ušakovs hat eindeutig Ambitionen auf ein höheres Staatsamt und betont stets seine pragmatische Sichtweise, wenn er um die Unterstützung junger Letten wirbt, die seine sozialdemokratische Grundhaltung mit den Schwerpunkten Arbeit, Wachstum und neue Technologien attraktiv finden. Ušakovs pflegt enge Beziehungen zu Sozialdemokraten in Westeuropa und gewann auch die Unterstützung des EU-Parlamentspräsidenten für die Parlamentswahlen in Lettland. Er sieht sich als Vertreter einer neuen Generation, die mit der auf Rivalität gründenden Interpretation der Geschichte brechen und stattdessen als Brücke zwischen Russland und dem Westen dienen möchte. Er ist stolz darauf, den ideologischen Werten des Mitte-links-Spektrums Vorrang vor der ethnischen Thematik gegeben und damit die Partei wesentlich breiter aufgestellt zu haben. Nach seiner Aussage sind heute 35 Prozent der Anhänger seiner Harmonie-Partei lettischstämmig.

Am tiefen Misstrauen der herrschenden Elite Lettlands gegenüber Ušakovs hat das allerdings wenig geändert. Manche aus dieser Elite streuen Gerüchte, er sei russischer Agent, was er selbst als lächerlich abtut. »Ich wurde hier geboren und besitze einen lettischen Pass«, sagt er. »Ich mag wohl russischer Abstammung sein, aber ich bin lettischer Patriot.« Wegen seines russischen Hintergrunds werden Ušakovs' Worte und Taten genauer unter die Lupe genommen als die der meisten anderen Politiker. Als er bei einer Moskaureise sagte, aus lettischer Sicht sei Präsident Wladimir Putin möglicherweise der beste denkbare russische Führer, sorgte dies für Entrüstung, wenn nicht gar Entsetzen. Nach seiner Rückkehr erklärte er, er habe keineswegs Putins Handeln rechtfertigen, sondern vielmehr eigenen Befürchtungen Ausdruck geben wollen, dass noch radikalere russisch-nationalistische Alternativen zu Putin für Lettland viel schlimmere Folgen haben könnten. »Ich wollte ausschließlich darauf hinweisen, dass es extreme russische Nationalisten gibt, die nur in den Startlöchern stehen und für uns viel gefährlicher wären als Putin«, erklärt er. Ušakovs hat Russlands Präsidenten erst ein einziges Mal getroffen und hat gegen Putins autoritäre Amtsführung eine Menge einzuwenden. Dennoch pflegt die Harmonie-Partei unter seiner Führung enge politische Kontakte und unterschrieb 2009 einen Kooperationsvertrag mit Putins Partei »Einiges Russland«.

Ušakovs wäre es lieber, Lettland und seine baltischen Nachbarn könnten ihre alten Streitigkeiten um ethnische und historische Fragen begraben und sich mehr auf heutige Aufgaben wie Bildung, Arbeit und die Einführung neuer Technologien konzentrieren. Ihm ist aber weiterhin nur zu bewusst, dass diese fragile, multiethnische Gesellschaft sehr leicht den wachsenden geopolitischen Spannungen zwischen dem Westen und einem neuerdings aggressiven Russland zum Opfer fallen könnte. Als Putin die Krim-Enklave am Schwarzen Meer im März 2014 annektierte und die militärische Unterstützung für russischsprachige Separatisten in der Ostukraine aufstockte, lief es den Menschen in den drei winzigen baltischen Staaten Litauen, Lettland und Estland eiskalt den Rücken herunter. Zwar fühlen sich die drei Demokratien jetzt durch den kollektiven Schutzschild dank ihrer Mitgliedschaft in der EU und der NATO sicherer. Aber die Balten plagen dennoch nach wie vor finstere Erinnerungen an die russische Herrschaft, vor allem während des Kommunismus, als die baltischen Nationen annektiert und unter Zwang in die Sowjetunion eingebunden worden waren.

Putin begann seine zweite Amtszeit als Präsident mit der Erklärung, er betrachte die NATO von nun an als Hauptfeind des russischen Volkes. Er führte weiterhin aus, er fühle sich verpflichtet, die Rechte von Russen zu schützen, wo auch immer diese lebten. Die baltischen Regierungen interpretierten Putins Worte als direkte Bedrohung ihrer Sicherheit und sahen sich von da an als Ziel einer neuen Phase russischen Imperialismus. Unter Putins Führung hat Russland mit einer ausgefeilten Serie von Cyberattacken und aggressiven Medienkampagnen versucht, Einfluss auf die Innenpolitik der baltischen Staaten zu nehmen. Im Januar 2015 wurde unter mysteriösen Umständen die »Volksrepublik Lettgallen« via Internet ausgerufen, verbunden mit der Forderung nach Unabhängigkeit der russischsprachigen Gemeinde in Lettland. Nach Angaben von Rihards Kozlovskis, Innenminister des Landes, war rasch bewiesen, dass russische Provokateure hinter der Aktion steckten, die er als »kriminellen Akt« gegen die territoriale Integrität Lettlands bezeichnete.[4]

Die Lettgallen-Deklaration rüttelte viele Letten auf, die sie überdeutlich an den Beginn der Rebellion russischsprachiger Separatisten in der Ukraine erinnerte, die bald zu einem Bürgerkrieg mit fast 10 000 Toten eskalieren sollte. Neben der 276 km langen lettisch-russischen Grenze gilt die Region Narva im Osten von Estland, an der russischen Grenze gelegen und mit einem Bevölkerungsanteil von 80 Prozent ethnischer Russen, als weiterer potenzieller Brennpunkt, an dem Putin versucht sein könnte, unter dem Vorwand des Schutzes russischer Bürger militärisch einzugreifen.

Lettische Politiker klagen über die Propagandaflut, mit der der Kreml die örtlichen russischsprachigen TV-Kanäle versorgt. Dadurch sind bereits zwei separate Informationsgesellschaften entstanden, die die ethnischen Gruppen des Landes noch weiter spalten. Laut einer Umfrage aus dem Jahr 2014, durchgeführt nach dem Einmarsch der Russen auf der Krim, nehmen 64 Prozent der ethnischen Letten Russland als Bedrohung ihrer Nation wahr, gegenüber lediglich 8 Prozent in der russischsprachigen Bevölkerung. Darüber hinaus sagen 36 Prozent der ethnischen Russen in Lettland, sie würden die Annexion der Krim durch Russland klar befürworten. Die lettische

Regierung nimmt an, Putin wolle die Probleme der ethnischen Russen in ihrem Land durch verschiedene Formen hybrider Kriegsführung – Cyberattacken, Medienpropaganda und in grünen Overalls getarnte Spezialkräfte – dazu nutzen, Unruhe zu stiften, genau wie dies in der Ukraine geschehen ist.

Lettlands Außenminister Edgars Rinkēvičs beschuldigt Russland, diverse »landsmännische« Programme zu finanzieren, die die Herzen und Hirne junger Letten mit lukrativen Stipendien und bezahlten Ferien in politischen Camps Russlands gewinnen sollen. »Wir reden hier nicht von harmlosen Pfadfinderausflügen. Das sind eindeutige Versuche, das Denken unserer Jugend zu manipulieren und sie für die Interessen Russlands zu gewinnen«, sagte er mir.[5] Laut Rinkēvičs ist es offensichtlich, dass Russlands Aktivitäten in Grenzstaaten wie der Ukraine, Moldawien und im Baltikum eine subtile Strategie verfolgen, um durch Einsatz von »Hard und Soft Power« an Einfluss zu gewinnen. Diese Methoden blieben gerade noch unterhalb der Schwelle einer Aggression, die als kriegerischer Akt zu bezeichnen wäre. Es kommt für die Bewohner des Baltikums nicht überraschend, dass Moskau offensichtlich auf Wahlen in den USA, Deutschland und Bulgarien Einfluss nimmt bzw. genommen hat. All dies spricht dafür, dass Putin seine heimlichen Bemühungen intensiviert, den Westen zu destabilisieren und zu spalten.

Nach dem Eingriff in den Bürgerkrieg in der Ukraine hat der Kreml seine Kampagne zur Ausnutzung ethnischer Spannungen in Lettland und den Nachbarländern Estland und Litauen, in denen kleinere russische Minderheiten leben, weiter verstärkt. Eine in Moskau ansässige Stiftung namens »Russkiy Mir« (»Russische Welt«) leitet Gelder an lettische Organisationen, die die Interessen ethnischer Russen vertreten. Russlands Außenministerium hat auf internationalen Konferenzen Proteste vorgetragen, die Frage der Nicht-Staatsbürger in Lettland stelle »einen groben Verstoß gegen die Menschenrechte im Herzen des zivilisierten Europa dar«.

Moskau hat auch das Aufkommen extremerer Parteien wie »Lettlands Russische Union« gefördert, die anders als die moderate »Harmonie« Russlands Annexion der Krim eindeutig befürwortet. Einige

Mitglieder dieser Partei werden auch von Lettlands Regierung ver-
dächtigt, in der Ostukraine an der Seite prorussischer Separatisten
am Bürgerkrieg gegen die Regierung in Kiew teilzunehmen. Mit seiner langen Geschichte sowjetischer Okkupation und schwelender
Unruhe innerhalb der größten russischsprachigen Gemeinde in der
EU spürt Lettland, es könnte nach der Ukraine zum nächsten Ziel
für Putins diverse Formen hybrider Kriegführung werden.

Lettlands Regierung reagiert auf diese Attacken an mehreren
Fronten. Sie verbot die staatlich kontrollierten russischen Fernsehprogramme, die hetzerische Berichte über den Konflikt in der Ukraine brachten und die die Regierung in Kiew als faschistisches Regime diffamierten, das es zu zerstören gelte. Sie unterband zudem
russische Kulturfestivals und blockierte Geldtransfers eines von Moskau eingerichteten Fonds zur Finanzierung politischer Aktionen russischer Organisationen in Lettland. Laut Andrejs Pildegovičs, Lettlands Staatssekretär für auswärtige Angelegenheiten und ehemaliger
Botschafter in den USA, waren diese Maßnahmen notwendig angesichts der für sein Land gefährlichsten Krise seit der Auflösung der
Sowjetunion. »Wir haben in der Vergangenheit wegen illegaler
Handlungen von Großmächten unsere Unabhängigkeit verloren. Bei
uns klingeln sämtliche Alarmglocken, wenn wir russische Politiker
von ihrem legitimen Recht reden hören, jeden zu schützen, der auch
nur ein Wort Russisch zu sprechen vermag.«[6]

Putins intensive Nutzung von Medienkampagnen und Cyberattacken im Baltikum ist deshalb so beunruhigend, weil diese Aktionen
nur schwer auf ihre Quelle zurückzuführen sind und den Gegner
entwaffnen, sobald sie eingesetzt werden. Auf Anforderung Lettlands
richtete die NATO ihr »Strategic Communications Center of Excel-
lence« ein, um Maßnahmen gegen Russlands Desinformationskrieg
und seine Armee von Cyber-Trollen zu treffen, die im Baltikum
überaus aktiv sind. Ein NATO-Offizier nannte Russlands Informati-
onskampagne dort »das Größte und Heftigste, womit die NATO seit
dem Ende des Kalten Krieges zu tun hatte«. Die Kampagne soll nach
seiner Aussage »verwirren, ablenken und die öffentliche Meinung im
Westen spalten«.

Noch ist die Ukraine Hauptschwerpunkt der russischen Propaganda. Allerdings setzt der Kreml heute einen deutlich größeren Teil seiner medialen Ressourcen als früher ein, um Nachrichten und Unterhaltungsprogramme auszustrahlen, die Sympathie für die russische Sicht der Dinge gewinnen sollen. Das Aufkommen populistischer Parteien im Westen mit ihren Beiklängen der Enttäuschung über die Europäische Union, vor allem nach dem Brexit-Votum, ist ein spezielles Ziel russischer Bemühungen, demokratische Regierungen im Westen zu destabilisieren. Zwei staatliche russische Sender, »RT« und »Sputnik«, versorgen das Publikum im Westen mit Nachrichten, die mit subtilen Botschaften der Unterstützung für rechtsradikale Politiker durchsetzt sind, die das Establishment bekämpfen, wie etwa Marine Le Pen.

Die Letten sagen, die Geschichte habe sie gelehrt, Putins Drohungen nicht als bloße Rhetorik abzutun, gerade angesichts der Fülle gut verpackter nationalistischer Propaganda auf russischen TV-Kanälen, die heutzutage das ganze Baltikum erreichen. In Lettland beziehen 38 Prozent der Bevölkerung ihre Nachrichten aus in Moskau ansässigen Medien, die Mehrheit der ethnischen Letten informiert sich aus lettischen oder westlichen Nachrichtenquellen. Vorschläge, innerhalb Lettlands einen Fernsehkanal in russischer Sprache einzurichten, um der russischen Propaganda etwas entgegenzusetzen, erfahren starke Unterstützung durch andere NATO-Länder. Die Regierung Lettlands scheut sich bislang allerdings, in diese Richtung aktiv zu werden, weil sie der Meinung ist, dies könnte ethnische Russen davon abhalten, die lettische Sprache zu lernen.

Im Ergebnis behält Moskau auf diese Weise ein Quasi-Monopol über die Nachrichten und andere Fernsehprogramme, die ethnische Russen im gesamten Baltikum konsumieren. So bekommt Putin reichlich Gelegenheit, Zwietracht innerhalb dieser Gesellschaften zu säen, so er dies denn möchte – genau das also, was in der Ukraine zu beobachten war, wo ebenfalls ein Großteil der Bevölkerung Russisch spricht. Dort rechtfertigte Putin seine Aggression und die bewaffnete Unterstützung der Separatisten im Ostteil des Landes mit der Notwendigkeit, die gefährdete russische Minderheit zu schützen. Da braucht es für Letten, Esten und Litauer nicht mehr viel Phantasie, um sich auszumalen, dass diese Vorgehensweise auch dazu genutzt werden könnte, ethnische Spannungen auch in ihren Ländern anzufachen und den sozialen Frieden in einem Ausmaß zu stören, das Konflikten innerhalb der jeweiligen Gesellschaften Vorschub leistet. Ein derartiges propagandistisches Trommelfeuer war der Vorläufer direkter militärischer Aktionen separatistischer Rebellen in der Ostukraine, die Waffen, Geld, logistische Hilfe und Training von russischen Kräften erhalten haben.

NATO-Offizielle versichern den baltischen Ländern immer wieder, ihre Sicherheitserfordernisse würden im Fall eines militärischen Konflikts geschützt. Im Rahmen ihrer »European Reassurance Initiative« haben die USA ihre Verteidigungsanstrengungen im Jahr 2016 für die Ostflanke auf 3,4 Milliarden Dollar vervierfacht, um mehr Truppen in Stellung zu bringen, damit einer russischen Aggression bei Bedarf begegnet werden kann. Die NATO ist zwar bestrebt, die Gefahr eines direkten Krieges mit Russland herunterzuspielen, beharrt aber auch darauf, derartige Reaktionen seien notwendig, weil eine »reale und präsente Gefahr« militärischer Aktionen Russlands in der Region bestehe und die NATO verpflichtet sei, ihren Beitrag zur Verteidigung der baltischen Staaten zu leisten. Westliche Verbündete geloben immer wieder, ihre Verpflichtungen gemäß Artikel 5 des NATO-Vertrags zu erfüllen, in dem festgeschrieben ist, dass jeder Angriff auf ein Mitglied der NATO-Allianz wie ein Angriff auf alle Mitglieder betrachtet wird.

Aber während die USA und ihre europäischen Alliierten bestrebt sind, ihre Truppen aus dem Irak und aus Afghanistan nach Hause zu holen, bleibt den baltischen Regierungen nur die bittere Erkenntnis, dass die westlichen Verbündeten wenig geneigt sind, sich in einem Krieg gleich welcher Art mit einem Russland zu engagieren, das Tausende von Atomwaffen besitzt und seine konventionellen Kräfte zügig modernisiert. Glaubt man baltischen Politikern, ist es nur eine Frage der Zeit, bis Russlands wachsende wirtschaftliche Probleme aufgrund fallender Ölpreise und westlicher Sanktionen Putin dazu verleiten könnten, in ihrer Region militärisch aktiv zu werden.

Solche Ängste haben sich nach der Wahl von Präsident Trump noch verstärkt, der im Baltikum alle Alarmglocken schrillen ließ mit seiner Ankündigung, Amerikas Unterstützung für die baltischen Staaten von höheren Verteidigungsausgaben der Balten abhängig zu machen. Auch seine freundlichen Worte über Putin haben die Region in Angst und Schrecken versetzt. »Er ist der erste Präsidentschaftskandidat, der die NATO und deren Verpflichtungen infrage stellt«, sagte Ojars Eriks Kalnins, langjähriger Vorsitzender des Komitees für auswärtige Angelegenheiten in Lettlands Parlament. »Wir leben in großer Ungewissheit. Weder für Lettland noch für Europa haben wir eine Vorstellung, was wir in Sachen Außenpolitik hier zu erwarten haben.«[7] Kalnins sagte weiter, er sei besorgt über missverständliche Kommentare von Trump und einflussreichen Republikanern wie dem ehemaligen Sprecher des Repräsentantenhauses, Newt Gingrich. Dieser hatte Estland jüngst als Vorort von Sankt Petersburg bezeichnet. »Eine solche Haltung ist gefährlich«, so Kalnins, der eine Gruppe baltischer Parlamentarier bei deren Besuch nach der Wahl in Washington anführte, um die republikanischen Spitzenpolitiker eindringlich zu bitten, ihre Sicherheitsverantwortung in der Region ernster zu nehmen. »Sie sendet ein Signal, man könne ruhig an unseren Landesgrenzen herumpfuschen, und wir werden uns dann mal ansehen, ob es die Aufregung wert ist.«

Derartige Befürchtungen werden noch verstärkt durch die Schwierigkeit, die Nordostflanke der NATO zu verteidigen, die im Baltikum der militärischen Supermacht Russland gegenübersteht. Die Russen haben gerade ein 700 Milliarden Dollar schweres Modernisierungsprogramm über den Zeitraum von zehn Jahren hinter sich. Eine Studie der »Rand Corporation« kam nach dem Durchspielen diverser hypothetischer Kriegsszenarien zu dem Schluss, eine russische Invasion könnte die Verteidigung von Lettland, Litauen und Estland mit Leichtigkeit überwinden und eine Okkupation der drei baltischen Staaten innerhalb von drei Tagen etablieren.[8] Im Fall eines plötzlichen russischen Übergriffs auf das Baltikum hätten die USA und ihre Verbündeten nicht genügend Truppen oder Panzer vor Ort, um den Vormarsch der russischen Armee auch nur zu bremsen. Eine russische Einnahme des Baltikums würde, so folgerte der Rand-Report, der NATO nur begrenzte Optionen lassen, eine so schlecht wie die andere. Die westliche Allianz könnte versuchen, einen blutigen Gegenangriff zu starten, der wiederum eine dramatische Eskalation seitens Russlands auslösen könnte, da die Russen eine alliierte Reaktion möglicherweise als direkte strategische Bedrohung ihres Landes interpretieren würden.

Eine zweite Option könnte die Androhung massiver Vergeltung vorsehen, einschließlich des Einsatzes von Atomwaffen. Eine dritte Option wäre das vorübergehende Eingeständnis der Niederlage und das Zurückziehen auf einen neuen Kalten Krieg mit Moskau bei gleichzeitiger Unterstützung aufständischer Aktivitäten und eines Guerillakriegs gegen die russische Besatzung.

Auf dem Warschauer Gipfel im Juli 2016 versuchten die westlichen Alliierten als Abschreckungsmaßnahme gegen eine potenzielle russische Aggression einen Plan zur rotierenden Stationierung von bis zu 4000 Soldaten in Polen und den baltischen Staaten zu implementieren, die deren Verteidigung stärken und als Auslöser für eine wesentlich massivere Reaktion durch die Allianz dienen sollten. Mit Russlands Ausbau der Enklave Kaliningrad mit Schiffs- und Flugabwehrsystemen haben sich die militärischen Spannungen in der Region jedoch weiter zugespitzt. Die USA verlegten daraufhin nicht nur ein neues Bataillon, nach Polen, sie haben auch ihre Verteidigungsausgaben in der Region auf 3,4 Milliarden Dollar vervierfacht. Das soll den baltischen NATO-Mitgliedern signalisieren, dass die Allianz auf jede russische Aggression angemessen antworten werde.

Doch auch mit diesen zusätzlichen Streitkräften fürchten die Regierungen im Baltikum noch immer, die viel größeren und stärkeren russischen Truppen könnten sie mit Leichtigkeit überrennen. Besonders Litauen fühlt sich möglichen russischen Aggressionen entlang eines knapp 100 km langen Grenzabschnitts zu Polen ausgesetzt, der sich von der Provinz Kaliningrad bis zum Territorium Weißrusslands erstreckt, einem engen Verbündeten Russlands. Dieser Bereich, die sogenannte »Suwalki Gap«, gilt unter westlichen Militärexperten als verwundbarste Stelle der Allianz, da Russland mit seinen massiven Streitkräften und modernen Raketenarsenalen in Kaliningrad die Region effektiv durchschneiden und damit die baltischen Staaten vom Rest des Bündnisses abtrennen könnte.[9]

Während die militärischen Spannungen zwischen Ost und West im Baltikum weiter zunehmen, klagen amerikanische Militärs bereits mehrfach über russische Kampfjets, die sich US-Schiffen und -Flugzeugen nähern und sich »in unsicherer und unprofessioneller Weise verhalten«. Sie warnten, derlei Provokationen könnten leicht Unfälle provozieren, die zu einer Eskalation der Spannungen zwischen den USA und Russland führen würden. Da die Russen auf die neue westliche Militärpräsenz dort in gleicher Weise reagieren, werden derartige Vorfälle in der Zukunft wohl eher noch zunehmen. Das Albtraumszenario sieht so aus, dass bei weiterer beiderseitiger Aufrüstung derlei Übungen in Zukunft von noch größeren Land-, See- und Luftstreitkräften durchgeführt werden, was auf beiden Seiten zu der Fehlinterpretation führen könnte, es handele sich tatsächlich um eine Aggression, woraus wiederum eine ernste militärische Krise erwachsen würde.[10]

Europa ist bis heute weiterhin Standort von mehr als der Hälfte aller Atomwaffen weltweit. Zwar hat keine Seite ein Interesse daran, einen militärischen Konflikt so weit eskalieren zu lassen, dass der Einsatz von Nuklearwaffen in einer Ost-West-Konfrontation auch nur erwogen würde. Aber das ständige Gefühl militärischer Unsicherheit, das die baltischen Länder umtreibt, reflektiert deren Furcht, die in der Region stationierten NATO-Kapazitäten könnten als glaubhafte Abschreckung nicht ausreichen. Dies wiederum erzeugt eine permanente Alarmstimmung, in der jeder Zwischenfall schnell außer Kontrolle geraten kann, zumal angesichts der offenkundigen Gefahr bewusster Falschmeldungen in den sozialen Medien. Abgesehen von Moskaus ausgefeilten Methoden des Cyberkriegs und des Trommelfeuers an Desinformation über die Medien glauben die baltischen Regierungen, dass ihre territoriale Verletzlichkeit an der Nordostflanke der NATO gegenüber einer Infiltration durch Russlands »kleine grüne Männchen« – die bereits die Krim über Nacht unter ihre Kontrolle brachten – von den westlichen Alliierten nicht angemessen berücksichtigt wird.

Sie argumentieren, das zurückliegende Jahrzehnt habe gelehrt: Wenn Russland sich uneingeschränkt zu militärischem Vorgehen entschließt – wie in Georgien 2008, in der Ukraine 2014 und in Syrien 2015 geschehen –, dann passiert dies viel schneller, als westliche Analysten je erwartet hätten. Die baltischen Regierungen sähen es viel lieber, wenn die NATO der russischen Bedrohung entschlossener gegenübertreten würde. Nach ihrer Einschätzung würde die Errichtung dauerhafter Militärbasen und die Stationierung von mehr Streitkräften in der Region eine konventionelle russische Invasion zumindest erschweren. Aber Deutschland und andere westliche Verbündete sehen die Gefahr, derartige Reaktionen der NATO auf die russische Aufrüstung könnten wiederum Moskau provozieren, ihrerseits weitere Truppen zu stationieren, wodurch sich die Gefahr einer militärischen Konfrontation weiter hochschaukeln und irgendwann außer Kontrolle geraten könnte.

Westliche Politiker behaupten, die NATO sei immer ein ausschließlich defensives Bündnis gewesen, und Moskau würde die militärische Bedrohung durch den Westen maßlos übertreiben. Die Freigabe sowjetischer Archive aus der Zeit des Kalten Krieges belegt jedoch, wie leicht jede Konfrontation außer Kontrolle geraten kann. Im Herbst 1983, als die Sowjetunion eine Führungskrise zu bewältigen hatte, löste ein NATO-Manöver in Europa unter dem Namen »Able Archer« Befürchtungen im Kreml aus, der Westen bereite einen nuklearen Erstschlag vor, um Russlands Hierarchie zu enthaupten. Moskau versetzte daaufhin einige Einheiten seiner Luftstreitmacht in Osteuropa in höchste Alarmbereitschaft, während KGB-Agenten herauszufinden suchten, ob Großbritannien und andere westliche Länder ihre Vorräte an Blutkonserven zur Kriegsvorbereitung aufgestockt hätten. Als die US-Geheimdienste von der alarmierten Reaktion Moskaus erfuhren, bemühte sich die NATO rasch um eine Entschärfung der Situation. Diese Tage Anfang November 1983 gelten heute zusammen mit der Kuba-Krise von 1962 als die gefährlichsten Episoden des Kalten Krieges. Sie erinnern alle

Beteiligten lebhaft daran, wie allein schon gegenseitige Verdächtigungen zwischen Ost und West an den Rand eines Atomkriegs führen können.[11]

Ušakovs glaubt, die wachsenden militärischen Spannungen im Baltikum könnten eine »Dynamik der Eskalation« schaffen, die seine politische Mission, Brücken zwischen ethnischen Letten und den russischen Gemeinden zu bauen, beschädigen könnte. Er hat deshalb versucht, einen Mittelweg zu finden, indem er einerseits Moskaus Aggression in der Ukraine kritisiert, andererseits aber mehr Kontakt und Dialog mit Russland fordert. Dieser ausgewogene Ansatz hat dem Bürgermeister allerdings nicht viele politische Verbündete eingebracht. Einige extrem moskaufreundliche Unterstützer innerhalb der Harmonie-Partei hat er mit seiner Verurteilung von Russlands Invasion in der Ostukraine und der Einnahme der Krim erzürnt. Er beharrt darauf, die USA und ihre europäischen Verbündeten würden Russland zu Recht wegen der Verletzung der Souveränität der Ukraine und insbesondere wegen der illegalen Besetzung der Krim kritisieren. Aber wie manche deutsche und italienische Politiker ist auch Ušakovs gegen Wirtschaftssanktionen als Strafmaßnahme für Russlands Aggression. Seiner Ansicht nach würden dadurch Versuche einer friedlichen Annäherung noch schwieriger.

Er weist darauf hin, dass Russlands Vergeltungsmaßnahmen für die westliche Sanktionen in Form von Importverboten der lettischen Wirtschaft enormen Schaden zugefügt haben. Lettlands Exporte von Milchprodukten und anderen Nahrungsmitteln nach Russland seien blockiert. Die wachsende Feindseligkeit schreckt auch russische Investitionen und Tourismus ab, die er als unverzichtbar für Lettlands weitere Entwicklung in Frieden und Wohlstand ansieht. In den letzten zwei Jahrzehnten haben reiche Russen massiv in den Immobilienmarkt von Riga investiert und verbrachten im nahen Badeort Jurmala ihre Sommerferien. Laut Ušakovs ist es sehr wichtig, den Fluss von Handel, Tourismus und Investitionen aus Russland aufrechtzuerhalten und diese Einkommensquellen Lettlands vor politischen Spannungen zu schützen. Wer ihm eine zu nachgiebige Haltung gegenüber Moskau vorwerfe, übersehe dabei, so Ušakovs, dass er einfach nur die Interessen der Letten verteidige und keineswegs feige vor der Streitlust der Russen einknicke. Diese Kritiker, so fügt er hinzu, sollten ihm doch bitte erklären, warum sie dem lettischen Volk wirtschaftliche Opfer abverlangten und gleichzeitig ihren mächtigen Nachbarn unnötig gegen sich aufbrächten.

»Man kann nun mal nicht die Tatsache ignorieren, dass wir im Schatten eines Landes leben, das viel größer und militärisch viel stärker ist als wir«, erzählte mir Ušakovs. »Das hat mit Appeasement nichts zu tun. Wann immer Spannungen zwischen Russland und dem Westen aufkommen, sind wir in Lettland, die wir zufällig an der Frontlinie eines weiteren Kalten Krieges leben, mit größter Wahrscheinlichkeit die ersten Opfer.«[12] Lettland sieht sich sehr wohl der Gefahr einer russischen Aggression ausgesetzt und hat die Unterstützung der NATO zur Stärkung seiner Verteidigung begrüßt. Die engen kulturellen und wirtschaftlichen Beziehungen zu Russland fördern aber auch den Wunsch nach einem erneuerten Dialog mit Moskau in der Hoffnung, einen Konflikt abzuwenden, der auch den fragilen ethnischen Frieden im Land empfindlich stören würde.

Lettland und Estland, beides Länder mit hohem russischstämmigem Bevölkerungsanteil, reagieren eher gemäßigt auf die russische Aggression in der Ukraine. Im Gegensatz dazu charakterisiert Litauens Präsidentin Dalia Grybauskaitė, in deren Land deutlich weniger ethnische Russen leben, die Aktionen Russlands als das Verhalten eines »terroristischen Staates, den es zu stoppen gilt, bevor sich seine Aggression weiter nach Europa ausbreitet«.[13] Laut Grybauskaitė, der »Eisernen Lady des Baltikums«, sollten die baltischen Nationen schon jetzt die Propaganda und Desinformation aus dem Kreml als Angriff betrachten, da sie in diesen Aktionen die Vorstufe einer möglichen Invasion sieht.

Während Litauen der Ukraine Waffenlieferungen anbot, als der Bürgerkrieg mit den von Russland unterstützten Separatisten begann, verfolgte Lettlands damalige Premierministerin Laimdota Straujuma einen anderen Kurs und sagte, ihr Land sei bestrebt, seine Unterstützung für die Ukraine »auf andere Weise« zu demonstrieren.[14] Die lettische Führung ist sich der wirtschaftlichen Abhängigkeit ihres Landes von Russland wohl bewusst, bezieht Lettland doch den Großteil seines Energiebedarfs aus Russland, das zugleich der größte Markt für lettische Produkte ist. Würde Russland die wirtschaftlichen Verbindungen zu Lettland im Krisenfall kappen, geht die Regierung davon aus, dass Lettland eine deutliche Senkung des Lebensstandards gewärtigen müsste. Schon durch die Auswirkungen der Sanktionen aufgrund der Ukraine-Krise haben Lettlands Bauern stark gelitten, da die Preise für Milch und Gemüse aufgrund der fehlenden russischen Nachfrage um 30 bis 50 Prozent eingebrochen sind.

Für die jungen Letten geht es in diesen Zeiten laut Ušakovs vor allem um Fragen der Wirtschaft, um bessere Bildung und eine bessere Zukunft für ihre Kinder, aber bestimmt nicht um die Aussicht auf einen Konflikt mit Russland. Er möchte ohne jeden Zweifel eines Tages Lettlands erster Premierminister russischer Abstammung werden, auch wenn die politische Konvention nach wie vor verlangt, dass Lettland von einem ethnischen Letten regiert werden muss. Es kann ein Jahrzehnt oder noch länger dauern, aber er sieht eine Zeit kommen, in der dieses Tabu gebrochen und jemand mit russischem Hintergrund die lettische Regierung führen kann. Er glaubt, seine Botschaft, die Ideologie über Herkunftsfragen stellt, gewinne immer mehr Anhänger, vor allem bei jungen Leuten. Wie alle Letten ist er sich des großen Schattens, den Russland über sein Land wirft, wohl bewusst. Er sieht das Ganze aber lieber in einem positiveren Licht als viele andere Politiker.

»Was auch immer geschieht: An unserer Geographie können wir nichts ändern«, sagte er mir. »Wir leben nun einmal neben einem großen und mächtigen Land, das nicht nur eine militärische Großmacht ist, sondern auch ein Land mit einer tief verwurzelten und reichen Kultur, die wir teilen. Ich rede nicht bloß von Dostojewski und Tolstoi, ich rede auch von Popmusik und Fernsehunterhaltung. Die meisten Letten würden sich lieber einen Krimi ansehen, der in Sankt Petersburg spielt als in Los Angeles, einfach weil es für ihr eigenes Leben mehr Aussagekraft hat.«

Ušakovs glaubt, der beste Weg, potenzielle Feindseligkeiten mit einem wiedererstarkten Russland zu entschärfen, besteht in einer Politik der Vermeidung ethnischer Ressentiments, schließlich würde eine nationalistische Spaltung im Baltikum nur Putin in die Hände spielen. »Niemand will, dass hier das Gleiche passiert wie in der Ukraine, mit diesem brutalen Bürgerkrieg, schon gar nicht die junge Generation.« Er merkt an, dass die Haltung der jungen Leute in scharfem Kontrast zu der ihrer Eltern steht und gute Gründe für Optimismus bietet, Lettland werde die Geister der Vergangenheit vertreiben können. Rund 35 Prozent aller Eheschließungen sind heute »Mischehen« lettisch-russischer Paare, und viele junge Leute glauben, die politische Klasse betone die ethnischen Trennlinien des Landes viel zu sehr. Ušakovs' dritte Frau, seine langjährige Stabschefin Iveta Strautiņa, die er 2014 heiratete, ist lettischer Abstammung. Wie er erzählt, kommt der unterschiedliche ethnische Hintergrund in seiner Ehe kaum einmal zur Sprache, abgesehen von gewissen historischen Gedenktagen.

Aber Ušakovs hat immer noch Mühe, sein Land dazu zu bringen, die Seite im Geschichtsbuch umzublättern. Als Bürgermeister, so erklärt er, seien eine seiner eher frustrierenden Pflichten die Kriegsgedenktage. Solche Veranstaltungen bringen schmerzliche Erinnerungen an genau die Schwierigkeiten hervor, mit denen er sich selbst ständig herumschlagen muss, nämlich den Fokus auf die Zukunft zu richten und nicht auf die Vergangenheit. In jedem Juni bahnt sich eine düstere Parade von rund 2000 Letten, angeführt von betagten Kriegsveteranen, ihren Weg durch die mittelalterlichen Straßen von Rigas historischem Stadtzentrum. Sie tragen Blumen mit sich, um sie am Fuß des Freiheitsdenkmals niederzulegen, Lettlands Symbol der nationalen Unabhängigkeit. Dieses jährliche Ritual ist eine höchst kontroverse Angelegenheit und weckt starke Emotionen, immerhin kämpften die Kriegsveteranen an der Seite Nazideutschlands gegen Russland. Viele Letten halten dieses Gedenken in Ehren, weil in ihren Augen Hitlers Soldaten weniger schlimm waren als Stalins russische Besatzungskräfte. Als Reaktion versammeln sich normalerweise mehrere hundert russischsprachige Bürger hinter Polizeibarrikaden in der Nähe des Denkmals und rufen »Faschisten und Nazis, haut ab!« Jedes Mal müssen Ušakovs und seine Polizei die Versammlung auflösen, damit zwischen den rivalisierenden Gruppen nicht die Fäuste fliegen.

Er kennt die Wirkung der Geschichte auch aus ganz persönlicher Erfahrung. Als Ušakovs vor einem vorwiegend russischstämmigen Publikum eine Rede zum 70. Jahrestag der Niederlage Nazideutschlands hielt, revanchierte sich die lettische Sprachbehörde auf ganz besondere Weise: Sie leitete eine Untersuchung gegen ihn ein, weil er seinen Vortrag ohne lettische Übersetzung gehalten hatte. Es wurde zwar nie eine Klage eingereicht, aber laut Ušakovs war das eindeutig ein Racheakt, der auf der Tatsache gründet, dass viele Letten die Niederlage der Nazis bis heute mit dem Beginn der sowjetischen Okkupation gleichsetzen. Seine beiden Großväter kämpften in der Roten Armee gegen die Nazis, während die Familie seiner jetzigen Frau gezwungen wurde, auf der deutschen Seite zu kämpfen.

Ihm und seiner Frau ist es sehr wichtig, dass die historische Vergangenheit keinen Keil in ihre Ehe treibt. »Wir müssen aufhören, ständig an die Vergangenheit zu denken«, erzählte er mir. »Wir stehen in diesem Land vor genügend anderen Herausforderungen, und die jungen Leute interessieren sich nicht sonderlich für das Gerede über ethnische Unterschiede. Es ist an der Zeit, das Vergangene hinter sich zu lassen.«

Kapitel 10

Athen

Leben am Rand

»Dann ist es vorbei. Griechenland wird die Europäische Währungsunion verlassen.« Mit diesen Worten erhob sich eine frustrierte Angela Merkel, sammelte ihre Papiere ein und strebte zum Ausgang. Morgengrauen in Brüssel, es war kurz vor 6 Uhr in der Frühe, vor dem höhlenartigen Versammlungsraum im Justus-Lipsius-Gebäude im Brüsseler Europaviertel. Endzeitstimmung hing über den 28 Regierungschefs der EU-Staaten, die die letzten 14 Stunden damit verbracht hatten, komplexe und emotionale Argumente für oder gegen einen dritten Rettungsplan für Griechenlands Finanzen wieder und wieder durchzukauen.

Über fünf Jahre lang war Griechenland am Rande des Staatsbankrotts gewandelt, die Wirtschaft wurde nur durch milliardenschwere Hilfsgelder der EU-Partner am Leben erhalten. Aber die harschen Reformen, die Deutschland und andere Kreditgeber zur Bedingung gemacht hatten, waren schlicht und einfach zu viel geworden. Mehr als jeder dritte Grieche lebte inzwischen unterhalb der Armutsgrenze. Das Nationaleinkommen war um 26 Prozent eingebrochen, etwa so stark wie in den USA auf dem Höhepunkt der Weltwirtschaftskrise. Griechenlands Linksregierung, angeführt von der Syriza-Partei unter Parteichef Alexis Tsipras, war im Januar 2015 gewählt worden, um das Leiden zu beenden. Als Preis für eine dritte Finanzspritze von 95 Milliarden Dollar wurde Tsipras mitgeteilt, Griechenland müsse 55 Milliarden Dollar an Vermögenswerten an einen Treuhandfonds in Luxemburg übertragen, um Schulden abzubauen, andernfalls müsse das Land die Eurozone verlassen. Er lehnte rundheraus ab.

Merkel rechnete mit dem Schlimmsten. Sie hatte mit ihrem Finanzminister Wolfgang Schäuble um den Preis gestritten, den es kosten dürfe, Griechenland in der Eurozone zu halten. Schäuble war zu dem Schluss gekommen, dass weitere lebenserhaltende Maßnahmen für Griechenland reine Geldverschwendung und politisch schädlich seien. Es sei an der Zeit, einen Schnitt zu machen, Griechenland abzukoppeln und die Eurozone als homogenere Gruppe weiterzuführen. Merkel hatte ihre Position als Europas politische Führungsfigur auf der Überzeugung aufgebaut, dass Europa zerbricht, wenn der Euro fällt.

Sie hatte den Deutschen Bundestag und ihre widerspenstigen Koalitionspartner dazu gebracht, zwei frühere Rettungsaktionen für Griechenland – 121 Milliarden Dollar 2010 bzw. 143 Milliarden im Jahr 2012 – zu genehmigen, obgleich klar war, dass Griechenland niemals in der Lage sein würde, diese Schulden zurückzuzahlen. Aber jetzt, nachdem sie mit vier verschiedenen griechischen Regierungen vergeblich über eine erfolgreiche Formel gestritten hatte, wie die griechische Wirtschaft wieder flottgemacht werden könnte, war sie zum Eingeständnis ihrer Niederlage bereit. Sie beugte sich Schäubles Forderungen und schien darauf eingerichtet, sich auf das Glücksspiel mit den Finanzmärkten einzulassen und Griechenland als erstes Land aus Europas 19er-Club der Einheitswährung herausfallen zu lassen.

Donald Tusk und François Hollande waren entschlossen, sie von einem ihrer Ansicht nach katastrophalen Fehler abzuhalten, der gleich am nächsten Montag ein Chaos in Europas Finanzmärkten anrichten würde. Tusk, einst polnischer Premierminister und auf Betreiben Merkels zum Präsidenten des Europäischen Rats aufgestiegen, hatte die Leitung der EU-Gipfeltreffen inne. Als Merkel und ihre Delegation auf dem Weg zum Ausgang waren, eilte er an ihr vorbei und stellte sich zwischen sie und die Tür. »Sorry, aber Sie werden auf keinen Fall diesen Raum verlassen«, sprach Tusk.[1]

Mit verschränkten Armen blockierte er den Ausgang und bestand darauf, dass keiner geht, bevor eine Einigung auf dem Tisch liegt.

Tusks dreistes Einschreiten schockierte Merkels Entourage, die weiter in Richtung Ausgang drängte. Aber klug, wie er war, wusste er auch, wie er an das Pflichtbewusstsein der Kanzlerin appellieren konnte. Er erinnerte sie an Deutschlands Verantwortung als europäische Führungsmacht und ihren erklärten Wunsch, den Euro nicht unter ihrer Regie kollabieren zu sehen. Trotz ihrer offenkundigen Erschöpfung gab Merkel nach und stimmte einem letzten Versuch zu, eine Einigung zu erzielen.

Gleichzeitig bemühte sich Hollande, Tsipras zurück an den Verhandlungstisch zu holen. Der französische Sozialist drückte Mitgefühl für Tsipras' Notlage aus und drängte ihn, einen möglichen Kompromiss zu erwägen, der es ihm erlaubte, das Gesicht zu wahren, und den Ausstieg Griechenlands aus der Eurozone verhindern würde. Andernfalls, so Hollande, würde die Ungewissheit nach Einführung der neuen Drachme und das Chaos als Folge von Kapitalkontrollen und der vierzehntägigen Schließung der griechischen Banken unvorstellbares Leid über das griechische Volk bringen.

Tsipras zeigte sich sichtlich getroffen und fügte sich »wie ein geprügelter Hund«, wie ein Augenzeuge es ausdrückte. Eine Woche zuvor hatte er die griechischen Wähler in einem Referendum darüber abstimmen lassen, ob sie weiteren Sparmaßnahmen als Gegenleistung für eine weitere Rettungsaktion zustimmen würden. Das Ergebnis war ein schallendes Nein von über 60 Prozent der Wähler. Aber Tsipras erkannte jetzt auch, unter Hollandes verzweifeltem Nachdruck, die Panik, die zu Hause und im Ausland entstehen könnte, wenn er keinen Deal zustande bringen würde.

Tusk und Hollande bastelten rasch einen Kompromiss, der die griechische Souveränität wahren würde, indem man den Treuhandfonds mit 55 Milliarden Dollar in Athen einrichtete anstatt in Luxemburg. Die Hälfte der Gelder würde zur Rekapitalisierung der griechischen Banken eingesetzt, ein Viertel für neue Investitionen vorgemerkt und ein Viertel für den Schuldendienst. Merkel stimmte widerstrebend zu, zum Entsetzen Schäubles, der Griechenland lieber für fünf Jahre aus der Eurozone verabschiedet hätte, in denen die Regierung in Athen versuchen sollte, ihre Wirtschaft wieder flottzumachen. Nach einem der umstrittensten EU-Gipfel aller Zeiten wurde der Sprung in den Abgrund gerade noch vermieden – wenige Minuten vor dem Öffnen der Finanzmärkte.[2]

Für Tsipras schien die politische Aufgabe, zu Hause die harten Bedingungen des Rettungspakets zu erläutern, ein Ding der Unmöglichkeit zu sein. Nach seiner Rückkehr nach Athen erwartete ihn ein Aufschrei in seiner eigenen Regierung. Viele Minister und parlamentarische Weggefährten waren schockiert, dass Tsipras Bedingungen akzeptiert hatte, die noch schlimmer erschienen als das, was im Referendum bereits abgelehnt worden war. Er hatte Syriza im Jahr 2004 als Allianz kleiner Linksparteien gegründet, später setzte sich die Partei entschlossen dafür ein, den Würgegriff der Austerität abzuschütteln, in den die Kreditgeber Griechenland genommen hatten. Im Januar 2015 hatte Syriza das politische Establishment mit ihrem Wahlsieg gehörig aufgerüttelt. Tsipras bildete anschließend eine Regierung, die gelobte, Schuldenerlasse durchzusetzen und Spielraum für die griechische Wirtschaft zu gewinnen, um so Arbeitsplätze und neues Wachstum zu sichern.

Nun aber war Tsipras mit einer politischen 180-Grad-Wende im Gepäck aus Brüssel zurückgekommen. Anstatt für Griechenlands Zahlungsfähigkeit durch einen Schuldenerlass zu kämpfen, akzeptierte er kleinmütig das Rettungsangebot neuer Kredite unter harten Konditionen, die das Land nur noch tiefer in die Schulden treiben würden. Yanis Varoufakis, Griechenlands schillernder Finanzminister, der wegen Tsipras' Kapitulation angewidert seinen Rücktritt einreichte, verglich die Bedingungen mit denen, die Deutschland im Versailler Vertrag nach dem Ersten Weltkrieg auferlegt worden waren. Griechenland würde seine Kronjuwelen verkaufen, um Schulden abzutragen. Genau wie Deutschland seine Handelsmarine, seine Kolonien und seine Kohlegruben nach dem Krieg verloren hatte, würde Griechenland nun gezwungen, seine Transporthäfen, Flughäfen und sogar einige seiner wertvollsten Strandgrundstücke zu verramschen.

Die Umsatzsteuer sollte auf 24 Prozent steigen, und alle griechischen Unternehmen wurden aufgefordert, ihre geschätzte Steuerschuld für das kommende Jahr im Voraus zu bezahlen. Damit hätte sich jede Hoffnung auf Profite, die reinvestiert werden konnten, erledigt. Varoufakis klagte, die EU-Partner würden, anstatt Griechenland wenigstens die Chance zu geben, wieder auf die Beine zu kommen, weiterhin »das seltsame Prinzip [verfolgen], ausgerechnet Europas bedrängtester Wirtschaft die härtesten Sparmaßnahmen aufzuerlegen, was neues Elend in Griechenland verbreitet und jede Erholung im Keim erstickt.«[3]

Immerhin gelang es Tsipras, eine scheinbar demütigende Niederlage auf dem EU-Gipfel in einen politischen Triumph zu Hause zu verwandeln. Er gewann die Zustimmung im Parlament dank der Stimmen seiner pro-europäischen Gegner, die Griechenland um jeden Preis in der Eurozone halten wollten. Viele von Tsipras' linken Verbündeten stimmten gegen den Deal. Er nutzte deren Treuebruch dazu, das radikal linke Programm über Bord zu werfen, mit dem er nur sieben Monate zuvor die Wahlen gewonnen hatte.

In einer Rede an die Nation räumte Tsipras durchaus ein, er sei gezwungen gewesen, unter Druck schwierige Entscheidungen zu treffen, und habe bei der Übernahme der Regierungsverantwortung die wirtschaftlichen Probleme des Landes unterschätzt. Unter diesen Umständen betrachte er sein Mandat als verwirkt, es seien deshalb Neuwahlen notwendig, damit das Volk darüber entscheiden könne, ob es seine Führung noch akzeptieren oder zurückweisen würde. Bei den vorgezogenen Wahlen einen Monat später widerlegte er die für ihn ungünstigen Umfragen ebenso wie seine Kritiker und gewann 35 Prozent der Stimmen. Syriza war erneut Griechenlands stärkste Partei, deutlich vor der konservativen Opposition der »Neuen Demokratie«, die auf 28 Prozent kam. Tsipras konnte seine Machtposition festigen, indem er eine weitere Koalitionsregierung mit den rechtsorientierten »Unabhängigen Griechen« bildete.

Seit seinen ersten Tagen als Premierminister war der ehemalige maoistische Heißsporn Tsipras von seinen Gegnern deutlich unterschätzt worden, die seine radikale Ideologie und seine unorthodoxen Führungsmethoden belächelten. Aber Tsipras hat viele seiner Widersacher immer wieder überlistet. Er besitzt einen bemerkenswerten politischen Instinkt und traf bei den Wählern den richtigen populistischen Ton. Die hatten einfach die Nase voll von der traditionellen Herrschaftselite, und Tsipras nutzte sein Charisma geschickt, um Syriza von einer ehemals marginalen politischen Bewegung zu Griechenlands stärkster Partei zu machen.

Trotz seiner eindrucksvollen politischen Dehnübungen gibt es keine Anzeichen dafür, dass Tsipras oder irgendjemand anders weiß, wie das Land aus seiner trostlosen Lage befreit werden könnte. Griechenland wandelt an gleich drei der schwierigsten Fronten Europas am Abgrund: an der anhaltenden Krise aus Schulden und Arbeitslosigkeit in weiten Teilen Europas; am Anstieg des politischen Extremismus, der durch die Diskreditierung der etablierten Eliten begründet ist, und an den Folgen des massiven Flüchtlingsstroms, der für ein Land mit einer derart durchlässigen Grenze unmöglich zu kontrollieren ist.

Der wirtschaftliche Kollaps, der Griechenland an den Rand des Bankrotts brachte, hat das Land in weiten Teilen verwüstet. Die Selbstmordrate hat seit 2012 um 35 Prozent zugenommen: Hunderte Griechen beschlossen, ihrem Leben ein Ende zu setzen, zutiefst verzweifelt über die Abwärtsspirale, in die ihr Lebensstandard geraten war. Griechenland hat ein Viertel seines Bruttoinlandsprodukts verloren, seit die Krise im Jahr 2008 erstmals zuschlug. Die Renten sind zwölf Mal gekürzt worden, gleichzeitig ist die Arbeitslosigkeit unter den Erwachsenen auf fast 30 Prozent geklettert, die Jugendarbeitslosigkeit liegt gar doppelt so hoch.

Krankenhäuser melden eine starke Zunahme von Depressionen: Viele Griechen, die es sich nicht leisten können, das Land zu verlassen, versinken in Niedergeschlagenheit angesichts der implodierenden Wirtschaft und ihrer eigenen Machtlosigkeit. Angesichts der Weigerung Deutschlands und anderer Kreditgeber, große Teile der griechischen Schulden abzuschreiben, worauf der Internationale Währungsfonds gedrängt hatte, ist kein Weg zurück zur Zahlungsfähigkeit zu erkennen. Keine der aufeinanderfolgenden griechischen Regierungen – von rechts bis links – war in der Lage, Konzessionen durch die europäischen Partner zu erwirken, die einen Ausweg aus dieser düsteren Geschichte hätten weisen können. Im Ergebnis überlebt Griechenland als eine Art Protektorat der westlichen Welt, nach außen hin ein souveräner Staat, aber in Wirklichkeit unter intensiver und unnachgiebiger Überwachung durch ausländische Kreditgeber.[4]

Der Aufstieg von Tsipras und seiner radikal linken, populistischen Bewegung war zum großen Teil der Enttäuschung über die ehemaligen Volksparteien zuzuschreiben. Jahrzehntelang hatten sich die Mitte-links-Sozialisten (PASOK) und die konservative »Neue Demokratie« in der Regierung abgewechselt. In dieser Zeit pflegten beide Parteien eine Kultur der Günstlingswirtschaft und Korruption, die das Land quasi unvorbereitet dem Schock des Beitritts zur Eurozone aussetzte. Statistiken wurden dreist manipuliert, um vorzugeben, dass Griechenland die Kriterien für den Euro-Beitritt erfüllte. Dabei war die Wirtschaft des Landes nicht im Entferntesten in der Lage, mit den anderen EU-Partnern zu konkurrieren.

Als sich das Land im Jahr 2001 dann der Eurozone anschloss, gingen die Griechen auf große Einkaufstour, subventioniert von französischen und deutschen Banken, die ihren verschwenderischen griechischen Kunden mit dem größten Vergnügen Geld liehen. Jahrelang gelang es aufeinanderfolgenden Regierungen beider Mainstream-Parteien, ihren jeweiligen Machtmissbrauch zu verschleiern, da die europäischen Banken ihnen nur zu bereitwillig Kredite gewährten. Als dann die globale Finanzkrise im September 2008 zuschlug, nachdem sich das US-Finanzministerium geweigert hatte, die Investmentbank Lehman Brothers vor dem Bankrott zu bewahren, wurde bald klar, dass Griechenland seinen finanziellen Verpflichtungen nicht mehr würde nachkommen können. Innerhalb eines Jahres musste die griechische Regierung zugeben, über Jahre zu geringe Defizitzahlen angegeben zu haben, woraufhin alle Alarmglocken schrillten, was die Stabilität der griechischen Finanzen anging. Dem Land wurden im Frühjahr 2010 Anleihen auf den Finanzmärkten verwehrt, just als es in Richtung Staatsbankrott taumelte.[5]

Die Erinnerung an das Lehman-Debakel war allenthalben noch frisch, und so wollte niemand eingestehen, dass man ein Mitglied der Eurozone für zahlungsunfähig erklären müsste. Die europäische Finanzkrise erfasste zudem weitere Länder – Irland, Spanien, Portugal und Italien –, und es folgten verzweifelte Bemühungen, drastische Hilfsmaßnahmen zu vermeiden, die das Vertrauen der Öffentlichkeit untergraben hätten. Als 2010 klar wurde, dass Griechenland irgendeine Art von Nothilfe benötigte, warnte Jean-Claude Trichet, damals Chef der Europäischen Zentralbank, ein offizieller Staatsbankrott oder Versuche, Griechenlands Schulden zu erlassen, könnten eine weitere globale Bankenkrise auslösen. Gerade als die Welt alle Hände voll zu tun hatte, sich vom Lehman-Crash zu erholen.[6]

Zu dieser Zeit saßen europäische Banken auf ca. 165 Milliarden Dollar griechischer Schulden. Davon betrafen 68 Milliarden französische Banken und 40 Milliarden deutsche Geldinstitute. Kanzlerin Merkel und andere europäische Regierungschefs fürchteten, ein umfangreicher Schuldenerlass könnte große europäische Banken in den Abgrund ziehen und möglicherweise eine Panik an den globalen Finanzmärkten auslösen. Darüber hinaus fürchteten die Deutschen, ein Schuldenerlass für Griechenland könnte dazu führen, dass dann auch Irland, Italien, Spanien und Portugal eine ähnlich bevorzugte Behandlung verlangen könnten – zeitweise wurden alle fünf Länder gemeinsam mit dem wenig schmeichelhaften Akronym »PIIGS« belegt. Doch schon damals, – wie der IWF 2016 in einem selbstkritischen Bericht zum eigenen Umgang mit der griechischen Schuldenkrise einräumte –, wusste jeder, der mit den Verhandlungen über das Rettungspaket befasst war, dass das kumulative Gewicht dieser Schulden unmöglich zu schultern wäre.

Im Endeffekt beschlossen die 19 Regierungen der Eurozone eine Politik, die bis heute Bestand hat und unter der Parole »extend and pretend« bekannt ist – man könnte auch sagen: den Tag der Abrechnung hinauszögern. Griechenland würde weitere Hilfsgelder erhalten, um damit seine internationalen Kredite zu bedienen, anstatt dass die Hilfe wieder in die griechische Wirtschaft fließt. Eine wirtschaftliche Erholung, die die schwindelerregende Schuldenlast reduzieren könnte, wurde dadurch in die ferne Zukunft verschoben. Als Gegenleistung für frische Kredite wurde Griechenland eine schmerzhafte Diät mit tiefen Einschnitten in öffentliche Ausgaben und kräftigen

Steuererhöhungen verordnet, die sich mit der Hoffnung, Wachstum und Beschäftigung wieder in Schwung bringen zu können, natürlich nicht vertrugen.

Das Griechenland geliehene Geld diente dazu, französischen und deutschen Banken ihre fahrlässig vergebenen Kredite zurückzuzahlen.[7] Nach Ansicht der EU-Spitzenpolitiker sollte dies die Gefahr einer weiteren Finanzkrise bannen. Im Gegenzug wurden die europäischen Steuerzahler nun als Halter von Staatsschulden in die Verantwortung genommen. Letztendlich waren also sowohl die erste Hilfszahlung an Griechenland in Höhe von 132 Milliarden Dollar als auch die beiden weiteren Finanzspritzen nichts weiter als eine Rettung europäischer Banken durch die Hintertür. Sie bedeuteten die Übertragung jener wackligen Kredite von den Banken auf die europäischen Steuerzahler. Im Zuge der Ausarbeitung dieses Transfers finanzieller Verpflichtungen wurde Griechenland zum größten Rettungsprogramm in der gesamten weltweiten Finanzgeschichte.

Insgesamt umfassen die drei Griechenland-Rettungen seit Mai 2010 fast 360 Milliarden Dollar an Hilfszahlungen, bereitgestellt von der Europäischen Zentralbank, der EU-Kommission und dem IWF – die berühmte »Troika«. Merkel und andere Regierungschefs verkauften die Idee dieser kontroversen Rettungsaktionen ihren Wählern mit dem Versprechen, Athen würde am Ende alle Schulden zurückzahlen. Allein, Griechenlands Schuldenlast beträgt inzwischen 180 Prozent des BIP, oder das Dreifache dessen, was die EU-Regeln erlauben. »Wir bekommen jeden Cent zurück, mit Zinsen«, erzählte Merkel dem Bundestag, bevor sie vom deutschen Parlament die Zustimmung erhielt, mit den Rettungsmaßnahmen weiterzumachen.[8]

Leider beruht das Ganze auf purer Phantasie. Der IWF warnt schon seit Jahren, es sei unmöglich für Griechenland, seine Schulden zurückzuzahlen, und es bedürfe irgendeiner Form von Umstrukturierung – z. B. des Erlasses eines signifikanten Teils der Schuldenlast –, damit Griechenland irgendeine Hoffnung hegen könnte, wirtschaftlich wieder auf die Beine zu kommen. Doch weder Merkel noch irgendein anderer europäischer Regierungschef wollten dies wahrhaben, weil sie die gefährlichen politischen Auswirkungen auf ihre eigenen Wähler, die ein Schuldenerlass haben würde, fürchteten. Beim jüngsten Rettungspaket, das im Mai 2016 vereinbart wurde, bestand Deutschland deshalb darauf, jede weitere Diskussion über die unvermeidliche Notwendigkeit eines Schuldenerlasses für Griechenland bis 2018 zurückzustellen – um das Thema aus den französischen und deutschen Wahlen im Jahr 2017 herauszuhalten.

Die griechische Wirtschaft wird wohl auf Jahre hinaus ein hoffnungsloser Fall bleiben. Seit dem Ausbruch der Krise 2008 findet eine massive Abwanderung qualifizierter Arbeitskräfte statt. Fast eine halbe Million Griechen sind ins Ausland gegangen. Die meisten davon waren gut ausgebildete, junge Berufstätige, die mit Leichtigkeit Jobs in Berlin, London oder in den USA finden konnten. Die gewaltige Aufgabe der Reform und Umstrukturierung der griechischen Wirtschaft, während zugleich die von den Kreditgebern gestellten Bedingungen zur Absicherung der Kredite einzuhalten sind, ist unter diesen Voraussetzungen noch schwieriger zu bewältigen als ohnehin schon.

Jeder Versuch, die Lohnkosten weiter zu senken, wird auf Widerstand stoßen, da jeder vierte Einwohner noch immer beim Staat beschäftigt ist und sich an den Staat klammert, um seinen Lebensunterhalt verdienen zu können. Die drakonische Reduzierung öffentlicher Ausgaben hat noch mehr Nachfrage aus der Wirtschaft abgezogen und das Arbeitslosengeld so weit heruntergefahren, dass weniger als 10 Prozent der Arbeitslosen überhaupt irgendeine staatliche Unterstützung erhalten. Und während das engmaschige Netz des familiären Zusammenhalts in Griechenland bisher drei Generationen half, in der schlimmsten Phase der Krise wenigstens den Kopf über Wasser zu halten, hat sich die Wirtschaftslage inzwischen so weit verschlechtert, dass fast jede zweite griechische Familie keinen Erwachsenen mehr in ihren Reihen hat, der einer Beschäftigung nachgeht.

Für Tsipras ist der Umgang mit dem wachsenden menschlichen Elend durch die unbezahlbare Schuldenlast, verbunden mit einem verfallenden Gesundheitssystem und dem Chaos, das durch die große Zahl syrischer Flüchtlinge entstand, allem Anschein nach eine unlösbare Aufgabe. Griechenlands Schicksal könnte bestimmen, wie

Das Gebäude des EU-Parlaments in Straßburg, auch »Turm zu Babel« genannt. Im Wechsel mit Brüssel und Luxemburg tagen hier die Abgeordneten der EU.
(Stéphane Gautier / Sagaphoto.com / Alamy Stock)

Marine Le Pen, Chefin des rechtsextremen Front National und führende Stimme des populistischen Nationalismus in Europa, spricht auf einem Parteikongress im südfranzösischen Fréjus.
(Francois Pauletto / Newzulu / Alamy Stock)

Russlands Präsident Wladimir Putin trifft in Paris François Fillon, Führer der Konservativen in Frankreich, der eine engere Partnerschaft mit Russland befürwortet.
(ITAR-TASS Fotoagentur / Alamy Stock)

Rigas Bürgermeister Nils Ušakovs bei einer Pressekonferenz
nach einer Stadtratssitzung.
Ethnische Russen wie Ušakovs
stellen heute etwa die Hälfte
der Bevölkerung in Lettlands
Hauptstadt. *(ITAR-TASS*
Fotoagentur / Alamy Stock)

Merkel und Italiens Premierminister Matteo Renzi in
lebhafter Diskussion bei einem EU-Gipfel in Brüssel.
Streitpunkt ist Deutschlands Beharren auf Sparmaßnahmen
zu Lasten von Arbeitsmarkt und Wachstum in Südeuropa.

(Leo Cavallo / Alamy Stock)

Beppe Grillo, Schauspieler, Komiker und charismatischer Gründer der Fünf-Sterne-Bewegung,
bei einer Kundgebung in Palermo. In nur sieben Jahren ist Grillos radikale Gruppe zu Italiens führender
Oppositionspartei aufgestiegen. *(Antonio Melita / Alamy Stock)*

Roms Bürgermeisterin Virginia Raggi grüßt die Medien nach dem Wahlsieg der Fünf-Sterne-Bewegung in der Hauptstadt. Die notorisch korrupte Verwaltung Roms brachte aber auch sie schon bald in Schwierigkeiten. *(Reuters/Alamy Stock)*

Müllberge auf dem Campo de' Fiori in Rom. Die Ewige Stadt leidet unter dem Verfall städtischer Dienste, während bekannt wird, dass sich das organisierte Verbrechen dank bestechlicher Politiker öffentliche Aufträge gesichert hat.

(Fabrizio Troiani/ Alamy Stock)

Zehntausende Demonstranten schwenken auf einem der großen Boulevards in Barcelona die Estelada, die Fahne der katalanischen Unabhängigkeit, und fordern die Ablösung von Spanien. *(Jordi Boixareu / Alamy Stock)*

Dänische Radler auf dem Weg zur Arbeit in der morgendlichen Rushhour in Kopenhagen, das bis 2025 die weltweit erste klimaneutrale Großstadt werden möchte. Etwa 65 Prozent der Dänen pendeln mit dem Fahrrad zur Arbeit oder zur Schule. *(Niels Quist / Alamy Stock)*

Die Kleine Meerjungfrau und Windkraftanlagen, zwei Wahrzeichen Dänemarks. Das schmelzende Grönlandeis macht die Dänen besonders sensibel für die Gefahren, die der steigende Meeresspiegel für ihr Land darstellt. *(Peter Holibaum-Hansen / Alamy Stock)*

schnell Europa erneut in eine Finanzkrise der Art zurückgeworfen wird, die im Jahr 2015 beinahe zum Bruch der Europäischen Union geführt hatte. Teil Europas zu werden, galt den Griechen einst als der Weg, um die schmerzliche Erinnerung an die Militärdiktatur zu vertreiben und ihre stolze Geschichte als Wiege der Demokratie wieder ins rechte Licht zu rücken. Heute nehmen die Griechen Europa als brutalen Unterdrücker wahr, der ihr Land zu einem Bettler auf der Weltbühne gemacht hat. Europas Forderungen nach einer strukturellen Generalüberholung der griechischen Wirtschaft als Gegenleistung für künftige Kredite hat Ressentiments gegenüber den Kreditgebern aus Nordeuropa angefacht, die anscheinend eher darauf aus sind, ihre Partikularinteressen zu schützen, als Griechenland aus der wirtschaftlichen Depression herauszuhelfen.

Viele Griechen konnten beispielsweise nicht verstehen, wieso Deutschland und die Niederlande fordern, die Regierung müsse ein Gesetz abschaffen, demzufolge im Handel verkaufte Frischmilch höchstens vier Tage alt sein darf. Der Grund dafür ist, dass die deutsche und niederländische Milchindustrie stärker in den örtlichen Markt vordringen wollte. Die betroffenen Firmen wollten genug Zeit gewinnen, um ihre Fabrikmilch durch Europa zu transportieren und zu wesentlich niedrigeren Preisen als die lokal erzeugte Frischmilch an griechische Kunden zu verkaufen. Anstatt die lokale Wirtschaft anzuschieben, musste eine solche Maßnahme die kleinen griechischen Milchproduzenten in den Ruin treiben. Die wachsende öffentliche Empörung über derartige Maßnahmen nicht nur in Griechenland hat die Nord-Süd-Spannungen in Europa zwischen den verschuldeten Mittelmeeranrainern und den reichen Kreditgebern in Deutschland, Finnland und den Niederlanden weiter verschärft.

Der gewaltige Exodus der Syrer, die dem Bürgerkrieg im eigenen Land über die Türkei nach Nordeuropa zu entkommen versuchen, hat die wirtschaftliche Notlage Griechenlands noch verschlimmert. Seit Sommer 2015 hat über eine Million Flüchtlinge die – an manchen Stellen weniger als drei Kilometer schmalen – Meerengen in der Ägäis überquert, die die griechischen Inseln Lesbos und Chios vom türkischen Festland trennen. Beim erstmaligen Einsetzen des Migrantenstroms war Griechenland lediglich Durchgangsstation, da die meisten Flüchtlinge nach Deutschland oder Schweden wollten. Fährschiffe brachten sie in den Hafen von Piräus nahe Athen, von wo sie in Bussen an die nördliche Grenze zu Mazedonien gefahren wurden. Von dort machten sie sich auf der Balkanroute in Richtung Deutschland oder Schweden auf.

Als dann Ungarn, Mazedonien und Bulgarien Grenzzäune errichteten, um den Strom der nordwärts wandernden Menschen zu blockieren, strandeten viele Flüchtlinge für mehrere Monate am Grenzposten Idomeni und warteten vergeblich auf die erneute Öffnung der Grenzen. Als klar wurde, dass man sie nicht mehr über die Balkanroute nach Norden weiterziehen lassen würde, siedelte man sie in permanente Flüchtlingscamps um, die auf dem ehemaligem Militärgelände errichtet worden waren. Diejenigen, die noch immer auf den Inseln ankamen, durften nun nicht mehr aufs Festland weiterziehen und wurden in überfüllten Flüchtlingssiedlungen unter schlechten hygienischen Bedingungen und ohne ausreichende Nahrung untergebracht.

Innerhalb eines Jahres nach Beginn des Flüchtlingsstroms wurde Griechenland zu einem gigantischen Lager, in dem fast 60 000 verzweifelte Migranten und Asylsuchende gegen ihren Willen festgehalten wurden. Der Flüchtlingsstrom hat die ohnehin fragile Infrastruktur Griechenlands vor riesige Probleme gestellt und brachte die staatlichen Dienste, die wegen der Wirtschaftskrise bereits deutlich zusammengestrichen worden waren, an den Rand ihrer Leistungsfähigkeit. Die EU versprach zwar zusätzliche Hilfen, um Griechenland bei der Bewältigung des Flüchtlingsstroms zu helfen, doch von der angeforderten EU-Unterstützung kam nur wenig an.[9]

Griechenland musste einen Großteil der Last selbst schultern; innerhalb von zwei Jahren seit der ersten Flüchtlingswelle gab die Regierung zusätzliche 45 Millionen Dollar pro Monat aus, nur um die Zehntausende der zumeist aus Syrien, Afghanistan und dem Irak gekommenen Flüchtlinge mit Nahrung zu versorgen. Bald mussten die Flüchtlinge feststellen, dass sie in den griechischen Lagern festsaßen. Auch wenn der tägliche Zustrom von Flüchtlingen, die auf Flößen und klapprigen Booten ankamen, deutlich nachgelassen hatte, gab es keinerlei Garantie, dass die Flüchtlingszahl nicht plötzlich wieder ansteigt, sollte z. B. die Türkei beschließen, ihre Kooperation unter den Bedingungen eines 3,3-Milliarden-Dollar-Deals mit der EU einzustellen und ihre Polizei- und Militärkräfte zurückzuziehen, die bislang an der Küste patrouillierten.

Die Griechen begegneten den Flüchtlingen zunächst mit bemerkenswerter Gastfreundschaft, und das in einer Zeit, in der es die eigenen Familien selbst schwer genug hatten. Aber diese Großzügigkeit verbrauchte sich schon bald, da die wachsenden finanziellen Lasten der Versorgung so vieler Menschen die eigenen Lebensumstände immer mehr beeinträchtigten. Nachdem er den Mut und das Mitgefühl seiner Landsleute im Umgang mit den Flüchtlingen gepriesen hatte, beklagte sich Tsipras bei den EU-Partnern über deren Rücksichtslosigkeit gegenüber Griechenland, die sein Land in ein »Lagerhaus menschlicher Seelen« zu verwandeln drohte.[10]

Tsipras äußerte ernste Besorgnis über die Folgen für sein Land, nachdem Kanzlerin Merkel ein Abkommen mit der Türkei geschlossen hatte, die im Gegenzug für ihre Hilfe beim Eindämmen der massenhaften Migration ein Hilfspaket von mehreren Milliarden Dollar erhalten sollte. Er fürchtete, Griechenland könnte sich zu Europas Flüchtlingsdeponie entwickeln und mit der Bewältigung einer neuen Phase von Europas Migrantenkrise überfordert werden, da sich viele EU-Staaten weigerten, Flüchtlinge ihrem Anteil gemäß aufzunehmen. Zunächst vermittelten die Resultate des EU-Türkei-Deals einen positiven Eindruck. Nach Inkraftsetzung der Vereinbarung am 20. März 2016 kam der Bootstransfer aus der Türkei nach Griechenland nahezu zum Erliegen. Der Strom der Migranten versiegte, die Anzahl der Flüchtlinge, die die gefährliche Überfahrt über die Ägäis wagten, fiel von über 6000 pro Tag, wie in Spitzenzeiten z. B. im Oktober 2015, auf weniger als 50 pro Tag neun Monate danach. Aber da der Weg nach Norden für die Flüchtlinge blockiert war, musste Griechenland immer noch allein die Asylanträge zehntausender Flüchtlinge bearbeiten, die aus ihrer Sicht im Niemandsland festsaßen – sie konnten nicht nach Deutschland oder Schweden gelangen, doch zurück in ihre kriegsgeschundenen Gemeinden in Syrien oder im Irak konnten sie auch nicht.

Darüber hinaus stellte die Türkei klar, dass der Deal mit der EU zur Steuerung des Migrantenstroms platzen würde, wenn türkische Bürger kein visafreies Reiserecht erhalten würden. In diesem Fall, da waren sich sogar Merkel und Tsipras einig, würde Griechenland ins Chaos stürzen angesichts der Notwendigkeit, eine große und weiter wachsende Menge Flüchtlinge zu verwalten und gleichzeitig mit der Umsetzung von Sparmaßnahmen und Wirtschaftsreformen die Kreditgeber beruhigen zu müssen. »Jeden Morgen wache ich mit der Sorge auf, die Vereinbarung könnte platzen und die Flüchtlinge würden wieder in großer Zahl auf unsere Inseln kommen«, sagte Ioannis Mouzalas, Griechenlands Minister für Migration und Flüchtlinge. »Das ist mein größter Albtraum.«[11] Mouzalas meinte, ohne den Deal mit der Türkei wären bis zu 200 000 weitere Menschen innerhalb von drei Monaten nach Griechenland gekommen.

Bei den Bewohnern der fünf Inseln, auf denen die meisten Flüchtlinge eintrafen – Lesbos, Chios, Leros, Kos und Samos –, hat sich die anfängliche Welle des Mitgefühls in qualvolle Bestürzung gewandelt angesichts der Frage, wie lange sie wohl noch in der Lage sein würden, ihre Hilfe für die Migranten aufrechtzuerhalten. Das griechische Wort für »Fremder«, *xenos*, ist zugleich das Wort für »Gast«, und viele Bewohner haben tatsächlich eine beachtliche Großzügigkeit bei der Aufnahme der Flüchtlinge aus Syrien an den Tag gelegt.

Bei einem Besuch der Lager, die von der Flüchtlingsagentur der Vereinten Nationen überwacht werden, erzählten mir viele freiwillige Helfer, dass sie selbst aus griechischen Familien kämen, die in den Wirren nach dem Zusammenbruch des Osmanischen Reiches auf diesen Inseln eine sichere Zuflucht gefunden hatten. Über ein Jahrtausend lang schlugen christliche Griechen und muslimische Türken erbitterte Schlachten in der Ägäis, die das Schicksal dieser Inseln prägen. 1922, nachdem türkische Truppen eine einfallende griechische Armee besiegt hatten, mussten Hunderttausende Griechen ihre angestammte Heimat in Kleinasien verlassen und auf Lesbos, Chios und anderen Inseln Zuflucht suchen. Die muslimischen Türken, die auf diesen Inseln lebten, wurden im Gegenzug zwangsweise in die Türkei umgesiedelt.

»Wir haben alle einen Flüchtlingshintergrund, wir wissen, wie das ist«, sagte Stavros Mirogiannis, der als Leiter des Kara-Tepe-Camps auf Lesbos arbeitet, seit dieses im April 2015 in Betrieb ging. »Trotz des ganzen Leids, das wir in der Wirtschaftskrise erfahren haben, sind wir immer noch willens, Nahrung und Kleidung mit Menschen zu teilen, die so unmittelbar in Not sind. Wir sehen uns dabei nicht als Helden, einfach nur als Diener der Menschlichkeit.«

Wie andere Einheimische ist auch Mirogiannis stolz darauf, dass die Menschen auf Lesbos für ihre Arbeit von Papst Franziskus geehrt und wegen ihrer Großherzigkeit sogar für den Friedensnobelpreis vorgeschlagen wurden. Er räumt aber auch ein, dass die lokale Wirtschaft, die vor allem vom Tourismus lebt, enorm gelitten habe, da die wöchentlichen Charterflüge mit Urlaubern aus Europa mit Beginn des Flüchtlingsansturms um 60 Prozent zurückgegangen sind. Die Enge in den Camps führte zu ständigen Spannungen unter den Flüchtlingen und daraus entstehen Auseinandersetzungen zwischen rivalisierenden ethnischen Gruppen. Es gab eine ganze Reihe von Hungerstreiks wegen des schlechten Essens oder der mangelhaften hygienischen Zustände. Das größte Ärgernis für die Flüchtlinge stellte aber wohl die Langeweile dar, während sie auf die Bearbeitung ihrer Asylanträge warten müssen – was sich über ein Jahr oder länger hinziehen kann.

Die Flüchtlinge stecken in einer Zwickmühle. Sie sitzen in einem krisengeschüttelten Land fest, das selbst über wenig Ressourcen verfügt, die sie Fremden anbieten können. Und sie sehnen sich nach einem Leben in reicheren EU-Ländern, die aber nicht bereit sind, sie aufzunehmen. Viele von ihnen bedauern inzwischen, sich jemals nach Europa aufgemacht zu haben. Sie wollen, anstatt als Gestrandete in Griechenland zu bleiben, lieber zurück in die Lager der Türkei, wo sie Verwandte haben. Vier Asylsuchende haben sogar versucht, in die Türkei zurückzuschwimmen, wurden aber von der griechischen Küstenwache aufgegriffen.

In gewisser Weise war all dies Teil der zynischen Strategie hinter dem EU-Türkei-Deal: Neue Migranten abzuschrecken, indem man ihnen zeigt, dass über die Passage von der Türkei nach Griechenland kein Weg nach Norden führt. Die Lager auf den Inseln erschienen vielen Flüchtlingen als Gefängnisse unter freiem Himmel, die nur als Pufferzone dienen, damit sie in Griechenland festsitzen – weit weg von Österreich, Deutschland oder Schweden.

Unter den Bedingungen des Deals werden alle Flüchtlinge und Migranten, die an Bord von Schleuserbooten an die griechischen Küsten gelangen, in die Türkei zurückgeschickt, wo sie dann als Letzte für eine zukünftige Umsiedlung in ein europäisches Land berücksichtigt werden. Im Gegenzug sagt die Europäische Union, sie werde für jeden Syrer, der in die Türkei zurückgeschickt wird, einen syrischen Flüchtling aus der Türkei aufnehmen. Der Deal hat zwar möglicherweise den einen oder anderen Migranten davon abgehalten, sich auf den Weg zu machen, aber die riesige Zahl von Flüchtlingen, die immer noch in Griechenland festsitzen und nicht wissen, wohin, ist für das Land nach wie vor ein enormes Problem.

Die Institutionen der EU stellten nur langsam die zusätzlichen Ressourcen bereit, die man als Hilfe für Griechenland in seiner Funktion als »Zwischenlager« für die vielen syrischen Flüchtlinge zugesagt hatte. Gemäß den EU-Vorschriften müssen Flüchtlinge in dem Mitgliedsstaat Asyl beantragen, in dem sie zuerst ankommen. Damit steht Griechenland vor der gewaltigen administrativen Aufgabe, zahlreiche Asylanträge ausgerechnet in einer Zeit bearbeiten zu müssen, in der das Land selbst seine staatlichen Leistungen beschneiden muss. Die finanzielle Last der Versorgung von Flüchtlingen ist noch schwerer zu tragen.

Laut dem Einwanderungsministerium in Athen haben die Kosten für die Versorgung der Flüchtlinge mit Nahrung, Kleidung und Unterkunft Mitte 2016 die Grenze von 100 Millionen Dollar pro Monat überschritten. Griechenland hat deshalb bei seinen EU-Partnern dringend zusätzliche Hilfsgelder erbeten, um mit den gewaltigen humanitären und logistischen Aufgaben der Flüchtlingsversorgung irgendwie fertig werden zu können – und das alles in einer Zeit, in der die eigene Wirtschaft wegen der nun schon fast ein Jahrzehnt andauernden Schuldenkrise ohnehin am Rande des Kollaps steht. Doch das Zentrum des Interesses der Weltöffentlichkeit hat sich inzwischen an andere Orte verlagert. Es richtet sich auf die Bedrohung durch islamistische Terroranschläge, auf die russische Aggression in der Ukraine und vielleicht auch entlang der östlichen Grenzen Europas, und auf den Ausstieg der Briten aus der EU. Derweil müssen die Griechen fürchten, durch ihren fragilen Status und die porösen Grenzen in einem hochgradig instabilen Teil der Welt anfällig für weitere Katastrophen zu werden.

Manche Griechen glauben, die einzige Alternative für ihr Land bestehe darin, sich in sein Schicksal als Kolonie Europas zu fügen, deren Überleben von der Großzügigkeit ihrer Partner abhängt. Aber angesichts der Erfolge populistischer Nationalisten in vielen Teilen Europas, ohne dass Anzeichen für ein Verebben der fortdauernden Krise bei Arbeit und Wachstum erkennbar wären, gibt es bei den europäischen Kreditgebern weniger Bereitschaft denn je, weitere Kredite an Griechenland zu vergeben, von denen doch jeder weiß, dass sie niemals zurückgezahlt werden können.

Innerhalb Griechenlands hat es hingegen eine mächtige Clique von Millionären fertiggebracht, ihre Vermögen vor dem Zugriff des Staates zu schützen. Sie horten das Geld in ausländischen Banken oder kaufen Immobilien in London oder Berlin. Während die Mittel- und Unterschicht die Hauptlast zu tragen haben, hat die Einkommensungleichheit alarmierende Ausmaße angenommen. Inzwischen ist die soziale Disparität zwischen Arm und Reich in Griechenland so extrem, dass sie den Verhältnissen in Diktaturen der Dritten Welt nahekommt. Wie man an den vielen Besitzern von Luxusyachten sehen kann, die ihre privaten Anwesen auf Inseln der Ägäis ansteuern, entgeht dem griechischen Fiskus nach wie vor sehr viel ihres Reichtums. Geschätzte 55 Prozent der erwachsenen Bevölkerung des Landes bezahlen keine Einkommensteuer, entweder weil sie weniger als 9000 Euro pro Jahr verdienen und damit unterhalb der Armutsgrenze liegen oder weil sie clevere und kreative Wege gefunden haben, Zahlungen, die sie dem Staat schulden, zu umgehen.

Dass Griechenland die Lektionen aus der Finanzkrise nicht gelernt und versäumt hat, seine politische und ökonomische Kultur anzupassen, ist größtenteils der Neigung zuzuschreiben, andere für Probleme verantwortlich zu machen, die doch weitgehend selbstverschuldet sind. Im Verlauf der Krise haben die Griechen immer wieder gegen die ihrer Ansicht nach unmenschlichen Grausamkeiten der Regierung von Kanzlerin Merkel, des Internationalen Währungsfonds und der Europäischen Zentralbank demonstriert, weil diese drakonische Bedingungen an Griechenland mit ihren Krediten verknüpft hatten.

Zweifellos haben auch die Kreditgeber Fehler begangen, wie der IWF auch zugibt. Inzwischen beginnen aber einige Griechen zu erkennen, dass ihre eigenen Exzesse, unter rechten wie unter linken Regierungen, der eigentliche Übeltäter sind. Von 2004 bis 2009, in den Jahren des griechischen Konsumrauschs nach dem Beitritt zur Eurozone, häufte die Regierung des konservativen Premierministers Kostas Karamanlis riesige Schuldenberge an. Anschließend fingierte man die offiziellen Statistiken, um das wahre Ausmaß des Haushaltsdefizits zu verschleiern. Als der Sozialistenchef George Papandreou das Amt von Karamanlis übernahm, gab seine Regierung die Schuld den konservativen Vorgängern, sie hätten das Land getäuscht. Wenig später sah sich die Regierung Papandreou selbst mit dem Vorwurf konfrontiert, unter dem Druck der Kreditgeber einzuknicken und unangemessen harte Maßnahmen als Gegenleistung für einen Rettungsplan zu akzeptieren.

Als der damalige griechische Finanzminister George Papaconstantinou nach langen Verhandlungen mit dem, seiner Ansicht nach, bestmöglichen Deal zurückkehrte, wurde er von seinen eigenen Landsleuten wie ein Aussätziger begrüßt. In seinen persönlichen Erinnerungen beschreibt er, wie es sich anfühlte, als er das Rettungspaket unter Dach und Fach gebracht hatte und damit zum meistgehassten Mann in Griechenland wurde. Das fühlte sich an »wie ein Schlag in die Magengrube«. Später landete er vor Gericht, weil er angeblich die Namen von Verwandten aus einer Liste griechischer Bürger mit Schweizer Bankkonten gelöscht hatte. Er wurde dann allerdings von allen Vorwürfen entlastet, von einem geringfügigen Fehlverhalten abgesehen.

»Das war für mich ein Albtraum. Aber viel wichtiger und schlimmer ist, dass es ein totales Desaster für das ganze Land geworden ist«, erzählte mir Papaconstantinou. »Wir haben jetzt eine zerbrochene Gesellschaft, und diesen Bruch zu heilen wird mindestens eine Generation dauern. Das politische System ist auseinandergefallen, und es besteht die ernste Gefahr, dass Extremisten das Vakuum besetzen und das Land unter ihre Kontrolle bringen.«[12]

Vor allem besteht die Gefahr, dass die Wahl von Donald Trump den fremdenfeindlichen, rechtsextremistischen Gruppen wie der »Goldenen Morgenröte« ein gewisses Maß an Rechtfertigung liefern könnte. Die »Goldene Morgenröte« ist inzwischen Griechenlands drittstärkste Partei, obwohl ihre Führer wegen verschiedener Verbrechen vor Gericht stehen, darunter auch für Angriffe gegen Immigranten. Die Partei begrüßte die Wahl Trumps als Sieg gegen »illegale Einwanderung« und eine Befürwortung »ethnisch sauberer Staaten«.[13]

Die Befürchtungen eines allgemeinen Schwenks zum griechischen Rechtsextremismus sind nach Trumps Wahlsieg noch plausibler geworden und angesichts der Tatsache, dass auch andere europäische Länder eine Hinwendung der Wähler zu rechtsgerichteten Nationalisten erleben, etwa in Frankreich und den Niederlanden. Die Popularität der regierenden linksgerichteten Syriza ist eingebrochen, nachdem ihre zwei Jahre im Amt kaum wirtschaftliche Fortschritte für Griechenland erbracht haben. Die einzige moderate Alternative, die einigermaßen wahrscheinlich ist, wäre die Ersetzung von Tsipras und seiner regierenden Linkspartei durch Kyriakos Mitsotakis, den neuen Chef der konservativen Oppositionspartei »Neue Demokratie«.

Als 48-jähriger Spross einer der prominentesten Dynastien Griechenlands kehrte Mitsotakis vor zehn Jahren nach Griechenland zurück, um nach einem langen, selbstgewählten Exil in den USA seine politische Karriere zu starten. Nach dem Studium in Stanford und Harvard mit einem Master-Abschluss in Betriebswirtschaft arbeitete Mitsotakis als Wirtschaftsanalyst bei der »Chase Manhattan Bank«

und der internationalen Beratungsfirma »McKinsey & Company« in London.

Später übernahm er einen der meistgehassten Jobs in einer früheren konservativen Regierung, den des Ministers für Verwaltungsreform. Immerhin gelang es ihm, Leistungskontrollen durchzusetzen und Griechenlands ausufernde Bürokratie zu straffen, indem er 5000 Beamte entließ. Damit packte er eines der größten Strukturprobleme Griechenlands an: Jeder vierte Grieche ist beim Staat beschäftigt und genießt damit einen erheblichen Lohnvorteil gegenüber der Privatwirtschaft, obwohl die Arbeit im Staatsdienst von Korruption und Ineffizienz durchsetzt und die Qualität der staatlichen Dienste nach wie vor verheerend ist.

Mitsotakis wurde im Januar 2016 zum Parteichef der Mitte-rechts orientierten »Neuen Demokratie« gewählt und ist bestrebt, Unterstützung für einen marktwirtschaftlichen Kurs zu finden, der Unternehmergeist fördert und den Staat verschlankt. Ähnlich dem, was sein konservativer Parteifreund François Fillon in Frankreich vorhatte. Vor allem aber, so Mitsotakis, müssten die Griechen ihre Einstellung ändern und beginnen, ihr Leben stärker selbst in die Hand zu nehmen.

»Der Streit mit unseren Kreditgebern war immer eine Möglichkeit, sich vor der eigenen Verantwortung zu drücken«, erzählte mir Mitsotakis. »Das eigentliche Problem war, dass wir uns mit unseren Ausgaben in Grund und Boden gewirtschaftet und als Staat bankrott waren. Anstatt die tatsächliche Ursache unserer Probleme zu Hause offen zu benennen, ließen wir uns auf das lange und sinnlose Spiel ein, die Schuld immer bei den anderen zu suchen.«[14]

Als Sohn eines früheren Premierministers weiß Mitsotakis, dass die Griechen wenig Neigung haben, ihr Schicksal selbst in die Hand zu nehmen. Sie sind durchdrungen von allerlei Verschwörungstheorien, denen zufolge sie eben nicht für ihre eigenen Versäumnisse verantwortlich zu machen seien. »Anstatt voranzugehen und zu tun, was notwendig ist, um unsere Lage zu verbessern, sitzen wir lieber herum und geben irgendwelchen dunklen Mächten die Schuld für das, was uns widerfährt«, sagt er.

Wohin wird Griechenlands Weg nun führen? Trotz aller finanziellen Rettungspakete und Sparmaßnahmen, die den aufgeblähten öffentlichen Sektor verschlanken sollen, steht das Land noch immer vor gewaltigen Problemen bei der Umwandlung in eine moderne, funktionierende Demokratie. Die Wirtschaft wird in weiten Teilen nach wie vor von Oligarchen kontrolliert, deren Macht über Medien und Banken ihnen enorme Möglichkeiten verschafft, auch die Politik zu bestimmen. Syriza kam mit dem Versprechen an die Macht, das Land aus dem Würgegriff der Oligarchen zu befreien, die das politische und wirtschaftliche Leben in Griechenland größtenteils bestimmten. Aber diese wenigen Mächtigen – die Großreeder Vangelis Marinakis und Minos Kyriakou, die Medienmogule Kostas Kimporopoulos und Yiannis Alafouzos sowie der Bauunternehmer Yiannis Kalogritsas – üben noch immer jede Menge Einfluss aus.

Auf Drängen der EU-Kreditgeber versuchte die griechische Regierung, 275 Millionen Dollar bei einer Auktion privater TV-Sendelizenzen herauszuholen, die bis dahin von Politbaronen als Gefälligkeiten an ihre Firmensponsoren unter der Hand vergeben wurden. Laut Nikos Pappas, einem engen Berater des Premierministers, der die Versteigerung der Lizenzen überwachte, übertraf der Verkaufserfolg die Erwartungen und kam als »positive Überraschung für uns alle«.[15] Syrizas politische Gegner beschwerten sich, die Reduzierung der TV-Kanäle von sieben auf vier würde der Regierung zu viel Kontrolle darüber verschaffen, wie die Menschen ihre Nachrichten und Informationen beziehen. Die meisten Griechen begrüßten dagegen die dringend notwendige Bereinigung der TV-Landschaft, der man mit größtem Misstrauen begegnet war, weil sie so sehr von politischen und geschäftlichen Interessen kontrolliert und dominiert wird.

Nach zwei schwierigen Jahren im Amt schienen Tsipras und seine Regierung endlich einen größeren Erfolg vorweisen zu können in ihrem Bestreben, den inzestuösen Netzwerken aus Politik und Unternehmertum Macht zu entreißen, die Griechenland zu großen Teilen kontrollieren.[16] Das mächtigste Justizorgan des Landes sah die Sache anders. Zum Entsetzen der Regierungsanhänger verwarf Griechenlands höchstes Gericht das neue Gesetz als verfassungswidrig. Es beharrt darauf, dass die Regierung nicht als Aufsichtsbehörde über die Lizenzvergabe kommerzieller Fernsehkanäle bestimmen darf. Die Entscheidung schockierte viele derjenigen, die Reformen begrüßen. Darüber gefreut haben sich hingegendie mächtigen Oligarchen, die nun ihre Kontrolle über die Medien behalten und damit weiterhin hinter den Kulissen die Strippen im Land ziehen können.

Kapitel 11

Moskau, Ankara, Tunis

Europas schwierige Nachbarn

Es zählt zu den bemerkenswertesten Aspekten von Deutschlands Aufstieg aus den Trümmern des Zweiten Weltkriegs bis zu seiner heutigen Dominanz in Europa, dass das Land friedliche und gedeihliche Beziehungen mit allen seinen neun Nachbarn erreicht hat. Inspiriert durch diesen Erfolg beherzigte die EU das deutsche Beispiel als Leitbild für ihr strategisches Bestreben, Sicherheit und Stabilität auch über ihre Grenzen hinaus zu projizieren. In Verdrehung einer bekannten Gedichtzeile von Robert Frost glaubte Europa, durch das Kultivieren und Befrieden der Territorien außerhalb seiner Grenzen eine Umgebung schaffen zu können, in der gilt: »Gute Nachbarn machen gute Zäune.«

Das begann mit dem Balkan. Ein ganzes Defilee europäischer Friedensbotschafter musste zunächst hilflos zusehen, wie über 200 000 Menschen in einem bis zum Völkermord eskalierten Krieg umgebracht wurden, der nur zwei Jahre nach dem Fall der Berliner Mauer begonnen hatte. Die beschwerliche Mission, in den 1990er-Jahren Frieden in die blutgetränkten Länder des früheren Jugoslawien zu bringen, war am Ende erfolgreich, weil Serbien und Kroatien irgendwann einsahen, dass der beste Weg in die Zukunft über Brüssel führen musste: mit der verlockenden Aussicht, am Ende zur Europäischen Union zu gehören. Das wurde zum entscheidenden Antrieb. Die Warlords legten die Waffen nieder, die autokratische Herrschaft von Kraftmeiern wie Milošević und Tudjman wurde überwunden und man öffnete sich der Idee, eine freiheitliche Demokratie in Partnerschaft mit dem Westen zu errichten.

Seitdem sind Kroatien und Slowenien EU-Vollmitglieder geworden, Montenegro wurde in die NATO aufgenommen und klopft an die Tür der EU. Serbien, Mazedonien und Bosnien-Herzegowina bemühen sich noch um die Erfüllung der Kriterien für eine EU- und NATO-Mitgliedschaft. Richard Holbrooke, der unermüdliche amerikanische Diplomat, der den Friedensvertrag von Dayton aushandelte, erzählte mir einmal: Die wirkungsvollste Karte, die er ausspielte, um das Kämpfen zu beenden, habe darin bestanden, die Protagonisten von ihrer tödlichen, tief in der Vergangenheit verwurzelten nationalistischen Rivalität abzubringen. Stattdessen überzeugte er die Kontrahenten von der Chance, eine Zukunftsvision von Frieden und Wohlstand durch die westlichen Institutionen zu schaffen, die in Brüssel ihren Sitz haben.[1]

Die EU versuchte, auf dem Friedensabkommen für den Balkan aufzubauen, indem sie eine Reihe neuer politischer und wirtschaftlicher Beziehungen knüpfte, die über ihre östlichen und südlichen Grenzen hinausreichen sollten. Dem Abkommen war ein jahrelanges diplomatisches Hin und Her vorausgegangen, das letztendlich durch die direkte Einschaltung der USA beendet wurde. Die wesentlichen Ziele dieser europäischen Nachbarschaftspolitik, die 2003 als Eckpfeiler einer kontinentalen Außenpolitik ins Leben gerufen wurde, waren enge Beziehungen mit Russland, der Türkei und Nordafrika.

Erstens strebte die EU eine engere Partnerschaft mit Moskau durch die Zusammenarbeit im Energiesektor an. Letztlich sollten Wege gefunden werden, auch mit China und dem Nahen Osten zu kooperieren. Zweitens drängte die Union die Türkei zur Einhaltung demokratischer Normen – die Voraussetzung für eine künftige EU-Mitgliedschaft. Die Türkei sollte so Modellcharakter für islamische Nationen annehmen. Und drittens wollte Europa versuchen, durch großzügige Handels- und Investitionsprogramme die wirtschaftliche Entwicklung im gesamten nordafrikanischen Raum voranzubringen. Diese Programme sollten Millionen junger Menschen Arbeit verschaffen, die bislang verzweifelt versuchten, nach Europa zu gelangen, weil sie zu Hause keine Jobs fanden.

Heute liegt Europas Nachbarschaftspolitik in Trümmern. Anstatt Stabilität vom Schwarzen Meer bis zum Mittelmeer auszustrahlen, erlebt Europa einen Rückschlag nach dem anderen durch feindselige Kräfte, die Bürgerkriege, Anarchie, Hunger und Flüchtlingsströme an seiner Peripherie produzieren.

Russland tritt dem Westen gegenüber viel aggressiver auf. Es verletzte die Nachkriegsordnung durch die Annexion der Krim und durch das Befeuern der Aggression in der Ostukraine. In der Türkei hat Präsident Erdoğan nach einem gescheiterten Putschversuch seine Macht ausgebaut und gefestigt und will von Europas Appellen, auch nur den Schein von Demokratie wiederherzustellen, nichts wissen. Er warnte die europäischen Regierungschefs sogar davor, den EU-Beitrittsantrag der Türkei zurückweisen und den Türken keine visafreie Einreise in die EU anzubieten. Dann könnte er sich veranlasst sehen, die Schleusen für die drei Millionen syrischen Flüchtlinge auf türkischem Boden zu öffnen, die dann nach Europa kämen. In Nordafrika haben sich die hehren Bestrebungen des Arabischen Frühlings in einem brutalen Machtkampf zwischen islamischen Aufständischen und Militärregierungen aufgelöst.

In den Worten von Schwedens ehemaligem Premierminister Carl Bildt, der gemeinsam mit Holbrooke an der Ausarbeitung des erfolgreichen Friedensabkommens für den Balkan gearbeitet hatte: »Was ein Freundeskreis um Europa herum hätte werden sollen, hat sich in einen Feuerring verwandelt.«[2] Noch vor zehn Jahren gab sich die Europäische Union der Vorstellung hin, der Welt erste postmoderne Supermacht zu werden: eine, die Macht und Einfluss nicht ihrer militärischen Potenz verdankt, sondern ihrer »Soft Power« wie großzügigen Hilfsprogrammen, globaler Wirtschaftsmacht und der überzeugenden Anziehungskraft von mehr als 500 Millionen zahlungskräftigen Verbrauchern, die weltweit den höchsten Lebensstandard genießen.[3]

Selbst jetzt, da die EU gleich an mehreren Fronten mit existenziellen Krisen zu kämpfen hat, streben noch viele Nachbarländer die Mitgliedschaft in der EU an, die sie als den wünschenswerten Weg betrachten, mehr politische und ökonomische Stabilität in einer chaotischen Welt zu gewinnen. Die Brexit-Krise und andere Nöte Europas haben allerdings die Aussichten auf eine weitere Ausdehnung der EU erst einmal gebremst.

Manche EU-Regierungen, etwa die von Ungarns Premierminister Viktor Orban und Polens PiS-Chef Jarosław Kaczyński, haben sich der Illiberalität zugewandt und begonnen, das Modell der offenen Gesellschaft in Frage zu stellen, zu dem u.a. der Respekt vor der Redefreiheit und rechtsstaatliche Prinzipien zählen. Zwar sind sie noch in der Minderheit, aber der Union fällt es heute sichtlich schwer, zur Achtung demokratischer Werte in den umliegenden Ländern zu inspirieren. Und das schmälert ihre Möglichkeiten, ihren Einflussbereich auf Zentralasien, Nahost und Nordafrika auszudehnen.

Russlands Aggression in der Ostukraine, der andauernde Bürgerkrieg in Syrien, die daraus erwachsene Flüchtlingskrise und die sich weiter ausbreitende Bedrohung durch den islamistischen Terrorismus haben das Konzept, Stabilität über Europa hinaus zu exportieren, geradezu auf den Kopf gestellt. Anstatt seine Zone des Friedens und Wohlstands auf die Nachbarn auszudehnen, muss Europa feststellen, dass die Unordnung und das Chaos an der Peripherie nun an seinen eigenen Ufern anlanden. Erst gestern, so scheint es, hegte Europa noch große Hoffnungen, seine Nachbarn reformieren zu können; heute sieht sich Europa selbst als Geisel unkontrollierbarer Geschehnisse, die sich außerhalb seiner Grenzen abspielen.

Das Rätsel Russland

Europa gelangte erst spät zu der Erkenntnis, dass parallele Bemühungen von NATO und EU, ehemals kommunistische Länder aufzunehmen, eine Gegenreaktion in Moskau auslösen und dessen traditionelle Paranoia, vom Westen eingekreist zu werden, neu beleben würden. Nach dem Zusammenbruch des Sowjetimperiums begab sich die EU auf einen historischen Erweiterungskurs, der zehn Länder und über 100 Millionen Menschen in den Westen einbezog. Zu jener Zeit war Russland gelähmt unter der schwachen und fahrigen Führung von Präsident Boris Jelzin. Die postkommunistische Wirtschaft befand sich in Turbulenzen: Die Russen hatten Mühe, sich an die Welt des Wettbewerbs und der freien Märkte anzupassen. Europa und die USA wollten die Ängste Russlands wegen der Verschiebung der EU- und NATO-Grenzen an die Grenzen Russlands durch separate Partnerschaftsabkommen mit Moskau zerstreuen. Als 2003 die Europäische Nachbarschaftspolitik ins Leben gerufen wurde, hätten die Aussichten auf eine neue Ära der friedlichen Kooperation mit Russland kaum besser sein können. Das im gleichen Jahr veröffentlichte erste Papier zur Sicherheitsstrategie der EU reflektierte diese optimistische Einschätzung auf dem ganzen Kontinent. »Nie zuvor ist Europa so wohlhabend, so sicher und so frei gewesen. Die Gewalt der ersten Hälfte des 20. Jahrhunderts ist einer in der europäischen Geschichte beispiellosen Periode des Friedens und der Stabilität gewichen.«[4]

Das Programm »Östliche Partnerschaft« startete mit sechs Ländern in Osteuropa und im südlichen Kaukasus. Diese schlossen sich dem Programm begeistert an in dem Glauben, das sei eine Art Zwischenstation auf dem Weg zur Vollmitgliedschaft in der Union. Europa glaubte auch an eine effektive Zusammenarbeit mit Premierminister Dmitri Medwedew. Dieser hatte zunächst in der Kooperation mit der EU den wirksamsten Weg zur Modernisierung von Russlands Wirtschaft gesehen. Medwedew versuchte mit dem Segen Putins, Russland mit seinen großen Öl- und Gasvorkommen als Europas führenden Energieversorger zu positionieren. Im Gegenzug sollte Europa verstärkt in Russland investieren: Man wollte Chancen ausloten, Automobilfabriken zu bauen, um die steigende örtliche Nachfrage nach Autos aus dem Westen zu befriedigen. Der Ausbau des Stromnetzes und andere Infrastrukturmaßnahmen waren ebenso geplant wie Investitionen in Medwedews Lieblingsprojekt eines High-Tech-Zentrums im Umland von Moskau. Aber etwa im Jahr 2007, als NATO und EU ihre weitere Ausdehnung in die früheren Sowjetstaaten Georgien und Ukraine erwogen, beschlich Putin und seine Seilschaften aus KGB-Zeiten das Gefühl, der Westen würde sie hintergehen. Sie sahen im Westen nun auch den verdeckten Drahtzieher der »Rosenrevolution« in Georgien und der »Orangenen Revolution« in Kiew. Wie schon bald klar wurde, bestand ihre tiefste Furcht darin, die Förderung freiheitlicher und demokratischer Werte durch den Westen könnte zu einer Gefahr für ihre Machtposition im eigenen Land werden.

Als Georgien schon 2008 auf eine vorzeitige NATO-Mitgliedschaft drängte, provozierte Russland einen kurzen, aber heftigen Krieg, der zur Anerkennung der abtrünnigen Staaten Abchasien und Südossetien durch Russland führte; zwei georgische Territorien an der russischen Südgrenze. Putin war inzwischen Premierminister, nachdem er mit Medwedew die Rollen getauscht hatte, um die Macht zu behalten, ohne gegen das in der russischen Verfassung festgeschriebene Zeitlimit für die Ausübung des Präsidentenamts zu verstoßen. Er wies die Kritik des Westens, Moskau verändere gewaltsam die Grenzen in Europa, komplett zurück. Die Anerkennung der zwei sezessionistischen Regierungen durch Russland sei nichts anderes als das, was der Westen sechs Monate zuvor durch die Anerkennung der Unabhängigkeitserklärung des Kosovo gegenüber Serbien getan habe. »In den internationalen Beziehungen kann es nicht sein, dass für den einen andere Regeln gelten als für andere«, sagte Medwedew. Er beschuldigte den Westen der Heuchelei im Umgang mit Russlands Bemühungen, seine Einflusszone zu schützen.[5]

Javier Solana, der ehemalige spanische Außenminister, der davor als NATO-Generalsekretär und dann zehn Jahre lang als EU-Außenbeauftragter tätig war, räumt im Rückblick ein, der Westen habe die Erniedrigung, die Russland während der Jelzin-Ära erleben musste, eindeutig unterschätzt. Und man habe auch falsch beurteilt, wie Putin diese Gefühle für sich nutzen würde, um Unterstützung für seine Kampagne zur Wiederherstellung von Russlands alter Stärke zu gewinnen, um wieder selbstbewusst und bestimmt auf der weltpolitischen Bühne auftreten zu können. Solana erinnerte sich in mehreren Gesprächen, dass die westliche Russlandpolitik unter der Perspektive entworfen worden sei, die frühe Phase der Partnerschaft, wie sie Medwedew und Putin übernommen hatten, würde einfach immer weitergehen, da doch klar schien, dass es doch in Moskaus eigenem politischem und wirtschaftlichem Interesse liegen müsste, sich am Westen zu orientieren.[6] In Washington, Brüssel, London und Berlin waren sich die Außenpolitikexperten praktisch einig in dem Glauben, die beiden größten Gefahren für Moskau bestünden in Chinas Ansprüchen an der Grenze in Ostsibirien und im islamistischen Radikalismus im Süden, etwa durch tschetschenische Terroristen, die mehrere Bombenanschläge in Moskau verübt hatten, was wiederum gnadenlose Vergeltungsmaßnahmen Russlands auslöste. Aus diesen Gründen dachte man in den Hauptstädten des Westens, Moskau könne es sich gar nicht leisten, die NATO und die EU zu verprellen. Also hatte man im Westen auch keine Bedenken, Allianzen mit den Kräften des demokratischen Wandels in den Ländern an Russlands Grenze zu schmieden.

Die Georgienkrise belegte jedoch klar und deutlich, dass sich in Russland ein neuer Nationalismus etablierte, den man im Westen schlicht übersah, während Putin und Medwedew bestrebt waren, ihrem Land den Status einer globalen Supermacht wiederzugeben, der ihm in ihren Augen gebührte. Putin beschuldigte westliche Stiftungen, vor allem das vom Milliardär und Investor George Soros finanzierte »Open Society Institute«, des Versuchs, den Einfluss von Dissidentengruppen zu verstärken und damit Russlands Regierung zu untergraben. Putin führte Russland dehalb in Richtung einer strikt autoritären Herrschaft und verschärfte derweil seine Kritik an, wie er es nannte, westlicher Dekadenz, die unter der freiheitlichen Demokratie aufgeblüht war. Er tadelte den Westen wegen dessen Toleranz gegenüber Schwulen und Lesben, seiner Abwendung von der traditionellen Religion und der Entkriminalisierung von Drogen. Laut Putin zeuge derlei nicht von größerer Freiheit, sondern lediglich von einer im Verfall begriffenen Zivilisation.

Putins Ressentiment gegenüber dem Westen spitzte sich im November 2013 noch zu, als eine Welle von Protesten und Unruhen Kiews Platz der Unabhängigkeit erfasste, wo viele junge Leute für eine engere Integration mit Europa demonstrierten. Die Proteste weiteten sich schon bald aus, die Forderungen nach dem Rücktritt des damaligen Präsidenten Viktor Janukowitsch und seiner Regierung wurden lauter. »Transparency International«, eine NGO, die regelmäßig die Ehrlichkeit und Integrität von Regierungen bewertet, nannte Janukowitsch einen der korruptesten Führer weltweit. Was aber wirklich so viele Ukrainer auf den Platz trieb, war weniger seine berüchtigte Bestechlichkeit als seine umstrittene Entscheidung, Putins Wünschen nachzugeben und das Assoziierungsabkommen zwischen der Ukraine und der EU zu hintertreiben.

Viele Ukrainer sahen in einer engeren Bindung an Europa die größte Hoffnung auf Verbesserung ihres kläglichen Lebensstandards, der noch zwei Jahrzehnte zuvor auf dem Niveau des Nachbarlands Polen gelegen hatte. Mit großem Neid hatten sie die erstaunliche Entwicklung der polnischen Wirtschaft verfolgt. Seit Polens EU-Beitritt war sein Lebensstandard derart gestiegen, dass die Polen nach praktisch allen Kriterien mindestens drei Mal besser dran waren als die Ukrainer. Putin war klar, dass angesichts von Russlands schwächelnder Wirtschaft ähnliche Vergleiche auch bald in Moskau gezogen werden würden, sollten die Proteste in Kiew außer Kontrolle geraten. Im Februar 2014 musste Janukowitsch die Ukraine verlassen und in Russland Zuflucht suchen. Er wurde durch eine pro-europäische Regierung ersetzt, die die Bestimmungen des EU-Abkommens wieder in Kraft setzte. Dies veranlasste Putin zu einer Intervention an einem Ort, den er als Russlands Einflusssphäre ansah. Russische Streitkräfte übernahmen kurzerhand die Kontrolle über die Krim und verstärkten ihre Unterstützung für die prorussischen Rebellen in der Ostukraine. Gleichzeitig baute Putin zuhause durch sein hartes Vorgehen gegen Oppositionelle, die eine engere Bindung an Europa anstrebten, seine Macht weiter aus.

Seit dem Aufstand in der Ukraine hat Putin die Kampagne zur Veränderung der internationalen Ordnung und zur Untergrabung der Einheit des Westens weiter vorangetrieben. Er hat an der Seite von Präsident Bashar al-Assad in den Bürgerkrieg in Syrien eingegriffen, wo russische Kampfflugzeuge mit Flächenbombardements Hunderte Zivilisten töteten und zahllose Flüchtlinge aus der umkämpften Stadt Aleppo vertrieben.

Er hat auch seine direkten Attacken gegen Regierungen im Westen weiter verschärft und durch zahllose Cyberattacken und Hackeroperationen dreist auf die inneren Angelegenheiten westlicher Länder Einfluss genommen, darunter auch auf die der USA. Putin hat rechtsradikalen Populisten wie Frankreichs Marine Le Pen die Hand gereicht – er bot ihr einen Kredit von 10 Millionen Dollar an, damit sie die Parteikasse für ihren Präsidentschaftswahlkampf füllen konnte. Er hat auch versucht, die Grenzen der wechselseitigen NATO-Beistandsverpflichtung auszutesten. Russland hat seine Propaganda auf die ehemals zum Sowjetimperium gehörenden baltischen Ländern fokussiert, insbesondere auf Estland und Lettland, wo der russischsprachige Bevölkerungsanteil besonders hoch ist. Die von Putin forsch vorangetriebene Errichtung einer Eurasischen Wirtschaftsunion, die slawische Nationen wie Serbien, Weißrussland und andere Teile Osteuropas mit Russland, Zentralasien und China zusammenschließen soll, ist ein deutlicher Affront gegenüber der EU.

Zum Entsetzen von Kanzlerin Merkel und anderer Kritiker scheint Putins Strategie der Destabilisierung des Westens gut voranzukommen. Putin unterstützte das Referendum, das Großbritannien aus der EU lösen sollte ebenso massiv wie Donald Trumps Präsidentschaftswahlkampf – in beiden Fällen hat er aufs richtige Pferd gesetzt. Er hoffte auch, vom wachsenden Einfluss populistischer Nationalisten überall in Europa zu profitieren, die mehr Verständigung mit Moskau befürworten, insbesondere durch Marine Le Pen. In einem Interview mit der BBC führte Le Pen aus, »es gibt absolut keinen Grund, wieso wir uns systematisch den USA zuwenden und Russland vernachlässigen sollten.«[7] Von Putins Vorgeschichte mit der Einflussnahme in der Ukraine und auf westliche Wahlen wollte sie nichts wissen. Für sie lag die Schuld bei der EU, die sie als »repressives Modell« bezeichnete, von dem sich Frankreich verabschieden sollte, sobald ein Referendum ähnlich dem der Briten abgehalten worden sei. »Wer destabilisiert denn Europa und seine Nachbarn heute? Das ist doch die Europäische Union«, sagte sie. Le Pen behauptete auch, Europa habe von den aggressiven Tendenzen in Amerika weitaus mehr zu befürchten, und sie sehe in einem Russland, das man fair behandele, einen kooperativen Partner des Westens.

Le Pen führte weiter aus, sie teile viele von Trumps Ansichten, wenn es darum gehe, dass jede Nation zuerst ihre eigenen Interessen schützen müsse. Trumps positive Kommentare zu Putins Führung während seines Wahlkampfs wurden in ganz Europa deutlich vernommen und ernteten, was die Öffnung gegenüber Moskau betrifft, Beifall von Rechtspopulisten wie Le Pen und russlandfreundlichen Politikern wie Ungarns Orban und Bulgariens Präsident Rumen Radev.

Da die Themen Terrorismus und Einwanderung die europäischen Wähler weit mehr beschäftigen als das Schicksal der Ukraine, vollzog sich eine tiefgreifende Verschiebung in ganz Europa: Man neigt nun dazu, sich von der Konfrontation mit Moskau zu verabschieden und es als gegeben hinzunehmen, wenn Russland seine nationalen Interessen verteidigt und seine angemessene Einflusssphäre wahrt.[8]

In wohlhabenden westlichen Ländern wie Italien und Deutschland, wo Premierminister Renzi und Kanzlerin Merkel trotz der Beeinträchtigung des eigenen, lukrativen Exportgeschäfts mit Russland auf Sanktionen gegen Moskau setzten, erkennt man zunehmend, dass eine Blockade von Handel und Investition ihr Ziel, Russland aus der Ukraine zu drängen, schlicht verfehlt hat. Überdies verbreitet sich die Überzeugung, dass Europa langfristig auf ein gutes Verhältnis mit Moskau angewiesen ist, wenn sich die USA und Großbritannien aus ihren Verpflichtungen für die Sicherheit des Kontinents zurückziehen. Derweil arbeitet Russland weiter an der Modernisierung seiner Streitkräfte mittels eines auf sieben Jahre angelegten, 700 Milliarden Dollar schweren Rüstungsprogramms. Durch Cyberkrieg und Desinformationskampagnen ist es Russland gelungen, an Macht und Einfluss zuzulegen, trotz sinkender Bevölkerungszahl und schwächelnder Wirtschaft. Moskaus Strategie scheint darauf abzuzielen, die freiheitlich-demokratische Ordnung des Westens auszuhöhlen, um so eine neue, stärker nach Osten ausgerichtete Machtbalance in Europa zu etablieren. Frankreich, Deutschland und Italien sollen in eine Richtung gedrängt werden, die auf mehr Verständnis gegenüber Russland setzt.

Europas künftige Nachbarschaftspolitik wird wohl die Kooperation mit Russland stärker betonen, wenn es um die Handhabung der augenscheinlich größten Gefahren aus Nahost und Nordafrika geht. Europa könnte auch durch eine Trump-Administration in diese

Richtung gedrängt werden, die eifrig um eine neue Ära der Entspannung mit Moskau bemüht zu sein scheint. Aber ein solcher Wandel könnte auch gewaltige versteckte Kosten für Europa mit sich bringen. Putin wird höchstwahrscheinlich bis 2024 in Amt und Würden bleiben, und da stellt sich die Frage: Wird der Preis dafür, ein mächtigeres Russland als Garanten für Europas Stabilität zu akzeptieren, darin bestehen, dass Europa von seinen eigenen Werten und Ambitionen abrücken muss?

Das Dilemma mit der Türkei

Über die Jahre hat Europa große Hoffnungen und eine Unmenge Geld in Recep Tayyip Erdoğan investiert. Erstmals bekannt wurde Erdoğan als tatkräftiger und effektiver Bürgermeister Istanbuls, jener rasant wachsenden Metropole am Bosporus mit 15 Millionen Einwohnern. Als Verantwortlicher für eine der turbulentesten Großstädte der Welt schaffte es Erdoğan nicht nur, Straßenreinigung und Müllabfuhr zu organisieren, sondern auch die in der Verwaltung allgegenwärtige Korruption auszutrocknen. Aber seine glühende Verehrung der Religion weckte Misstrauen bei den mächtigen Militärs, die sich schon mehr als einmal in die Innenpolitik des Landes eingemischt haben, wenn sie es für nötig hielten, um die öffentliche Ordnung zu wahren. Nach vier Jahren als Bürgermeister wurde Erdoğan entmachtet, aus dem Rathaus verbannt und unter dem Vorwurf der Anstiftung zu religiöser Intoleranz für zehn Monate inhaftiert. Danach widerrief er sein Bekenntnis zur islamisch geprägten Politik und gründete im Jahr 2001 die moderate »Partei für Gerechtigkeit und Entwicklung« (AKP). Schon im Jahr darauf gelang der AKP ein Erdrutschsieg bei den nationalen Wahlen, und die Partei versprach, trotz ihres religiösen Ursprungs die säkularen Traditionen zu respektieren, wie sie der Staatsgründer der Türkei, Kemal Atatürk, festgeschrieben hatte. Nach Aufhebung seiner Verbannung aus der Politik wurde Erdoğan Premierminister, und diesen Posten behielt er, bis er 2014 zum Präsidenten gewählt wurde.

Erdoğans frühe Jahre als Premierminister trugen ihm viel Bewunderung in Europa und den USA ein. Er führte seine Partei mehrmals hintereinander zum Sieg in den Parlamentswahlen, aufbauend auf einer boomenden Wirtschaft, steigenden ausländischen Investitionen und dem Bau neuer Straßen, von Flughäfen und Hochgeschwindigkeits-Schienennetzen. 2010 lobte Präsident Obama die Türkei als »große muslimische Demokratie« und »entscheidend wichtiges Modell für andere muslimische Länder in der Region«. Obama konsultierte Erdoğan regelmäßig, wenn es um den Nahen Osten ging – oft rief er ihn zweimal in der Woche an –, und nannte ihn zusammen mit Kanzlerin Merkel als einen der ganz wenigen Regierungschefs, mit denen ihn eine enge persönliche Freundschaft verbinde.[9] Vor allem war Erdoğan ein wichtiger Ansprechpartner während der schwierigen Verhandlungen darüber, wie man den Iran an der Entwicklung von Atomwaffen hindern könnte. Obama, Merkel und andere westliche Regierungschefs glaubten auch, Erdoğan könnte die Verbindungen seiner Partei zur Moslem-Bruderschaft in die Beziehungen zur arabischen Welt positiv einbringen. Die Türkei lebt schon immer in einer äußerst unruhigen und turbulenten Region – man denke nur an Nachbarländer wie Iran, Irak und Syrien. Aber viele westliche Politiker nahmen Erdoğan beim Wort, als er erklärte, die Türkei würde zu einem stabilisierenden Faktor als dominante Regionalmacht werden, da sie »null Probleme« mit ihren Nachbarn habe. Ahmet Davutoğlu, damals Erdoğans Außenminister, versprach, die Türkei werde »den Wind des Wandels in Nahost anführen« und dadurch die Welt sicherer machen.

Endlich schien der Westen einen exemplarischen muslimischen Herrscher gefunden zu haben, der die richtige Balance zwischen Islam und Demokratie beherrschte. Einige säkulare Kritiker warnten allerdings, Erdoğan sei ein Wolf im Schafspelz. Im Grunde seines Herzens sei er ein islamischer Autokrat, der das säkulare Spiel geduldig mitspiele und nur auf den richtigen Moment warte, um das Land auf seine ganz persönliche Version theokratischer Herrschaft auszurichten. Erdoğan und seine Anhänger spotteten nur über derlei Anschuldigungen und bestritten den Vorwurf des doppelten Spiels vehement. Ihnen zufolge gebe es keinen Widerspruch zwischen seinen persönlichen Beweggründen und den religiösen Wurzeln christlich-demokratischer Politiker in Deutschland, Österreich und anderswo in Europa. Als Kanzlerin Merkel ihn bei einem ihrer ersten Treffen fragte, inwiefern der Islam sein politisches Denken bestimme, antwortete Erdoğan, er und seine Partei seien genau wie Merkels Christdemokraten: konservativ in gesellschaftlichen Fragen, Fürsprecher des freien Marktes in der Wirtschaft und religiös ausschließlich aus der persönlichen Entscheidung heraus.[10]

Die Türkei strebt schon lange die Mitgliedschaft in der EU an und bewarb sich bereits vor über 50 Jahren um Aufnahme. Erdoğans Erfolge bei der Modernisierung des Landes in seinen ersten Jahren an der Macht ließen Europas Spitzenpolitiker glauben, die Zeit für eine umfassende Integration der Türkei in den Westen sei nun reif. Die Türkei war langjähriges Mitglied der NATO und schien nun entschlossen, alles Notwendige zu tun, um auch Teil der EU zu werden. Die Regierung in Ankara schaffte die Todesstrafe ab, führte Friedensgespräche, bot den moderaten kurdischen Nationalisten mehr Autonomie an und begann, eine Rechtsprechung einzuführen, die sich an den Erfordernissen der EU orientierte. Die Wahrung der Menschenrechte war zwar nach wie vor ein Problem, etwa die Inhaftierung von Journalisten auf der Grundlage erfundener Anschuldigungen wegen Aufwiegelung oder Volksverhetzung. Die Skeptiker in Europa hielten die Türkei für einen zu großen Brocken, an dem sich die EU verschlucken würde und den man deshalb lieber als Teil Asiens ansehen sollte. Die Befürworter hielten dagegen, eine Einbindung der Türkei würde beweisen, dass die EU in der Lage sei, zur Befriedung des Nahen Ostens allein durch die Kraft der Ausdehnung beizutragen. Erdoğan für seinen Teil betonte die Entschlossenheit der Türkei, alles Notwendige zu tun, um bis 2023 der EU beizutreten, rechtzeitig zur Hundertjahrfeier der türkischen Republik.

Andere sahen dagegen dunklere Motive hinter Erdoğans Drängen auf die EU-Mitgliedschaft. Besonders wichtig war ihm, die EU-Forderung nach ziviler Kontrolle über das Militär zu erfüllen, da dies seinem zentralen Ziel entsprach, die Militärführung an jeder künftigen Einmischung in die Politik zu hindern. Erdoğans Verbündeter zu jener Zeit war kein anderer als Fethullah Gülen, der islamische Prediger, der von seinem selbstgewählten Exil in Pennsylvania aus den Aufstieg Erdoğans und seiner AKP lange unterstützt hat. Er hatte seine Bewegung unter dem Namen *Hizmet* (Dienst) in den 1970er-Jahren gegründet und seinen Einfluss über Schulen und karitative Einrichtungen in aller Welt auf Millionen von Anhängern ausgedehnt. Gülens gebildete Anhänger folgten seinem Drängen, die Polizei, die Justiz, die Verwaltung und sogar das Militär zu infiltrieren, um so dazu beizutragen, dass Erdoğan den eisernen Griff, mit dem das Militär die staatlichen Institutionen beherrschte, würde lösen können. Andere erlangten einflussreiche Positionen in den Medien oder gründeten erfolgreiche Banken und Unternehmen. Später sollten Erdoğan und Gülen zwar zu Todfeinden werden, aber damals zogen sie vereint und entschlossen gegen den Apparat des »tiefen Staates« zu Felde, über den das türkische Militär seit jeher hinter den Kulissen die Fäden in der Hand hielt. In den Ergenekon-Prozessen, die im Jahr 2007 begannen, wurden Hunderte hohe Offiziere mit zweifelhaften Anschuldigungen auf der Basis gefälschter Beweise vor Gericht gestellt. Aber die umstrittenen Prozesse schienen die wachsende Rivalität zwischen Erdoğan und Gülen anzufachen, deren aufeinanderprallende Egos und deutlich unterschiedlichen Vorstellungen von der Zukunft der Türkei ab 2013 in den Blickpunkt gerieten.

Inzwischen hatten Erdoğans Träume von einer neuen Ordnung in Nahost mit der Türkei als Stabilitätsanker begonnen, Gestalt anzunehmen.[11] Seine persönliche Allianz mit Bashar al-Assad, Syriens starkem Mann, zerbrach, als Assad seinen Rat ausschlug, Reformen einzuführen. Assad ließ stattdessen dem Militär freie Hand, die Proteste gegen das Regime niederzuschlagen, was schon bald in einen blutigen Bürgerkrieg mündete. Mit der Eskalation der Kämpfe und der steigenden Zahl ziviler Opfer wurde Erdoğan immer wütender angesichts der Weigerung der USA und der EU, zu intervenieren und Assad zu stürzen. Erdoğan fühlte sich vom Westen im Stich gelassen, schleuste Waffenlieferungen an islamische Rebellen und ließ dschihadistische Kämpfer aus dem Ausland zu Tausenden über die Türkei nach Syrien einsickern, was zu ernsten Spannungen mit Europa führte. Die Europäer fürchteten einen Rückstoßeffekt, wenn diese

Kämpfer z. B. nach Frankreich und Belgien zurückkehren würden. Viele dieser Kämpfer schlossen sich dem IS (»Islamischer Staat«) an, der schon bald seine Einflusssphäre ausdehnen konnte und zu einer direkten Bedrohung für die Regierungen in der Türkei und im Irak heranwuchs.

Zwischenzeitlich verwickelte sich Erdoğan in einen üblen Streit mit Israel über dessen Blockade von Hilfslieferungen an Palästinenser in Gaza und beschädigte damit die militärische und geheimdienstliche Kooperation mit einem Land, das eigentlich zu einem nützlichen strategischen Verbündeten geworden war. Ein Waffenstillstand mit den Kurden fiel ebenfalls dem Syrien-Krieg zum Opfer, da kurdische Kräfte mit amerikanischer Unterstützung Territorien vom IS zurückeroberten und gleichzeitig entschlossen waren, ihre eigenen Pläne zur Schaffung eines unabhängigen Kurdenstaats voranzutreiben – auf Kosten der Türkei. Russland und der Iran waren ihrerseits in die Schlacht um die Rettung des Assad-Regimes eingebunden, sodass nun aus Erdoğans »null Problemen« mit den Nachbarn »nichts als Probleme« geworden waren. Auch mit den USA und Europa blieb er über Kreuz, denn deren Ziel war es ja, den Islamischen Staat zu zerstören. Ankara hingegen wollte vor allem Assad stürzen und die Kurden daran hindern, mehr syrisches Territorium unter ihre Kontrolle zu bekommen.

Angesichts der riesigen Zahl von fast drei Millionen Flüchtlingen, die mittlerweile in die Türkei geströmt waren, störte sich Erdoğan nicht weiter daran, als Schlepper begannen, syrische und andere Flüchtlinge in großer Zahl über die Meerenge auf die nahen griechischen Inseln der Ägäis zu schmuggeln. Der Exodus der Flüchtlinge in Richtung Europa war 2015 auf über eine Million Menschen angewachsen, und Erdoğan schien es geradezu zu genießen, dass die Türkei zu einem entscheidenden Faktor für Europas Stabilität geworden war. Er verhandelte hart mit Kanzlerin Merkel und verlangte als Gegenleistung für die Bewältigung des Ansturms der in der Türkei ankommenden Flüchtlinge sechs Milliarden Dollar Wirtschaftshilfe, vordergründig zur Versorgung der Flüchtlinge. Außerdem gewann er Merkels Unterstützung für verstärkte Anstrengungen, die Türkei in die EU zu bringen und Visafreiheit für Türken zu erreichen, wenn diese nach Europa reisen wollten. Aber Merkel und andere europäische Regierungschefs hatten mit der wachsenden politischen Herausforderung durch immigrantenfeindliche, populistische Parteien zu kämpfen. Und es schien recht unwahrscheinlich, dass die EU ihr Versprechen, ihre Türen für 76 Millionen Türken zu öffnen, kurzfristig würde einlösen können.

Auch im eigenen Land zeigte Erdoğan immer mehr autoritäre Tendenzen. Er drängte auf Verfassungsänderungen, um seine Präsidentschaft mit voller exekutiver Macht auszustatten. Er baute einen Palast mit 1000 Zimmern – die kaiserlichen Ausmaße erschienen ihm für seine Residenz offenbar angemessen. Die Warnung Merkels und anderer EU-Spitzenpolitiker, eine derartige Machtkonzentration in einer Hand würde den demokratischen Normen der EU widersprechen, tat er mit dem Hinweis ab, diese Maßnahmen seien notwendig, um den Gefahren für die Sicherheit des Landes durch den Syrien-Krieg und terroristische Anschläge durch kurdische Separatisten zu begegnen. Dann, am 15. Juli 2016, inszenierten kriminelle Elemente aus Militär und Polizei einen Putschversuch, den die Regierung unverzüglich Gülens allgegenwärtigem Unterstützernetzwerk anlastete. Erdoğan entkam mit knapper Not seiner Verhaftung und schaffte es, seine Anhänger über im Fernsehen übertragene Handybotschaften auf die Straßen zu rufen. Mit seinen verzweifelten Appellen gelang es ihm binnen Stunden, eine Rebellion niederzuschlagen, die 240 Menschenleben gekostet und Teile des Nationalparlaments zerstört hatte, als Kampfjets der Luftwaffe das Gebäude unter Beschuss nahmen.

Erdoğan begann unverzüglich, hart gegen die Gülen-Anhänger durchzugreifen. Er verhängte zuerst den Ausnahmezustand und nutzte dann seine außerordentlichen Befugnisse, um Tausende weitere Verdächtige zu verhaften und zu entlassen, darunter Journalisten, Professoren und kurdische Politiker. Rund 37 000 Menschen wurden ins Gefängnis gesteckt, über 100 000 weitere wegen angeblicher Verbindungen zur Gülen-Bewegung entlassen. Rund 150 Medienkanäle wurden nach dem Putschversuch geschlossen, darunter führende oppositionelle Zeitungen wie *Cumhuriyet*, über 150 Journalisten kamen in Untersuchungshaft. Unter Erdoğan hat die Türkei mehr Journalisten inhaftiert als jedes andere Land der Welt – das Land spottet damit den EU-Forderungen, Ankara müsse die Redefreiheit und das Recht auf Widerspruch schützen, um für eine EU-Mitgliedschaft in Frage zu kommen.

Erdoğan zeigte sich erbost über die zögerliche und laue Reaktion der USA und Europas, was die Verurteilung des Putschversuchs anging. Er nahm europäischen Politikern nicht nur die Feststellung übel, seine Reaktion sei völlig überzogen angesichts der vielen damit einhergehenden Menschenrechtsverletzungen, sondern auch den weiteren Vorwurf, es benutze den Putsch lediglich als Vorwand, um noch mehr Macht an sich zu reißen. Als das EU-Parlament eine nicht bindende Resolution verabschiedete, nach der alle Verhandlungen mit der Türkei über den EU-Beitritt abgebrochen werden sollten, erklärte Erdoğan höchstpersönlich, es sei vielleicht an der Zeit, das ewige Hin und Her in Sachen EU-Beitritt der Türkei zu beenden. Er kündigte ein eigenes Referendum an, in dem das Volk entscheiden solle, ob sich die Türkei ein für alle Mal vom Gedanken an eine EU-Mitgliedschaft verabschieden solle. »Was sollen wir von Leuten erwarten, die uns seit 53 Jahren vor der Tür warten lassen? Machen wir uns nichts vor. Lasst uns selbst die Nabelschnur durchschneiden«, sagte er.[12]

Einst galt die Türkei als entscheidender Faktor in Europas vielbeschworener Strategie der Pflege guter nachbarschaftlicher Beziehungen. Heute sind die Beziehungen zwischen der Türkei und der EU allem Anschein nach so vergiftet wie nie zuvor.[13] Die Binnenpolitik in Europa wendet sich massiv dagegen, die Grenzen des Kontinents weiter zu öffnen, und gerade gegenüber muslimischen Ländern erschiene es nur natürlich anzuerkennen, was ohnehin offensichtlich ist. Dass nämlich die Türkei – nach fünf Jahrzehnten des Wartens – niemals Mitglied der Europäischen Union werden wird. Aber diese unwiderrufliche Entscheidung ist Regierungschefs wie Angela Merkel unangenehm. Sie wissen sehr wohl, dass die Türkei in mancherlei Hinsicht ohnehin nicht mehr vom Schicksal Europas zu trennen ist.

Über vier Millionen Menschen türkischer Abstammung leben in Deutschland. Erdoğan verfügt zudem über eine mächtige Waffe, um Einfluss auf Europas Politik zu nehmen: Er droht, die Schleusen für Flüchtlinge erneut zu öffnen, die dann nach Europa strömen würden. Ihm ist klar, dass dieser Schritt unkalkulierbare Folgen hätte, da er Wasser auf die Mühlen fremdenfeindlicher Populisten wäre, die die etablierten Parteien von der Macht verdrängen wollen – und damit Europa in ein neues dunkles Zeitalter stürzen könnten.

Die Zwickmühle Nordafrika

An einem Morgen im Dezember 2010 übergoss sich Mohammed Bouazizi im tunesischen Sidi Bouzid mit Farbverdünner und entzündete ein Streichholz. Diese Selbstverbrennung löste einen Feuersturm in der gesamten arabischen Welt aus. Der tunesische Gemüsehändler hatte sich vor dem Büro des örtlichen Gouverneurs in Brand gesteckt, um gegen die ständigen Razzien zu protestieren, die sein Geschäft ruiniert hatten. Die furchtbare Tragödie wurde zum Sinnbild der Wut und der Frustration vieler junger Menschen in der arabischen Welt, die sich um ihre Hoffnungen auf ein besseres Leben betrogen fühlten. Schon bald waren die Bilder eines jungen Mannes, der vor den Augen der tatenlos bleibenden Polizei sein Leben opferte, auf Facebook-Seiten in über einem Dutzend Ländern zu sehen, und was folgte, war ein kollektiver Wutausbruch der Menschen von Marokko bis in den Jemen. Bouazizis Tod war der Zündfunke einer ansteckenden Rebellion, die der Herrschaft von Präsident Zine El-Abidine Ben Ali, der Tunesien 23 Jahre lang mit eiserner Hand regiert hatte, ein baldiges Ende bereitete. Und noch weitere Diktatoren in Ägypten, Libyen und Jemen mussten abtreten.

Das Versprechen einer arabischen politischen Revolution, die eine Kultur der Autokraten hinwegfegen und Platz für Demokraten machen sollte, inspirierte auch viele europäische Politiker. Jahrzehntelang hatte die EU sich mit nur mäßigem Erfolg bemüht, eine effektive Politik zur Förderung politischer und wirtschaftlicher Reformen südlich des Mittelmeers auf die Beine zu stellen. Diese Reformen sollten die Chancen junger Araber und Afrikaner in ihrer Heimat verbessern, damit für sie kein Anreiz mehr bestand, in wackligen Schlauchbooten nach Europa aufzubrechen. Der Arabische Frühling bot Europa zudem die Chance, seine schändliche Kolonialgeschichte zu sühnen, die die einstigen Untertanen des französischen und des britischen Weltreichs im Elend zurückließen, lange nachdem sie die Unabhängigkeit erlangt hatten. Also kündigte die EU Anfang 2011 ein neues Hilfsprogramm für die Nachbarn im Süden an, das mehr Marktzugang, einfacheres Reisen durch Visa und eine Menge Geld zum Ausbau von Schulen, Straßen und Kommunikationsnetzen versprach; alles zusammen mit dem Ziel, damit den Lebensstandard deutlich zu verbessern.

Als Wiege des demokratischen Aufstands der Araber sollte Tunesien das Vorzeigeprojekt für die Großzügigkeit der Europäer abgeben. Seit der Unabhängigkeit von Frankreich im Jahr 1956 hatte Tunesien schon immer engere Verbindungen zu Europa gepflegt als die meisten arabischen Länder, vor allem durch den starken Tourismus und kulturelle Austauschprogramme. Mit großem Tamtam kündigte die EU eine sofortige Verdoppelung der Finanzhilfen an und etablierte eine »privilegierte Partnerschaft« mit der jungen Demokratie in Tunis. Die Hauptziele des EU-Engagements sollten die Stabilisierung demokratischer Institutionen, der Abbau der extrem hohen Jugendarbeitslosigkeit und das Entschärfen der aufkommenden terroristischen Gefahr sein. Tunesien weist mit das höchste Bildungsniveau und die stärkste Internetnutzung in der gesamten arabischen Welt auf, diente andererseits aber auch dem Islamischen Staat als besonders ergiebige Quelle für ausländische Kämpfer. Nach Angaben der Vereinten Nationen haben über 5000 Tunesier das Land verlassen, um sich dem Kampf des Islamischen Staats anzuschließen. Die Regierung in Tunis fürchtet nun, nach der Rückkehr dieser Kämpfer könnten diese den nächsten islamistischen Aufstand entfachen, ähnlich wie die Dschihadisten in Algerien nach ihrer Rückkehr aus Afghanistan zwei Jahrzehnte zuvor.

Die auf die Revolte gegen Ben Alis Regime folgende politische Offenheit bot einen Freiraum, den islamische Extremisten für Angriffe gegen säkulare Einrichtungen nutzten. Die ersten Parlamentswahlen brachten eine moderate islamische Partei, die Ennahda, an die Macht, Extremisten starteten jedoch eine Welle blutiger Anschläge gegen liberale Politiker, die das Land an den Rand des Zusammenbruchs führte. Zwei prominente Oppositionsführer, Mohamed Brahmi und Chokri Belaid, wurden ermordet. Derweil litt die Wirtschaft unter der hohen Inflation, und die Ausarbeitung einer neuen Verfassung kam ins Stocken. Der ehrgeizige Plan zur Bereitstellung massiver Hilfen, um Tunesien in eine Modelldemokratie zu verwandeln, schien ein totgeborenes Kind zu sein.

Als Tunesiens Jasmin-Revolution am Rand gewalttätiger Anarchie wandelte, intervenierte 2013 eine Allianz zivilgesellschaftlicher Gruppen mit dem Ziel, eine Reihe politischer Kompromisse zwischen islamistischen und moderaten Kräften zu vermitteln. Hauptakteur war die führende Gewerkschaft des Landes. Sie besaß die Macht, Generalstreiks auszurufen, und hatte sich den Respekt aller gesellschaftlichen Gruppen erworben. Ihr Chef, Houcine Abbassi, wurde zum entscheidenden Unterhändler und gewann die Unterstützung prominenter Industrieller, Menschenrechtsaktivisten und Anwälte. Das »Quartett für Nationalen Dialog«, wie es genannt wurde, entwarf eine Vereinbarung, gemäß der die Islamisten die Macht an eine Übergangsregierung übergeben sollten, und stellte einen Zeitplan für Neuwahlen sowie Pläne für einen Verfassungsentwurf auf. Die Arrangements waren alles andere als perfekt und vermochten es nicht, den Terrorismus einzudämmen. Im März 2015 erschütterte ein dramatischer Anschlag von Extremisten ein Museum mitten in Tunis; drei Monate später ermordete ein in Libyen ausgebildeter islamistischer Killer 38 Menschen am Strand des Ferienorts Sousse. Tunesien überlebte auch diese Amokläufe der Terroristen und ging als stärkste Demokratie der arabischen Welt aus den Geschehnissen hervor. Für seine heldenhaften Bemühungen um die fragile Demokratie ihres Landes erhielt das Quartett im Jahr 2015 den Friedensnobelpreis.

Anderswo in Nordafrika bietet sich hingegen nach wie vor ein trostloses Bild. In Marokko herrscht noch relative Ruhe, aber auch dort ist der islamische Extremismus eine ernste Gefahr. Algeriens Wirtschaft steht wegen fallender Öl- und Gaspreise am Rande des

Zusammenbruchs. Auch die Unzufriedenheit vieler junger Algerier, die dem Sirenengesang des Dschihadismus erliegen könnten, macht dem Land schwer zu schaffen. Libyen ist gefangen in einem gewalttätigen Bürgerkrieg zwischen Islamisten, Säkularisten und Stammesclans. Ägypten blieb nach der Verbannung des Regimes von Hosni Mubarak nur kurz auf dem Weg zur Demokratie – inzwischen herrscht wieder eine Militärdiktatur unter Abdel Fattah al-Sisi. Dieser hatte den Putsch angeführt, der die gewählte Regierung der Muslim-Bruderschaft gestürzt hatte, vorgeblich um die öffentliche Ordnung wiederherzustellen. Ägyptens Wirtschaft ist ebenfalls ins Trudeln geraten, zumal sie sich mit einer demographischen Zeitbombe konfrontiert sieht: Über 650 000 junge Leute drängen Jahr für Jahr auf den Arbeitsmarkt.

Die EU musste feststellen, dass offenbar weder Hilfsgelder noch wirtschaftliche Infrastrukturprogramme Wirkung zeigen, wenn traditionelle gesellschaftliche Strukturen in Auflösung begriffen sind. Als die Einnahmen aus dem Öl- und Gasgeschäft sprudelten, konnten es sich arabische Regierungen problemlos leisten, grundlegende staatliche Leistungen wie Gesundheitsvorsorge und Bildung bereitzustellen, genügend Jobs zu schaffen und Zuschüsse für Nahrung und Brennstoffe zu finanzieren. Im Gegenzug erwartete man von der Bevölkerung, sich aus der Politik herauszuhalten. Aber dieser Deal begann anfangs des neuen Jahrhunderts zu zerbrechen, da die Regierungen an die Grenzen ihrer Großzügigkeit stießen und ihren Teil der Abmachung angesichts schrumpfender Einnahmen und aufgeblähter Staatsapparate nicht mehr einhalten konnten. Dieses Scheitern fachte wiederum die Wut und Frustration in der ganzen arabischen Welt an: Die Jüngeren, die einen immer größeren Bevölkerungsanteil ausmachen, forderten mehr Mitsprache bei der Gestaltung ihres Lebens und der Gesellschaft insgesamt ein.[14]

Paul Scheffer, ein niederländischer Experte für Immigration an der Universität von Tilburg, sagt voraus, dass die Bevölkerung der arabischen Welt im Zeitraum von 2010 bis 2050 von 360 Millionen auf 630 Millionen Menschen anwachsen werde. Nach Berechnungen des Internationalen Währungsfonds benötigt die Region ein kontinuierliches Wachstum von mehr als sieben Prozent pro Jahr, nur damit die gegenwärtige Arbeitslosenquote nicht noch weiter ansteigt. Laut der Vereinten Nationen leben in der arabischen Welt zwar nur fünf Prozent der Weltbevölkerung, sie steht aber inzwischen für die Hälfte der Terrorakte und der Flüchtlingsströme weltweit. Elf arabische Staaten sind in gewalttätige Konflikte verstrickt – einer davon ist der Bürgerkrieg in Syrien, der bisher mehr als 500 000 Menschenleben gekostet und fast fünf Millionen Flüchtlinge produziert hat. Derweil hat der Anteil der Jugend in der arabischen Bevölkerung (zwischen 15 und 29 Jahren) die 100-Millionen-Marke überschritten, ohne dass Arbeit in entsprechendem Umfang in Sicht wäre. Da ist es für viele verlockend, sich terroristischen Gruppen anzuschließen oder heimlich nach Europa einzusickern. Die hohen Hürden für Jobs, Wachstum und Mobilität radikalisieren viele junge Araber und machen sie anfällig für extremistisches Verhalten, wie es auf dschihadistischen Websites propagiert wird.[15]

In mancherlei Hinsicht ist die Lage in Westafrika noch besorgniserregender, wo eine alarmierende Verschlechterung der Versorgung mit Nahrung und Trinkwasser, verursacht durch den Klimawandel, ständige Bürgerkriege und das Scheitern der lokalen Regierungen katastrophale Lebensbedingungen geschaffen haben. Während Europa, China und Indien einem demographischen Rückgang entgegensehen, steht Westafrika an der Schwelle zu einer Bevölkerungsexplosion. Nach Prognosen der Vereinten Nationen wird sich die Bevölkerungszahl bis zum Ende des Jahrhunderts auf über 1,6 Milliarden vervierfachen. Im Jahr 2100 wird z. B. Nigeria 750 Millionen Einwohner haben und damit nach Indien und China das bevölkerungsreichste Land sein. Ernten und Wasservorräte hingegen sind weit entfernt von einem Niveau, das solche Menschenmassen versorgen könnte. Der Mangel an Nahrung und Wasser dürfte sich noch verschärfen, da die meisten Klimamodelle für die Region im 21. Jahrhundert einen schnelleren Temperaturanstieg erwarten lassen als irgendwo sonst auf dem Planeten. Bis zu 160 Millionen Menschen in Westafrika könnten dann versuchen, Hunger und Dürre zu entkommen und sich in Richtung Europa und anderer Zufluchtsorte aufzumachen. Dieses Ausmaß würde die 65 Millionen Flüchtlinge, die es gegenwärtig auf der Welt gibt, weit in den Schatten stellen.[16]

Wenngleich Deutschland nicht die gleichen historischen Verbindungen zu Afrika aufweist wie Frankreich, Italien oder Großbritannien, geht Kanzlerin Angela Merkel auch hier wieder mit der Forderung voran, Europa müsse effektivere Maßnahmen entwickeln, um öffentliche und private Investitionen in Afrika zu fördern, damit die Menschen dort gar nicht erst den Drang verspürten, nach Europa zu emigrieren. Nachdem sie erfahren hatte, dass über 160 000 Menschen von Afrika über das Mittelmeer nach Italien übergesetzt hatten und 4220 Flüchtlinge in den ersten zehn Monaten des Jahres 2016 bei dem Versuch ertrunken waren, machte sich Merkel zu einer Reise in mehrere afrikanische Staaten auf.[17] Sie versprach, als Gegenleistung für die Kooperation Westafrikas bei der Eindämmung der Flüchtlingswelle seien Deutschland und die EU-Partner gewillt, einen neuen »Marshallplan für Afrika« aufzusetzen, ähnlich des riesigen Investitionsprogramms der USA, das nach dem Zweiten Weltkrieg die wirtschaftliche Erholung Europas ermöglicht hatte. »Wir müssen in diese Länder investieren und den Menschen dort bessere Zukunftsperspektiven bieten«, erläutert Deutschlands Entwicklungsminister Gerd Müller. »Wenn die jungen Menschen Afrikas in ihren Ländern keine Arbeit und keine Zukunft finden, werden es nicht Hunderttausende, sondern Millionen sein, die sich nach Europa aufmachen.«[18]

Für Europa wächst der politische und ökonomische Druck, eine rasche Lösung für den anschwellenden Strom illegaler Einwanderer zu finden, die die lebensgefährliche Überfahrt von der Küste Libyens zu den Inseln vor Sizilien wagen. Zwar ist es Europa gelungen, den Exodus syrischer Flüchtlinge von der Türkei nach Griechenland nach dem Anstieg von 2015 wieder einzudämmen. Dennoch erzeugten die klapprigen Boote, die Araber und Afrikaner über das Mittelmeer brachten, im Süden Italiens schon bald einen dramatischen Belagerungszustand, wie es ihn nirgendwo sonst in Europa gibt. Diejenigen, die aus den von Armut und Krieg geschundenen Regionen entlang der durchlässigen südlichen Grenzen Europas fliehen, befeuern heute bereits den Auftrieb für fremdenfeindliche, extremistische Parteien, die bereits Europas eigene Gesellschaften zu destabilisieren drohen. Trotz bester Absichten musste die Europäische Union zu ihrem Verdruss feststellen, dass ihr die politischen, militärischen und ökonomischen Mittel fehlen, um die Probleme an ihrer Peripherie zu lösen, die so schnell auf ihr eigenes Territorium herübergeschwappt sind. Der Arabische Frühling, der 2011 in Nordafrika erblühte, ist inzwischen in einen Arabischen Winter umgeschlagen. Und Europa muss ernüchtert feststellen, dass es wenig tun kann, um auf den Lauf der politischen Jahreszeiten Einfluss zu nehmen.

Kapitel 12

Washington, D.C.

Die Illusion des »America First«

Seit sieben Jahrzehnten bildet die atlantische Allianz die wichtigste Grundlage für die Sicherheit und Stabilität der westlichen Demokratien. Ein gemeinsames Versprechen, Redefreiheit, offene Märkte und transparente Wahlen zu garantieren, festigte die Bande zwischen den USA und ihren europäischen Verbündeten während des Kalten Krieges und darüber hinaus. Diese Partnerschaft wurde auch zur Inspiration für die im Kommunismus gefangenen Gesellschaften, die nach dem Zusammenbruch des Sowjetimperiums ein Leben in größerer Freiheit und mehr Wohlstand ersehnten.

Amerikas Führung erwies sich als entscheidend. Sie stützte den Zusammenhalt des Westens mit dem Marshallplan und dem wirtschaftlichen Wiederaufbau nach dem Zweiten Weltkrieg, der Gründung der NATO (North Atlantic Treaty Organization) zum Schutz vor einer sowjetischen Invasion in Westeuropa und die Verbreitung der Demokratie nach dem Ende des Kalten Krieges. Seit 1945 versicherten zwölf amerikanische Präsidenten – sechs Demokraten und sechs Republikaner – einer transatlantischen Allianz, die die USA als außergewöhnlichen und unverzichtbaren Bewahrer der Weltordnung definierte, ihre unverbrüchliche Unterstützung. Alle zwölf Präsidenten füllten die Rolle des Oberbefehlshabers einer westlichen Staatengemeinschaft aus, die in den USA letztlich den Beschützer ihrer gemeinsamen Überzeugungen und Interessen sah.

Die Wahl von Donald Trump stellt dieses Erbe in Frage. Schon bevor er den Amtseid ablegte, untergrub Trump Amerikas jahrzehntelang gültiges Versprechen, die Verbündeten zu verteidigen. Er deutete an, die USA würden sich nur dann an Artikel 5 des NATO-Vertrags halten – dieser verpflichtet die Mitglieder, einen Angriff auf ein Mitglied als Angriff auf alle zusammen zu betrachten –, wenn von den bedrohten Ländern angenommen werden kann, dass sie selbst genug Geld in ihre Verteidigung investieren. Er gelobte, bereits geltende und geplante Handelsabkommen wie TTIP (Transatlantic Trade and Investment Partnership) aufzukündigen, die angesichts der Herausforderungen durch den Aufstieg von Schwellenländern wie China und Indien eigentlich die Führungsrolle des Westens in der Weltwirtschaft mit neuem Leben hätten erfüllen sollen.

Noch vor der Amtsübernahme brachte Trump mit seinem isolationistischen Credo, Amerika sei nicht länger bereit, die Kosten als Garantiemacht für weltweite Sicherheit und Stabilität zu tragen, die weltpolitische Machtbalance ordentlich durcheinander. Mit seinem Beharren darauf, die Zeit sei reif für »America First«, selbst wenn dies bedeutete, sich vom Rest der Welt abzukoppeln, vermittelte Trump den Eindruck, die Versprechen, die Amerikas Führungsrolle in der internationalen Nachkriegsordnung untermauerten, lägen von nun an auf dem Verhandlungstisch.

Während seines Wahlkampfs äußerte sich Trump zu nahezu jedem außenpolitischen Thema zwiespältig, etwa zu der Frage, ob und wann er für oder gegen den Irakkrieg gewesen sei. Was jedoch die Beziehungen zu Europa angeht, ist die Botschaft Trumps seit fast zwei Jahrzenten die gleiche. Jüngst pries er die starke Führerschaft Wladimir Putins in Russland und bezeichnete die NATO als »obsolet«. Aber schon im Jahr 2000, als sein Buch *The America We Deserve* erstmals erschien, ging Trump auf Abstand zu einer möglichen Intervention in Europa mit der Aussage, »Amerika hat kein wesentliches Interesse daran, zwischen sich bekriegenden Parteien zu wählen, deren Feindseligkeiten über Jahrhunderte zurückgehen.« Er beklagte die Kosten der Truppenstationierung in Europa und sagte, ein Rückzug Amerikas »würde unserem Land jedes Jahr viele Millionen Dollar sparen«. Er sah keinen Grund, warum sich die USA der Wahrung des Friedens zwischen den Nationen Europas widmen sollten, denn »deren Konflikte sind nicht das Leben von Amerikanern wert«.

In seiner ersten großen außenpolitischen Rede im Laufe seiner Wahlkampagne machte Trump klar, er würde als Präsident eine radikale Neuausrichtung der Rolle Amerikas in der Welt einläuten, in der nicht länger globale Verpflichtungen betont werden, sondern Amerikas eigene Interessen im Vordergrund stehen. »Amerika zuerst, das wird das beherrschende Thema meiner Regierung sein«, betonte Trump. »Unter einer Regierung Trump wird kein Bürger Amerikas jemals wieder das Gefühl haben, seine Bedürfnisse wären denen von Bürgern anderer Länder untergeordnet. Meine Außenpolitik wird die Interessen des amerikanischen Volkes und die Sicherheit der USA über alles stellen.«[1]

In seiner Rede zur Amtseinführung betonte Trump ein weiteres Mal, seine Regierung würde ihre Außenpolitik vorrangig an amerikanischen Interessen ausrichten. Die Wahl des »America First« als Trumps präsidiales Mantra weckte Erinnerungen an die desaströsen Jahre in den 1930ern, als deutschlandfreundliche Isolationisten, angeführt vom Fliegerheld Charles Lindbergh und anderen Antisemiten, dafür kämpften, die USA vom Kriegseintritt abzuhalten, der die Nazi-Aggression in Europa aufhalten sollte. So sehr Trumps Botschaft die Historiker entsetzte: Bei den amerikanischen Wählern kam sie gut an. Die hatten wohl genug von den endlosen Kriegen im Irak und in Afghanistan und wollten von ihrer Regierung mehr Investitionen in den Neuaufbau und die Reparatur ihrer eigenen Nation sehen.

Zum ersten Mal seit 1945 will ein führender amerikanischer Präsidentschaftskandidat als Heilmittel gegen die Nöte der Nation den kontroversen Pfad des Nationalismus und Protektionismus einschlagen. Trumps Vision, so sie denn in die Praxis umgesetzt wird, würde die Rolle der USA als wichtigstem Garanten der freiheitlich-demokratischen Ordnung aufs Spiel setzen. Sie würde auch das Vertrauen in Amerikas Engagement auf allen wichtigen Themenfeldern zerstören: angefangen beim Klimawandel über den Welthandel bis hin zu wechselseitigen Verteidigungsabkommen und der nuklearen Abschreckung. Seit Trump den Amtseid abgelegt hat, hat er keinen Zweifel an seiner Absicht gelassen, seine Wahlversprechen einzulösen, trotz aller Bestürzung, die er damit im Ausland auslöst, gerade bei Amerikas engsten Verbündeten.

Trumps unverblümter Solipsismus hat Amerikas Alliierte in Europa bis ins Mark getroffen. Auch wenn populistische Nationalisten schon seit einigen Jahren auf dem gesamten Kontinent auf dem Vormarsch sind, hatte doch kaum jemand in Europa ernsthaft damit gerechnet, die Gegenbewegung zur Globalisierung könnte die Amerikaner dazu bringen, jemanden zum Präsidenten zu wählen, der bereit ist, sich von den 70 Jahren amerikanischer Führung unter den westlichen Demokratien einfach abzuwenden. Wie auch immer: Sie hofften, die Last der Regierungsverantwortung würde Trumps Rhetorik die Schärfe nehmen, einschließlich seiner überschwänglichen Bewunderung für Autokraten wie Putin, seiner Drohungen mit einem Handelskrieg gegen China oder seinem Beharren auf dem Bau einer Mauer an der Grenze zu Mexiko. Aber nach seiner Wahl bekräftigte Trump seine Überzeugung, die Zeit sei reif, nicht länger die hohen Kosten für die Verteidigung ausländischer Alliierter zu tragen. Er deutete an, unter seiner Präsidentschaft würden die USA den Schwerpunkt ihrer globalen Sicherheitsstrategie verstärkt auf die Verteidigung der Heimat gegen den radikal-islamistischen Terrorismus ausrichten.[2] Dementsprechend ließ Trump verlauten, seine Außen- und Sicherheitspolitik würde durch den Kampf gegen den Terrorismus definiert. Diese Botschaft löste Befürchtungen bei vielen Europäern aus, die – im Glauben, der militärische Schutzschild der Amerikaner gegen äußere Bedrohungen bleibe auf immer und ewig bestehen – wohl zu selbstgefällig geworden waren. Inzwischen ist ihnen klar geworden, dass der Tag vielleicht nicht mehr fern ist, an dem sie ihre wichtigste Schutzmacht in Stich lassen könnte.

»Wenn man sich die Aussagen von Donald Trump während und vor seiner Kampagne anhört, bedeutet das das Ende des Westens, so wie wir ihn kennen«, bemerkte Carl Bildt, Schwedens ehemaliger Premierminister und einer von Europas stärksten Fürsprechern der transatlantischen Partnerschaft. »Europa ist schon jetzt mit dem Revisionismus im Osten und Implosionen im Süden konfrontiert. Aber nun beschleicht uns das Gefühl, die gefährlichsten aller Entwicklungen könnten in Wirklichkeit von innen kommen, also vom Westen selbst.«[3]

Auch Deutschlands Ex-Außenminister Joschka Fischer ist überzeugt, dass Trumps Aufstieg den Kollaps des gesamten Gerüsts der freiheitlichen Ordnung des Westens und die Zerstörung einer Allianz von Demokratien einläutet, die in der bisherigen menschlichen Geschichte ohne Beispiel war und bleibt. Fischer wörtlich: »Man soll sich aber keine Illusionen machen – ohne die USA in der Führungsrolle wird der Westen in seiner bisherigen Form nicht überdauern. Europa kann die Führungsrolle nicht übernehmen; dazu ist es viel zu schwach und zu zerrissen. Und so wird die westliche Welt, wie wir sie kannten, vor unseren Augen versinken.«[4]

Trump stellte nicht nur die Bedeutung der NATO infrage, er machte auch die Europäische Union als gesichtslose supranationale Bürokratie verächtlich, die den Menschen die Kontrolle über ihr eigenes Leben raube. Dagegen lobte er die Brexit-Entscheidung Großbritanniens und empfahl gar Nigel Farage, einen der führenden Euroskeptiker und prominenten Kopf der Brexit-Kampagne, als den Mann, den er gerne als Großbritanniens nächsten Botschafter in Washington sehen würde.

Wie andere Kritiker auch übersieht Trump die außergewöhnlichen Erfolge der EU, angefangen mit der friedlichen Versöhnung zwischen Frankreich und Deutschland, die sich über fünf Jahrhunderte hinweg in fast jeder Generation bekriegt hatten. Das europäische Projekt hat die Gefahr von Kriegen zwischen den 28 EU-Mitgliedsstaaten gebannt und ein Maß an Wohlstand unter seinen 500 Millionen Bürgern geschaffen, das auf der Welt seinesgleichen sucht. Aber drei Generationen nach dem Zweiten Weltkrieg sind diese Errungenschaften für die junge Generation Europas offenbar zu Selbstverständlichkeiten geworden. Sie kennen einfach nichts anderes als Frieden, kostenlose Bildung, umfassende Gesundheitsversorgung und steigenden Lebensstandard – alles Dinge, die größtenteils nur durch die EU möglich wurden.

In Europa wird Trumps Sieg vor allem von populistischen Demagogen gefeiert, die immer wieder fordern, mehr Macht an die Nationalstaaten zurückzugeben, obwohl doch deren alte Rivalitäten zu Europas blutgetränkter Geschichte entscheidend beigetragen haben. Geert Wilders, Chef der »Partei für die Freiheit«, der in den Niederlanden Premierminister werden will, bejubelte Trumps Sieg als Beginn eines »Patriotischen Frühlings«, der schon bald ganz Europa erfassen würde. Laut Wilders ist es nur eine Frage der Zeit, bis populistische Nationalisten wie er an die Schalthebel der Macht gelangen und dann die Kräfte der Globalisierung, Einwanderung und des korrupten Establishments bezwingen würden. Marine Le Pen feierte Trump wegen der »Befreiung des amerikanischen Volkes« und der Inspiration »einer großen weltweiten Bewegung.«[5]

Trumps Aufstieg zur Macht wurde auch in Moskau enthusiastisch begrüßt, wo die Duma, das nationale Parlament, in Erwartung einer baldigen Aufhebung der westlichen antirussischen Sanktionen wegen der Annexion der Krim in lauten Applaus ausbrach. Man bestritt zwar, der Kreml hätte Cyberattacken gebilligt, die Trumps Wahlkampagne genutzt hätten, aber Präsident Putin sicherte eine enge Zusammenarbeit mit dem neuen Präsidenten zu, um eine stärker auf Kooperation basierende Partnerschaft zwischen Russland und den Vereinigten Staaten aufzubauen.

Auch Ungarns Premierminister Viktor Orban, der mit seinen einwanderungsfeindlichen Attitüden, seiner offenen Bewunderung für Putin und mit seiner Unterdrückung der Meinungsfreiheit viel Kritik auf sich gezogen hat, konnte seine Begeisterung über Trumps Triumph kaum zügeln. Orban pries Trumps politische Agenda als genau das, was auch Europa brauche. Er prahlte mit einer frühzeitigen Einladung ins Weiße Haus, nachdem er von der Obama-Administration jahrelang geächtet worden war. »Ich sagte ihm, ich sei lange nicht dort (im Weißen Haus) gewesen, man sah in mir wohl ein schwarzes Schaf«, sagte Orban. »Er lachte und meinte, ihm wäre es genauso gegangen.«[6]

Eine der kniffligsten Aufgaben für Trump dürfte darin bestehen, den Europäern Amerikas Haltung zu internationalen, noch von der

Obama-Administration erzielten Vereinbarungen zu erklären, vor allem in Sachen Klimawandel und Iran. Trump hat die Bedingungen des 2015 erreichten Atomabkommens mit dem Iran bereits verurteilt. Die Einigung war nach jahrelangem Feilschen zwischen Teheran und einer internationalen Koalition aus den USA, Deutschland, Frankreich, Großbritannien, Russland und China zustande gekommen. Die Vereinbarung schreibt strikte Limits für das iranische Atomprogramm vor, die im Austausch für die Aufhebung von Wirtschaftssanktionen den Bau von Atomwaffen verhindern sollen. Aber Trump und viele Republikaner haben den Vertrag als außerordentlich fehlerhaft kritisiert und versprochen, entweder seine Bestimmungen zu ändern oder ihn aufzukündigen. Sie haben neue Sanktionen gegen den Iran diskutiert, wegen dessen Aktivitäten, die zunächst gar nichts mit dem Atomprogramm zu tun haben: so etwa den iranischen Tests ballistischer Raketen und die Unterstützung des Terrorismus im Nahen Osten. Die neuen Sanktionen könnten so aussehen, dass das Finanzministerium von ausländischen Banken verlangt, keine Transaktionen mit iranischen Firmen mehr abzuwickeln. Das wiederum könnte auf heftigen Widerstand unserer Verbündeten stoßen.

Allerdings hätte die Ablehnung des Iran-Abkommens verheerende Folgen für die Glaubwürdigkeit Amerikas. Sie würde dem Iran die Tür öffnen, um sein Programm zur Urananreicherung wieder anzufahren, sein Streben nach Atomwaffen erneut aufzunehmen, und sie würde vor allem einen schädlichen Dissens mit China, Russland und unseren wichtigsten europäischen Verbündeten provozieren. Gewiss wäre niemand von ihnen bereit, einer unilateralen Maßnahme Amerikas zu folgen und neue Sanktionen gegen den Iran zu befürworten, zumal diese Länder gerade erst neue und lukrative Investitionen im Iran auf den Weg gebracht haben. Und wenn der Iran sein Streben nach Atomwaffen erneut verfolgen würde, stünde den USA für ein militärisches Vorgehen gegen Teheran allein Israel zur Seite. Dies wiederum könnte einen neuen nuklearen Rüstungswettlauf im Nahen Osten auslösen, da dann andere Länder in der Region, vor allem

Saudi-Arabien, Ägypten und die Türkei, versucht wären, eine eigene nukleare Abschreckung aufzubauen.

Trumps warme Worte für Wladimir Putin und seine Wahl des ehemaligen Exxon-Chefs Rex Tillerson (der Putin seit über zwanzig Jahren kennt) als Außenminister lassen erwarten, dass er die Aussöhnung mit Russland zu einer seiner obersten außenpolitischen Prioritäten machen wird. Angesichts von Trumps business-geprägtem Stil halten es manche Experten für denkbar, er sei willens, bei Russlands Annexion der Krim ein Auge zuzudrücken und die Wirtschaftssanktionen aufzuheben, sollte Moskau beim Kampf gegen den islamistischen Terrorismus kooperieren. Trump sieht in Moskau einen potenziellen Verbündeten im Krieg gegen den radikalen dschihadistischen Terrorismus und betont immer wieder, er wolle den Islamischen Staat und andere extremistische Bedrohungen vernichten. Im Rahmen seines neuen, auf Kooperation mit Russland setzenden Kurses könnte Trump sogar bereit sein, Amerikas seit langem geltende Forderung nach der Ablösung von Syriens Herrscher Bashar al-Assad als Vorbedingung für eine friedliche Lösung fallen zu lassen.

Jedoch könnte jede Neuausrichtung von Amerikas Haltung zu Russland und zur Sanktionspolitik eine weitere Verunsicherung bei den europäischen Verbündeten auslösen. Mehrere europäische Länder wie Italien, Bulgarien, Griechenland und Frankreich stellen sich schon jetzt gegen Deutschlands Beharren auf den Russland-Sanktionen und würden am liebsten zum »Business as usual« mit Moskau zurückkehren. Die baltischen Nationen fürchten, zum Opfer einer neuen russisch-amerikanischen Entente zu werden und am Ende Moskaus aggressiven Plänen, das Rad der Geschichte zurückzudrehen, schutzlos ausgeliefert zu sein. Zwar sind die baltischen Staaten im Unterschied zur Ukraine nach dem Zusammenbruch der Sowjetunion der NATO beigetreten. Dennoch treibt sie die tiefe Sorge um, eine Trump-Administration könnte sich, wenn es darauf ankommt, aus dem kollektiven Sicherheitsversprechen verabschieden.

Der Verlust des Vertrauens in amerikanische Zusagen könnte unkontrollierbare Folgen in Europa wie in Asien nach sich ziehen – die sprichwörtliche Büchse der Pandora wäre dann geöffnet. Eine Regierung Trump, die mit Japan und Südkorea hart über eine Neubewertung von Amerikas Sicherheitsmission in Asien verhandelt, könnte beispielsweise diese Länder veranlassen, sich atomar zu bewaffnen. China könnte sich derweil ermutigt fühlen, seine militärische Präsenz im Südchinesischen Meer auszubauen, sollten sich die USA von dort zurückziehen.

Amerikanische Präsidenten haben immer wieder das fehlende Engagement der Europäer beklagt, einen fairen Anteil an der Last ihrer eigenen Verteidigung zu tragen. Nur fünf von 28 NATO-Staaten (die USA, Großbritannien, Polen, Estland und Griechenland) erfüllen das Versprechen der Allianz, mindestens zwei Prozent des Bruttoinlandsprodukts in den Verteidigungshaushalt zu investieren. Die Europäer haben aber nicht nur Zweifel gesät, ob sie denn einem Alliierten, der angegriffen wird, wirklich zu Hilfe kommen würden: Viele in Europa scheinen generell abgeneigt zu sein, militärische Macht zum Schutz des eigenen Landes einzusetzen. Laut einer Umfrage von WIN/Gallup aus dem Jahr 2014 sagten nur 29 Prozent der Franzosen, 27 Prozent der Briten und 18 Prozent der Deutschen, sie wären willens, für ihr Land zu kämpfen (und 68 Prozent der Italiener gaben sogar an, sie würden sich diesem Kampf rundheraus verweigern).[7]

Trumps Warnung, Amerika könnte den Verbündeten die Hilfe verweigern, falls diese ihren NATO-Verpflichtungen nicht nachkämen, könnte so gesehen sogar eine heilsame Wirkung haben. Immerhin erinnert sie die Europäer daran, Uncle Sam könnte irgendwann die Lust vergehen, ihnen ihre Trittbrettfahrerei durchgehen zu lassen und weiter ihre Verteidigung zu subventionieren. Die jüngste russische Aufrüstung und die Aggression in der Ukraine haben die Alliierten aufgeschreckt und ihre bisherige selbstgefällige Haltung erschüttert, die eigenen Verteidigungsanstrengungen nicht verstärken zu müssen. Deutschland, trotz enormen Reichtums einer der größten Zauderer in Sachen Verteidigungsausgaben, beschloss kürzlich eine substanzielle Erhöhung des Militäretats um 8 Prozent im Jahr 2017. Dennoch wird Deutschland mit seinen tief verwurzelten pazifistischen Tendenzen in naher Zukunft kaum das eigentlich angestrebte NATO-Verteidigungsbudget erreichen.

Trumps ständige Anspielungen auf »America First« stehen in scharfem Kontrast zu den eloquenten Versprechen sämtlicher anderen US-Präsidenten seit 1945, für Demokratie und offenen Welthandel einzustehen und die Sicherheitsverpflichtungen gegenüber den Verbündeten einzuhalten. Als John F. Kennedy 1961 sein Amt antrat, ließ er keine Zweifel daran, dass die USA bereit seien, die Sache der Freiheit weltweit zu verteidigen. »Jede Nation, sei sie uns gut oder böse gesinnt, soll wissen, dass wir jeden Preis zahlen, jede Last und Not ertragen, jede Entbehrung auf uns nehmen, jeden Freund unterstützen und jedem Feind entgegentreten werden, um das Überleben und den Sieg der Freiheit zu sichern.«

Kennedys Vision stellte das Vertrauen in Amerikas Führerschaft in der freien Welt zu einem Zeitpunkt wieder her, als ein junger, unerfahrener Präsident von einem kommunistischen Sowjetimperium herausgefordert wurde, das entschlossen schien, den gesamten Kontinent unter seine Kontrolle zu bringen. Die Kennedy-Generation hatte aus der bitteren Erfahrung ihrer Eltern die geschichtlichen Lehren gezogen. Die »America First«-Strategien, die die USA in den 1920er- und 30er-Jahren von den Problemen der übrigen Welt abschotten sollten, verschärften nur die ökonomische und militärische Zerstörung durch die Weltwirtschaftskrise und den Zweiten Weltkrieg. Im 21. Jahrhundert hat der Gedanke, die »Festung Amerika« könne hinter zwei Ozeanen Schutz vor anderswo herrschendem Chaos finden, noch weniger mit der Realität zu tun als in der Zeit zwischen den beiden Weltkriegen.

Gänzlich fehlgeleitet ist die Vorstellung von einer uneinnehmbaren Zitadelle Amerika, abgeschirmt vom Rest der Welt, wenn es um internationale Wirtschaftsbeziehungen geht. Trump möchte den NAFTA-Vertrag (North Atlantic Free Trade Agreement) neu verhandeln, den er als »schlechtesten Handelsvertrag der Geschichte« beschreibt. Er beharrt darauf, dass dieser Vertrag, der China in die Welthandelsorganisation aufnahm – und den er für die Schließung Zehntausender amerikanischer Fabriken verantwortlich macht –, gründlich überarbeitet werden müsse. Und er möchte auch die anstehende Transpazifische Partnerschaft (TPP) kippen, auf die sich die USA, Japan und zehn weitere Länder im asiatisch-pazifischen Raum verständigt haben. Schon jetzt aber füllt China das Vakuum mit einem eigenen Angebot umfassender Handelsabkommen mit vielen dieser Länder. So könnte Peking seinen regionalen Aufstieg weiter absichern und den USA den privilegierten Zugang zu Asiens Märkten streitig machen. Viele Republikaner, darunter auch Senator John McCain, ein ehemaliger Präsidentschaftskandidat, sehen in Trumps Ausstiegswunsch aus dem TPP-Handelsabkommen deshalb einen Schaden für amerikanische Interessen und eine Beschleunigungshilfe für Chinas Aufstieg zur dominanten Macht in Asien, wenn nicht gar weltweit.[8]

Mit Europa würde Trump gerne das TTIP-Abkommen neu überdenken, über das die USA und die EU vier Jahre lang verhandelt haben. Der TTIP-Deal wird bisweilen auch als die ökonomische Version der NATO bezeichnet und soll durch Beseitigung regulatorischer Hürden das schon jetzt enorme transatlantische Handels- und Investitionsvolumen – es umfasst nahezu die Hälfte aller globalen wirtschaftlichen Aktivitäten – noch ausweiten und damit die westliche Allianz stärken. Wichtiger vielleicht noch: TTIP könnte dafür sorgen, dass die von den USA und Europa etablierten Regeln zum Goldstandard für den Welthandel würden. Das würde die westliche Führungsrolle in der Weltwirtschaft zu einem Zeitpunkt untermauern, da viele Menschen fürchten, die USA könnten sich aus ihren Verpflichtungen im Ausland zurückziehen.

Trump und seine Anhänger mögen denken, den Interessen der amerikanischen Arbeiter sei am besten damit gedient, bestehende multilaterale Handelsabkommen über Bord zu werfen und mit einzelnen Nationen separate Verträge auszuhandeln. Der neue amerikanische Präsident hat wiederholt seine Überzeugung geäußert, die USA könnten ihre Abhängigkeit von anderen Regierungen mindern, indem sie hohe Handelsschranken errichten und so dafür sorgen, dass die Amerikaner Produkte »made in America« kaufen. Wie die westliche Welt allerdings schon in den 1930er-Jahren feststellen konnte, ist dies ein gewaltiger Irrtum.

In der globalen Wirtschaft von heute werden weniger Produkte als je zuvor in der Geschichte der Menschheit nur an einem einzigen

Ort gefertigt. Über die Hälfte der weltweit gehandelten Waren und fast drei Viertel der Dienstleistungen enthalten Komponenten aus verschiedenen Ländern. Auch die mächtigste Nation der Welt braucht die Kooperation anderer Länder, um Handel treiben zu können. Amerikanische Automobil-, Computer- und Pharmakonzerne sind so tief in globale Lieferketten verwoben, dass jeder Schritt in Richtung einer nationalen Autonomie ganze Branchen aus dem Gleichgewicht bringen würde, die Millionen von Amerikanern beschäftigen. Und ein solcher Schritt würde für die amerikanischen Verbraucher zudem enorme Kosten mit sich bringen.[9]

Trumps Ablehnung dieser Handelsabkommen würde Vergeltungsmaßnahmen von China und andereren wichtigen Handelspartnern geradezu herausfordern. Das offene Handels- und Investitionssystem, auf dem die Weltwirtschaft beruht, funktioniert größtenteils nur deshalb so reibungslos, weil es die Hegemonialmacht der Vereinigten Staaten gibt. Wenn der Hauptverfechter dieses Systems anfängt, die Bestimmungen des Vertrags einseitig verändern zu wollen, sitzen da noch eine Menge mächtiger Mitspieler am Tisch, die angemessen zu reagieren wüssten. Als Trump von der Aussicht sprach, Strafzölle in Höhe von 45 Prozent auf chinesische Exporte zu erheben, erinnerte ihn Peking alsbald daran, solche feindseligen Maßnahmen wären Chinas Bereitschaft, den Status quo der enormen Verschuldung der USA bei China aufrechtzuerhalten, gewiss nicht förderlich. Zu einer Zeit, da in vielen Teilen der Welt – nicht nur in den USA – der populistische Nationalismus floriert, werden die Risiken wirtschaftlicher Vergeltungsmaßnahmen in Gestalt von Protektionismus offenkundiger denn je.[10]

Wenn Amerika sich entschließt, die Regeln auf eigene Faust zu brechen, könnte dies leicht genau die Art von ökonomischer Katastrophe auslösen, die die Weltwirtschaftskrise einläutete. Das Volumen des Welthandels schrumpft schon jetzt und bewegt sich laut verschiedener Messungen auf dem gleichen Niveau wie vor etwa zwei Jahrzehnten. Ein Revival des Protektionismus könnte sich als gefährlicher Trend erweisen und die Weltwirtschaft in eine tiefe Rezession treiben. Der entscheidende Schlag, der die Weltwirtschaftskrise der

1930er-Jahre auslöste, stellte sich wohlgemerkt genau in dem Moment ein, da der »Smoot-Hawley Tariff Act« *(Ein dezidiert protektionistisches Gesetz vom Juni 1930. Anm. d. Ü.)* von einem isolationistisch gesinnten Kongress beschlossen wurde.

Gewiss ist kein Handelsabkommen perfekt, aber internationale Kooperation ist und bleibt der beste Weg, den Welthandel so zu handhaben, dass alle Seiten davon profitieren können. Selbst Trumps Plan, durch eine Unternehmenssteuerreform Jobs in die USA zurückzuholen, wird nur aufgehen, wenn andere Länder dazu gebracht werden können, auf eine Steuerpolitik zu verzichten, die Investitionen anlocken soll. Wie etwa ein Steuersatz nahe Null, wie ihn Irland amerikanischen Technologieunternehmen wie Apple anbot. Dieser Amigo-Deal wirkte derart empörend, dass die Kartellbehörde der EU Apple zu einer Strafzahlung von 14 Milliarden Dollar wegen vorenthaltener Steuern verurteilte.

Die USA haben sich schon früher vom Sirenengesang des Isolationismus verführen lassen. Doch der Wunsch, sich vom Chaos bei den anderen abzuschotten, endete immer in einer Tragödie. Die »America First«-Bewegung kam nach dem Ersten Weltkrieg auf, als der sinnlose Grabenkrieg mit Giftgas und zahllosen Toten viele Amerikaner zu der Überzeugung gebracht hatte, sich besser niemals wieder in fremde Konflikte hineinziehen zu lassen. Der schreckliche Blutzoll von 50 000 amerikanischen Toten in den letzten 19 Monaten von Europas Großem Krieg, der vorgeblich auf einem Kreuzzug für die gute Sache bezahlt wurde – nämlich die westliche Welt »reif für die Demokratie« zu machen –, schockierte das ganze Land und löste eine starke Antikriegsstimmung aus, unter den Wählern ebenso wie im US-Kongress.

Nach diesem furchtbaren Krieg entschieden die Amerikaner, ihr Land dürfe nie wieder in die tückischen Machtkämpfe Europas hineingezogen werden, die ihrer Ansicht nach so gut wie nichts mit den Interessen der Amerikaner zu tun hatten. Sie wollten von den internationalistischen Plädoyers von Präsident Woodrow Wilson nichts wissen und verweigerten sich dem Beitritt zum Völkerbund. Die Vereinigten Staaten wandten sich von ihrer eigenen Geschichte als einer

Nation von Einwanderern ab und wiesen viele Flüchtlinge aus Asien und Europa ab, die vor ihrer Tür standen. Der Abscheu über die eigene Teilnahme am »Krieg, der allen Kriegen ein Ende macht«, war so stark, dass sich Amerikaner jeder Schicht und regionaler Herkunft einfach nur noch aus der Weltpolitik heraushalten wollten. Nach den zwei gescheiterten militärischen Interventionen im Irak und in Afghanistan sind heute in ganz Amerika wieder ähnliche Gefühle der Entfremdung spürbar.

Die auf Einsparungen fixierte Haltung zwischen den Weltkriegen spiegelt sich auch in der feindseligen Einstellung gegenüber einer neuen Einwanderungswelle wider. Die »Quota Acts« von 1921 und 1924 setzten strikte Grenzen für die Anzahl Ausländer, die man ins Land ließ. Auch die amerikanische Handelspolitik war von dieser isolationistischen Haltung durchdrungen. Die USA beschlossen hohe Zölle auf Importe – ein kurzsichtiger Versuch, ausländische Waren fernzuhalten und die Binnenwirtschaft anzukurbeln. Wie auch andere Formen des Protektionismus hatten diese Maßnahmen schädliche Folgen: Die Verbraucherpreise in Amerika stiegen, und besonders europäische Exporteure hatten unter dem fehlenden Zugang zum amerikanischen Markt zu leiden. Im Gegenzug hoben europäische Regierungen ihrerseits die Zölle an und schlossen so die Produkte amerikanischer Farmen und Fabriken aus ihren Märkten aus. Amerikas anhaltende Forderungen nach Begleichen der Kriegsschulden von ihren Alliierten und das Problem der Reparationszahlungen des besiegten Deutschland befeuerten die Ressentiments zwischen Europa und den USA noch weiter.

Amerikas isolationistische Phase hielt zwei Jahrzehnte an, trotz nie verstummender Warnungen vor den Risiken, die es bedeutete, die Augen vor der Welt jenseits der eigenen Grenzen zu verschließen. Während Amerika den Schlaf des Gerechten schlief, ebneten der Aufstieg von Kommunismus, Faschismus, Nationalsozialismus und Japans Militarismus schon bald den Weg zum nächsten Weltkrieg. Selbst als die Welt um sie herum zerfiel, sagten sich die Amerikaner, dass eine erneute Einmischung in Konflikte außerhalb ihrer Grenzen nicht in Frage komme.

Die Aversion gegen jedes Engagement im Ausland war so heftig, dass auch Präsident Franklin Delano Roosevelt gelobte, von allen Plänen zu internationalem Eingreifen Abstand zu nehmen. Im Wahlkampf 1936 versprach er, er werde »politische Verpflichtungen meiden, die uns in Kriege im Ausland verwickeln könnten«, und versicherte Amerikas Wählern, er würde alles in seiner Macht Stehende tun, um »uns vollständig vom Krieg abzuschotten«.[11] Er wiederholte das Versprechen, kein amerikanischer Soldat werde europäischen Boden betreten, selbst dann noch, als Hitler immer größere Territorien in ganz Europa seinem Reich einverleibte.

Die schmerzlichen Folgen der Weltwirtschaftskrise und die traumatische Erinnerung an den Ersten Weltkrieg bestärkten viele Amerikaner nur in ihrer Überzeugung, sie hätten schon genug mit dem Kampf gegen die eigene Misere zu tun, bevor sie einen Gedanken über die Welt um sie herum verschwenden würden. Die Führung beider großen Parteien im US-Kongress teilte diese isolationistische Sichtweise. Und sie wurde in der Öffentlichkeit noch verstärkt durch zahlreiche Berichte, Banken und Rüstungsfirmen hätten Amerika in den Ersten Weltkrieg getrieben und dadurch riesige Profite erwirtschaftet. Viele Amerikaner waren entschlossen, sich nicht noch einmal von den Banken und der Rüstungsindustrie zu solch enormen persönlichen Opfern durch militärische Interventionen im Ausland verleiten zu lassen.

Die vom Kongress verabschiedeten Neutralitätsgesetze sollten verhindern, dass amerikanische Schiffe und Staatsbürger in externe Konflikte in Europa und Asien hineingezogen werden. Selbst als die Nazis Großbritannien, Frankreich und Polen den Krieg erklärten, schrillten die Alarmglocken für eine Intervention der USA nicht laut genug. Es bedurfte des dreisten Überfalls der Japaner auf die US-Kriegsschiffe in Pearl Harbor am 7. Dezember 1941 und der unmittelbar drohenden Nazi-Herrschaft über ganz Europa, um die Mehrheit der Amerikaner davon zu überzeugen, dass hier auch die Zukunft ihres Landes auf dem Spiel stand. Der isolationistische Kokon bekam Risse, als die Amerikaner erkannten, dass zwei riesige Ozeane und schwächliche Nachbarn nicht ausreichen würden, um ihre eigene Sicherheit zu garantieren.

Am Ende des Krieges 1945 sahen die USA ein, dass ein vollkommen anderer Ansatz notwendig sein würde, wollte man künftige Katastrophen verhindern, die sich aus dem ewigen Kampf um die Vorherrschaft und die daraus zwangsläufig entstandenen Kriege in Europa ergeben. Als neue Supermacht konnten sich die USA nicht mehr aus dem Rest der Welt heraushalten und beschlossen, eine neue Weltordnung zu errichten. Diese sollte die Geister des Nationalismus vertreiben, die über fünf Jahrhunderte militärische Konflikte in jeder Generation Europas angefacht hatten.

Das Trugbild des Isolationismus, dem die Amerikaner zwischen den Weltkriegen anhingen, wich einem mutigen internationalen Idealismus, der erstmals in Wilsons 14-Punkte-Plan für den Weltfrieden festgeschrieben wurde. Sein zunächst gescheitertes Projekt erwachte zu neuem Leben, als nur Monate nach dem Ende der Kriege mit Deutschland und Japan mit breiter Zustimmung die Vereinten Nationen gegründet wurden. Das Bretton-Woods-System aus dem Jahr 1944 – es wurde also schon vor dem Ende des Krieges in Kraft gesetzt – legte die Basis für eine globale wirtschaftliche Erholung durch Schaffung des Internationalen Währungsfonds, der Weltbank und des Vorläufers dessen, was später zur Welthandelsorganisation werden sollte. Der großzügige Marshallplan, der im Jahr 1948 aus der Taufe gehoben wurde, half Europa, sich zügig aus den Ruinen des Krieges neu zu erheben. Ein Jahr später wurde die NATO als kollektives Verteidigungsbündnis gegründet, das die westlichen Demokratien vor den expansionistischen Absichten der Sowjetunion mit ihrem kommunistischen Imperium schützen sollte.

Und es gab noch weitere kluge Initiativen. Ein junger US-Senator mit Namen J. William Fulbright, der vor einer erfolgreichen Karriere als Vorsitzender des Foreign Relations Committee stand, nahm die enormen Kriegsschulden zur Kenntnis, die den USA zustanden, aber niemals würden zurückgezahlt werden können. Es sei denn in Fremdwährung. Er erkannte auch, wie ähnliche Mittel durch den Verkauf überschüssiger US-Militärausrüstung erzielt werden konnten. Warum nicht diese ungenutzten Ressourcen zur Finanzierung von Austauschprogrammen im Bildungsbereich einsetzen? Fulbrights kluge

Idee brachte eine der erfolgreichsten, jemals entwickelten internationalen Kooperationen hervor: Studenten aus den USA und aus über 150 Ländern konnten von dem Austauschprogramm profitieren. In den vergangenen 70 Jahren hat das Fulbright-Stipendium über 300 000 Studenten die Chance zu einem Auslandsaufenthalt eröffnet, um Fremdsprachen zu erlernen und eine internationale Perspektive des gegenseitigen Verständnisses zu gewinnen. Etwa drei Dutzend ehemaliger Fulbright-Stipendiaten wurden später Regierungschefs, über fünfzig von ihnen Nobelpreisträger.

Die ersten Nachkriegsjahre verwandelten die Vereinigten Staaten in ein mit Weitblick gesegnetes Vorbild an Internationalismus. Anstelle von »America First« und der damit verbundenen egozentrischen Weltsicht gelobte Präsident Harry S. Truman in einer denkwürdigen Rede von 1947, die USA würden allen demokratischen Nationen, die durch autoritäre Kräfte bedroht seien, politisch, militärisch und wirtschaftlich zur Seite stehen. Gemäß der Truman-Doktrin würden die USA massiv investieren, um zu verhindern, dass Griechenland und die Türkei der kommunistischen Subversion anheimfallen. Sie gab auch eine Vorahnung von der Transformation der nationalen Sicherheitspolitik Amerikas. Weg von einer Festungsmentalität, hin zu einer vorausschauenden, interventionsbereiten Haltung: Die US-Soldaten sollten gut vorbereitet sein, um bei Konflikten in der Ferne eingreifen, die Verbreitung des Kommunismus bekämpfen und die Pax Americana verteidigen zu können.[12] Amerika hatte seine Lektionen aus den Weltkriegen gelernt: Der Rückzug von internationalen Verpflichtungen stellt keinen Ausweg dar.

Die amerikanische Initiative zur Übernahme der Führungsrolle in der freiheitlich-demokratischen Ordnung, als ein Großteil der übrigen Welt in Trümmern lag, trug zu einem neuen Selbstbewusstsein und Vertrauen in die westlichen Ideale von freien Märkten, freier Rede und freien Wahlen bei. Sie mobilisierte auch die europäischen Verbündeten und hielt den sowjetischen Expansionismus in Europa und im Nahen Osten im Zaum. In den vier Jahrzehnten des Kalten Krieges erfüllten die USA ihre kostspieligen Verpflichtungen auf verschiedenen Kontinenten, weil das Land verstanden hatte, dass es bei der Aufrechterhaltung der freien Welt letztlich auch um die eigenen politischen und wirtschaftlichen Interessen ging. Amerika ist heute derart tief in seine weltweiten Beziehungen verwoben, dass eine Abschottung, wie die 1930er bewiesen haben, verheerende Folgen zeitigen könnte, die weit schlimmer ausfielen als die Kosten ihres fortdauernden Engagements.

Der Erfolg der westlichen Demokratie kulminierte im Fall der Berliner Mauer 1989 und der friedlichen Auflösung der Sowjetunion mit ihren kommunistischen Satellitenstaaten. Aus diesem Wandel ging Amerika als einzige unbestrittene – und friedfertige – Weltmacht hervor. Die USA und ihre westlichen Verbündeten nutzten den unipolaren Moment, um die NATO und die EU um neue Mitglieder in Mittel- und Osteuropa zu erweitern. Mehr denn je waren die USA in der Lage, das Evangelium der marktwirtschaftlichen Demokratie in Europa, Asien, Lateinamerika und Afrika zu predigen. In den zwei Dekaden bis 2015 wuchs die Zahl demokratischer Regierungen von 44 auf 86. Diese repräsentierten 40 Prozent der Weltbevölkerung und fast 70 Prozent des globalen Vermögens.

Im vergangenen Jahrzehnt hat die freiheitliche internationale Ordnung allerdings an Glanz verloren. Der Kampf gegen den radikalen dschihadistischen Terrorismus seit dem 11. September 2001 mündete in unpopulären Kriegen im Irak und in Afghanistan, die Amerika einen hohen Blutzoll und viel Geld kosteten. Die Finanzkrise von 2008 bewirkte eine schmerzhafte Rezession in den USA und in Europa und befeuerte das populistische Aufbegehren gegen die regierende Mainstream-Parteien, die nicht in der Lage zu sein schienen, für Arbeit und Wachstum zu sorgen. Das Scheitern der Politik in Washington und anderen Hauptstädten des Westens untergrub das Vertrauen in das demokratische Modell. Der illiberale und autoritäre Regierungsstil fand nun Unterstützung durch Wähler, die immer ungeduldiger auf rasche Lösungen für drängende soziale und ökonomische Probleme warten.

Das Versprechen von mehr Wohlstand durch Auflösung nationaler Grenzen und abgeschotteter Märkte verblasste, da die Globalisierung die Ungleichheit zwischen Arm und Reich nur noch vergrößerte. Viele Menschen im Westen sahen ihren Lebensstandard sogar sinken, während der Geldadel, der nur ein Prozent der Bevölkerung ausmacht, immer größere Reichtümer anhäufte. Anstatt dafür zu sorgen, dass es allen besser geht, führten die Kräfte der Globalisierung, die fast drei Milliarden Menschen – die Bevölkerung von China, Indien und des Sowjetimperiums – in die Weltwirtschaft integrierte, zu massiven sozialen Brüchen. Im Ergebnis führte die Desillusionierung unter den Arbeitern dazu, dass diese gegen das Establishment aufbegehren und sich populistischen Bewegungen zuwenden, die ihnen mehr Kontrolle über ihr eigenes Leben in Aussicht stellen.

Donald Trumps Aufstieg zur Macht im Sog einer neuen Welle des Nationalismus hat eine geradezu gespenstische Ähnlichkeit mit der Situation in der Ära des Isolationismus zwischen den beiden Weltkriegen. Als Reaktion auf verbreitete wirtschaftliche Unsicherheit sehen wir wachsende protektionistische Tendenzen, vor allem in der Tea-Party-Bewegung und in der Arbeiterschaft, die zusehen musste, wie ihre Fabriken geschlossen und ihre Jobs nach Mexiko oder China verlagert wurden. Wir sehen einen Anstieg der Fremdenfeindlichkeit, wie die Rufe nach höheren Mauern zeigen, um Einwanderern den Zugang zu verwehren. Wir erleben ein wachsendes Netz staatlicher Überwachung, angetrieben durch einen Sicherheitswahn, der auf der Angst vor den verborgenen Gefahren des Terrorismus fußt. Und wir sehen Korruption und Vetternwirtschaft unter den Politprofis, die es Trump ermöglichten, seinen Status als Geschäftsmann, trotz seines Mangels jeglicher Regierungserfahrung, in die Waagschale werfen zu können.

Vor allem aber sehen wir erneut das starke Verlangen in Amerika, sich aus wirtschaftlichem und militärischem Engagement in Übersee zurückzuziehen. In Trumps Vision müssten die USA als Antwort auf die Wünsche des amerikanischen Volkes vielleicht schon bald aus vielen Verteidigungs- und Handelsabkommen aussteigen, was Russland und China eine unumschränkte Kontrolle über deren Nachbarregionen eröffnen würde. Erschöpft durch die nicht enden wollenden Kriege in Nahost und in der Sehnsucht nach einer gerechteren Gesellschaft im eigenen Land scheinen die Amerikaner willens und bereit zu sein, sich in eine neue Phase der Abschottung zu begeben.

Meinungsumfragen bestätigen diese Stimmung: Der Hang zum Isolationismus ist bei den Amerikanern ausgeprägter als jemals zuvor während der letzten 50 Jahre. Laut Erhebungen des »Pew Research Center«, das die öffentliche Meinung in den USA seit 1964 beobachtet, war die allgemeine Unterstützung für eine aktive Außenpolitik Amerikas niemals so gering wie heute. Nach einer Umfrage von 2013 hatte der Anteil der Amerikaner, die meinen, »die USA sollten im internationalen Kontext nur vor der eigenen Tür kehren. Die anderen sollen hingegen selbst sehen, wie sie klarkommen«, den Rekordwert von 52 Prozent erreicht.[13] In früheren Umfragen, die über vier Jahrzehnte jährlich durchgeführt wurden, bewegte sich dieser Wert zwischen 20 und 40 Prozent der Befragten.

Noch eine weitere Zahl bestätigt die scharfe Zunahme isolationistischer Tendenzen. Die Aussage, die USA sollten »weniger im internationalen Maßstab denken und sich mehr auf die Probleme im eigenen Land konzentrieren«, ergab eine noch nie dagewesene Zustimmung von 80 Prozent der Befragten. Der Umfrage zufolge glaubt überdies eine Rekordzahl von Amerikanern, ihr Land sei heute »als Führungsnation in der Welt weniger wichtig und weniger mächtig« als noch vor einem Jahrzehnt. Erstaunliche 70 Prozent der Amerikaner glaubten auch, die USA seien im Ausland »weniger respektiert« als in der Vergangenheit.

Sieben Jahrzehnte lang sorgten die Vereinigten Staaten für den Schutzschirm, unter dem das freiheitliche internationale System gedeihen konnte. Heute dagegen sind die USA stärker nach innen orientiert als jemals zuvor seit dem Zweiten Weltkrieg.[14] Barack Obama war bestrebt, die Rolle Amerikas im Ausland neu zu kalibrieren; er versuchte die Alliierten zu motivieren, mehr Verantwortung für ihre eigene Sicherheit zu übernehmen. Präsident Trump verspricht nun, die Sache aus der Sicht des Geschäftsmanns anzugehen. Er möchte die USA in eine Söldnermacht verwandeln, die nur diejenigen Länder schützt, die bereit sind, für ihren Schutz zu zahlen, damit er sich zu Hause darauf konzentrieren kann, »Amerika wieder groß zu machen«.

Aber die harten Lektionen, die uns die Geschichte lehrt, lassen darauf schließen, dass das Investieren in die Sicherheit der Verbündeten immer noch die beste Art und Weise ist, in der die USA ihre eigenen Interessen verfolgen können. Amerikas Vorherrschaft in der Welt wird bis heute durch den nach außen gerichteten Schutz der Machtverhältnisse in der internationalen Ordnung gewährleistet, durch das Verteidigen des Rechts mittels Institutionen wie UNO, IWF, WTO und Weltbank. Heute jedoch drohen diese Stützpfeiler durch eine Mischung aus Vernachlässigung, Missmanagement und schwindender amerikanischer Unterstützung wegzubrechen.

Die Missachtung, mit der die USA diesen zentralen Institutionen inzwischen begegnet, hat deren Macht und Einfluss ausgehöhlt. Allzu oft hat Amerika eigenmächtig gehandelt und nur selektiv die Regeln der internationalen Ordnung eingehalten, die es einst zu bewahren gelobte. Die USA sind unter einem zweifelhaften rechtlichen Mandat in den Irak einmarschiert, was nun Russland als Rechtfertigung für sein aggressives Vorgehen in der Ukraine dient. Der US-Kongress weigert sich bis heute, das Seerechtsübereinkommen der UNO zu unterzeichnen, ebenso wie andere multilaterale Verträge. Der Sturz von Libyens Diktator Muammar al-Gaddafi im Jahr 2011 erfolgte ohne klares internationales Mandat. Die USA kritisieren Russland und Syrien wegen wahlloser Bombardements gegen Zivilisten in Syrien, unterstützten aber gleichzeitig die blutigen Bombenangriffe Saudi-Arabiens im Jemen. Solche Inkonsequenz setzt die USA dem Vorwurf der Heuchelei durch Putin und andere Kritiker aus, die behaupten, die USA würden nur dann internationales Recht respektieren, wenn es den strategischen Interessen Amerikas nützt.

Während viele Amerikaner, Trump eingeschlossen, solche Kritik zurückweisen würden, ist es wichtig, hingegen Folgendes festzuhalten: Wenn die USA internationale Gesetze und Abkommen, die die Grundlage für die freiheitlich-demokratische Ordnung abgeben, nur jeweils nach eigenem Gusto einhalten, gibt dies Russland und anderen potenziellen Feinden einen Vorwand, es ihnen gleichzutun.

In seinem berühmten Buch *Die Arroganz der Macht* argumentierte Senator Fulbright, die gewissenhafte Einhaltung internationalen Rechts durch die USA sei von entscheidender Bedeutung für die Wahrung von Frieden und Sicherheit in einer freiheitlich-demokratischen Ordnung. Andernfalls könne das System schnell aus den Fugen geraten.

»[Wenn das Völkerrecht gewahrt bleibt], erhalten wir Stabilität und Ordnung und die Möglichkeit, das Verhalten derjenigen vorauszusagen, denen wir durch gegenseitige, auf dem Gesetz beruhende rechtliche Verpflichtungen verbunden sind«, schrieb Fulbright. »Wenn wir selbst das Recht brechen, dann werden wir, welche kurzfristigen Vorteile wir auch immer damit erlangen mögen, ganz offenkundig andere ermutigen, ebenfalls das Recht zu brechen; wir fördern dann Unordnung und Instabilität und fügen dadurch unseren langfristigen Interessen einen unermesslichen Schaden zu.«[15]

Wenn Präsident Trump sagt, er wolle Handelsabkommen zerreißen und aus Amerikas Zusagen unter dem Klimaabkommen von Paris oder dem Atomabkommen mit dem Iran aussteigen, liefert er damit Munition für unsere Feinde, Gesetze und Konventionen zu ignorieren, die deren Verfehlungen gerade eindämmen sollten. Trump erklärt, er fühle sich verpflichtet, Amerikas Verpflichtungen aufzugeben, weil die Regierung unter der schwächlichen oder naiven Führung seiner Amtsvorgänger durch Täuschung zur Unterschrift schlechter Verträge verleitet worden sei. Diese Logik wurde immer wieder von populistischen und rechtslastigen Demagogen als Rechtfertigung für Maßnahmen genutzt, die gegen internationales Recht verstoßen. D. W. Brogan bemerkte in seinem berühmten Essay »The Illusion of American Omnipotence« aus dem Jahr 1952, Strategien des »America First« wurzelten oft in »der Illusion, jede Situation, die die USA in Schwierigkeiten oder in Gefahr bringt, sei nur möglich, weil irgendwelche Amerikaner Dummköpfe oder Schurken sind.«

Die Welt steht heute vor einem Wendepunkt der Geschichte. Die Ordnung der Ära nach dem Kalten Krieg geht ihrem Ende zu. Die Pax Americana, die 70 Jahre lang für globale Sicherheit und Welthandel stand, zeigt bedenkliche Schwächen. Die Zeit der unipolaren amerikanischen Dominanz ist vorbei, und niemand weiß, was an ihre Stelle treten wird. Wird Russland mehr Kontrolle über seine Nachbarn erlangen und neuen Einfluss im Nahen Osten ausüben, trotz einer im Verfall begriffenen Wirtschaft und einer rapide schrumpfenden Bevölkerung? Werden China und Indien ihren Ambitionen gerecht und zu neuen Supermächten erwachsen, trotz der gesellschaftlichen und wirtschaftlichen Spannungen und Unwägbarkeiten im jeweils eigenen Land?

Die Enttäuschung über die Mächtigen und die wachsende Kluft zwischen Arm und Reich drohen die westlichen Demokratien zu destabilisieren. Populistische Bewegungen, die auf einen kurzsichtigen ökonomischen Nationalismus bauen, der so viele Kriege und andere Katastrophen in der Weltgeschichte heraufbeschworen hat, sind heute in den USA und in Europa auf dem Vormarsch. Diese Graswurzelbewegungen polarisieren die Gesellschaften auf beiden Seiten des Atlantiks und schaffen verfeindete Lager, die radikal unterschiedliche Philosophien dazu vertreten, wie Menschen regiert werden sollten.

In den USA, wo Hillary Clinton bei der Präsidentschaftswahl drei Millionen mehr Stimmen bekommen hat als Trump, glauben die Demokraten, das Wahlmännergremium hätte schon zum zweiten Mal in weniger als zwei Jahrzehnten die Entscheidung des Volkes ignoriert, indem es jemanden ins Amt gehoben hat, den sie als illegitimen Präsidenten betrachten. In Europa befeuert das Wiederaufleben des populistischen Nationalismus die Wut über die Europäische Union. Viele sehen in ihr nichts weiter als eine elitäre Klasse von Beamten ohne demokratische Legitimation, die den Willen des Volkes beharrlich ignoriert. Diese internen Streitereien können der freiheitlich-demokratischen Ordnung und der transatlantischen Einheit ernsthaft schaden, und das in einer Zeit, in der die politische Führung des Westens vor globalen Herausforderungen steht, die mehr denn je ein koordiniertes Handeln erfordern.

Heute fürchten viele Europäer, das Fehlen einer starken amerikanischen Führung könnte die Dämonen des Nationalismus entfesseln, die so viel Verwüstung auf ihrem Kontinent und in der Welt ange-

richtet haben. Freiheitliche Demokratien können schnell dahinwel-
ken und untergehen, und das mit verheerenden Folgen, wenn nur
bei zwei oder drei Wahlen falsche Entscheidungen getroffen werden.
Ob erneut Katastrophen eines Ausmaßes drohen, wie wir sie im vorigen Jahrhundert erlebt haben, kann bereits von einer möglicherweise gefährlichen Rückkehr zu einem transaktionalen System des
Gleichgewichts der Kräfte abhängen. Werden die Regierungen Europas und der USA den Blick nach innen richten, wie es viele Wähler
zu wünschen scheinen? Oder werden sie erkennen, dass ihren nationalen Interessen am besten gedient ist, wenn sie sich an einer freiheitlichen internationalen Ordnung beteiligen, die gemeinsame Ziele
und Werte vertritt? In einem zerrissenen Europa und in einem gespaltenen Amerika wird die politische Auseinandersetzung über diese
Schicksalsfrage in unserem Jahrhundert den Weg zum Frieden oder
in den Untergang weisen.

Ein post-amerikanisches Europa?

Zwei Wochen, nachdem Donald Trump seinen Amtseid abgelegt hatte, trafen sich die Regierungschefs der Europäischen Union auf Malta, um zu beraten, wie sie mit dem 45. amerikanischen Präsidenten umgehen sollen. Das Treffen auf der Festungsinsel im Mittelmeer war ursprünglich als Brainstorming darüber geplant, wie man der EU zum 60. Gründungsjubiläum der Römischen Verträge neues Leben einhauchen könnte. Die ehrgeizige Agenda sollte Wege aufzeigen, wie die EU-Chefs die zahlreichen Gefahren, denen sie im Jahr 2017 ins Auge sehen mussten, vielleicht für einen mutigen Schritt vorwärts in Richtung einer größeren europäischen Einheit nutzen könnten.

Auch Monate danach hatten sich die dunklen Wolken der Krise noch nicht verzogen. Europa stehen zwei Jahre mühseligen Feilschens über die Bedingungen bevor, unter denen Großbritannien die EU verlassen wird. Der Flüchtlingsstrom aus Syrien hat zwar nachgelassen, aber von Libyen aus machen sich nach wie vor illegale Immigranten auf den gefährlichen Weg übers Mittelmeer nach Italien. Derweil hält die Gefahr weiterer Terroranschläge die Sicherheitskräfte europaweit auf höchster Alarmstufe. Und Länder wie Griechenland oder Italien können angesichts der prekären Lage mancher ihrer Banken jederzeit wieder in finanzielle Turbulenzen geraten. Russland schürt weiterhin Unruhe in der Ostukraine und hat auf dreiste Weise Wahlkämpfe in den USA, Frankreich und Deutschland beeinflusst. Und trotz einiger Rückschläge an der Wahlurne erfreuen sich populistische Nationalisten, die die Regierungen der klassischen Volksparteien auf dem ganzen Kontinent herausfordern, nach wie vor großer Anhängerschaft.

Und zu Europas Ängsten kommt nun noch ein weiteres Problem hinzu: Amerika unter Donald Trump scheint sich von seiner Führungsrolle in der freiheitlichen internationalen Ordnung zu verabschieden, die es 70 Jahre lang eingenommen hatte. Und wenn die USA als Führungsmacht der freien Welt tatsächlich ausfallen, ist es nicht an der Zeit, um an ein post-amerikanisches Europa zu denken? Zwar hat sich Trump von seiner früheren Behauptung, die NATO sei obsolet, inzwischen wieder distanziert. Die Verachtung, die er dennoch der EU und anderen internationalen Organisationen entgegenbringt, hat allerdings bei vielen Europäern Misstrauen und Angst ausgelöst. In seinen ersten sechs Monaten im Amt stieß Trump die westlichen Verbündeten gleich mehrfach vor den Kopf: Er zieht die USA aus dem Pariser Klimaabkommen zurück und verspricht protektionistische Maßnahmen, die sogar einen internationalen Handelskrieg auslösen könnten.

In einem Brief an die 27 EU-Regierungschefs unmittelbar vor dem Gipfeltreffen auf Malta beschrieb Donald Tusk, Präsident des Europäischen Rats und Leiter des Treffens, wie schockiert und alarmiert er nach seinem ersten zehnminütigen Gespräch mit Trump war. Der neue Präsident drückte eine Antipathie gegenüber Europa aus, die Tusk aus dem Weißen Haus nie zuvor zu hören bekommen hatte. Trump warnte nicht nur die europäischen Verbündeten, weil sie ihren Anteil an den Verteidigungsausgaben nicht leisten würden, er applaudierte auch Großbritanniens Ausstieg aus der EU und fragte, ob Tusk wüsste, welche anderen Nationen demnächst vielleicht gehen würden, um ihre Souveränität zurückzuerlangen und der – nach Trumps Einschätzung – Ausbeutung durch Deutschland zu entgehen.

In seinem Brief bemerkte Tusk, »der Wandel in Washington bringt die Europäische Union in eine schwierige Lage; denn die neue Regierung scheint die amerikanische Außenpolitik der letzten siebzig Jahre infrage zu stellen«. Er bemerkte, Trumps Präsidentschaft stelle eine geopolitische Bedrohung für Europa dar, die nicht weniger schwerwiegend sei als ein zunehmend selbstbewusst auftretendes China, die aggressive Politik Russlands sowie »Krieg, Terror und Anarchie im Nahen Osten und in Afrika«. Er erinnerte die Regierungschefs daran, dass die EU eine in Europas Geschichte beispiellose Ära des Friedens und Wohlstands gefördert habe, deren Ende zu einer Tragödie führen würde. Tusk schrieb: »Wir dürfen uns nicht denen beugen, die den transatlantischen Zusammenhalt schwächen oder aufgeben wollen, ohne den die globale Ordnung und der Weltfrieden nicht überleben können. Wir sollten unsere amerikanischen Freunde an ihr eigenes Motto erinnern: *Vereint stehen wir, getrennt fallen wir.*«

Mehrere EU-Führer steuerten eigene Berichte von ersten Gesprächen mit Trump bei und sprachen über ihre Furcht vor den traumatischen Folgen, die er für die westliche Welt haben könnte. Sie tadelten Großbritanniens Premierministerin Theresa May, die eifrig nach Washington geeilt war, um als erste Regierungschefin Trump im Oval Office zu treffen und diesem zu versichern, das besondere Verhältnis zwischen Washington und London würde auch nach Britanniens Ausstieg aus der EU bestehen bleiben. Frankreichs scheidender Präsident François Hollande warnte vor solchen Bemühungen um bilaterale Deals mit Washington und erklärte, »Es kann nur dann eine Zukunft mit Trump geben, wenn sie gemeinsam definiert wird.« Er sagte, es sei an der Zeit, an »einen Zukunftsentwurf für Europa« zu denken und sich nicht fortgesetzt in die Abhängigkeit von den Vereinigten Staaten zu begeben.

Kanzlerin Angela Merkel äußerte ihr tiefes Missfallen über eines der ersten Dekrete Trumps – den Einwanderungsstopp für sieben vorwiegend muslimische Länder –, das von den Gerichten zunächst gekippt und dann später – in einigen Teilen – vom Supreme Court wieder bestätigt wurde. Merkel unterstrich die Bedeutung der demokratischen Werte des Westens: »Die Bekämpfung des Terrorismus darf kein Anlass für eine pauschale Stigmatisierung sein.« Merkel berichtete auch über ihr eigenes problematisches Telefonat mit Trump, der ihre Politik der offenen Tür als »katastrophalen Fehler« bezeichnet hatte, weil, wie er sagte, damit Terroristen ungehindert nach Europa gelassen würden. Merkel war entsetzt über seine Kritik und erinnerte ihn eindringlich an das internationale Recht auf Asyl, das in der Genfer Konvention festgeschrieben ist und auch von den Vereinigten Staaten immer beachtet wurde. Trotz ihres unerschütterlichen Glaubens an die transatlantische Allianz sinnierte Merkel gegenüber ihren Amtskollegen in der EU, es sei nun vielleicht an der Zeit, »unser Schicksal in die eigenen Hände zu nehmen«.

Merkels erste Begegnungen mit Trump bestätigten ihre schlimmsten Befürchtungen. Während ihres Besuchs im Weißen Haus war sie entsetzt ob seines Mangels an Verständnis in Fragen der aggressiven Haltung Russlands gegenüber seinen Nachbarstaaten. Merkel zog eine alte Karte der Sowjetunion hervor und zeigte ihm, wie Putin unverblümt versucht, de facto erneut die Kontrolle über große Teile des einstigen Sowjetreichs zu erobern – durch hybride Kriegführung mit Cyberattacken und Desinformationskampagnen in den Medien. Als sie ihm den traditionellen Handschlag vor den zahlreichen Kameras anbot, hielt Trump den Blick stur zu Boden gerichtet und weigerte sich, ihr die Hand zu reichen. Dennoch hoffen Merkel und ihre Berater weiter, führende Regierungsmitglieder wie US-Verteidigungsminister James Mattis und der nationale Sicherheitsberater H.R. McMaster würden Trump schon noch überzeugen können, Amerikas traditionelle Führungsrolle im westlichen Bündnis mit Leben zu erfüllen. Doch bei einem NATO-Gipfel in Brüssel Ende Mai schlug Trump auch deren Rat aus und weigerte sich zu versichern, Amerika würde weiterhin zu seinen Verpflichtungen aus Artikel 5 des NATO-Vertrags stehen, wonach ein Angriff auf einen Nato-Mitgliedsstaat als Angriff auf alle Partner behandelt werden würde. Kurz darauf, beim Gipfeltreffen der G7-Staaten auf Sizilien, attackierte er Deutschland wegen dessen enormen Außenhandelsüberschusses gegenüber den USA – das sei »bad, very bad« – und schickte gleich die Warnung hinterher, die USA könnten Strafzölle auf deutsche Automobilexporte nach Amerika verhängen.

Merkel und die anderen in Sizilien versammelten europäischen Spitzenpolitiker flehten Trump geradezu an, das Pariser Klimaschutzabkommen nicht zu verlassen. Sie betonten, die USA als weltweit zweitgrößter Emittent von Treibhausgasen (nach China) hätten eine moralische Verpflichtung gegenüber dem Rest der Welt, sich an die Vereinbarungen von Paris zu halten. Auf der Suche nach einem positiven Signal versuchte Merkel, Trump davon zu überzeugen, die Vereinbarung berge für die USA wichtige wirtschaftliche Chancen, etwa um neue Jobs im Bereich regenerativer Energie zu schaffen. Sie warnte auch, mit dem Ausstieg aus dem Vertrag würden die USA die Führungsrolle in Sachen Klimawandel den Chinesen überlassen und wären dann einer von nur drei Staaten in der Welt – neben Syrien und Nicaragua –, die sich dem Übereinkommen von Paris verweigern. Aber Trump wollte von ihren Bitten und denen anderer Regierungschefs, wie z. B. Frankreichs neuem Präsidenten Emmanuel Macron und Kanadas Premierminister Justin Trudeau, nichts wissen. Gleich nach der Rückkehr in die USA kündigte Trump formell den Ausstieg aus dem Pariser Abkommen an und erklärte die Bedingungen des Abkommens aus der Sicht der USA für unannehmbar. Er verwies dabei auf die Notwendigkeit, Amerikas Kohleindustrie zu unterstützen.

Merkel kehrte deprimiert und enttäuscht angesichts dieser Zukunft der transatlantischen Partnerschaft, die sie während ihrer gesamten politischen Laufbahn so standhaft verteidigt hatte, zurück nach Berlin. Bei einer Veranstaltung ihrer Schwesterpartei CSU in einem bayrischen Bierzelt formulierte Merkel ihre Sorge hinsichtlich der künftigen Beziehungen mit Deutschlands Schutzmächten der Nachkriegszeit, den USA und Großbritannien, bemerkenswert deutlich: »Die Zeiten, in denen wir uns auf andere völlig verlassen konnten, die sind ein Stück vorbei, das habe ich in den letzten Tagen erlebt.« Dann wiederholte sie unter anhaltendem Beifall die Beschreibung ihrer Gefühle, die sie den anderen EU-Chefs beim Treffen hinter verschlossenen Türen in Malta zuerst mitgeteilt hatte: »Wir Europäer müssen unser Schicksal wirklich in unsere eigene Hand nehmen.«

Die weitreichende und tiefe Verstimmung zwischen Trump und anderen Regierungschefs in Europa deutet darauf hin, dass der Bruch in der atlantischen Allianz nicht so schnell zu kitten sein wird. Meinungsverschiedenheiten zwischen den Partnern gab es auch früher schon, aber die bezogen sich immer nur auf ein bestimmtes Thema und ließen sich mit der Zeit ausräumen. Selbst die ärgsten Streitigkeiten, etwa die Weigerung von Kanzler Gerhard Schröder und Präsident Jacques Chirac, Präsident George W. Bush in seiner Entscheidung zum Einmarsch in den Irak zu folgen, führten nicht zu einer dauerhaften Entfremdung zwischen den wichtigsten Alliierten des westlichen Bündnisses. Aber die scharfen Differenzen zwischen Trump und Europas Regierungen über fundamentale Fragen der Demokratie, wie Freihandel, freie und faire Wahlen, Pressefreiheit, Festhalten an internationalen Gesetzen und Einhaltung internationaler Abkommen wie eben jenem über den Klimawandel, lassen keine baldige Versöhnung erwarten.

Die wachsende strategische Kluft zwischen Europa und Amerika zeigte sich in einem bemerkenswert offenen Artikel im Wall Street Journal, der kurz nach den NATO- und G7-Gipfeln veröffentlicht wurde. Darin erklärten der Sicherheits- und der Wirtschaftsberater des Weißen Hauses, McMaster und Gary Cohn, eine Haltung, die bald als die neue »Trump-Doktrin« betitelt wurde: Der Präsident sehe in der Welt keine globale Gemeinschaft, »sondern eine Arena, in der Nationen, nichtstaatliche Akteure und Unternehmen gegeneinander antreten und jeder für sich Vorteile herauszuholen versucht.« Sie deuteten an, die globale Nachkriegsordnung und selbst die westliche Allianz dürften nicht mehr als selbstverständlich betrachtet werden in einer Welt, in der nationale Interessen Vorrang vor allem anderen hätten. »Wir bestreiten dieses zentrale Element der internationalen Beziehungen gar nicht, wir begrüßen es«, schrieben McMaster und Cohn.

Europas Regierungschefs zeigten sich fast durchgehend entsetzt ob dieses »America First«-Manifests zweier Spitzenberater, die als führende und bislang eher als moderate Ansprechpartner im Weißen Haus galten. Nach Trumps umstrittenen Auftritten bei seiner ersten Auslandsreise war dies für die Verbündeten Amerikas eine deutliche Bestätigung, dass sie von nun an nicht mehr in Richtung Amerika blicken durften, was die unbestrittene und verlässliche Führungsrolle in der Welt angeht.

Wird Trumps Präsidentschaft der Europäischen Union einen neuen Gemeinsinn geben? Ist die transatlantische Entfremdung bereits so groß, dass sich Europa entschließen könnte, die Nabelschnur zu den USA zu durchtrennen? Beide Seiten driften nicht zum ersten Mal auseinander, der Prozess setzte schon Jahre vor Trumps Einzug ins Weiße Haus ein. George W. Bush galt vielen Europäern als unbesonnener und schlecht informierter Führer, der Amerikas Verbündete in schlecht vorbereitete Kriege im Irak und in Afghanistan hineinziehen wollte, für die die westlichen Demokratien heute noch einen hohen Preis zahlen. Damals warnten Chirac und Schröder vor der Torheit, den Amerikanern blind in den Irak zu folgen. Als auf den Sturz Saddam Husseins Gewalt und Chaos folgten und schon bald auch die amerikanischen Streitkräfte in der Region erfassten, mussten die Amerikaner zugeben, dass Chirac und Schröder recht gehabt hatten. Bush hat ihnen diese Abtrünnigkeit gleichwohl nie verziehen.

Obama galt in Europa als erster amerikanischer Präsident, der mit einer pazifischen Perspektive geboren und aufgewachsen war, nicht mit dem Blick nach Europa. Europas Befürchtungen wurden von Obamas viel gepriesener, wenngleich unwirksamer Hinwendung zu Asien noch verstärkt. Bei aller Popularität unter jungen Europäern und seiner persönlichen Verbundenheit mit Merkel bekundete Obama niemals eine besonders tiefe Sympathie für Europa. Er machte sich lustig über die »Trittbrettfahrer« in der NATO, weil sie hinter ihren Versprechungen in Sachen Verteidigungsausgaben zurückblieben. Trump scheint nun noch viel weiter gehen zu wollen: Er stellt Amerikas Interessen an die erste Stelle, indem er die NATO-Verpflichtungen der USA herunterfährt und den Zerfall der Europäischen Union heraufbeschwört, die er weniger als Partner denn als mächtigen ökonomischen Rivalen wahrnimmt. Jede Hoffnung, das TTIP-Abkommen (Transatlantic Trade and Investment Partnership) unter Dach und Fach bringen zu können, das fünf Jahre lang mühsam ausgehandelt wurde und den transatlantischen Austausch von Waren und Investitionen hätte stärken sollen, kann man nach Trumps protektionistischen Drohungen und Europas Ankündigung angemessener Reaktionen erst einmal begraben. Dass seine hauptsächlichen Claqueure in Europa EU-feindliche Extremisten wie Geert Wilders in den Niederlanden und Marine Le Pen in Frankreich sind, hat die Kluft zwischen Trump und seinen wichtigsten Amtskollegen auf dem Kontinent, etwa Merkel und Macron, noch weiter vergrößert.

Mit einem Großbritannien auf dem Absprung und einem Amerika, das sich nach innen wendet, steht Kontinentaleuropa vor hochkomplexen strategischen Entscheidungen. Außenpolitisch könnte das Schwinden der Rolle Amerikas manche westeuropäische Staaten veranlassen, sich langfristig mit Moskau zu arrangieren. Dies würde wiederum die Kluft zwischen Ost und West innerhalb der EU vertiefen: Polen und die baltischen Staaten, die Moskau nicht trauen, wären von Frankreich, Deutschland und dem Rest des Kontinents isoliert, wo man künftigen Konflikten mit Russland lieber aus dem Weg geht. Europa beginnt so langsam die Notwendigkeit zu erkennen, eine kohärente und effektive eigene Sicherheits- und Verteidigungsstrategie zu entwickeln, da man sich auf den Schutzschirm Amerikas wohl nicht mehr verlassen kann. Dies aber wird einen dramatischen Schritt hin zu einem Europa stärkerer Einheit und Einigkeit erfordern. Und das zu einer Zeit, da innerhalb der eigenen Grenzen die Wähler wenig Begeisterung für eine engere europäischen Integration aufbringen, zumal die öffentliche Meinung Brüssel und den Kräften der Globalisierung nach wie vor nicht über den Weg traut.

Die neuerlichen Ambitionen, eine stärkere europäische Außen- und Sicherheitspolitik, vielleicht sogar eigene Streitkräfte zu etablieren, würden eine gewaltige Verlagerung von Ressourcen verlangen, und das ausgerechnet in einer Zeit, da sich die Volkswirtschaften des Kontinents langsam von der ein Jahrzehnt währenden Schwächeperiode erholen, die auf die Finanzkrise des Jahres 2008 gefolgt war. Höhere Verteidigungsausgaben sind in Europa nicht populär, noch nicht einmal angesichts der neuerlichen Bedrohung aus Russland. Politiker und Wähler legen immer noch mehr Wert darauf, möglichst viel von dem großzügigen sozialen Netz zu erhalten, mit kostenloser Hochschulbildung, allgemeiner Gesundheitsversorgung und Beihilfen für die Kinderbetreuung.

Die Notwendigkeit, sich aus der sicherheitspolitischen Abhängigkeit von den USA zu befreien, kann allerdings auch eine neue Dynamik befördern, die die EU-Regierungschefs dazu nutzen könnten, ihren Wählern offen zu sagen, jetzt sei der Zeitpunkt, das Notwendige zu tun, um den Frieden in Europa auch für die Zukunft zu wahren. Aber ein solcher Weg würde Regierungen wie Wählern manch harte Entscheidung abverlangen.

Denn Europa muss schon jetzt Wege für seine alternden Gesellschaften finden, die sich um kärgliche staatliche Ressourcen streiten, mit weniger Jobs für die kommende Generation und schwindenden Aussichten auf zukünftiges Wirtschaftswachstum. Wenn darüber hinaus nun auch noch Ressourcen in großem Umfang in den Verteidigungssektor investiert werden, besteht die Gefahr, dass das Sozialgefüge Europas, das die Härten des Kapitalismus abmildert, und um das die Europäer überall auf der Welt beneidet werden, in die Brüche geht. Ähnlich wie die Sicherheitslage zwischen Ost und West wird sich dann auch die Kluft zwischen den reichen Kreditgebern im Norden und den ärmeren Schuldnerländern im Süden noch verschärfen.

Welchen Weg wird Europa gehen, um seine Zukunft zu retten?

Der Wahltriumph von Macron, mit 39 Jahren nun Frankreichs jüngster Führer seit Napoleon, weckt Hoffnungen, die neuen Regierungen in Paris und Berlin würden schon bald frische und mutige Initiativen auf den Weg bringen, um die Vision eines dynamischen Kerneuropa mit neuem Leben zu erfüllen. Nur Stunden nach seinem haushohen Sieg über die rechtsextreme Marine Le Pen in der Präsidentschaftswahl vom Mai 2017 rief Macron Kanzlerin Merkel an, um ihr mitzuteilen, er werde demnächst radikale Reformen in Angriff nehmen, die die Wirtschaft stärken und wieder mehr Balance in die deutsch-französische Führungsachse der EU bringen würden. Merkel begrüßte diese Pläne enthusiastisch und sagte, sie würde trotz der im September anstehenden Wahlen in Deutschland alles in ihrer Macht Stehende tun, um seine Bemühungen zu unterstützen. Nachdem sie im Lauf ihrer zwölfjährigen Kanzlerschaft gleich mit mehreren schwachen Regierungschefs in Paris nacheinander hatte klarkommen müssen, hatte Merkel zunächst Bedenken gehabt, ob Macron und seine noch junge politische Bewegung eine parlamentarische Mehrheit zustande bringen würden, die seine dramatische Umstrukturierung von Frankreichs Wirtschaft mittragen würde. In einem Land, das so wenig von Veränderung hält. Der Erfolg von Macrons neuer Partei »La République en Marche!«, die kaum einen Monat nach seinem Sieg in der Präsidentschaftswahl eine satte Mehrheit auch in den Parlamentswahlen erzielen konnte, sorgte dann für Erleichterung bei Merkel und den anderen EU-Regierungschefs, die mehr Gewicht und Einfluss Frankreichs in Europa sehen möchten. Vor allem aber ist Merkel klar, dass Macron vielleicht die letzte Chance zur Rettung Europas verkörpert. Sollte Macron scheitern, muss sie befürchten, dass die nächste Präsidentschaftswahl in Frankreich 2022 endgültig Le Pen und ihrer fremdenfeindlichen, antieuropäischen Botschaft zum Durchbruch verhelfen könnte.

Merkel unterstützt zwar Macrons ehrgeizige Reformvorhaben, hatte aber Bedenken, Deutschland könnten schmerzliche Eingriffe abverlangt werden, die den deutschen Wählern nur schwer zu vermitteln wären, da diese wenig Neigung haben, europäischen Partnern aus der Klemme zu helfen. Deutschland wehrt sich schon lange gegen die Idee eines massiven Schuldenerlasses für Griechenland, wie er vom IWF favorisiert wird. Auch die damit verbundene gemeinsame Verantwortung für finanzielle Verpflichtungen, um die europäische Einheitswährung zu stützen, kommt in Deutschland nicht gut an. Aber Macron hat bereits klargestellt, dass er von Deutschland nach den Wahlen im September mehr Flexibilität erwartet. Er will auch erreichen, dass Berlin von seiner unnachgiebigen Haltung in Sachen Sparprogramme abrückt und stärker auf eine europaweite wachstumsorientierte Politik setzt, die die Berufschancen junger Menschen verbessert und dem Frust entgegenwirkt, der den populistischen Nationalisten so viel Zulauf beschert hat. Macron möchte zudem erreichen, dass Deutschland gemeinsam mit Frankreich mehr Verantwortung für die Verteidigung und die Sicherheitserfordernisse

Europas übernimmt, um mit den neuen Bedrohungen klarzukommen und die Abhängigkeit von den USA zu verringern. Aufgrund der historisch bedingten Ängste seiner Nachbarländer hat sich Deutschland in der Vergangenheit immer um ein stärkeres militärisches Engagement herumgedrückt. Jedoch scheint die Unberechenbarkeit der Trump'schen Präsidentschaft viele Deutsche davon zu überzeugen, dass die Zeit nun reif ist, im Tandem mit Frankreich auf multinationale europäische Verteidigungsstreitkräfte hinzuarbeiten. Um für den Tag gewappnet zu sein, an dem Amerika den Europäern endgültig den Rücken kehrt.

Als Antwort auf die Politik des »America First« der Trump-Administration dürfte die neu belebte politische Abstimmung zwischen Frankreich und Deutschland einen unabhängigeren Kurs anpeilen, der aber auch das Risiko einer weiteren Entfremdung in der transatlantischen Partnerschaft mit sich bringt. Die Stimmung der Menschen in Europa geht bereits in diese Richtung. In Deutschland hat Martin Schulz, Merkels sozialdemokratischer Herausforderer, mit seiner Anti-Trump-Botschaft – die die Notwendigkeit für Europa unterstreicht, für seine eigenen Interessen einzutreten und die Abhängigkeit von den USA zu verringern – die Wähler begeistert. Laut einer Umfrage des Meinungsforschungsinstituts Infratest Dimap fiel nach der Wahl Trumps der Anteil der Deutschen, die in den USA einen verlässlichen Partner sehen, von 59 auf 22 Prozent. Schulz' Thema der Entwicklung einer lauteren und selbstbewussteren Stimme Europas in der Welt findet nicht nur in Deutschland Nachhall, sondern auch anderenorts auf dem europäischen Kontinent.

Eine Pew-Umfrage aus dem Jahr 2016 ergab, dass trotz des Aufstiegs der Euroskeptiker 74 Prozent der Wähler in den EU-Ländern Europa in einer stärkeren Rolle auf der Bühne der Weltpolitik sehen wollen, um die Interessen des Kontinents gegen die USA, Russland und China zu vertreten. In Frankreich sind die Gaullisten schon seit langem skeptisch, was die Bindung von Europas Schicksal an den amerikanischen Schutzschirm angeht. Im französischen Präsidentschaftswahlkampf sprachen sich sowohl Le Pen als auch Fillon für eine erneuerte Kooperation mit Moskau aus, um einen »Europäi-

schen Gaullismus« zu etablieren und damit mehr Balance in das globale Machtgefüge des 21. Jahrhunderts zu bringen, das Europa mit
Russland, China und den USA verbindet.

Der rasche Verfall der westlichen demokratischen Ordnung
bringt Deutschland jedoch in die Klemme. Seit Jahren werden die
Deutschen von den USA und seinen kontinentalen Partnern gedrängt, ihren Anteil an den Ausgaben für die Sicherheit Europas auf-
zustocken und gleichzeitig die Wirtschaft auf dem Kontinent zu stärken. Merkel und andere deutsche Politiker haben zwar versprochen,
in dieser Richtung mehr zu tun, aber eine starke pazifistische Strö-
mung, die seit dem Zweiten Weltkrieg die deutsche Politik prägt,
steht der Notwendigkeit von Investitionen in die Verteidigung und
der wirtschaftlichen Förderung von Europas Süden immer wieder
entgegen. 2015 spülte die boomende Wirtschaft Steuereinnahmen in
Rekordhöhe in Deutschlands Staatskasse, aber der Anteil an den Verteidigungsausgaben bleibt dennoch einer der geringsten innerhalb
der gesamten westlichen Allianz. Den Deutschen ist nicht wohl bei
dem Gedanken, eine starke Militärmacht zu werden, selbst wenn es
um die Verteidigung europäischer Ideale geht. Und vielen seiner
Nachbarn geht es genauso – die Erinnerung an den Krieg und der
Verdacht, die Deutschen könnten auch aggressive Absichten hegen,
sind noch immer tief verwurzelt.

Auch drei Generationen nach dem Zweiten Weltkrieg sind die
Deutschen nicht geneigt, deutsche Truppen über die eigenen Landesgrenzen hinaus zu entsenden, und sie bedenken dabei immer die historischen Sensibilitäten ihrer Nachbarn. Auch heute noch, 60 Jahre
nach dem Beitritt zur NATO, sagt eine Mehrheit der Bevölkerung,
die Deutschen sollten sich nicht zu sehr von den Bündnisverpflich-
tungen vereinnahmen lassen und den Verbündeten an der Grenze zu
Russland besser nicht zu Hilfe kommen, sollten diese jemals angegriffen werden. Solche Ambivalenz untergräbt jeden Gedanken an
die Schaffung einer pan-europäischen Armee, die eines Tages an die
Stelle amerikanischer Sicherheitsgarantien treten könnte. Ganz
gleich, ob die NATO in ihrer gegenwärtigen Form die Trump-Administration überlebt oder nicht: Deutschland als dominante Kraft,

umgeben von neun Ländern im Herzen Europas, wird deutlich mehr leisten und Opfer erbringen müssen als bislang, um sein Militär zu stärken und auf diese Weise eine stabile Sicherheitsumgebung zu schaffen. »Wir müssen uns auf unruhige Zeiten einstellen«, warnte Deutschlands neuer Bundespräsident Frank-Walter Steinmeier kurz nach seiner Amtsübernahme. »Mit der Wahl Donald Trumps ist die alte Welt des 20. Jahrhunderts endgültig vorüber.«

Deutschland sieht sich zudem wachsendem Druck ausgesetzt, seine wirtschaftlichen Fähigkeiten in einer Weise einzusetzen, die auch den Partnern hilft. In einer Hinsicht ist Trumps Kritik an Deutschlands Rolle als Exportweltmeister zutreffend und wird von anderen Partnern in Europa geteilt. Deutschland verzeichnete den weltweit höchsten Handelsüberschuss im Jahr 2016 – fast 300 Milliarden Dollar – und ließ damit selbst China hinter sich. Italien und andere Länder Südeuropas drängen Deutschland deshalb, mindestens 100 Milliarden Dollar jährlich in den heimischen Markt zu investieren und damit die Exportwirtschaft der Südländer zu stärken. Aber Deutschland mit seiner alternden Bevölkerung, die lieber für den Ruhestand spart, will von Bitten, die Staatsausgaben hochzufahren, um damit dem übrigen Europa zu helfen, seit Jahren nicht viel wissen.

Auch die USA, die 2016 mit über 500 Milliarden Dollar das weltweit größte Außenhandelsdefizit angehäuft haben, drängen die Bundesregierung, jene Ungleichgewichte zu beseitigen, andernfalls drohten protektionistische Maßnahmen, die in einen Handelskrieg münden und so dem westlichen Bündnis noch mehr Schaden zufügen könnten. In den kommenden Jahren wird Deutschland erkennen müssen, dass es sich nicht mehr einfach zurücklehnen und seine bequeme Rolle als pazifistische Handelsnation genießen kann, isoliert von der Verantwortung, die ihm als Europas mächtigster und zentraler Nation zukommt.

Wird die Trump-Administration eine Art Schocktherapie auslösen, die der Mission einer stärkeren Einheit Europas in Deutschland, Frankreich und den anderen EU-Partnern einen Schub verleihen könnte? Für den ganzen europäischen Kontinent steht sehr viel auf dem Spiel: Es geht um die Bewahrung einer freiheitlichen internationalen Ordnung, die Grundlage der längsten Phase von Frieden und Wohlstand ist, die Europa je erlebt hat. Die Europäische Union wurde ja gerade auf der Basis von Verständigung und Konsens errichtet, die sie zu einem Vorbild in Sachen freiheitlicher internationaler Ordnung werden ließ. Aber ohne die fortdauernde Unterstützung Amerikas in Sachen Sicherheit und Verteidigung ist nur schwer vorstellbar, wie ein brüchiger Kontinent seine vielen Risse überwinden und den Zusammenhalt wahren soll, der so viele Erfolge Europas in den letzten 70 Jahren erst möglich gemacht hat. Wie der französische Präsident François Mitterrand bei seiner Abschiedsrede vor dem Europäischen Parlament 1995 bemerkte, sind die Geister nationalistischen Eifers, die Europas blutgetränkte Geschichte durchzogen, nicht endgültig verjagt; sie könnten zurückkommen und die Welt erneut heimsuchen. »Nationalismus heißt Krieg!«, rief Mitterrand in seinem leidenschaftlichen Plädoyer, den enormen Schritt zu einem vereinten Europa zu wagen. Es ist nur schwer vorstellbar, wie Europa ohne Mut, Staatskunst und den aktiven Beistand der Vereinigten Staaten seine Differenzen ausräumen und dem Traum eines vereinten Kontinents neues Leben einhauchen kann.

Danksagung

Dieses Buch ist das Ergebnis von über einem Jahr voller Reisen, Interviews und Recherche in ganz Europa, aber auch das Destillat aus vier Jahrzehnten persönlichen Engagements für die Atlantische Partnerschaft. In dieser Zeit konnte ich von der Klugheit und Erfahrung vieler Menschen profitieren, die ich kennen und schätzen gelernt habe – in Regierungsämtern, in der Wirtschaft, in gemeinnützigen Organisationen und in den Medien auf beiden Seiten des Großen Teichs. Ich bin zutiefst dankbar für ihre Freigiebigkeit und Geduld darin, mir die faszinierende Komplexität eines Kontinents nahezubringen, der immer noch die Wiege der westlichen Gesellschaft und der Dreh- und Angelpunkt amerikanischer Interessen in der Welt ist.

Einer der genussvollsten Aspekte dieses Projekts war die Möglichkeit, Zeit in Europa mit alten Freunden und Bekannten zu verbringen, die sich über die Jahre hinweg in den verschiedenen Phasen meines Lebens entwickelt haben. Das erste Mal zog ich in den 70er-Jahren nach Europa, um dort als Basketball-Profi mein Geld zu verdienen. Ich hatte an der University of Oregon meinen Abschluss gemacht und war von den Golden State Warriors verpflichtet worden. Allerdings war ich nicht ganz so gut, dass daraus eine Karriere in der NBA hätte werden können. Ich fand eine angenehme Nische als Spieler in Europa, wo ich seltsamen Sprachen, einer tollen Küche, faszinierender Kunst, fesselnder Literatur und herzlicher Gastfreundschaft meiner neuen Freunde begegnete, während ich an verschiedenen Orten in Italien, Spanien, Frankreich und Belgien spielte. Dort beschloss ich, ein weiterführendes Studium am Collège d'Europe in Brügge zu absolvieren und nebenher meine Karriere als Basketballer weiter zu betreiben. Allzu viel studiert habe ich in Brügge nicht, aber es war eine besonders spannende Zeit, in der sich Großbritannien, Irland und Dänemark der Staatengemeinschaft anschlossen, die später als Europäische Union bekannt werden sollte. In Brügge lernte ich auch eine junge Belgierin kennen, die später ihrem Land als angesehene Diplomatin und Botschafterin dienen sollte. Für mich war allerdings etwas anderes viel wichtiger: Sie wurde meine Frau, meine Freundin für's ganze Leben und die Mutter unserer drei Kinder.

Nach sieben bewegten Jahren, in denen ich als Basketballer kreuz und quer durch Europa tingelte, fand ich, dass es Zeit wäre für eine neue Karriere jenseits des sportlichen Bereichs. Ich erfuhr, dass die *Washington Post* einen Reporter in Teilzeit für Europa suchte, und dachte, das wäre doch vielleicht ein vielversprechender Einstieg. Die *Post* war der Star in der Pressewelt nach der Aufdeckung des Watergate-Skandals. Dort als Neuling einen Reporterjob zu bekommen, war praktisch unmöglich. Ich traf mich dennoch mit dem damaligen Leiter des Pariser Büros, Jim Hoagland, und der ließ sich auf das Glücksspiel ein, einen Basketballprofi als freien Korrespondenten für die *Post* in Europa einzustellen. Einfach nur wegen meiner Hartnäckigkeit. Das war der Beginn einer wunderbaren Freundschaft und Zusammenarbeit, die bis zum heutigen Tag anhält.

Nach ein paar Monaten als Korrespondent für die *Post* führte mich ein glücklicher Zufall zur Berichterstattung über eine lange Belagerung molukkischer Terroristen, die Dutzende von Schulkindern und Fahrgästen eines Zugs im Norden der Niederlande als Geiseln genommen hatten. Die Story blieb drei Wochen lang auf den Titelseiten. So wurden Redakteure beim *Time* Magazin auf mich aufmerksam und boten mir einen Job an: Ich sollte die Berichterstattung über das State Department in der Ära von Präsident Jimmy Carter übernehmen. Später zog ich nach Kairo und berichtete in besonders turbulenten Zeiten aus dem Nahen Osten. Ich war ständig auf Achse, lebte aus dem Koffer, um bei meinen diversen Storys einigermaßen am Ball zu bleiben. Dazu gehörten die Nachwirkungen des Friedensabkommens von Camp David zwischen Israel und Ägypten, der Sturz des Schahs im Iran und die anschließende Islamische

Revolution, der Iran-Irak-Krieg, die Endphase des Bürgerkriegs im Libanon und die Ermordung des ägyptischen Präsidenten Anwar as-Sadat. Es war ein unglaublich intensiver Job, und Sadats Tod war sozusagen der passende Schlussakkord. Ich verbrachte die Tage nach seiner Ermordung mit dem Verfassen der Titelgeschichte für *Time* und eilte zwischendurch ständig zwischen Wohnung und Krankenhaus hin und her, um bei der Geburt unseres Sohnes dabei zu sein.

Ich wechselte dann wieder zurück zur *Post* und wurde von Hoagland und Chefredakteur Ben Bradlee herzlich empfangen. Hoagland war damals verantwortlich für die internationale Berichterstattung des Blatts. Er wollte mich nach Deutschland schicken, wo gerade wegen der bevorstehenden Stationierung von atomar bestückten Pershing-II-Raketen und Cruise Missiles, die ein Gegengewicht zu den SS-20-Raketen der Sowjetunion bilden sollten, die Hölle los war. Zuerst benötigte ich allerdings Bradlees Zustimmung. Es war die Zeit unmittelbar nach dem Janet-Cooke-Skandal, in dem eine talentierte junge Reporterin über ihren Hintergrund gelogen und eine Story über einen heroinabhängigen Jungen erfunden hatte. Die *Post* war durch Cookes Fälschung gedemütigt; sie hatte sogar den Pulitzer-Preis für diesen Fake gewonnen, den die Zeitung dann natürlich zurückgeben musste. Als einer der Ersten, die von der *Post* nach dem Cooke-Skandal eingestellt wurden, wurde ich daher besonders genau unter die Lupe genommen, wie ich es mir nie hätte träumen lassen. Ben erzählte mir später, meine Vorgeschichte als Basketballer hätte ihn misstrauisch gemacht, und er hatte die Sportabteilung unter George Solomon gebeten, sich die Sache mal genauer anzusehen. Alles wurde gecheckt, aber als ich dann in Bens Büro für das entscheidende Bewerbungsgespräch kam, hielt er mich immer noch hin, weil er von mir eine Antwort auf eine Frage haben wollte, die ihn besonders beschäftigte: Warum sei meine Freiwurfquote in meinem Abschlussjahr in Oregon derart abgesackt? Ich atmete tief und erleichtert durch und sagte ihm, meine Konzentrationsfähigkeit habe wohl unter der Trennung von meiner damaligen Freundin gelitten. Diese Lektion zeigte mir jedenfalls, wieso Bradlee ein inspirierender Chef war, der wusste, wie man seine Reporter auf Trab hielt.

Meine Zeit in Deutschland lehrte mich, warum dieses Land als Schlüssel zum Verständnis Europas so wichtig ist. Später, nach vier Jahren als Auslands-Chefredakteur, kehrte ich als Hauptstadtkorrespondent der Zeitung für Europa wieder nach Deutschland zurück, nach der Wiedervereinigung, als die Hauptstadt von Bonn nach Berlin umzog. Ich verbrachte auch einige Jahre in Paris und Brüssel für die *Post*, aber Deutschland blieb das Zentrum meines journalistischen Interesses in Europa. Nach zwei Jahrzehnten bei der *Post* entschloss ich mich zu einer Karriere in der Welt der Non-Profit-Organisationen, die mir half, mein Wissen über Europa weiter zu vertiefen. Ich wurde Gründungsdirektor des »German Marshall Fund« in Brüssel, der das jährliche »Brussels Forum« veranstaltet. Dort treffen sich Regierungschefs, Unternehmer und Journalisten, um über die Herausforderungen zu reden, mit denen Europa und die USA konfrontiert werden. Später zog ich nach New York und wurde Präsident des »American Council on Germany«, als meine Frau als Belgiens Generalkonsulin dorthin entsandt worden war.

Diese ganzen Aufgaben und Beziehungen bildeten die Basis meiner Sichtweise, als ich beschloss, über Europas schwerste existenzielle Krise in siebzig Jahren zu schreiben. Ich bin vielen Menschen dankbar für ihre Einsichten, die ich in zahllosen Gesprächen in ganz Europa sammeln konnte und die sehr viel über dieses Buch aussagen.

In Berlin: Angela Merkel, Wolfgang Schäuble, Christoph Heusgen, Lars-Hendrik Roller, Steffen Seibert, Joschka Fischer, Thomas Bagger, Markus Ederer, Norbert Röttgen, Niels Annen, Peter Schneider, Volker Schlöndorff, Stefan Kornelius, Marie Warburg, Michael Naumann, Horst Teltschik, Friedrich Merz, Mathias Döpfner, Wolfgang Ischinger.

In London: Christopher Mallaby, Charles Grant, Robert Cooper, Mark Leonard, Lionel Barber, Philip Stephens, Gideon Rachman, Nicholas Clegg, William Shawcross, Steven Erlanger.

In Paris: Alain Juppé, Hubert Vedrine, Anne Lauvergeon, Dominique de Villepin, Alain Minc, Jacques Mistral, John Vinocur, Sylvie Kauffmann, François Heisbourg, Dominique Moisi.

In Brüssel: Frans Van Daele, Etienne Davignon, Johan Van Overtveldt, Guy Verhofstadt, Karel De Gucht, Marc Otte, Simon Lunn, Alexander Graf Lambsdorff, Giles Merritt, Peter Spiegel, Reinhard Bütikofer, Matt Kaminski.

In Madrid: Javier Solana, Manuel Marín, Pablo Sebastian, Ramón Navarro, Asunción Valdés, Fernando Puerto, Raul Romeva, Alberto Portera.

In Rom: Matteo Renzi, Pier Carlo Padoan, Enrico Letta, Marta Dassù, Mario Monti, Giuliano Amato, Paolo Valentino, Maurizio Caprara, Carlo Bastasin, Cesare Merlini, Riccardo Perissich, Dennis Redmont.

In Riga: Nils Ušakovs, Vaira Vīķe- Freiberga, Edgars Rinkēvičs, Andrejs Pildegovičs, Agnese Siliņa, Kristine Berzins.

In Kopenhagen: Frank Jensen, Mikkel Hemmingsen, Bo Lidegaard, Lykke Friis, Leif Beck Fallesen, Niels Mikkelsen.

In Warschau: Adam Michnik, Eugeniusz Smolar, Pavel Swieboda, Janusz Reiter, Michal Baranowski.

In Athen: Kyriakos Mitsotakis, George Papaconstantinou, Alexis Papahelas, Andreas Papandreou, Michael Printzos, Peter Poulos, Eleni Kounalakis.

Ganz besonders danke ich meinen Freunden bei McLarty Associates, vor allem Mack McLarty, Nelson Cunningham und Rick Burt, für ihre leidenschaftliche Unterstützung dieses Projekts. Auch die Hilfe der Kollegen bei der Brookings Institution, Fiona Hill, Andy Moffatt, Martin Indyk und Strobe Talbott, war überaus wertvoll. Vor allem aber schulde ich meiner Familie und engen Freunden besonderen Dank, die mich auf der Ziellinie ein wenig angeschoben haben: Renilde, Karen, Natalia und Nick Drozdiak; John und Christina Ritch, Sid und Jackie Blumenthal, und Jim und Caroline Mann. Zum guten Schluss danke ich meinem Lektor John Glusman und meiner Agentin Gail Ross für ihre Motivation und ihr Vertrauen.

Anmerkungen

1 Übersetzung v. Walter A. Aue

Kapitel 1: Berlin

1 »Die Voraussetzungen für Merkels Entscheidung, Flüchtlinge aufzunehmen«, *Der Spiegel,* 24. August 2016.
2 Gespräche mit hohen Regierungsbeamten im Bundeskanzleramt in Berlin am 4. Mai 2016.
3 Gespräche mit Teilnehmern des EU-Gipfels im Oktober 2015.
4 Gespräch mit dem früheren CSU-Vorsitzenden Erwin Huber im bayrischen Landtag über zunehmende Probleme Deutschlands bei der Aufnahme so vieler Flüchtlinge aus Syrien am 12. Februar 2016.
5 Guy Chazan, James Shotter, »Search for Berlin Terror Suspect Is Europewide, Merkel Says«, *Financial Times,* 22. Dezember 2016.
6 Gespräch mit Italiens früherem Premierminister Mario Monti in seinem römischen Büro im Palazzo Giustiniani am 18. März, 2016.

Kapitel 2: London

1 Luke Harding, Haroon Siddique, »Why are you still here?« *The Guardian,* 28. Juni 2016.
2 Jonathan Freedland, »A Howl of Rage«, *New York Review of Books,* 14. Juli 2016.
3 »Talks with Turkey Will Start in Days«, *Daily Mail,* 23. Juni 2016.
4 Peter Yeung, »Youth Turnout Higher than Initial Reports«, *The Independent,* 10. Juli 2016.
5 Tom McTague u. a., »How David Cameron Blew It«, *Politico,* 25. Juni 2016.
6 BBC News, 4. April 2006.
7 Gespräche im Bundeskanzleramt, Juni 2016.
8 McTague u. a., »How David Cameron Blew It«.
9 »Obama Tells British Youth: Don't Pull Back from the World«, Reuters, 23. April 2016.

10 »Europe Seeks Closuer at Sad Supper with David Cameron«, *Politico*, 11. Juli 2016.

11 George Parker, »How Michael Gove Forced Boris Johnson's Surrender«, *Financial Times*, 30. Juni 2016.

12 Steven Erlanger, »Theresa May's Style: Put Your Head Down and Get to Work«, *New York Times*, 13. Juli 2016.

13 Kate Allen, »Theresa May: Taking Controll«, *Financial Times*, 15. Juli 2016

14 Simon Head, »The Death of British Business«, *New York Review of Books*, 18. Oktober 2016.

15 David M. Herzenhorn, »Tusk Warns UK: No Compromises in Brexit Talks«, *Politico*, 13. Oktober 2016.

16 Gespräche in Whitehall und Westminster, London, England, Oktober 2016.

Kapitel 3: Paris

1 Roger Cohen, »Macron and the Revival of Europe«, *New York Times*, 7. Mai 2017

2 »France and Germany Mark Elysee Pact's 50th Anniversary«, BBC News, 22. Januar 2013.

3 Umfrage von Science Po zur Popularität von Präsident Hollande, veröffentlicht am 25. Oktober 2016.

4 Anne-Sylvaine Chassany, »Tales of Two Presidents Speak of French Left's Woes«, *Financial Times*, 27. Oktober 2016.

5 Ramzi Kassem, »France's Real State of Emergency«, *New York Times*, 4. August 2016.

6 Interview mit Hakim el Karoui in *Le Journal de Dimanche* über Ergebnisse einer Studie des Institut Montaigne zur Einstellung französischer Muslime, 18. September 2016.

7 Adam Nossiter, »Two French Scholars of Radical Islam Turn Bitter Rivals«, *New York Times*, 12. Juli 2016.

8 Gilles Kepel und Antoine Jardin, *Terreur dans l'Hexagone: Genèse du Djihad Français* (Terror im Hexagon: Die Entstehung des Französischen Dschihadismus) (Paris: Gallimard, 2015).

9 Robert Zaretsky, »Sister Republics, Brother Authoritarians«, *RealClearWorld*, 28. September 2016.

10 Rachel Donadio, »Joan of Arc's Shaky Pedestal: France Battles over Its Identity at School«, *New York Times*, 27. September 2016.

11 »Ill-Suited: France Argues over Burkinis,« *The Economist*, 3. September 2016.

Kapitel 4: Brüssel

1 Giles Merritt, *Slippery Slope: Europe's Troubled Future* (Oxford University Press, 2016). Erstklassige Darstellung eines renommierten Brüsseler Journalisten zur mangelnden Legitimität, Glaubwürdigkeit und Kraft der EU-Institutionen.
2 Klaus Brinkbaumer et al., »Tödlich für Europa: Interview mit Juncker und Schulz« *Der Spiegel,* 8. Juli 2016.
3 Florian Eder, »Martin Schulz geht nach Berlin«, *Politico Europe,* 24. November 2016.
4 »Juncker – Tusk: A Clash of EU Visions« von Agata Gostyńska-Jakubowska, *EU Observer,* 16. September 2016.
5 Interviews im Kanzleramt in Berlin, Mai/Juni 2016.
6 Ivan Krastev, »After Brexit, Europe's Dueling Nostalgias«, *New York Times,* 14. Juli 2016.
7 Charlemagne, »State of Disunion«, *The Economist,* 17. September 2016.
8 Anne-Sylvaine Chassany et al., »Anti-Brussels Rhetoric Goes Mainstream Across Europe«, *Financial Times,* 16. September 2016.
9 Guy Verhofstadt (Vizepräsident des EU-Parlaments), »Europe's Leadership Crisis«, *Project Syndicate,* 22. September 2016.
10 James Kanter und Stephen Castle, »EU Leaders Talk Tough on Brexit and Warn That Time Is Short«, *New York Times,* 7. Dezember 2016.
11 Sam Jones und Henry Foy, »NATO and EU Put on Show of Unity After Brexit Vote«, *Financial Times,* 9. Juli 2016.
12 Judy Dempsey, »NATO and the EU Agree to End Their Rivalry«, *Carnegie Europe,* 8. Juli 2016.
13 Vgl. »The Brussels Wall: Tearing Down the EU-NATO Barrier«, über künftige Gefahren für die westliche Welt durch Kriege, Dürre und Klimawandel, von William Drozdiak, *Foreign Affairs,* Mai/Juni 2010.
14 Interview mit NATO-Generalsekretär Jens Stoltenberg bei seinem Besuch in Washington, D.C., 6. April 2016.

Kapitel 5: Madrid

1 Miguel Anxo-Murado, »Spain's Anger Management«, *New York Times,* 25. Dezember 2015.
2 David Gardner, »Separatism Threatens the Future of Spain«, *Financial Times,* 6. September 2012.
3 Ishaan Tharoor, »Catalonia Sees Itself as the Nation-State of the Future«, *Washington Post,* 20. September2016.
4 Raphael Minder, »With Spain in Political Deadlock, Catalans Renew Calls for Independence«, *New York Times,* 11. September 2016.

5 Juan Cristóbal Nagel, »Is Spain About to Embrace Chavismo?«, *Foreign Policy*, 19. November 2014.

6 Florian Eder, »Wolfgang Schäuble Bails Out Spain, Portugal«, *Politico*, 27. Juli 2016.

7 Tobias Buck, »Spanish Socialists and the European Left's Malaise«, *Financial Times*, 4. Oktober 2016.

8 Camino Mortera-Martínez, »Spain's Groundhog Day: Why Madrid Needs a Government«, *Centre for European Reform*, 12. September 2016.

9 Jeannette Neumann, »Rajoy Re-Elected Prime Minister of Spain«, *Wall Street Journal*, 29. Oktober 2016.

10 Tobias Buck, »Catalan Independence Movement Dealt Fresh Blow«, *Financial Times*, 14. Dezember 2016.

11 »Breaking Up Is Hard to Do: Elections in Catalonia May Launch a Secession Battle Europe Is Not Ready For«, *The Economist*, 26. September 2015.

12 Interview mit Raul Romeva, Außenminister von Katalonien, bei einem Gespräch in Washington, D.C., 14. September 2016.

13 Stephen Brown und Hans von der Burchard, »A Catalan Exit Plan«, *Politico*, 9. Mai 2016.

Kapitel 6: Rom

1 Gaia Pianigiani, »Romans Put Little Faith in Mayor as Their Ancient City Degrades«, *New York Times*, 22. Juli 2015.

2 Nick Squires, »Mafia Capitale: Rome Hit by Mobster Scandal«, *Daily Telegraph*, 3. Dezember 2014.

3 Elisabetta Povoledo, »Italy Gasps as Inquiry Reveals Mob's Long Reach«, *New York Times*, 11. Dezember 2014.

4 Interview mit Mario Monti in seinem Büro im Palazzo Giustiniani in Rom, 18. März 2016.

5 Interview mit Giuliano Amato in seinem Büro beim Staatsgerichtshof in Rom, 22. März 2016.

6 Interview mit Premierminister Matteo Renzi in New York City während seines Besuchs bei den Vereinten Nationen, 20. September 2016.

7 Patrick Browne, »Italy's Five Stars Hit Potholes in Rome«, *Politico Europe*, 12. Oktober 2016.

Kapitel 7: Warschau

1 Joanna Berendt, »Poland Exhumes Ex-President's Body in Inquiry of 2010 Plane Crash«, *New York Times*, 14. November 2016.

2 Henry Foy, »Poland's Kingmaker«, *Financial Times*, 26. Februar 2016.

3 Leonid Bershidsky, »A Nationalist Eastern Europe Could Reshape the EU«, *Bloomberg Views*, 7. September 2016.

4 Laurence Norman, »Poland Poses Latest Challenge to the European Union«, *Wall Street Journal*, 26. Mai 2016.

5 Jan Cienski, »Poland's Constitution Crisis Deepens After Court Verdict«, *Politico*, 11. August 2016.

6 Rick Lyman und Joanna Berendt, »Obama Rebukes Poland's Right-Wing Government«, *New York Times*, 8. Juli 2016.

7 Alison Smale und Joanna Berendt, »Poland's Conservative Government Puts Curbs on State TV News«, *New York Times*, 3. Juli 2016.

8 Rick Lyman, »Pope Francis Encounters Socially Conservative Church in Poland«, *New York Times*, 26. Juli 2016.

9 Jan Culik, »Fencing Off the East: How the Refugee Crisis Is Dividing the European Union«, *The Conversation*, 16. September 2015.

10 Henry Foy und Andres Byrne, »Orban Lashes Out at Western Elites Running EU«, *Financial Times*, 8. Juni 2016.

11 Ivan Krastevin, »Why Poland Is Turning Away from the West«, *New York Times*, 12. Dezember 2015.

Kapitel 8: Kopenhagen

1 Edwin Heathcote, »Hygge: The Danish Key to Happiness or Pseudo-Wisdom?« *Financial Times*, 16. Dezember 2016.

2 Eduardo Porter, »Job Training Works, So Why Not Do More«, *New York Times*, 5. Juli 2016.

3 Mike Alberti, »The High Road to High Wages: Denmark's Answer to the U.S. Model«, *Remapping Debate*, 14. September 2011.

4 Adam Taylor, »A Danish Politician Explains Why It's OK to Take Valuables from Refugees«, *Washington Post*, 27. Januar 2016.

5 Interview mit Bo Lidegaard in Kopenhagen, 12. Mai 2016.

6 Richard Milne und Peter Spiegel, »Brexit: Fraying Union«, *Financial Times*, 25. Februar 2016.

7 Harry Cooper, »Danish Anti-Fraud Politician Accused of Misusing EU Funds«, *Politico Europe*, 19. Oktober 2016.

8 Hugh Eakin, »Liberal, Harsh Denmark«, *New York Review of Books*, 10. März 2016.

9 Dan Bilefsky, »Denmark's Tougher Citizenship Test Stumps Even Its Natives«, *New York Times*, 7. Juli 2016.

10 Mark Bittman, »Prince of Denmark«, *New York Times*, 3. November 2011.

11 Simon Cottee, »Did the Terrorists Win in Denmark?«, *Foreign Policy*, 28. Oktober 2016.

12 Interview mit Rektorin Lykke Friis in Ihrem Büro in der Universität Kopenhagen, 12. Mai 2016.

13 »Happiest in the World«, Offizielle Website von Dänemark, 2016.

14 Suzanne Daley, »Danes Rethink a Welfare State Ample to a Fault«, *New York Times*, 20. April 2013.

15 Interviews im Büro des Bürgermeisters im Rathaus von Kopenhagen, 13. Mai 2016.

Kapitel 9: Riga

1 Interview mit Bürgermeister Nils Ušakovs im Rigaer Rathaus, 15. April 2016.

2 Paul D. Miller, »How World War III Could Begin in Latvia«, *Foreign Policy*, 16. November 2016.

3 General Sir Richard Shirreff, *2017: War with Russia: An Urgent Warning from Senior Military Command* (London: Coronet, Mai 2016).

4 Carol J. Williams, »Latvia Worries About Putin's Goals«, *Los Angeles Times*, 2. Mai 2015.

5 Interview mit Lettlands Außenminister Edgars Rinkēvičs bei seinem Besuch in Washington, D.C., 25. Februar 2016.

6 Charlotte McDonald-Gibson, »Latvia Wary of Ethnic Russians«, *Time*, 3. Oktober 2014.

7 Richard Milne, »Baltics Fear for Any US Policy Changes to NATO«, *Financial Times*, 12. November 2016.

8 David A. Shlapak und Michael Johnson, »Reinforcing Deterrence on NATO's Eastern Flank: Wargaming the Defense of the Baltics«, *RAND Corporation*, 2016.

9 Julian E. Barnes, »Closing the Gap: NATO Moves to Protect Weak Link in Defenses Against Russia«, *Wall Street Journal*, 17. Juni 2016.

10 Gordon Lubold, »Russian Fighter Buzzes U.S. Air Force Plane over Baltic Sea«, *Wall Street Journal*, 17. April 2016.

11 David E. Hoffman, »In 1983 War Scare, Soviet Leadership Feared Surprise Attack by U.S. «, *Washington Post*, 24. Oktober 2015.

12 Interview mit Ušakovs im Rigaer Rathaus, 15. April 2016.

13 Rayyan Sabet-Parry, »Lithuanian President Calls Russia a Terrorist State«, *Baltic Times*, 20. November 2014.

14 »Keine Waffen für die Ukraine, gelobt die Premierministerin«, Radioübertragung in Lettland, 25. November 2014.

Kapitel 10: Athen

1 Berichte aus erster Hand auf der Basis von Interviews in Brüssel mit EU-Regierungschefs und Ministern, die beim Gipfel am 11. Juli 2015 dabei waren.

2 Stefan Wagstyl und Anne-Sylvaine Chassany, »German Brinkmanship Tests Eurozone Cohesion«, *Financial Times*, 13. Juli 2015.

3 Yanis Varoufakis (ehemaliger Finanzminister Griechenlands), »Greece, Still Paying for Europe's Spite«, *New York Times*, 31. Mai 2016.

4 Tony Barber, »The Drawn-out Drama of Greek Debt Has No End in Sight«, *Financial Times*, 19. Dezember 2016.

5 *Game Over: The Inside Story of the Greek Crisis.* Der frühere griechische Finanzminister George Papaconstantinou gibt eine persönliche Darstellung der Schulden- und Finanzkrise seines Landes. Athen: Papadopoulos Publishing, 2016.

6 Interview mit Jean-Claude Trichet, *Der Spiegel*, 15. Mai 2010.

7 Joseph Stiglitz, »How I Would Vote in the Greek Referendum«, *Guardian*, 29. Juni 2015. Vgl. auch Joseph Stiglitz, *Europa spart sich kaputt: Warum die Krisenpolitik gescheitert ist und der Euro einen Neustart braucht* (Siedler Verlag, 2016).

8 Merkels Rede vor dem Bundestag zur europäischen Schuldenkrise, 7. September 2011.

9 Bericht aus einem fünftägigen Besuch von UN-Flüchtlingseinrichtungen in Idomeni, Lesbos und Athen, 15. – 20. April 2016.

10 Tsipras' Rede vor dem griechischen Parlament zur Flüchtlingskrise, 24. Februar 2016.

11 Interview mit Minister Mouzalas in seinem Athener Büro, 19. April 2016.

12 Interview mit George Papaconstantinou bei seinem Besuch in Washington, D.C., 13. Oktober 2016.

13 Liz Alderman und Niki Kitsantonis, »Greece, Seeking a Dose of Stability, Is Rattled by Trump's Win«, *New York Times*, 14. November 2016.

14 Interview mit Kyriakos Mitsotakis in seiner Parteizentrale in der Innenstadt von Athen, 19. April 2016.

15 Nektaria Stamouli, »Greece Raises $275 Million from TV License Auction«, *Wall Street Journal*, 2. September 2016.

16 Kerin Hope, »Highest Greek Court Blocks Syriza Media Law«, *Financial Times*, 26. Oktober 2016.

Kapitel 11: Moskau, Ankara, Tunis

1 In mehreren Gesprächen vor seinem allzu frühen Tod im Jahr 2010 erläuterte mir Holbrooke seine strategische Vision, wie die USA ihre grundlegenden außenpolitischen Interessen am besten wahren und mit neuen Herausforderungen wie dem Aufstieg Chinas zurechtkommen können, nämlich durch Zusammenarbeit mit Europa und anderen freiheitlichen Demokratien. Holbrookes Memoiren liefern eine umfassende Beschreibung seiner Friedensbemühungen im Balkan: Richard Holbrooke, *Meine Mission* (Piper 1999).

2 Interviews mit Carl Bildt in Washington, D.C., 29. April 2015, und in Brüssel, 30. November 2016.

3 Vgl. Robert Cooper, *The Breaking of Nations: Order and Chaos in the 20th Century* (Atlantic Monthly Press, 2004). Cooper, ein ehemaliger britischer Diplomat, diente als diplomatischer Chefstratege für Javier Solana, den ersten EU-Beauftragten für eine gemeinsame Außen- und Sicherheitspolitik. Solana und Cooper versuchten, Europas breit gefächertes Soft-Power-Instrumentarium auf die Erweiterung des globalen Einflusses auszurichten, stießen jedoch auf Widerstand von Frankreich, Deutschland und Großbritannien, die wenig geneigt waren, nationale außenpolitische Zuständigkeiten an die EU abzugeben.

4 »Ein sicheres Europa in einer besseren Welt«, *Europäische Sicherheitsstrategie, 12.* Dezember 2003.

5 Dmitri Medwedjew, »Why I Had to Recognize Georgia's Breakaway Regions«, Gastkommentar, *Financial Times*, 26. August 2008.

6 Interviews mit Javier Solana in Brüssel, 19. März 2016, und Washington, D.C., 20. Oktober 2016.

7 Interview mit Marine Le Pen, *The Andrew Marr Show*, BBC News, 13. November 2016.

8 Max Fisher, »French Election Hints at Slide Toward Russia«, *New York Times*, 1. Dezember 2016.

9 Interview mit Vertretern des Weißen Hauses im Nationalen Sicherheitsrat, Oktober 2016.

10 Interviews im Kanzleramt Berlin, Mai/Juni 2016.

11 Henri J. Barkey, »Erdoğan's Foreign Policy Is in Ruins«, *Foreign Policy*, 4. Februar 2016.

12 Mehul Srivastava, »Erdoğan Moves in on Executive Presidency«, *Financial Times,* 8. November 2016.

13 »Two Cheers for Hypocrisy: Turkey's Bid to Join the EU Is a Bad Joke, but Don't Kill It«, *The Economist*, 15. Oktober 2016.

14 Marwan Muasher, »An Economic Ultimatum for the Arab World«, *Project Syndicate,* 16. November 2016. Muasher ist ehemaliger stellvertretender Premierminister Jordaniens und heute Vizepräsident für Studien an der Carnegie-Stiftung für Internationalen Frieden.

15 *Arab Human Development Report* (UN-Entwicklungsprogramm, 29. November 2016)

16 Brian Walsh, »Migration: We Ain't Seen Nothing Yet«, *Politico,* 14. November 2016

17 Statistik der Internationalen Organisation für Migration, 11. November 2016

18 »Germany Says Time for African Marshall Plan«, Reuters, 11. November 2016.

Kapitel 12: Washington D.C.

1 Mitschrift von Trumps Rede zur Außenpolitik im Mayflower Hotel, Washington, D.C., *New York Times*, 27. April 2016.

2 Robert Kagan, »Trump Marks the End of America as World's Indispensable Nation«, *Financial Times*, 19. November 2016.

3 Carl Bildt, »It's the End of the West as We Know It«, *Washington Post*, 15. November 2016.

4 Joschka Fischer, »Goodbye to the West«, *Project Syndicate*, 5. Dezember 2016.

5 Angelique Chrisafis, »Marine Le Pen Says Trump Victory Marks Great Movement Across World«, *The Guardian*, 9. November 2016.

6 Linda Kinstler, »What Trump Means for Central and Eastern Europe«, *The Atlantic*, 28. November 2016.

7 Ivan Krastev und Mark Leonard, »Europe's Shattered Dream of Order: How Putin Is Disrupting the Atlantic Alliance«, *Foreign Affairs*, Mai/Juni 2015.

8 John McCain, »Donald Trump Retreats from Trade Deals at His Peril«, *Financial Times*, 6. Dezember 2016.

9 Vgl. Edward Alden, *Failure to Adjust: How Americans Got Left Behind in the Global Economy* (Rowman & Littlefield, 2016).

10 Francis Fukuyama, »US Against the World? Trump's America and the New Global Order«, *Financial Times*, 11. November 2016.

11 Bill Keller, »Our New Isolationism«, *New York Times*, 8. September 2013.

12 Vgl. Dean Acheson, *Present at the Creation: My Years in the State Department* (New York: W.W. Norton, 1969), ein definitiver Report zum Aufbau der Nachkriegsordnung. Vgl. auch Walter Isaacson und Evan Thomas, *The Wise Men: Six Friends and the World They Made* (New York: Simon & Schuster, 1986).

13 Max Fisher, »American Isolationism Hits 50- Year High«, *Washington Post*, 4. Dezember 2013.

14 Robin Niblett, »Liberalism in Retreat: Demise of a Dream«, *Foreign Affairs*, 12. Dezember 2016.

15 J. William Fulbright, *Die Arroganz der Macht* (Reinbek bei Hamburg: Rowohlt, 1967).

Index